무역결제론

채진익 저

INTERNATIONAL
TRADE
PAYMENTS

도서출판 두남

머리말

인터넷의 도입과 스마트 혁명에 따른 정보혁명은 지식·정보화 사회에서 새로운 문화로 정착되었으며, 이는 또한 경제시스템은 물론 사회적으로 획기적인 변화를 가져왔다. 따라서 이와 같은 시대적의 변모는 창의적 사고와 풍부한 경험을 기반으로 한 융합의 중요성이 크다. 국제무역에서는 이를 기반으로 한 글로벌적 식견과 전문적인 협상력이 중요할 것이다.

이러한 변화는 IT 혁명과 더불어 지식 정보화로 인하여 국제비즈니스의 환경변화에 따른 민첩한 대응이 요구된다. 국제무역은 모든 절차는 종이를 기반으로 하는 전통적인 오프라인을 중심에서 한 곳에서 모든 절차가 이행되는 지식 정보화를 기반으로 하는 전자시스템화로 변모되었다. 그러나 이와 같은 혁신적인 지식 정보화 못지않게 국제비즈니스에서 더욱 중요한 것은 그 전문지식의 축적과 풍부한 경험 및 마케팅 능력이다. 특히 국제무역에서는 무역계약, 물품의 선적과 대금회수 및 금융지원, 그리고 국제무역을 위한 지급보증 및 국내 금융기관에서의 무역금융 비즈니스는 중요한 문제이며, 전문지식을 기반으로 하는 현장 시스템의 이해는 더욱 중요하나.

따라서 국세무역에서 핵심이라 할 수 무역결제 분야의 전문지식을 제공함으로써 학계 및 업계에 기여하고자 본서를 저술하게 되었나. 본 교재는 제1부 외국환과 결제, 제2부 신용장에 의한 결제, 제3부 기타 결제방법, 그리고 제4부 전자무역결제시스템 등으로 전개하였으며, 국제무역에서 가장 기본적이고 중심이 되는 국제결제에 관한 기초적이고 전문적 이론을 기술하였다.

마지막으로 본서의 출간을 맡아주신 도서출판 두남 대표 전두표 사장님과 편집진에 진심으로 감사드린다.

2016. 1월
저자 씀

차례

Contents

제 1 장

외국환과 무역결제

제 1 절 국제매매와 외국환

1. 국제매매의 특성

국제거래는 사상·언어·관습(관행)·제도·법률 등이 다르고, 정치·경제·사회·문화·역사적인 배경과 환경을 달리하는 서로 다른 국가에 위치한 거래당사자들 간에 이루어지는 무역거래(매매)이기 때문에 국내 매매와는 달리 위험성과 복잡성이 존재하고, 그 분쟁이 발생할 경우 그 해결에 어려움이 있다.

(1) 신용위험

메매계약에 있어서 채무자가 매매조건을 이행하지 못함으로 발생되는 위험을 총칭하는 것으로, 채무자가 매매계약에 약정된 대로 계약상 의무를 이행하지 못함으로 인해서 채권자가 손해를 입을 수 있는 위험을 의미한다. 국제거래에서 매도자가 매매계약에 따라 약정물품을 인도하였지만 그 후에 매수자로부터 그 물품대금을 회수하지 못할 수 있는 위험을 의미한다.

(2) 상업위험

상업위험은 신용위험과 반대로 수입자가 입을 수 있는 위험이다. 즉 국제거래에서 매수자(수입자)의 입장에서 물품의 회수에 대한 위험으로 수출자로부터 내내계약에 약정된 물품의 품질과 수량, 그리고 약정된 시기에 수령하지 못하고, 그 증거서류를 약정된 기일 내에 접수하지 못할 위험이다.

(3) 환위험

국제거래에서 거래당사자가 무역계약을 체결한 이후부터 그 대금을 결제 또는 회수 시까지 환율변동으로 손해를 입을 수 있는 위험이다. 즉, 매수자의 입장에서는 무역계약을 체결한 당시보다 대금결제 시에 환율이 상승하면 물품가격이 상승하여(수입대금의 결제금액 상승) 손해가 발생하며, 한편 매도자의 입장에서는 무역계약을 체결한 당시보다 물품대금을 수령할 당시 환율이 하락하는 경우에는 회수금액(자국화로 환산한 금액)이 하락하여 손해를 입게 된다. 물론 환율이 이와 반대로 움직이는 경우에는 이익을 보게 된다.

(4) 비상위험

국제거래에서 무역계약을 체결하고 이행하는 과정에서 매수자 국가 내에서 내란, 소요, 테러행위, 전쟁, 혁명, 폭동 또는 경제적 위기 등과 같은 비상사태가 발생하여 그 국가가 외화유출(대외지급)을 제한 또는 금지하는 조치를 함으로써 대금회수에 어려움을 겪게 되는 위험이다.

2. 외국환의 개념과 의의

우리가 경제행위에서 환이라 함은 격지간의 채권·채무관계(대차관계)를 직접 현금수송에 의해 지급·결제하지 아니하고 은행(농협 포함), 우체국 등의 제3자(우리나라는 주로 금융기관)를 통한 지급위탁의 방법에 의하여 지급·결제하는 수단이다.

그리고 외국환이란 서로 다른 국가 간 경제행위 즉 무역거래, 무역외거래, 자본거래 등의 결과로 발생되는 대차관계를 청산하는데 필요한 자금결제가 필요한 경우 그 결제는 외국환 수단을 이용하는 것을 의미한다. 이는 은행을 통한 자금수수의 매개적 업무에 포함된다. 즉 국제간의 지급결제를 위한 현금수송에 따른 위험과 불편을 해소하기 위하여 국제간의 거래에서 발생되는 대차관계를 채권양도·지급위탁 등의 방법으로 결제하는 방식이다.

(1) 내국환과 외국환의 차이

이미 언급되었듯이 '환'이라 함은 지역적으로 멀리 떨어져 있는 당사자들 간의 경제행위 등으로 인하여 발생된 대차관계를 결제하는데 있어서 현금을 직접 수송하지 않고 은행의 신용수단을 이용하여 대차관계를 청산하는 방법이다. 즉 내국환은 국내 거래에서 격지간의 송금 또는 채권·채무의 결제에 따른 불편과 위험을 해소하기 위해 현금의 이동 없이 제3자인 금융기관이나 우체국 등에게 위탁하여 처리하는 방식을 의미하며, 주로 은행을 통하여 이루어진다.

이 때 채권자와 채무자가 모두 동일한 국내에 영업소를 두고 있거나 또는 거주하고 있을 경우에 발생되는 환을 내국환(domestic exchange)이라 하고, 양 당사자 중 적어도 일방의 당사자가 외국에 영업소를 두고 있거나 또는 거주하고 있는 경우 발생되는 환을 외국환(foreign exchange) 또는 외환이라 한다.

특히 무역거래에서는 결제수단으로 환어음(bill of exchange)이 많이 이용되는데, 여기에서 환어음이란 채권자가 채무자에 대하여 특정 경제행위로 인해 발생된 채무금액을 약정된 기일 및 장소에서 일정 금액을 지급할 것을 단순히 위탁하는 증권이다.

내국환은 환거래의 수단인 수표나 어음 등에 표시되어 있는 통화와 은행이 고객과 주고받는 통화가 동일하고, 자금이동도 동일한 국가 내로 제한되며, 은행 간에 결제거래로 인하여 발생되는 잔액(대차잔액)을 결제하는 기관으로서 중앙은행이 존재하게 된다.

반면 외국환은 결제되어야 할 대차관계가 국제간이고, 내국환에서 중앙은행에 상응하는 결제기관이 없다. 따라서 외국환의 경우 은행은 국내 은행의 해외지점이나 또는 환거래 약정을 체결한 외국의 환거래은행(코레스 은행)에 그 상대국가의 통화표시로 은행계좌(당좌계정)를 개설하고 그 계좌를 통하여 입금 또는 지급을 통하여 지급결제가 이루어진다.

(2) 외국환의 정의(외국환거래법 제3조)

(a) 대외지급수단: 외국통화, 외국통화로 표시된 지급수단, 그 밖에 표시통화에 관계없이 외국에서 사용할 수 있는 지급수단

(b) 외화증권: 외국통화로 표시된 증권 또는 외국에서 지급받을 수 있는 증권

(c) 외화파생상품: 외국통화로 표시된 파생상품 또는 외국에서 지급받을 수 있는 파생상품

(d) 외화채권: 외국통화로 표시된 채권[1) 또는 외국에서 지급받을 수 있는 채권

---

1) 특정인(채권자)이 다른 특정인(채무자)에게 특정한 행위(급부)를 청구할 수 있는 사법상의 권리이다.

(3) 외국환의 특징

(a) 환율문제의 발생, 즉 외국환의 개입이다. 국제거래에 따른 채권채무관계를 청산하는데 있어서 외국환의 매매가 발생한다. 예컨대 국내 매수자가 외화표시 물품매매계약을 체결하고 그 이후 약정물품을 수령하고 그 대금을 지급하는데 있어서 해외 매도자에게는 매매계약서에 표시된 외국통화로 결제해야 하기 때문에 외국환의 매매가 발생한다. 이는 통상 매수자는 일정한 환율, 즉 해당 외화와 원화의 교환비율로 외국통화를 매입(은행 입장에서는 매각)하여 해외에 지급하게 된다.

(b) 국제수지가 발생한다. 모든 국제거래에 적용되며, 그 결과 항상 국제수지로 나타난다. 이와 같이 국제간의 대차관계를 청산하는데 있어서 채무를 지급하기 위해 국내에서 해외로의 지급되는 자금의 지출총액과 해외채권의 회수로 유입되는 수입총액 간의 차액이 발생되기 마련이다. 이 때 자금수입 총액이 자금지출 총액보다 많다면 국제수지는 흑자로 발생되고, 그 반대로 자금지출 총액이 자금수입 총액보다 많다면 국제수지는 적자로 발생된다. 그리고 또한 그 차액의 결과는 국제수지의 규모로 나타난다.

(c) 이자가 발생될 수도 있다. 외국환으로 지급결제거래가 발생할 시 시간적인 요소가 발생하기 때문에 자금상의 손실에 대한 보상성격의 환가료가 발생된다. 즉, 국제간의 대차결제에 있어서는 불가피하게 일정한 시일이 소요되는 경우가 많다. 예컨대 신용장거래에서 국내 매도자(수익자)가 물품을 선적하고 그 선적서류와 환어음을 자신의 거래은행에 제시하여 매입하고 물품대금을 회수하는 경우 해당 매입은행은 매입대금을 지급하면 거래상대방인 매수국가의 개설은행으로부터 그 물품대금을 회수하기까지는 일정한 시일이 소요된다. 따라서 매입은행에서는 매도자에게 매입대금을 지급한 일자와 상대국가로부터 그 물품대금을 회수한 일자까지 자금상의 손실을 입게 되는데 이를 보상받기 위해서 이자 성격의 수수료를 징구한다.

(d) 외국환 관리가 필요하다. 외국환이 무제한으로 해외에 유출되거나 또는 투기성 외화자금이 국내에 유입되어 국내 시장을 교란시킬 소지 등을 예방하기 위하여 국가에서 외국환의 유출입에 대하여 관리한다. 이는 외국환제도가 완전히 자유화되어 외화유출이 외화유입보다 많게 되는 경우에는 그 국가의 대외지급능력에 문제가 발생될 수 있으며, 반대로 외화유입이 비정상적으로 많은 경우에도 국내 시장의 불안정을 초래할 수 있는 경제적인 문제가 발생할 수 있다. 또 불법성 또는 투기성 자금의 유입으로 경제에 악영향을 미칠 수 있다.

(e) 자금결제 방법의 특수성이다. 외국환거래에 따른 자금결제는 각 은행이 독자적으로 환거래 약정을[2] 체결한 예치환거래은행(depositary bank)을 통해서만 가능하게

되는 특이한 형태를 지닌다. 국제거래에서의 대금결제는 통상 지급지시(payment order: PO)에 의해 이행된다. 그런데 이러한 지급지시는 그 지시은행의 계좌를 개설한 예치환거래은행에 대한 지급지시이다. 그 지급지시는 전자적 또는 우편으로 모두 가능하다. 이 때 지급지시를 받는 예치환거래은행은 지급지시자의 계좌에서 예치자금을 인출하여 자금수취자의 계좌로 입금하거나 송금하고 일정한 수수료를 받는다.

3. 외국환의 형태

(1) 송금환과 추심환

외국환거래에서 환거래 당사자 또는 환어음의 발행자가 채무자인가 또는 채권자인가에 따라서 송금환과 추심환으로 구분된다. 외국환의 방법에 의하여 국제간 자금의 대차관계를 결제하는 방법에는 일방의 거래당사자가 그 상대방에게 자금을 송금하는 방법을 송금환(remittance)이라 하고, 일방의 당사자가 그 상대방에게 자금을 청구하는 방법을 추심환(collection)이라 한다. 전자는 환의 이동방향이 자금의 이동과 동일한 방향으로 이동하기 때문에 순환이라고도 하며, 후자는 환의 이동방향과 자금이동의 방향이 서로 반대이므로 역환이라고도 한다.

(2) 당발환(outward remittance)과 타발환(inward remittance)

외국환거래에서 그 환거래의 시(출)발점이 되는 은행을 당발은행이라 하고, 그 당발은행에서 취급하는 외국환을 당발환이라 칭한다. 즉 국내에서 외국에 자금을 송금하는 경우에는 국내 송금은행이 당발은행이 되고 그 외국환은 당발환이 된다. 반면 그 송금을 받는 상대은행 입장에서 보면 자금을 송금한 은행은 타발은행이 되고, 또 상대인 송금은행이 취급한 외국환은 타발환이 된다.

(3) 매도환과 매입환

국제거래에서 통상적으로 외국환은행이 국제간 자금의 수취와 지급 업무를 수행하기 위해서는 환율이 개입되는데, 이 경우 국내에서는 외국통화와 국내 원화의 교환,

---

2) 은행이 자금송금, 신용장의 개설과 통지, 업무중개, 업무지시의 수행에 따른 수수료 문제 등 국제간 금융 업무에 따른 은행 간에 금융거래에 필요한 일정한 약정을 체결하고 그 약정에 따라 업무가 이루어진다.

즉 외국환 매매의 형태로 이루어진다. 물론 송금의뢰자나 또는 자금수취자가 외국환 형태로 거래할 수 있는 경우에는 이와 같은 외국환의 매매가 발생하지 않을 수 있다. 이 때 외국환은행이 원화의 수납을 대가로 외국환을 매각하는 경우를 매도환(selling exchange)이라 하고, 반대로 원화의 지급을 대가로 외국환을 매수하는 것을 매입환(buying exchange)이라 한다.

(4) 보통환과 전신환

국제거래에서 외국환의 결제는 채무자(송금자)의 거래은행(송금은행)이 자신의 계좌에서 인출하여 해외 수취자에게 지급하도록 자신의 예치환거래은행에게 지시하면 그 예치환거래은행은 자신의 계좌에서 인출(debit)하여 그 자금 수취자의 계좌에 입금(credit)하거나 또는 송금함으로써 종결된다. 이 과정에서 그 송금은행이 예치환거래은행에게 자신의 계좌에서 인출 · 지급하도록 하는 지시가 우편을 통하여 이루어지면 보통환이며, 환어음과 송금수표가 이용수단이다. 한편 그 인출 · 지급하도록 하는 지시가 전신으로 이루어지면 전신환이며, 그 자금이 그 수취인에게 신속히 전달되어야 하는 경우에 이용된다.

4. 송금 방법

(1) 송금수표

송금수표(demand draft)를 이용한 송금은 은행이 자신을 발행자로 하는 송금수표(지급은행 명시)를 송금자에게 발행하고, 그 송금자는 이 수표를 우체국(또는 기타 송달회사)을 통하여 수취자에게 발송하면, 그 수취자는 송금수표 상에 표기된 지급은행에 이를 제시하여 자금을 수취한다. 송금수표에 의한 송금은 그 수수료는 저렴하지만 그 수표 분실에 유의해야 한다.

(2) 우편송금환

우편송금환(M/T: mail transfer)은 송금은행이 해외 예치환거래은행인 지급은행에 지급지시서를 직접 우편으로 발송하고 이를 접수한 지급은행은 지급지시서대로 수취자에게 통지하여 그 수취자의 요구대로 지급한다. 우편송금환은 신속을 요하지 않은 송금이나 소액 송금에 많이 이용된다.

(3) 전신송금환

전신송금환(T/T: telegraphic transfer)은 해외 예치환거래은행 앞의 지급지시를 우편이 아닌 전신으로 하는 방법이다. 주로 거액 송금이나 신속을 요한 송금에 많이 이용된다. 해외 환거래은행으로부터 지급지시를 전신으로 접수한 은행은 신속을 요하는 경우가 많으므로 그 수취인에게 신속하게 통지하는 것이 바람직하다. 근래에는 전신에 의한 송금이 보편화되어 있으며 대부분 이 방법을 이용하고 있다.

제 2 절 환율과 무역결제

1. 환율

(1) 개념

국제간에 어느 국가의 통화 1단위를 다른 국가의 통화와 교환할 때 적용되는 교환비율로 한 국가 통화의 대외 가치를 나타낸다. 외환시장에서 외국통화는 일종의 상품으로 취급되어 환율이라고 하는 매매가격이 형성되는데 이는 기본적으로 해당 통화에 대한 수요와 공급에 의해 결정된다. 예컨대 국내 은행을 통하여 미국에 US$50,000.00을 송금하자 할 경우, 그 송금인은 국내 통화를 은행에 지급하고 미화 US$50,000.00을 매입해야 하며, 은행은 그 외화금액을 매각하게 된다. 이 때 외환시장에서 형성되는 환율이 적용된다. 이 경우 외환시장에서 미국 달러화의 공급이 수요보다 많으면 환율이 하락할 것이다. 그 반대이면 상승할 것이다.

현재 우리나라는 미국 달러화의 경우, 전 일자 외환시장에서 거래된 시장평균환율에 근거하여 각종 환율을 산출하고 그 다음 영업일에 환율을 고시한다. 이 경우 전일 시장평균환율은 그 다음 영업일자의 매매기준율이 되며, 또 그 매매기준율에 일정한 마진(margin)을 가감하여 전신환 매입률과 매도율, 현찰 매입률과 매도율 등과 같은 형태로 환율이 결정된다.

(2) 환율의 표시방법

(a) 자국화표시환율(rate in home money or currency)

직접 표시법(direct quotations)으로, 외국통화 1단위(또는 100단위: 우리나라의 경우 일본 엔화, 인도네시아 루피아 등에 대해 100단위 적용)와 교환될 수 있는 자국통화의 가격(단위량)을 표시하는 방법이다. 우리나라를 비롯하여 대부분의 국가가 이 방법을 선택하고 있다.

☞ 1US$ = KRW1,166.60, JPY 100 = KRW 966.99

(b) 외화표시환율(rate in foreign money or currency)

외화표시환율(rate in foreign money or currency)은 간접표시법(indirect quotations)으로 자국통화를 기준으로 하여 자국화 1단위 또는 100단위와 교환될 수 있는 외국통화의 가격(단위량)을 표시하는 방법이다. 이 방법은 유로와 영국, 호주, 남아프리카공화국, 뉴질랜드 등의 국가에서 채택하고 있다.

☞ 예컨대 영국에서 GBP 1 = USD1.49 GBP 1= EUR 1.36

(3) American Term/European Term

자국통화, 외국통화는 자국의 입장에서 보느냐 아니면 외국의 입장에서 보느냐에 따라 달라지므로 자국, 타국의 구분이 어려운 국제 외환시장에서는 환율표시방법으로 American Term 또는 European Term으로 구분한다.[3]

---

3) 장홍범(2010), 국제금융기초, 한국금융연수원, 2010.

(a) American Term

미국의 입장에서 외국통화 1단위의 가치를 자국통화인 미 달러화로 표시하는 '자국통화 표시방법'을 말한다. 예컨대 1CHF(스위스프랑) = U$1.01으로 표시하는 것이다. 미국의 국내 대 고객거래의 편의를 위해서 자국통화 표시방법인 American Term으로 표시한다.

(b) European Term

미국 이외의 여타국 입장에서 미 달러화 1단위의 가치를 외국통화로 표시하는 '외국통화 표시방법'을 말한다. 예컨대 U$1 = Yen120.56로 표시하는 것이다. 현재 국제외환시장에서 환율표시는 일부 통화(영국 파운드화, 아이리쉬 파운드화, 오스트레일리아 달러화, 뉴질랜드 달러화, 남아프리카공화국 란트화)를 제외한 대부분의 통화는 모두 European Term으로 표시하고 있다. 또한 미국 내에서도 고객 매매와 관련된 환율은 American Term으로 표시하나, 거액의 도매 거래를 취급하는 은행 간 거래에 있어서는 국제외환시장의 관행처럼 European Term으로 표시하고 있다.

(4) Two-Way Quotation

외환시장에서 [매입률(Bid Rate) - 매도율(Offer Rate)]의 형태로 매입가격과 매도가격을 동시에 고시하는 것을 양방 고시(two-way quotation)라 한다. 여기에서 매도율과 매입률의 차이를 스프레이드(spread)라고 하며, 외환시장이 불안정할 경우 그 스프레이드가 확대되는 것이 일반적이다.

2. 환율의 구조

우리나라의 환율은 기준환율(매매기준율)과 외국환 매매율로 크게 구분되고, 외국환 매매율은 다시 외국환은행 간 매매율, 한국은행 매매율 및 외국환은행의 대고객 매매율로 구분한다.

[표 1-1] 외국환 대고객 환율 체계도

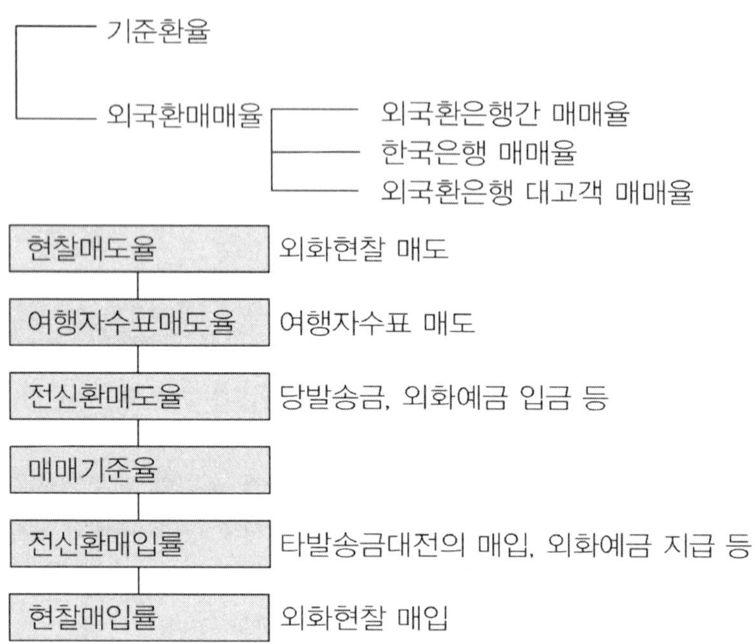

(1) 매매기준율

매매기준율이라 함은 최근 거래일의 외국환중개회사를 통하여 거래가 이루어진 미화의 현물환매매 중 익익영업일 결제거래에서 형성되는 율과 그 거래량을 가중 평균하여 산출되는 시장평균환율(MAR: market average rate)을 말한다(외국환거래규정 제1-2조 제7호). 즉, 외국환중개회사를 통해 거래된 당일 미 달러화의 현물환(익익영업일 결제물) 거래량을 가중 평균하여 산출되는 시장평균환율을 의미한다.

외환시장에서 실제로 외국환을 공식적으로 취급하는 곳은 은행이며, 이를 외국환은행이라 칭한다.[4] 따라서 개인이나 기업은 외화를 구매하거나 또는 매도하고자 할 때에는 외국환은행을 통해야 한다. 이를 위해 은행들은 해당 외화를 매각 또는 매수해야 한다. 예컨대 외국환의 매매행위의 과정에서 미 달러화 시재가 부족할 경우에는 부족한 미 달러화를 확보(매수)해야 하고, 한편 시재가 과다보유 상태일 때에는 처분(매각)해야 한다. 이러한 상황이 발생하면 해당 은행은 해당 외국환의 매매를 위해 직접 다른 여러 은행들에 접촉하여 부족한 미 달러화를 매수하거나 또는 여분의(과도한) 미 달러화를 매각한다. 그런데 이와 같은 일은 은행에게는 쉬운 일이 아니다.

4) 물론 환국은행으로부터 인가받은 환전상을 통해서도 여행경비 등 단순한 환전 업무는 가능하다.

따라서 금융기관을 대상으로 외국환을 중개해주는 외국환중개회사(서울외국환중개주식회사)를 통하여 거래하도록 하고 있다. 외국환중개회사는 은행들로부터 구매 또는 매도하려고 하는 외화의 거래금액과 가격을 주문받아 서로 거래조건에 부합하는 금융기관끼리 중개를 해주고 수수료를 징수한다. 따라서 매매기준율은 이와 같이 외국환중개회사에서 거래된 원화에 대한 미화의 외국환은행 간 매매율을 거래량으로 가중평균하여 산출되는 시장평균환율을 의미한다.

외환시장에서 우리나라 통화인 원화와 직접 매매가 이루어지는 외국통화는 미 달러화뿐이므로 우리나라에서는 원/달러(US$/KR₩) 환율의 시장평균환율을 기준환율로 삼고 있다. 기준환율은 은행과 고객과의 외환거래 및 외화환산 회계의 기준이 되는 환율이다.

그리고 환율은 초 단위로도 변할 수 있기 때문에 은행이 개인이나 기업을 대상으로 외화를 매매하려면 기준이 되는 매매환율이 필요하다. 따라서 은행은 이 매매기준을 기준으로 고객과의 거래를 위한 거래환율을 매매기준율의 일정 범위 내에서 자유롭게 결정한다. 또한 원화와 기타 통화에 대한 환율은 원화에 대한 미 달러의 매매기준율을 산출한 다음 국제외환시장에서 형성된 미 달러화에 대한 해당 통화의 환율과 재정하여 결정된다.

[표 1-2] 외국환 원/달러 산출요령

원/달러 일 중 거래명세		
외환 ↔ 신한 USD 20백만	@1020.30	₩20,406,000,000
시티 ↔ 국민 USD 5백만	@1018.40	₩ 5,092,000,000
우리 ↔ 농협 USD 10백만	@1019.50	₩10,195,000,000
외환 ↔ 부산 USD 15백만	@1021.20	₩15,318,000,000
기업 ↔ 신한 USD 8백만	@1015.30	₩ 8,122,400,000
합 계 USD 58백만		₩59,133,400,000
시장평균환율 = $\frac{₩59,133,400,000}{USD\ 58,000,000}$ = 1,019.5413 (소수 2번째 반올림) → **1,019.50**		

☞ 10전 단위미만은 사사오입한다. 그리고 토요일은 외환시장이 개장되지 않기 때문에 월요일의 매매기준율은 토요일의 매매기준을 그대로 적용한다. 은행 간 거래규모가 전년 일평균거래량의 50%미만일 경우에는 전 일자와 당일자의 거래실적을 합하여 시장평균환율을 산출한다.

(2) 외국환은행 대고객 매매율

외국환은행이 거래고객과 외국환을 매매하는 데 적용되는 환율로 당일의 매매기준율 또는 재정환율(미화 이외의 기타 통화인 경우)과 외국환은행 간 매매율을 고려하여 외국환은행의 대고객 매매율을 스스로 결정한다. 여기에는 전신환매매율, 일람출급환어음매입률, 수입어음결제율, 기한부어음매매율, 현찰매매율 등이 있다.5)

(가) 전신환매매율(T/T buying & selling rate)

은행이 전신환으로 처리되었거나 또는 처리하기 위해 외화를 고객으로부터 매매할 때 적용되는 환율이다. 국제거래에서 환어음을 포함하여 전신으로 결제하는 경우에 적용되는 환율로 환어음의 결제(지급결제)가 1일 이내 완료되기 때문에 우송기간에 대한 금리요인이 발생하지 않는 순수한 의미의 환율이다. 전신환매매율은 은행에서 매매기준환율에 일정한 율의 마진(margin)을 가감하여 결정된다. 즉 전신환매매율은 대고객 매매율의 기준이 되는 환율로 일람출급어음매입률, 기한부어음매입률 및 수입어음결제율 등을 결정하는 데 있어서 환어음의 자금화 또는 결제에 소요되는 기간에 해당하는 금리만큼 차감하거나 가산한다.

① 전신환매입률

은행이 전신환으로 처리된 외화를 고객으로부터 매입할 때 적용되는 환율이다. 전신환매입률은 해외로부터 전신으로 송금되어 온 고객의 외화자금(송금대금)을 국내 외국환은행이 원화를 대가로 매입하고 그 원화자금을 당해 고객에게 지급하는 경우에 적용되는 환율이다. 이 경우에는 그 매입자금을 지급하는 시점에서는 그 외환(송금대금)은 이미 매입은행의 해외 예치환거래은행의 계정에 입금되었기 때문에 이 때 적용되는 전신환매입률은 금리요인이 발생되지 않는다.

전신환매입률은 타발송금대전의 매입, 당발추심, 외화예금 지급 등에 적용된다.

② 전신환매도율

전신환매도율은 고객이 외국환은행을 통하여 외국에 외화자금을 전신으로 송금하고자 할 경우, 그 송금자는 직접 보유하고 있는 외화가 없는 경우에는 그 외화자금을 송금하기 위해서는 외국환은행에서 원화를 대가로 송금할 외화를 구매해야 하는데, 이 구매과정에서 외국환의 매매절차가 이행된다. 이 때 국내 외국환은행은 송금자로부터

---

5) 네이버 지식백과 참고

수납한 원화를 대가로 해외 송금할 외화를 매도할 때 적용되는 환율이다. 전신환매매율의 차이는 외국환은행이 외국환의 매매에 따른 보험료 및 수수료 성격이며 일반적으로 외환매매익이라고 한다.

전신환매도율은 수입어음결제(개설은행 송금의 경우), 당발송금, 타발추심(D/A, D/P, 외화수표), 외화예금의 입금 등에 적용된다.

(나) 현찰매매율(cash selling and buying rate)

외국환은행이 고객과의 외화현찰을 매매할 때 적용되는 환율이다. 외화현찰의 경우 외국환은행이 외화자산을 운용함으로써 그 운용수익을 기대하기가 어려우며, 또한 외화현찰의 시재관리에 따르는 보관, 현수 및 현송에 따른 비용이 발생하기 때문에 환율면에서는 이와 같은 기회비용 및 손실 보전과 그 과정에서 분실위험 등을 고려하여 결정된다. 따라서 현찰매입률은 전신환매입률 보다 낮고, 현찰매도율은 전신환매도율 보다 높게 결정된다.

(다) 여행자수표 매도율(T/T selling rate)

외국환은행이 해외여행자에게 여행자수표를 매각할 때 적용되는 환율로, 해외여행자는 여행경비로 환율이 외화현찰보다 낮은 여행자수표의 발행을 요청할 수 있다. 여행지수표의 발행과 관리에 따르는 제비용과 취급 수수료 등을 고려하여 환율을 결정한다.

(라) 일람출급환어음매입률(at sight buying rate)

일람출급 환어음이나 수표를 매입할 때 적용되는 환율이다. 일반적으로 환어음의 우송기간이 경과하여야만 자금화가 되기 때문에 해당 기간에 대한 금리(환가료율)를 전신환매입률에서 차감한 율이 된다.

예컨대 수출자가 일람출급 환어음을 매입은행에 제시하여, 매입은행이 그 환어음을 매입하고 매입자금을 수출자에게 지급하는 경우, 그 매입은행은 해외 지급(결제)은행에 그 환어음을 발송하여 그 지급(결제)은행으로부터 그 자금이 입금되기까지는 상당한 기간(통상 우편기일)이 소요된다. 따라서 그 기간에 해당하는 부분만큼의 금리를 공제한다.

따라서 대고객 일람출급환어음매입률은 “대고객 전신환매입률 − (표준우편일수 / 360 × 연환가요율 × 매매기준율)”의 공식으로 산출한다.

(마) 기한부어음매매율(usance rate)

외국환은행이 기한부어음의 매입, 즉 일람 후 또는 확정일자로부터 기산하여[6] 약정기간 후에 지급되는 조건의 기한부어음을 매입할 때 적용되는 환율이다. 외국환은행은 기한부어음을 매입하면 그 대금을 즉시 지급하고 그 만기일에 대금을 회수한다. 기한부어음매입률은 다음과 식으로 산출된다.

◉ 일람 후 정기출급인 경우
전신환매입률 − 〔(어음기간(결제기간) + 표준우편일수)/360 × 연환가요율 × 매매기준율〕

◉ 확정일자후 정기출급인 경우
전신환매입률 − (매입일자에서 만기일까지 기간/360 × 연환가요율 × 매매기준율)

(바) 수입어음결제율

신용장거래의 경우, 외국의 수출자가 발행한 일람급 환어음을 매입은행에 매입하면 그 매입은행은 매입자금을 수출자에게 지급한 후에 그 자금을 상환(결제)은행에 지급청구를 하여 수취하거나 또는 수입국가의 개설은행의 예치환거래은행에 있는 자신의 예치계정에 대기(credit)지시한 후에 일람급 환어음과 선적서류가 개설은행에 송부되어 수입자에게 제시된다.

따라서 국내 외국환은행(개설은행)이 수입자에게 서류도착 통지를 하여, 그 수입자가 수입대금을 결제할 때에는 상환은행 또는 개설은행의 예치환거래은행에 있는 개설은행의 예치계좌에서 이미 그 수입대금이 인출되어 있는 상태이기 때문에 개설은행은 그 인출(차기)일자로부터 수입자의 대금결제일까지 자금손실을 보게 된다. 따라서 개설은행이 고객을 위해서 그 기간 동안 선 대출한 결과가 되기 때문에 그 기간 동안 이자 성격의 수수료를 더 징수해야 한다. 이때 전신환매도율에서 이자 성격의 수수료율을 가산한 환율이 수입어음결제율이다.

그러나 신용장거래에서 개설은행이 일람급 환어음과 선적서류를 접수하여 그 선적서류를 수입자에게 인도와 동시에 수입대금을 수납하여 매입은행의 지시대로 직접 송금하는 형태의 단순 송금결제방식이거나 또는 선적서류가 수입국가의 수입자에게 도달되어 그 대금이 결제되기까지 개설은행의 예치계좌에서 사전에 인출되지 않는 기타

---

6) 여기에서 '기산'이란 기간을 산정할 때 그 기간 산정을 위한 개시일자를 의미한다.

방식인 경우에는 전신환매도율로 결제한다.

◉ 해외 상환(결제)은행(주로 예치환거래은행) 앞으로 청구하는 상환방식인 경우
수입어음결제율 = 전신환매도율 + (매매기준율 × 표준우편일수/360 × 연환가요율)

◉ 송금방식 및 기타의 경우
수입어음결제율 : 전신환매도율

☞ 환가료(exchange commission)
환가료는 외국환은행이 수출환어음, 여행자수표, 외화수표 등을 매입한 후 현금화할 때까지 우편기간 또는 어음기간 동안 발생하는 자금 부담에 대하여 이자 성격으로 징구하는 기간 수수료이다.

◉ 환가료 : 대상금액 × 연환가료율 × 표준우편일수 ÷ 360 × 매매기준율

- 연환가료율: 당해통화 3개월물 Euro금리(LIBOR)에 1%를 가산한 범위 내에서 은행이 주 1회 이상 자율적으로 정한다.
- 일람출급 환어음(sight draft)을 매입할 시 하자가 없는 경우(clean)는 Euro금리(LIBOR)에 1%를 가산되고 하자가 있는 경우에는 1.5%가 가산되지만, 지급은행이 인수의사를 표명하면 면제해 주기도 한다.
- 표준우편일수: JPY(일본), HKD(홍콩), SGD(싱가폴), MYR(말레시아), THB(태국), IBR(인도네시아)인 경우는 7일 적용
- 기타 통화는 8일 적용, 재매입 시 12일

◉ 대체료(in lieu of exchange commission)

수출자가 수출대금을 외화로 받은 후에 그 대금을 원화로 환전(교환)하지 않고 그 외화금액을 다른 외화계정에 대체하거나 또는 수입결제 등에 직접 이체·이용하는 경우가 있는데, 이 경우 은행 입장에서는 외국환 매매거래가 발생하지 않기 때문에 수수료가 발생하지 않는다. 따라서 이와 같은 대체거래로 은행의 매매이익 또는 수수료가 빌생하지 않기 때문에 은행은 이에 대한 보상으로 대체료를 별도로 징구하여 은행수익을 보전한다. 따라서 이 때 징수하는 수수료이다.

제 3 절 무역결제의 기초 개념과 결제방법

1. 대금결제의 기초 개념

(1) 지급결제의 개념과 의의

경제주체들이 경제활동에 따른 채권·채무관계를 지급수단을 이용하여 해소하는 행위를 지급결제라고 한다. 여기에서 채권·채무관계는 경제활동 과정에서 발생한다. 예컨대 특정 경제주체인 A가 B에게 특정 물품을 매도하는 경우에는 그 물품을 매도한 A는 B로부터 물품대금을 영수할 권리, 즉 '채권'이 발생하며, 반면 상대방인 B는 그 물품대금을 지급해야 하는 의무, 즉 '채무'가 발생한다. 따라서 상호간 채권·채무관계는 지급수단을 이용하여 지급함으로써 해소된다.

경제활동을 하는데 있어서 생활용품을 구입하거나 서비스를 이용하고 그 값을 지급할 때 현금, 수표 또는 신용카드와 같은 지급수단을 이용한다. 기업도 원자재, 사무용품, 영업물품 등을 구입하거나 임직원에게 급여를 지급할 때 현금으로 지급하거나 수표 또는 계좌이체 등의 지급수단을 이용한다. 근래에는 통상적인 지급에 있어서는 주로 온라인 계좌이체 또는 각종의 카드를 이용하고 있다. 정부도 재정지출을 집행하거나 개인·기업으로부터 세금을 징수할 때 현금이나 신용카드 또는 계좌이체 등을 지급수단으로 이용한다.

이와 같이 경제주체들이 각종 경제활동에 따라 거래당사자들 사이에서 발생하는 채권·채무관계를 지급수단을 이용하여 해소하는 행위를 지급결제라고 한다. 우리가 신용카드로 대금을 결제하는 것도, 금융기관을 통해 지인 또는 가족·친지에게 송금하는 것도, 매달 자동계좌이체 서비스를 이용하여 휴대폰 요금 등과 같은 각종 서비스 요금을 이체하는 것도 모두 지급결제의 사례이다.

지급수단에는 여러 가지가 있지만 가장 기본적이고 단순한 지급수단은 현금(화폐)이다. 현금은 중앙은행이 발행하는 지급수단으로써 그 공신력을 국가가 보장하고 있다. 그러므로 어떤 거래에서나 현금을 지급하면 더 이상의 결제과정을 거칠 필요 없이 지급결제가 마무리된다. 즉 현금을 지급함으로써 채권·채무관계가 발생하는 동시에 즉시 그 관계가 사라진다.

그러나 소액거래를 제외한 대부분의 거래에는 현금 대신 어음이나 수표, 신용카드, 계좌이체 등의 지급수단이 이용된다. 이러한 지급수단은 지급인이 자신의 거래은행에 예치한 자금을 수취인에게 지급하여 줄 것을 요청하는 수단에 불과하다. 그러므로 이러한 지급수단을 이용하는 경우에는 해당 금액을 지급인의 금융기관에 있는 예금계좌에서 인출하여 수취인의 예금계좌로 입금하여 주는 금융기관 간 자금이체 절차를 거쳐야 한다.

현금 이외의 지급수단이 우리 사회에서 일상적으로 통용되고 있는 것은 이러한 지급수단이 금융기관 간에 이루어지는 자금이체 과정을 거쳐 자신의 예금으로 전환되고 언제든지 손쉽게 현금으로 찾을 수 있을 것이라는 신뢰가 있기 때문이다. 이처럼 현금을 지급수단으로 이용하는 경우에는 그 자체로서 지급결제가 마무리되지만 그렇지 않은 경우에는 지급, 청산 및 결제의 세 단계를 거쳐 지급결제가 이루어진다.

따라서 지급은 개인이나 기업과 같은 경제주체들이 서로 주고받을 채권 · 채무를 해소하기 위하여 어음, 수표, 신용카드, 계좌이체 등으로 대금을 지급하는 것을 말한다. 청산은 현금 이외의 지급수단으로 지급이 이루어졌을 때 금융기관들이 서로 주고받을 금액을 계산하는 것이다. 결제는 청산과정을 통해 계산된 금액을 각 금융기관이 중앙은행에 개설한 당좌예금계정 간에 자금이체 등을 통해 서로 주고받아 채권채무관계를 해소하는 과정이다.[7)]

(2) 무역결제의 개념

국제거래의 성공적인 이행을 위해서는 기본적인 매매계약 이외에 물품인도를 위한 운송, 보험, 대금결제, 분쟁해결 등의 조건약정이 필요하다. 그 중에서도 대금결제는 매도자의 물품인도에 대한 매수자의 기본 의무이기 때문에 그 의무이행은 당초 매매계약에 약정된 내용과 방식대로 이행되어야 한다. 무역계약은 기본적으로 매도자의 물품인도에 대한 대가로 매수자의 대금결제로 이행되는 쌍무적인 성격의 계약이기 때문에, 국제거래에서는 운송조건과 결제조건이 그 근간이며 중심(핵심)을 이룬다.

국제무역거래에서는 국내 거래와는 달리 국가가 서로 다른 매도자와 매수자 간 무역거래에 따른 채권채무관계의 청산은 국제무역의 특성상 현금으로 직접 결제하는 것은 어렵다. 따라서 국제무역업자 사이에 금융기관이 개입하여 그 업자들의 의뢰에 따른 단순한 대금송금에서부터 서류의 수 · 발송 및 무역금융 지원, 그리고 필요에 따라서는 지급약정(대금결제 보장약정) 등을 하게 된다. 따라서 무역업자는 거래상황에 적합한 결제방법을 약정하여 국제간 결제문제를 해결하게 된다.

국제무역에서 어느 결제방법을 선택하느냐에 따라 모든 무역절차가 달라질 수 있

7) http://www.bok.or.kr/(채진익, 전자무역론, 도서출판 두남, 2012).

다. 예컨대 사전송금방식으로 결제조건을 약정하는 경우, 수출자는 수출물품을 제조하기 위해 소요되는 모든 비용을 미리 수입자로부터 지급받게 되므로 안전성은 물론 비용부담을 크게 감소시킬 수 있게 된다. 반면, 기한부신용장에 의한 결제방법을 택하게 되는 경우에는 수출자가 수출물품을 수입자에게 물품을 인도한 후에도 물품대금을 일시불로 지급받을 수 없게 되므로 이에 대한 대금회수 위험을 감수해야 하는 동시에 자금부담(비용부담)이 커지게 된다. 이처럼 결제조건은 매매계약을 이행하는 데 있어서 매우 중요한 요소이다.

(3) 무역결제의 특징

국제거래에서 약정물품의 선적과 대금결제 간의 시차 발생으로 대금수취에 대한 위험이 존재한다. 또 무역거래는 통상적으로 서로 다른 국가 간의 거래이기 때문에 외국환의 거래가 불가피하다. 따라서 계약체결 시점과 그 결제시점 간의 환율변동에 따른 위험이 존재한다. 국제무역은 또한 국제간 거래이기 때문에 대금결제에 있어서 복잡한 거래과정을 거치게 된다. 그리고 각국의 외국환 수급상황 및 정치적인 상황에 따른 국별 비상위험도 따른다. 마지막으로 무역거래를 이행하는 과정에서 매매당사자 간의 분쟁이 발생할 경우에는 많은 비용과 시간이 소요된다.

(4) 무역결제의 시기와 종류

(가) 무역결제의 시기

① 선지급(advanced payment)

무역거래에서 매도자가 물품선적이나 또는 물품인도 이전에 미리 물품대금을 수취하는 결제방법이다. 따라서 매수자는 물품을 수령하기 이전에 대금을 지급하여야 한다. 여기에는 물품의 구매주문과 동시에 대금지급이 이루어지는 CWO(Cash With Order)방식, 물품의 주문과 함께 T/T(Telegraphic Transfer) 등으로 송금하는 사전송금방식, 그리고 수익자가 신용장의 수취와 더불어 미리 대금이 결제되는 선대 신용장(Red Clause L/C)방식 등이 있다.

② 동시지급(concurrent payment)

무역거래에서 물품의 선적 또는 인도나 운송서류의 인도와 동시에 대금결제가 이루어지는 결제방법이다. 여기에는 현물의 실질적 인도와 동시에 대금이 지급되는 결제방식인 COD(cash on delivery)와 운송서류의 인도와 동시에 대금지급이 이루어지는 경제방식인 CAD(cash against document)가 있다. 또 여기에는 일람급신용장방식(at sight L/C), 추심방식의 D/P(document against payment: 서류지급도방식) 등도 있다.

③ 후지급(연지급, deferred payment)

무역거래에서 후지급(연지급, 연불지급)은 물품의 선적 또는 인도나 운송서류를 인도한 후 일정한 기간이 경과되어야 대금결제가 이루어지는 외상거래 조건이다. 여기에는 기한부 또는 연지급신용장방식, 추심방식의 D/A(서류인수도), 사후송금방식, 중장기연불방식(deferred payment on long or medium term), 위탁판매방식(sales on consignment basis) 등이 있다.

④ 혼합방식(mixed payment)

무역거래에서 선지급, 동시지급 및 후지급 방식 중 어느 두 가지 이상 혼합한 결제방법이다. 여기에는 대금을 일시에 결제하지 않고 계약 시, 선적 시, 도착 시 등으로, 또는 공정에 따라 분할해서 지급하는 누진지급(progressive payment) 방식도 있다.

(나) 무역결제의 통화

국제무역거래에서 대금결제를 위한 통화는 통상적으로 자국통화로 결정하는 방법, 상대국의 통화로 결정하는 방법, 제3국의 통화로 결제하는 방법 등의 세 가지가 있다. 여기에서 결제통화는 환율변동에 따른 위험이 존재하기 때문에 주의를 필요로 한다. 어느 통화로 결제할 것인가는 거래당사자 간에 합의하는 것이 원칙이다. 국제거래에서는 이용되고 있는 통화는 미화(US$)가 절대적으로 많으며, 유로화(EUR), 엔화(JPY), 캐나다 달러(CAD) 등도 있다.

(다) 무역결제의 종류

무역결제는 크게 송금(remittance)과 추심(collection)에 의한 무신용장 결제방식과 신용장에 의한 결제, 그리고 국제팩토링(international factoring)과 포페이팅(forfaiting) 방식, 오픈 어카운트(open account) 등 특수한 결제방식으로 대별될 수 있다.

제 2 장

신용장에 의한 대금결제

제 1 절 신용장의 의의

1. 신용장의 개념과 정의

(1) 신용장의 개념

국제무역거래는 국내 상거래와는 달리 많은 위험에 노출되는데, 그 중에서도 수출자의 입장에서는 약정물품을 선적한 이후에 그 물품대금을 회수하지 못할 수 있는 신용위험이 있고, 한편 수입자의 입장에서는 약정물품을 약정기간 내에 수령하지 못할 수 있는 상업위험이 존재한다. 따라서 수출자는 약정물품을 선적하기 전에 물품대금을 수취하기를 원하고, 반면 수입자는 약정물품을 적기 수령하고 대금을 지급하기를 원할 것이다.

이와 같은 상황의 공간적인 차이를 해결하기 위해 신용장이 이용될 수 있다. 따라서 이러한 위험들이 제거되어야 무역거래가 원활하게 이루어질 수 있는데 그 수단이 신용장이다. 즉 은행이 무역거래에 개입하여 수출자에게는 대금회수를 보장해 주고, 수입자에게는 약정물품의 적기 수령을 보장해 준다. 그리고 필요한 경우 결제자금을 지원해 준다면 거래당사자 모두 만족할 수 있을 것이다. 따라서 이를 해결하기 위한 제도로 신용장이 도입되어 이용되고 있다.

여기에서 신용장이란 수입자의 요청에 따라 개설되고 그 신용장에서 요구하는 서류가 신용장의 조건과 일치하게 제시하는 조건으로 개설은행이 대금지급을 보장하는 조건부 지급약정서이다. 즉, 개설은행이 조건부로 대금지급을 보장함으로써 거래당사자의 거래신용(commercial credit)을 은행의 신용(bank credit)으로 대체하는 일종의 금융수단이다.

무역거래에서는 신용장의 종류, 신용장의 약정내용, 신용장의 개설방법 및 그 시기 등에 관하여 매매계약서상에 약정하는 것이 바람직하다. 신용장은 수출자의 대금회수 위험이나 금융적 불편을 대폭 해소할 수 있는 편리성 때문에 무역거래의 결제수단으로 가장 많이 이용되어 왔으나 그동안 지속적으로 감소하여 현재는 그 이용비율이 낮다.

실제로 신용장을 개설하기 위해서는 일정한 절차를 필요로 한다. 즉 은행 측에서 신용장의 개설은 일종의 여신이기 때문에 여신에 준하는 절차를 통하여 신용장이 개설된다. 따라서 개설의뢰자의 신용이 부적합한 경우에는 은행 측에서 일정한 담보를 요구하는 등 그 절차가 복잡해질 수 있다. 즉 신용장의 개설은 개설의뢰자의 재정적 및 신용도 면에 있어서 일정한 요건을 갖추어야 한다.

(2) 신용장의 정의

무역거래에서 대금결제를 원활히 하기 위하여 수입자의 거래은행이 그 수입자의 지시에 따라 신용장을 수출자를 수익자로 개설하고, 수출자인 수익자가 그 신용장에 명시된 조건에 일치한 서류를 제시하면 그 서류와 상환으로 대금을 직접 지급하거나, 신용장에 따라 발행된 환어음의 지급 또는 인수를 하거나, 혹은 타 은행에게 지급·인수 또는 매입할 수 있도록 수권을 약정하는 개설은행의 지급약정서이다. 즉 제시서류의 일치성을 전제로 개설은행이 대금지급을 보장하는 조건부 지급약정이다.

UCP 600 제2조에서는 "신용장이라 함은 그 명칭이나 기술에 관계없이 취소불능이며 따라서 일치하는 제시를 지급이행할 개설은행의 확약을 구성하는 모든 약정을 말한다."라고 정의하고 있다.

2. 화환신용장의 필요성과 기능

(1) 화환신용장의 필요성

이미 언급된 바와 같이 수출자는 수출물품에 대한 대금회수의 불확실성을 우려하여 그 물품을 인도하기 전에 대금을 회수하고자 하는 입장이고, 반면 수입자는 약정물품의 적기 입수를 우려하여 물품을 수령한 후에 대금을 지급하기를 원하는 입장일 것이다. 따라서 쌍방의 거래당사자는 신뢰성 있는 은행을 개입시켜 그 은행이 신용장의 조건과 일치하는 서류의 제시를 전제로 수출자에게 대금의 지급보장을 약정하고, 수입자에게는 물품을 상징하는 선적서류와 상환으로 수입대금을 지급하도록 약정한다면 이러한 시차적인 문제가 해소될 것이다.

(2) 신용장의 기능

우선 신용장은 지급보완수단으로써의 기능이다. 수입자가 직접 수출자에게 대금을 결제하지 않고 은행의 지급약정으로 대체한다. 특히 기한부(usance) 또는 연지급신용장을 개설한다면 일정한 약정기간 후에 대금을 지급하기 때문에 수입자 입장에서는 물품을 수령하여 판매한 대금으로 지급기일에 결제할 수도 있다.

둘째는 지급담보로써의 기능이다. 신용장의 조건에 일치한 서류가 제시되면 은행이 대금지급을 약정하는 은행의 지급약정이다. 즉, 수출자는 신용장의 조건에 일치하는 서류를 은행에 제시하면 대금지급을 보장받는다.

그리고 신용장은 금융기능이 있다. 신용장은 은행의 지급약정(서)이기 때문에 물품을 선적하기 전이라도 이를 담보로 자신의 거래은행에서 대출을 포함한 금융상 수혜를 받을 수 있다. 우리나라에서는 수출자가 신용장을 근거로 국내 수출물품 또는 수출용 원재료를 공급받기 위한 내국신용장의 개설을 포함한 각종 무역금융의 수혜를 받을 수 있다.

3. 신용장의 범위

국제무역거래에서 결제방식으로써 신용장의 범위에는 개설의뢰자의 요청과 지시에 따라 개설되는 화환신용장(documentary letter of credit)은 물론 금융보증 또는 채무보증 등을 목적으로 개설되는 보증신용장(standby letter of credit)까지도 포함된다.

신용장의 개설은 수익자와의 계약에 의한 것이 아니라 개설의뢰자의 지시와 요청에 따른다. 은행이 수익자로 지정된 자 또는 그 지시자(신용장의 양수자)에 대하여 지급의무를 부담한다는 제한적인 약정을 하고 있다.

신용장은 수익자에 대한 개설은행의 직접적인 약정만을 의미한 것이 아니라 개설은행이 타행을 통하여 수익자에게 지급·인수하거나 또는 매입하도록 한다는 수권적인 약정의 의미를 포함하고 있다.

그리고 신용장이란 신용장의 조건과 문면상 일치한 서류를 제시하는 조건으로 은행이 지급을 보장한다는 조건부의 약정임을 규정하고 있다.

4. 신용장의 효용과 한계

(1) 수출자의 효용

우선 신용위험이 제거된다. 즉 국제거래에서 수출자의 입장에서는 계약대로 약정물품을 선적하고 대금을 회수하는 것이 가장 중요한 일이며 관심사이다. 그런데 수출자가 그동안 상대방 국가의 거래상대방과 거래관계가 없거나 또는 그 상대방의 신용이 불확실한 경우에는 대금회수에 대한 불확실성이 존재한다. 국제거래에서 결제방법으로 신용장을 이용하면 수출자는 신용장에 약정된 선적기간 내에 신용장의 조건대로 물품선적을 완료하고 관련 선적서류를 매입은행에 제시·매입하면 그 매입은행으로부터 조기에 대금을 회수할 수 있다. 따라서 개설은행의 지급약정에 의하여 대금지급이 보장되기 때문에 수출자의 대금회수의 불확실성, 즉 신용위험은 제거된다.

둘째, 무역거래의 활성화(촉진)에 기여한다. 무역거래에서 신용이 확실한 은행이 무역대금의 회수를 보장함으로써 무역거래에 대한 불안을 제거할 수 있으며, 이와 같은 제도적 기반은 무역거래의 확대로 이어져 무역거래의 활성화 및 글로벌화에 기여한다.

셋째, 수출대금을 즉시 회수할 수 있다. 수출자는 개설은행으로부터 대금을 회수하기 전에 매입은행에 선적서류의 매입을 통하여 선적후 즉시 대금을 회수할 수 있다. 이는 수입자로부터 현물상환급, 즉 현실적 인도와 동일한 효과를 누릴 수 있다. 약정물품이 수입자에게 도달되지 않더라도 선적 후 즉시 대금을 회수할 수 있다.

넷째, 약정물품을 선적하기 전에 무역금융상의 수혜를 받을 수 있다. 수출자는 수취한 수출신용장을 담보로 거래은행으로부터 무역금융을 받을 수 있다. 수출자의 거래은행은 신용장에서 개설은행의 지급약정을 근거로 무역금융을 제공한다. 따라서 수출자는 안심하고 수출물품을 조달하거나 제조할 수 있다. 신용장에 의하여 계약이 일방의 당사자에 의하여 일방적으로 취소 또는 조건 변경될 우려가 없다.

다섯째, 일방적인 대외 지급거절 또는 외환통제에 대한 불안이 제거된다. 신용장이 이미 개설·통지된 경우에는 수입국가의 외환사정이 악화되더라도 그 수입 국가는 자신의 국제 신용도 문제로 일방적인 지급거절 또는 외환통제를 하지 않는 것이 관례다. 따라서 수출자는 대금회수에 대한 불안이 제거 또는 경감될 수 있다.

(2) 수입자의 효용

우선 수입자는 무역거래에서 신용장을 결제조건으로 약정함으로써 공신력 있는 은행의 신용을 이용할 수 있다. 신용장은 개설은행의 지급약정이기 때문에 수입자는 자신의 신용을 공신력 있는 은행의 신용으로 대체하는 것이다. 즉 계약체결 시 협상력을 높일 수 있을 것이다. 따라서 수입자는 수출자와 매매계약에서 가격, 선적 등의 계약조건을 유리한 방향으로 이끌어 갈수 있다.

둘째, 수입자는 적기에 약정물품을 수령할 수 있다. 신용장은 제시서류의 일치성을 전제로 한 조건부 지급약정이기 때문에 수출자는 신용장에 약정된 선적기일을 준수해야 한다. 신용장에 그 유효기일과 제시기일 및 선적기일을 명시함으로써 원하는 일자에 물품을 수령할 수 있다. 다라서 수입자는 물품을 적기 수령하여 목적대로 이용할 수 있다.

셋째, 은행으로부터 금융수혜를 받을 수 있다. 신용장을 개설함으로써 물품선적 시부터 그 대금결제 시까지의 금융은 개설은행의 신용으로 해결되기 때문에 수입자는 은행으로부터 수입자금을 융자받는 효과가 있다. 기한부신용장의 경우는 약정된 기간 후에 대금을 결제한다. 따라서 그 기간 동안 수입자는 자금을 부담하지 않는다.

한편 수입자는 자신의 신용상태가 양호한 경우에는 담보 또는 수입자금 없이도 신용으로 신용장의 개설이 가능할 수 있다. 수입자의 신용이 확실한 경우 개설은행은 담보 또는 수입자금을 미리 요구하지 않고도 신용장을 개설하는 경우가 있다. 물론 신용장의 개설은 수입자의 신용이 확실하지 않을 경우에는 수입대금을 미리 예치시키거나 담보를 요구하고 있다.

(3) 은행의 효용

개설은행은 신용장의 수익자에게 독자적으로 지급보장을 약정하기 때문에 위험이 따를 수 있다. 그러나 은행은 이를 통하여 수수료를 취득할 수 있기 때문에 은행의 안정적인 수익기반의 확보에 기여한다. 다만 은행이 수출자에게 대금을 지급한 후에는 그 자금을 수입자로부터 상환받지 못할 위험이 있는데, 이 경우 수입자로부터 수입결제자금으로 수입보증금을 사전에 예치시키거나 또는 부동산 등 물적 담보를 확보할 수 있기 때문에 위험을 회피하거나 또는 수입자에게 전가할 수 있다.

그리고 신용장을 개설할 시에 수익자가 제시하는 선하증권을 개설은행의 지시가 있어야 물품을 찾을 수 있도록 하는 개설은행의 지시식 선하증권을 제시서류로 신용장에 약정함으로써 개설은행은 운송 중의 물품에 대한 담보권을 취득할 수 있다. 따라서 수입자는 개설은행의 동의 없이 물품을 찾을 수 없다. 이 경우 수입자가 물품을 찾기 위해서는 우선 개설은행에 수입대금을 결제하고 운송서류(선하증권)를 인도받아야 하며, 또 그 운송서류상에는 개설은행의 인도지시와 서명이 있어야 한다. 수입자가 개설은행에 수입대금을 결제하면 그 개설은행은 선하증권상에 수입자에게 물품을 인도하도록 지시하는 문언을 기재하고 그 선하증권을 수입자에게 인도함으로써 수입자는 그 선하증권으로 물품을 통관하여 찾는다.

한편 매입은행의 입장에서는 신용장의 조건에 일치하는 서류를 매입하는 한, 개설은행으로부터 대금회수가 보장되기 때문에 안심하고 서류를 매입할 수 있다. 매입은행은 개설은행으로부터 지급이 거절되는 경우에는 무역거래자를 위한 선의의 매입자로서 매입자금에 대해 수출자에게 상환청구권을 행사할 수 있다.

(4) 신용장 제도의 한계성

신용장제도는 현금, 보증수표 또는 자금이체와 같은 절대적이고 독립된 지급수단은 아니다. 따라서 수출자의 입장에서는 비교적 안심하고 이용할 수 있는 제한적인 조건부 지급약정에 불과할 수 있다. 특히 신용장거래에서는 신용장에 약정된 서류의 일치성을 전제로 지급을 약정하기 때문에 서류심사가 필수적인데 이와 같은 서류심사로 많은 분쟁이 발생하며, 이로 많은 어려움이 발생할 수 있다. 더욱이 개설은행이 지급불능 상태에 빠진다면 신용장의 기능을 정지될 수 있다.

한편 수입자의 입장에서도 상업(거래)적 위험을 전적으로 피할 수는 없다. 신용장거래에서 사기가 발생하는 경우에는 어려움이 있을 것이다. 경우에 따라서는 일방적으로 피해를 볼 수 있다. 특히 신용장거래는 독립추상의 원칙을 약용하는 경우이다.

그리고 매입은행의 경우도 신용장의 독립성의 원칙에 의하여 보호받기 때문에 서류상의 심사 이외에 물품이 매매계약서와 일치하는지를 확인하거나 또는 직접 품질을 확인할 의무가 없으며, 비록 물품과 불일치하더라도 아무런 책임이 없다.

5. 신용장의 주요 거래절차

(1) 매매물품계약 체결

① 수입자와 거래은행(신용공여은행: 개설은행) 간 무역계약 체결
② 무역계약서의 결제조항에 신용장에 의한 결제 내용 명시

(2) 신용장의 개설을 위한 상담 및 신청[1)]

① 수입자는 거래은행에 신용장의 개설에 대한 전반적인 상담/합의

② 수입자와 거래은행 간 외국환거래약정[2)] 체결

③ 수입자(개설의뢰자)는 신용장의 개설신청과 함께 취소불능신용장의 개설 신청서 및 기타 필요한 서류를 개설은행에 제출

(3) 신용장의 개설 및 통지

① 개설은행은 수입자로부터 신용장의 개설을 요청받으면 그 개설여부를 결정하기 위한 확인 또는 심사

② 개설은행은 신용장을 개설하기로 결정한 경우, 신용장을 개설하여, 수출국가에 있는 자신의 환거래은행(통지은행)에 수출자 앞으로 그 신용장의 통지를 요청

(4) 통지은행의 신용장의 진정성 확인 및 통지

① 통지은행은 개설은행으로부터 수신된(접수된) 신용장의 진정성을 확인하고 수출자(수익자)에게 통지한다.

② 당해 수익자는 통지받은 신용장을 수취하고(통지 수수료 납부) 그 신용장의 내용에 불합리한 또는 이행 불가능한 내용(조건)이 있는지 등을 신중하게 검토한다.

(5) 수출물품 조달 또는 제조(생산)

① 수익자는 수출물품을 직접 제조하는 경우에는 물품의 제조(생산)를 위한 원재료를 국내외에서 확보할 수 있다.

② 수익자가 수출용 완제품을 외부에서 조달하는 경우에는 적정한 거래처를 선정하여 완제품을 확보한다.

③ 이 과정에서 자금이 필요한 경우에는 은행으로부터 무역금융을 지원받을 수 있다.

---

1) 개설은행은 신용장의 개설을 요청하는 수입자에 대한 신용조사 및 재무상태 등을 조사한 후에 신용장의 개설여부를 결정한다. 따라서 필요한 경우, 특히 수입자의 신용이 미흡한 경우에는 수입보증금의 예치 또는 담보를 제공해야 한다.

2) 외국환거래약정서(foreign exchange transaction agreement)는 외국환거래자가 외국환은행과 외국환거래를 하는데 있어 '은행여신거래기본약관'이 적용됨을 승인하고 외국환거래약정서에 규정된 각 조항에 대한 확약서이다. 여기에서 외국환거래라 함은 수출·수입, 내국신용장발행, "내국신용장환어음, 판매대금추심의뢰서" 매입(추심)거래·선적통지부 사후송금방식 수출거래에 의한 수출대금채권 매입거래를 의미한다(SC BANK 참조).

(6) 수출물품의 검사 및 선적

① 수익자는 수출물품에 대한 검사가 필요한 경우에는 검사 이행(제3자, 즉 공인검사기관을 통해서도 할 수 있다).
② 운송회사와 운송계약을 체결하고 물품 선적
③ 검사, 물품 선적 등을 하고 관련 서류를 수취

(7) 선적서류의 준비 및 제시

① 수익자는 운송회사, 검사기관, 보험회사 등으로부터 관련 서류를 발급받는다.
② 직접 작성해야 되는 서류를 직접 작성한다(상업송장, 포장명세서 등).
③ 통상 은행에 제출되는 서류는 다음과 같으며, 은행에 서류매입을 위해 신용장의 조건대로 서류를 세팅한다.
   * Commercial Invoice(상업송장)
   * Bill of Lading(선하증권) 또는 Air or railway bill(항공 또는 철로 운송장) 등 운송서류
   * Insurance policy(보험증권)
   * Packing List(포장명세서)
   * Certificate of quality(품질증명서)
   * Certificate of Inspection(검사증명서) 등

(8) 서류의 매입 신청 및 매입은행의 매입

① 수익자는 신용장의 조건대로 세팅된 서류와 환어음을 매입은행에 제시하면서 매입을 요청한다.
② 매입은행은 신용장과 제시서류의 일치성 심사를 한다.
③ 그 심사결과 불일치 사항이 없으면 수익자에게 매입대금을 즉시 지급하고 불일치 사항이 있으면 수익자에게 보완을 요청한다.
④ 매입은행은 불일치 내용이 보완(수정)이 안 되는 경우 다음 세 방법 중의 한 방법으로 매입할 수 있다.
   ⓐ 제시서류를 매입하지 않고 추심으로 서류를 송부
   ⓑ 수익자로부터 L/G(letter of guarantee: 각서)를[3] 징구한 후 매입하고 그 매입

3) 여기에서 각서는 매입은행이 하자서류를 매입함으로 인해서 그 이후 입을 수 있는 모든 손해를

대금을 지급

ⓒ 불일치 내용에 대한 개설은행의 동의를 받은 후 지급

(9) 개설은행에 제시서류의 발송 및 대금 청구

① 매입은행은 신용장의 조건대로 세팅된 서류를 개설은행에 송부하면서 신용장 대금에 대한 지급지시를 한다. 이때 구체적으로 수취은행, 계좌번호, 수취인 등에 관한 정보를 제공한다.

② 만약 신용장에 별도의 결제은행(지급은행)이 지정된 경우, 매입은행은 직접 지급(상환) 청구하기 위해 그 지정은행에 지급(상환) 요청서를 선적서류와는 별도로 송부한다.

(10) 개설은행의 선적서류의 접수 및 서류 심사

① 개설은행은 도착된 제시서류를 접수하고 수입자(개설의뢰자)에게 그 서류도착 통지를 한다.

② 그리고 개설은행은 즉시 그 제시서류의 일치성 여부를 심사한다.

③ 만약 그 제시서류가 불일치한 경우에는 개설의뢰자에게 불일치 통보를 하고, 또한 매입은행에도 그 불일치 통보를 하면서 그 불일치 내용 모두 기재한다(불일치 통보는 서류접수 익일로부터 5은행영업일 이내).

④ 그 불일치 내용에 대한 권리포기 여부를 개설의뢰자와 교섭·확인할 수 있다.

⑤ 개설의뢰자가 불일치를 수리하는 경우, 즉 권리포기를 하는 경우에는 개설의뢰자로부터 물품대금을 수납하고, 그 서류를 인도한다.

⑥ 그리고 이러한 사실을 매입은행에 통보한다. 우리나라 개설은행은 매입은행에 불일치를 통보한 후에 개설의뢰자가 그 불일치를 수리하는 경우, 그 불일치 수리에 대해 통보하지 않은 경우가 많은데 통보를 하는 것이 바람직하다.

(11) 대금결제 및 선적서류 수령

① 개설의뢰자는 물품대금을 지급하고 선적서류를 수령한다.

② 개설의뢰자는 신용장이 기한부(또는 연지급) 신용장인 경우에는 그 환어음(서류)

수출자인 수익자가 책임진다는 내용의 각서이다. 이는 신용장이 수익자가 일치하는 서류의 제시를 조건으로 개설은행이 그 지급을 보장하기 때문에 불일치 서류는 개설은행으로부터 대금지급이 보장되지 않기 때문이다. 이 제도는 수익자의 편의를 제공하기 위해 이용되고 있다.

을 인수하고 대금지급 없이 서류를 수령한다.

③ 기한부 또는 연지급 신용장은 산출된 지급만기일에 수입대금을 결제한다.

(12) 물품수령을 위해 운송회사에 운송서류 제시

① 개설의뢰자는 개설은행으로부터 서류를 수취하여 운송회사에 제출하고 물품을 수령한다.

② 전자무역시스템을 이용하는 경우에는 그 절차에 따른다.

(13) 운송회사로부터 물품을 수령한 후 통관절차 이행

제 2 절 신용장거래의 당사자

1. 신용장거래의 기본 당사자

신용장거래에서 거래당사자는 기본 당사자와 기타 당사자로 구분된다. 우선 기본 당사자는 신용장거래에 있어서 직접적으로 권리와 의무를 부담하는 거래당사자로서 취소불능 신용장이 개설된 경우 기본 당사자 전원의 합의가 있어야 취소나 변경이 가능하다. 기본 당사자는 개설의뢰자, 개설은행, 수익자이며, 확인신용장의 경우에는 확인은행도 기본 당사자에 포함된다.

(1) 개설의뢰자(applicant)

국제거래에서 수출자와 매매계약을 체결하고 그 매매계약에 따라 거래은행(개설은행)에 신용장의 개설을 요청하는 자로 매매계약에서 수입자(매수자)이다. 개설의뢰자는 원칙적으로 매수자이지만, 때로는 매수자의 거래처인 제3자(제3자에게 수입을 위탁하는 경우 그 수입수탁자 또는 수입대행자)가 되는 경우도 있다. 개설의뢰자는 화물의 수하인이며 그 수입대금을 개설은행에 결제하는 자이다. 그러나 신용장거래에서는 신용장대금의 지급의무가 있는 환어음의 지급인은 개설은행이다.

신용장거래에서 개설의뢰자는 무역계약에서 Importer(수입자), Opener 또는 Issuer

(개설자), Buyer(매수자), Accountee(대금결제인), Drawee(환어음지급인), Consignee (수하인), Accredited Buyer(수신매수자) 등에 해당한다.

(2) 개설은행(issuing bank)4)

무역거래에서 매수자(개설의뢰자)의 요청과 지시에 따라 수출자(수익자) 앞으로 신용장을 개설하는 은행으로, 수익자의 제시서류가 신용장의 조건과 일치하는 한 신용장 대금의 지급의무를 부담한다. 즉 수익자가 신용장의 조건과 일치하게 제시한 서류와 상환으로 대금을 지급하거나, 또는 수익자가 발행한 환어음을 인수 및 매입하거나 또는 타은행에게 그러한 지급, 인수 또는 매입을 수권할 것을 약정하는 은행을 의미한다. 신용장거래에서 개설은행을 Issuing Bank, Establishing Bank, Opening Bank 등으로 칭해지고도 있으나 1974년부터 신용장통일규칙(UCP)에서는 공식적으로 "Issuing Bank"로 표기하고 있다.

UCP 600 제7조에서는 개설은행의 의무에 대해 다음과 같이 약정하고 있다.

a. 규정된 서류가 지정은행 또는 개설은행에 제시되고, 그 서류가 일치하는 제시를 구성하는 한, 신용장이 다음과 같은 방법으로 이용되는 경우에는, 개설은행은 지급결제를 해야 한다.

   i. 개설은행에서 일람지급, 연지급 또는 인수 중의 한 방법으로 이용되는 경우;

   ii. 지정은행에서 일람지급으로 이용되고 그 지정은행이 지급하지 아니하는 경우;

   iii. 지정은행에서 연지급에 의한 방법으로 이용되고 그 지정은행이 그의 연지급약정을 부담하지 아니한 경우 또는, 그 지정은행이 연지급약정을 부담하였지만 만기일에 지급하지 아니한 경우;

   iv. 지정은행에서 인수에 의한 방법으로 이용되고 그 지정은행이 자신을 지급인으로 하여 발행된 환어음을 인수하지 아니한 경우 또는, 그 지정은행이 자신을 지급인으로 하여 발행된 환어음을 인수하였지만 만기일에 지급하지 아니한 경우;

---

4) 우리나라에서는 '개설은행'을 발행은행으로도 칭해지고도 있으며, 많은 교재는 발행은행으로 표기하고 있음을 알려 둔다. 본 저자는 신용장은 한 번 발급(발행)으로 종료되는 것이 아니고 신용장에 의거하여 은행에서 그 결제가 완료될 때까지 신용장의 효력과 그 관계가 존속하고 있고 신용장의 목적이 달성되면 종료되는 것으로 보아서 '개설은행'으로 표기했다. 즉 신용장의 개설은 일정한 개설절차가 있으며, 또 일단 개설되면 그 이후 그 신용장에 근거하여 물품신적이 이루어지고, 상황에 따라 품목 변경, 증액 또는 감액, 선적기일 또는 유효기일 연장, 취소 등 조건변경이 이루어질 수 있고 최종적으로 대금결제가 이행되면 그 거래가 종료된다는 점, 즉 거래관계가 개설된다는 점에서 '개설은행'으로 표기한다.

v. 지정은행에서 매입에 의한 방법으로 이용되고 그 지정은행이 매입하지 아니한 경우.

b. 개설은행은 신용장을 개설하는 시점부터 취소 불능의 지급의무를 부담한다.

c. 개설은행은 일치하는 제시를 지급 또는 매입하고 그 서류를 개설은행에 발송하는 지정은행에게 상환할 것을 약정한다. 인수 또는 연지급에 의하여 이용되는 신용장에 의거하여 일치하는 제시금액에 대한 상환은 지정은행이 만기일 전에 선지급 또는 구매하였는지의 여부와 관계없이 만기일에 이행되어야 한다. 지정은행에 상환해야 하는 개설은행의 약정은 수익자에 대한 개설은행의 약정과 독립되어 있다.

(3) 수익자(beneficiary)

국제무역에서 거래당사자는 무역계약의 결제조건으로 신용장에 의한 결제방법에 합의하면, 매수자(수입자)는 자신의 거래은행에 신용장을 개설을 요청하게 되는데 이때, 그 수출자를 그 신용장의 수익자로 개설하여 그 신용장의 권리 또는 수혜를 누리도록 한다. 신용장거래에서 수익자는 개설된 신용장의 수혜를 누리는 자, 즉 신용장에 근거하여 약정된 물품을 수출하고 그 대금을 수취할 권리가 있는 자로서 무역계약에서는 매도자(수출자)이다. 따라서 신용장에 약정된 물품을 선적하고 은행에 그 선적서류를 제시하여 매입하고 신용장대금을 수취하는 자이다. 수익자는 신용장의 조건에 일치하는 약정된 선적서류의 제시를 전제로 개설은행으로부터 대금회수가 보장된다. 수익자는 신용장을 이용한다는 점에서 이용자(user)이고, 환어음을 발행하는 환어음발행자(drawer)이며, 동시에 화물을 발송하는 송하인(shipper 또는 consignor)이다. 또한 수익자는 Payee(대금수령인), Accreditee(신용수혜자), Addressee(수신인) 등에 해당한다.

그리고 양도가능신용장에서는 원신용장의 수익자를 제1수익자라 칭하며 양도받은 양수인을 제2수익자라 칭한다.

(4) 확인은행(confirming bank)

확인은행이라 함은 개설은행의 수권 또는 요청에 따라 신용장에 확인을 추가하는 은행을 의미한다(UCP 600 제2조). 확인은행은 개설은행이 지급불능 상태에 이를 때, 개설은행을 대신하여 개설은행과 동일한 의무를 지는 은행이다. 따라서 신용장에 개설은행 이외에 공신력 있는 제3은행을 확인은행으로 지정하는 경우 개설은행과 동일한 지급의무를 부담하는 은행이다. 확인신용장에서 확인은행은 신용장거래의 기본 당사자가 된다. 따라서 확인은행은 개설은행의 요청에 따라 수익자에게 환어음의 지급·

인수 또는 매입을 추가로 확약하는 은행이다.

따라서 확인은행은 신용장에 자신의 확인을 추가하는 시점부터 지급 또는 매입할 취소불능의 의무를 부담한다(UCP 600 제8조 b항). 확인은행은 일치하는 제시서류를 지급 또는 매입하고 그 서류를 자신(확인은행)에게 송부하는 또 다른 지정은행에게 상환할 것을 약정한다. 인수 또는 연지급에 의하여 이용되는 신용장에 따라 일치하는 제시금액에 대한 상환은 또 다른 지정은행이 만기일 전에 선지급 또는 구매하였는지의 여부와 관계없이 만기일에 지급해야 한다. 또 다른 지정은행에 상환할 확인은행의 약정은 수익자에 대한 확인은행의 약정과 독립된다(UCP 600 제8조 c항).

그리고 어떤 은행이 개설은행으로부터 신용장을 확인하도록 수권 또는 요청받았으나 그 신용장을 확인할 의사가 없는 경우에는 지체 없이 개설은행에게 통지하여야 하고 확인 없이 신용장을 통지할 수 있다(UCP 600 제8조 d항).

2. 기타 당사자

(1) 통지은행(advising bank)

통지은행은 개설은행의 요청으로 개설된 신용장을 수익자에게 통지하는 은행이다. 이를 Advising Bank, Notifying Bank, Transmitting Bank 등으로 칭해진다. 통지은행이 신용장을 통지할 때 서명감, 비밀암호 등으로 진정성을 확인한 후에 통지한다.

신용장은 통상 수출자가 소재하는 수출국가에 있는 개설은행의 지점을 통하여 통지되나, 개설은행의 지점이 없는 경우에는 개설은행의 환기래은행을 통하여 통지된다. UCP 600 제9조 a항에서는 “신용장 및 모든 조건변경은 통지은행을 통하여 수익자에게 통지된다. 확인은행이 아닌 통지은행은 지급 또는 매입에 대한 어떠한 약정 없이 신용장 및 모든 조건변경을 통지한다.”라고 규정하고 있다. 따라서 통지은행은 신용장에 의거하여 발행된 환어음의 지급·인수 또는 매입에 대하여는 아무런 책임이 없다.

본조 b항에서는 “신용장 또는 조건변경을 통지함으로써, 통지은행은 신용장 또는 조건변경의 외관상 진정성에 관하여 그 자체로 충족되었다는 것을 의미하며, 또 그 통지가 접수된 신용장 또는 조건변경의 조건을 정확히 반영하고 있다는 것을 의미한다.”라고 규정하고 있다.

통지은행은 신용장 및 조건변경을 수익자에게 통지하기 위하여 또 다른 은행(“제2의 통지은행”)의 서비스를 이용할 수 있다. 신용장 또는 조건변경을 통지함으로써 제2의 통지은행은 자신이 수취한 그 통지의 외관상의 진정성에 관하여 그 자신이 확인하였다는 것과 그 통지가 수령된 신용장 또는 조건변경의 조건을 정확히 반영하고 있다는 것을 의미한다. 그리고 신용장을 통지하기 위하여 통지은행 또는 제2의 통지은행 서비스를 이용하는 은행은 본 신용장의 모든 조건변경을 통지하기 위하여 동일한 은행을 이용하여야 한다(UCP 600 제9조 c/d항).

한편 어떤 은행이 신용장 또는 조건변경을 통지하도록 요청받았지만 통지하지 않기로 결정한 경우에는, 통지은행은 신용장, 조건변경 또는 통지를 발송한 은행에게 이를 지체 없이 통보하여야 한다(UCP 600 제9조 e항).

또한 어떤 은행이 신용장 또는 조건변경을 통지하도록 요청받았지만 신용장, 조건변경 또는 통지의 외관상의 진정성에 관하여 자신이 확인할 수 없는 경우에는, 그 통지은행은 그 지시를 발송한 것으로 보이는 은행에게 이를 지체 없이 통보하여야 한다. 그럼에도 불구하고 통지은행 또는 제2의 통지은행이 그 신용장 또는 조건변경을 통지하기로 결정한 경우에는, 그 통지은행은 수익자 또는 제2의 통지은행에게 신용장, 조건변경 또는 통지의 외관상 진정성에 관하여 자신이 확인할 수 없었다는 것을 통보하여야 한다(UCP 600 제9조 f항).

(2) 지급은행(paying bank)

지급은행은 지급신용장에 의거하여 그 지급이 수권된 은행을 지급은행이라고 한다. 일반적으로 개설은행은 지급신용장(straight L/C)에 수출국가 소재 자신의 지점이나 또는 예치환거래은행(depository correspondent bank)을 지급은행으로 지정한다. 그리고 지급신용장에서는 수익자(매도자)가 발행하는 환어음의 매입을 인정하지 않고 지급은행으로 하여금 선적서류와 상환으로 신용장대금을 지급하도록 지시한다. 그러나 신용장대금에 대한 최종적인 지급책임은 개설은행이다.

통지은행과 마찬가지로 지급은행의 지급행위는 아무런 책임을 부담하지 아니하고 단순히 수익자가 제시한 선적서류와 상환으로 그 대금지급을 수행할 뿐이다. 통상적으로 지급신용장은 환어음을 발행하지 않는다.

그리고 신용장에서 연지급은행(deferred paying bank)으로 지정된 은행은 신용장의 조건과 일치하면 연지급약정(서)을 발행하고 그 만기일에 지급할 것을 약정한다.

(3) 인수은행(accepting bank)

기한부신용장에 의거하여 수익자가 발행한 기한부 어음을 인수하는 은행이다. 인수은행의 기한부 어음의 인수는 그 어음의 만기일이 되면 상환청구권 없이 어음대금을 지급해야 하는 무조건적인 지급확약이다. 여기에서 "인수"란 어음 만기일에 어음대금을 지급하기로 확약하는 행위이다. 따라서 기한부신용장인 경우는 어음 만기일에 그 어음대금이 지급되기 때문에, 그 지급에 선행하여 기한부 어음을 인수하게 된다.

따라서 인수은행은 기한부 어음을 인수하도록 수권된 은행이며, 기한부 어음을 인수하는 경우에는 지급만기일에 어음대금을 지급할 의무를 부담한다.

(4) 매입은행(negotiating bank)

수익자는 물품대금을 회수하기 위해 신용장의 조건에 따라 물품선적을 완료한 후 개설은행 앞으로 발행한 환어음과 신용장에서 요구한 운송서류를 첨부하여 자신의 거래은행에 환어음의 매입을 신청하게 되는데, 이때 환어음을 매입하는 은행이다. 매입은행은 수익자가 발행한 환어음이 첨부된 선적서류를 매입하고 그 대가로 수익자에게 그 매입대금을 지급한다. 매입은행은 선적서류와 환어음을 개설은행으로 송부하여 보상받게 되므로 그 환어음의 선의의 소지인(bona-fide holder)이 된다. 매입은행이 매입할 수 있는 근거는 신용장상에 명시된 개설은행 또는 확인은행(있는 경우)의 지급약정 문언이다.

여기에서 매입제도는 국제무역거래에서는 자금융통을 위한 수단으로, 결국 매도자 입장에서는 매매계약에서 약정한 대로 선적한 물품에 대한 대금을 조기에 회수하기 위한 제도이며, 또 수입자로부터 대금을 회수하기 전에 수출환어음 매입의 형태로 자신의 거래은행으로부터 조기에 대금을 회수할 수 있다. UCP 600 제2조제에서는 "매입"이란 수익자와 매입은행 간에 합의된 금액으로 개설은행 또는 지정은행이 신용장상의 그의 지급의무를 이행하기 전에 언제라도 수익자에게 자금을 선급하거나 또는 선급하기로 약정함으로써 환어음(지정은행 이외의 은행을 지급은행으로 발행된) 및/또는 서류를 구매하는 것을 의미한다고 규정하고 있다.[5)]

그리고 UCP 600 제6조에서는 신용장은 그 신용장을 이용할 수 있는 은행을 명시하거나 또는 신용장이 모든 은행에서 이용할 수 있는지를 명시하도록 하고 있다. 지정은행에서 이용할 수 있는 신용장은 개설은행에서도 이용될 수 있도록 하고 있다.

(5) 재매입은행(re-negotiating bank)

신용장거래에서 매입은행이 매입한 선적서류를 재매입하는 은행을 의미한다. 재매

---

5) King. T. Fung(2006), "Availability of Credit and negotiation," DCInsight, Vol.12 No.1, January - March, p.132.

입은행은 신용장에서 수익자가 특정 은행에서 신용장을 이용하도록 지정한 경우에 존재할 수 있다. 즉 신용장에 수익자가 특정 은행(지정은행)에서 신용장을 이용하도록 지정한 경우에, 그 수익자는 그 지정은행에서 환어음 및/또는 서류를 매입하여야 한다. 그러나 그 지정은행이 수익자의 거래은행이 아닌 경우에는 그 매입에 제한 또는 어려움이 있을 수 있다. 따라서 통상적으로 자신의 거래은행에 그 매입을 의뢰하면, 그 제1차 매입은행은 선적서류를 매입하고, 다시 그 매입서류를 신용장에 지정된 매입은행(신용장 이용 가능한 은행)에 발송하면, 그 지정된 매입은행은 그 매입서류를 다시 매입하게 되는데 이를 '재매입'라 하고 그 재매입을 하는 그 지정된 매입은행을 '재매입은행'이라 한다.

이 경우 수익자는 재매입은행이 신용장의 유효기일과 서류의 제시기일 중 빠른 기일까지 선적서류를 재매입할 수 있도록 충분한 시간적 여유(일반적으로 3일 이상)를 두고 자신의 거래은행에 선적서류를 미리 제시하여야 한다. 그 이유는 신용장이 매입은행을 지정하고 있는 경우, 신용장의 유효기일과 제시기일 중 빠른 기일까지 그 지정은행에 선적서류가 제시되어야 불일치(하자)가 되지 않기 때문이다.

따라서 이 경우에는 매입은행은 수익자의 요청으로 선적서류를 최초로 매입하는 은행이고, 재매입은행은 신용장의 조건에 따라 매입은행의 요청으로 그 서류를 재매입하는 은행이다. '재매입'은 신용장에서 매입이 지정되지 않은 자유매입신용장(freely negotiable L/C)의 경우에는 거의 발생하지 않는다. 신용장에 매입은행을 지정한 경우라 하더라도 그 지정은행에 직접 매입하는 경우에는 '재매입'이 발생되지 않는다. 현장에서는 재매입은행을 'Renego Bank'로 재매입을 'Renego'로 칭해지고 있다.

(6) 상환은행(reimbursing bank)

개설은행이 신용장에 그의 예치환거래은행인 제3의 은행을 신용장대금의 상환(지급)은행으로 지정하고, 그 신용장에 의거하여 지급, 인수 또는 매입을 한 은행으로 하여금 그 상환은행으로부터 상환청구 하도록 한다. 따라서 개설은행을 위해서 그리고 그 개설은행을 대신해서 지급, 인수 또는 매입을 한 은행의 상환청구에 상환하는 은행이다. 상환은행이 개설은행을 위해 상환업무를 하는 과정에서 개설은행에 일시적으로 여신(대출금)이 발생할 수 있다.

이와 같이 지급, 인수 또는 매입을 한 은행에게 대금을 결제하기 때문에 결제은행(settling bank) 또는 보상은행(reimbursement bank)라고도 한다.

(7) 결제은행(settling bank)

개설은행의 대외적 지급을 대행하는 은행이지만 환어음의 지급인이 아니다. 개설은행과 매입은행 사이에 직접적인 결제계좌가 없는 무예치환거래은행인 경우이거나 신용장의 결제통화가 수입국가나 수출국가의 통화가 아닌 제3국의 통화일 경우 쌍방 은행이 동시에 예치환거래계약을 체결하고 신용장거래에서 청구되는 결제대금을 개설은행의 지시에 따라 결제하는 제3의 은행을 말한다.

제 3 절 신용장의 종류

1. 경제적 기능에 따라

(1) 화환신용장과 무담보 신용장

(가) 화환신용장

신용장거래에서 대금을 청구할 때 환어음에 선적서류의 첨부를 요구하느냐의 여부에 따라 화환신용장(documentary L/C)과 무담보신용장(clean L/C)으로 구분한다. 국제거래에서 물품매매에 따른 대금결제에 이용되는 신용장이 화환신용장이다. 화환신용장은 수익자인 매도자가 물품을 선적한 후 환어음에 선적서류를 첨부하여 개설은행에게 지급을 청구한다. 통상적으로 환어음과 선적서류는 매입은행의 매입을 통하여 개설은행에 제시된다. 따라서 화환신용장은 선적서류를 첨부하도록 요구한 신용장이며, 그 첨부된 선적서류가 신용장의 조건과 일치성을 전제로 개설은행이 그 어음의 지급·인수를 약정하는 신용장이다.

(나) 무담보 신용장

무담보 신용장은 물품매매 이외의 거래에 따른 대금지급에 이용되기 때문에 선적서류를 필요로 하지 않은 신용장이다. 여기에는 주로 계약이행, 선수금의 환급, 현지금융 담보, 그리고 운임, 보험료 등의 담보금 등에 이용되는 보증신용장(Stand-by L/C)과 해외여행에 이용되는 여행자 신용장(traveller's L/C)이 있다.

특히 보증신용장은 기업에서 현지금융의 수단으로써 자신의 해외지사의 채무보증을 위하여 본사의 거래은행이 채권자인 현지은행 앞으로 보증신용장을 개설하는 경우가 많다. 그 외에 보증신용장은 입찰보증(bid bond)이나 이행보증(performance bond), 선수금 환급 등을 위한 담보로 이용되기도 한다.

(2) 취소가능신용장과 취소불능신용장

신용장에 "revocable"(취소가능)이 있으면 취소가능 신용장이 되나, 아무런 표시가 없거나 "irrevocable"(취소불능)이라는 문언이 있으면 취소불능 신용장으로 취급한다. 취소가능 신용장은 개설은행과 수익자 간에 지급약정이 없으므로 개설은행은 수익자에게 사전에 통지하지 않고 일방적으로 신용장을 취소하거나 조건을 변경을 할 수 있다.

UCP 600 제2조 정의에서 "신용장이라 함은 그 명칭이나 기술에 관계없이 취소불능이며 일치하는 제시에 지급의무가 있는 개설은행의 약정을 구성하는 모든 약정을 의미한다."라고 규정하고 있으며, 본 규칙 제3조에서는 "신용장은 취소불능이라는 표현이 없는 경우에도 취소불능이다."라고 규정하고 있다. 한편 UCP 500 제6조에서는 취소가능 신용장이 되기 위해서는 신용장상에 "revocable"(취소가능)이란 문언이 있어야 한다고 규정했었다.

취소불능신용장은 신용장거래의 기본당사자 전원의 동의가 없으면 조건변경이나 취소가 불가능하다. 그리고 신용장상에 취소가능 여부가 명시되어 있지 않을 경우 취소불능신용장으로 간주한다.

(3) 단순신용장/상환신용장/송금신용장

(가) 단순신용장(simple L/C)

지급, 인수 또는 매입은행이 개설은행의 예치환거래은행이 경우, 이들 은행이 신용장의 조건에 따라 선적서류를 지급, 인수 또는 매입하고 그 자금을 수익자에게 지급하면 이들 은행이 가지고 있는 개설은행의 예치계정에서 직접 인출하여 그 자금을 상환받을 수 있는 신용장이다. 결과적으로 단순 신용장은 매입은행이 서류를 매입하면 자행에 있는 개설은행의 계정에서 수익자의 계정으로 이체(대체)시키는 방법으로 대금결제가 이행된다.

따라서 대금지급 절차가 간편하고 단순하다.

(나) 상환신용장(reimbursement L/C)

매입신용장의 경우, 매입은행이 개설은행의 예치환거래은행이 아닌 경우에는 매입은행은 신용장의 조건에 따라 수익자가 제시하는 선적서류를 매입하고, 그 매입자금을 청구하는 데는 두 방법이 있다. 우선 개설은행에 직접 매입자금을 청구하는 방법이 있고, 또 다른 한 방법은 신용장에 지정된 제3의 은행(상환은행)으로부터 매입자금을 청구하는 방법이 있다. 이와 같이 상환신용장은 매입은행이 선적서류를 매입하고 신용장에 지정된 상환은행으로부터 그 대금을 청구하도록 하는 신용장을 의미한다. 이 경우 통상 개설은행은 자신의 예치환거래은행을 상환은행으로 지정한다.

따라서 상환신용장의 경우 매입은행이 환어음과 선적서류를 매입하면, 환어음을 상환은행 앞으로 발송하여 대금을 상환청구하고, 동시에 선적서류는 개설은행 앞으로 발송하는 것이 일반적이다. 이때 신용장에서 환어음을 요구하지 아니한 경우에는 상환은행에 환어음 없이 우편으로 상환을 청구한다. 물론 상환은행에 상환청구 시 전신청구가 가능한 신용장인 경우에는 환어음을 발송하지 않고 전신으로 대금을 직접 청구한다.

이는 매입은행에 개설은행의 계정이 없기 때문에 별도로 개설은행이 지정한 제3의 은행 앞으로 환어음을 발송하여 신용장대금을 추심 받는 방법으로 상환을 받도록 하고 있는 것이다.

(다) 송금신용장 (remittance L/C)

개설은행이 사전에 제3은행 앞으로 대금지급을 수권하지 않고 매입은행으로부터 선적서류를 접수하면 개설은행 자신이 직접 그 매입은행의 지시대로 대금을 송금함으로써 결제되는 신용장이다. 이 신용장의 경우 신용장에 개설은행이 매입은행으로부터 선적서류를 접수하면 매입은행의 지시대로 송금하겠다는 취지의 문언을 약정한다. 물론 신용장대금의 지급은 제시된 서류가 신용장의 조건과 일치해야 한다.

실무적으로 송금신용장에서 대금지급은 우선 개설은행은 선적서류가 도착하면 즉시 신용장의 조건과 일치성 여부를 심사(확인)하고, 그 서류가 일치하면 개설의뢰자에게 서류도착 통지를 한다. 물론 불일치한 경우에는 불일치 통지와 함께 도착통지를 한다. 그 후 개설은행은 개설의뢰자로부터 신용장대금을 수납하면 매입은행의 지시대로 송금함으로써 신용장거래가 종료된다.[6)]

---

6) 매입은행은 선적서류를 개설은행에 발송하면서 대금을 송금받기 위한 정보, 즉 수취은행(통상 매입은행의 예치환거래은행)과 자신의 계좌번호 등을 그 선적서류의 표지(covering letter)상에 명시한다.

따라서 송금신용장의 경우는 개설은행의 입장에서는 매번 신용장대금을 직접 송금해야 하는 번거로움이 있다. 그런데 개설의뢰자의 입장에서는 사기 등의 분쟁이 발생할 경우에는 안전한 방법이 될 수 있다. 그 이유는 상환신용장의 경우에는 개설은행에 선적서류가 도착되기 전에 상환은행에서 신용장대금이 이미 지급되는 경우가 많다. 그러나 송금신용장에서는 거래과정에서 문제가 발생될 경우에는 신용장의 대금지급을 지연시키거나 또는 거절하고 그 문제를 해결할 수 있기 때문에 편리하고 안전한 방법이 될 수 있다. 물론 개설은행도 이 점에 있어서는 같다.

(4) 확인신용장과 무확인신용장

(가) 확인신용장(confirmed L/C)

확인신용장은 개설은행의 요청에 따라 공신력 있는 제3의 은행이 수익자가 발행하는 환어음의 지급, 인수 또는 매입에 확인을 추가한 신용장으로 개설은행과 동일한 의무를 부담하도록 하고 있는 신용장이다. 여기에서 신용장의 확인이라 함은 개설은행의 지급약정에 추가하여 일치하는 서류의 제시에 대해 지급결제 또는 매입하기로 하는 확인은행의 약정을 의미한다. 수익자의 입장에서는 개설은행의 약정과 공신력 있는 확인은행의 확인을 추가로 받음으로써 만약 개설은행이 지급불능 상태에 빠지는 경우가 발생하더라도 대금회수에 대한 불안을 해소할 수 있다.

(나) 무확인신용장(unconfirmed L/C)

확인신용장은 개설은행 이외 제3의 공신력 있는 은행이 개설은행의 요청에 따라 수익자가 발행하는 환어음의 지급, 인수 또는 매입을 약정한 신용장인데, 이와 같이 제3의 공신력 있는 은행에 의하여 확인이 추가되지 아니한 신용장을 무확인신용장이라 한다. 즉, 무확인신용장은 개설은행의 약정만으로 이용되는 신용장이다.

(5) 상환청구가능신용장과 상환청구불능신용장

(가) 상환청구가능신용장(with recourse credit)

상환청구가능신용장은 매입은행이 매입한 환어음이 그 지급자인 개설은행으로부터 그 지급이 거절되는 경우 그 매입은행이 환어음의 발행자인 수익자에게 이미 지급한 매입자금을 상환 청구할 수 있는 신용장이다.

즉, 수익자로부터 선적서류를 매입하고 그 수익자에게 매입자금(신용장대금)을 지급한 매입은행이 개설은행으로부터 신용장대금을 지급받지 못하는 경우에는 그 매입은행은 수익자에게 지급한 매입자금을 그 수익자에게 상환청구(소구)하여 회수할 수 있도록 한 신용장을 말한다.

신용장거래에서 매입은행이 신용장대금을 지급받지 못하는 사유는 서류상의 불일치가 가장 많으나, 개설은행의 지급불능(파산)으로 인한 경우도 있을 수 있으며, 한편 개설의뢰자의 지급불능(파산)의 경우에도 개설은행이 지급을 거절하는 경우도 많다. 개설의뢰자가 파산한 경우에는 개설은행으로서는 매입은행에 대금을 지급하면 그 후에 개설의뢰자로부터 그 대금을 청구할 수 없기 때문에 일방적인 손해를 입게 된다. 따라서 개설은행은 지급을 거절하기 위한 많은 노력을 하게 된다. 물론 신용장의 본질에 따라 개설의뢰자가 파산하였더라도 제시서류상에 하자가 없는 한 개설은행은 지급해야 하는 것은 당연하다.

(나) 상환청구불능신용장(without recourse credit)

상환청구불능신용장은 매입은행이 매입한 환어음이 지급자인 개설은행으로부터 지급(또는 인수)이 거절되더라도 결코 환어음의 발행자인 수익자에게 상환청구를 할 수 없도록 개설된 신용장을 말한다.

즉 신용장상에 'without recourse'라는 표현이 있는 상환청구불능신용장의 경우, 매입은행은 수익자로부터 선적서류상에 불일치가 없는 클린 매입(clean nego)한 경우에는 개설은행으로부터 그 매입서류가 거절되어 매입대금을 지급받지 못하더라도 이미 수익자에 지급한 그 매입자금을 상환 청구할 수 없도록 한 신용장이다.

따라서 상환청구불능신용장은 수익자가 선적서류를 매입할 시 환어음에 'without recourse'라는 표기를 하면 매입은행은 불일치가 없는 클린 매입한 건에 대해서는 일체의 소구권을 행사할 수 없도록 한 신용장을 말한다.

우리나라를 포함한 대부분의 국가에서 매입은행과 수익자 간의 수출환어음의 매입에 관한 약정에는 매입은행이 수익자로부터 매입한 환어음 및/서류를 개설은행에 제시하여 그 대금지급이 거절될 경우, 수익자는 당해 매입은행에 즉시 매입대금을 반환하도록 하는 조항을 두고 있다.

우리나라는 은행연합회협정 및 어음법에 따라 이러한 신용장은 인정하지 않고 있지만 구미 각국에서는 어음법에서도 이를 인정하고 있고 실례도 많은 편이다.[7]

---

7) www.customs.kr(2014.07.25.).

(6) 매입신용장과 지급신용장

(가) 매입신용장(negotiation L/C)

매입신용장은 신용장에 따라 수익자가 발행한 환어음을 매입하는 방법으로 이용되는 신용장으로, 개설은행이 그 환어음의 발행자(drawer)인 수익자뿐만 아니라 그 배서인(endorser) 및 선의의 소지인(bona fide holder)에게 지급을 약정하는 신용장이다. 매입신용장은 환어음의 발행 및 제시를 원칙으로 하고 있다.

UCP 600에 따르면 매입은 본질적으로 신용장의 조건에 일치하는 서류를 매입은행에게 제시하는 수익자에게 그 제시서류의 구매대가를 제공하는 행위이다.[8] UCP 600 제2조에서는 매입에 대해 “매입이라 함은 지정은행이 자금을 선지급하거나 또는 지정은행에 상환이 예정되어 있는 은행 영업일 이전에 자금지급을 약정함으로써, 일치하는 서류의 제시를 조건으로 환어음(지정은행 이외의 은행을 지급은행으로 발행된) 및/또는 서류를 지정은행이 구매하는 것을 의미한다.”라고 규정하고 있다.

따라서 매입신용장은 수익자가 신용장의 조건에 일치하는 환어음 및/또는 선적서류를 매입은행에게 제시하면 그 매입은행은 그 수익자에게 그 제시서류에 대한 구매대가를 제공하도록 하는 신용장이다. 즉 매입신용장은 매입은행을 통하여 환어음 및/또는 선적서류를 매입하는 방법으로 이용되는 신용장을 의미한다.

그리고 매입신용장은 매입은행을 지정하지 않고 어느 은행에서나 이용할 수 있는 있도록 한 ‘자유매입신용장’과 특정 은행을 매입은행으로 지정한 ‘매입제한신용장’이 있다. UCP 600 제6조에서는 신용장은 그 신용장을 이용할 수 있는 은행을 명시하거나 또는 신용장이 모든 은행에서 이용할 수 있는지를 명시하도록 하고 있다. 지정은행에서 이용할 수 있는 신용장은 개설은행에서도 이용될 수 있다.

(나) 지급신용장(straight L/C)

지급신용장은 환어음의 배서인이나 선의의 소지인에 대한 약정이 없으며, 단지 수익자가 개설은행이나 그 개설은행이 지정한 지정은행에 직접 선적서류를 제시하면 지급하겠다는 약정만이 있는 신용장이다. 따라서 매입신용장과 달리 환어음을 요구하지 않는 것이 일반적이다. 따라서 지급신용장은 무어음 신용장이다.

통상적으로 지급신용장은 수익자의 국가(수출지 국가)에 있는 개설은행의 예치환거

---

8) Dolan J. F.(2011), Terminology confusion: “negotiable” and “discount”, DCInsight, Vol.17 No.1, p.11.: 채진익, “신용장거래에서 매입제도의 운용과 주요 쟁점에 관한 연구”, 「무역학회지」, 제37권 제1호, 한국무역학회, 2012, p.125.

래은행(지급은행) 앞으로 신용장대금의 지급을 수권하고 있는 신용장이다. 신용장거래에서 개설은행이 수출국가의 특정 은행을 지급은행으로 지정하여 그 지급을 위임한 신용장이다. 따라서 개설은행이 신용장을 개설할 때, 매입은행으로 지정된 은행이 자신의 예치환거래은행인 경우에 주로 이용된다. 지급신용장에는 연지급신용장과 일람지급 신용장이 있다.

실무적으로는 매입신용장은 'by negotiation'(매입)으로 이용된다는 취지의 표현이 있고, 반면 지급신용장은 'by payment'(지급)로 이용된다는 취지의 표현이 있다. 그리고 매입신용장은 어음의 발행인, 그 배서인, 선의의 소지인에게도 지급을 약정하는 반면, 지급신용장은 이러한 매입에 대한 지급약정이 없고 수익자에 대해서만 지급을 약정한다.

따라서 지급신용장은 개설은행의 예치환거래은행이나 해외 자신의 지점을 지급은행으로 지정하여 수익자가 환어음을 제시할 시에 즉시 지급하도록 하고 통상 환어음을 요구하지 않는다. 이는 환어음 유통에 따른 인지세 등의 경비를 절감하기 위해 유럽, 중남미, 중동 지역에서 주로 개설되고 있다.

(7) 일람급신용장/기한부신용장/연지급신용장

(가) 일람급신용장(at sight L/C)

일람급신용장은 이 신용장에 따라 발행되는 환어음이 그 지급인에게 제시되면 즉시 지급된다고 약정된 신용장이다. 수익자는 일람급신용장에 따라 발행한 환어음의 제시와 동시에 대금을 회수할 수 있다. 따라서 수익자는 신용장에 따라 물품을 선적하고 선적서류를 은행에 제시하면 불일지 사항이 없는 한 즉시 대금을 회수할 있다.

(나) 기한부신용장(usance L/C)

기한부신용장은 이 신용장에 따라 발행되는 환어음이 지급인에게 제시되면 일정한 기한(약정기한)이 경과된 후에 지급되는 신용장이며, 환어음이 발행되는 기한부신용장인 경우에는 인수신용장이라 한다. 기한부신용장은 매도자와 매수자 간의 합의에 의해 신용기간, 즉 외상기간을 약정하고 그 약정기간이 경과된 후에 지급되는 신용장이다.

그리고 기한부 어음의 결제방법에는 일람 후 정기출급, 일부 후 정기출급, 확정일 출급 등이 있다. 예컨대 일람 후 정기출급은 "At 120 days after sight"(일람후 120일), 즉 실무적으로 수입자가 선적서류를 인수한 후 120일 후에 결제하는 방법이고, 일부

후 정기출급은 “At 120 days after shipment date”(선적일 후 120일), 즉 물품을 선적한 일자 다음 날부터 120일 후에 결제하는 방법이다. 그리고 확정일부 출급은 어음 만기일이 “May 20th, 2016”과 같이 확정된 경우이다.

기한부신용장은 그 결제기간 동안 신용을 공여하는 당사자가 누구인가에 따라 Shipper's usance L/C(수익자 신용공여 기한부신용장)와 Banker's usance L/C(은행 신용공여 기한부신용장)가 있다.

① Shipper's usance L/C

수익자(매도자) 신용공여 기한부신용장은 이 신용장에서 약정하고 있는 신용공여기간 동안 매도자인 수익자가 신용을 공여하는(자금을 부담하는) 신용장이다. 즉 이 신용장은 매도자가 일정한 기간, 즉 신용장상에 약정된 기한이 경과된 후에 신용장대금을 수취할 수 있는 신용장을 말한다. 따라서 매도자는 약정된 기간이 경과한 후에 신용장대금을 회수할 수 있다.

그러나 우리나라의 경우에는 은행에 기한부 어음의 매입을 통하여 대금을 조기(일람불로)에 회수할 수 있다. 이 경우에는 은행이 자금을 부담하는 기간 동안 이자 성격의 환가료를 은행에 선지급해야 한다.

그리고 매도자 신용공여 기한부신용장에는 “Discount charges are seller's account”(할인료는 매도자 부담)라는 취지의 문언이 명시된다.

② Banker's usance L/C

은행 신용공여 기한부신용장은 이 신용장에서 약정하고 있는 신용공여기간 동안 은행이 신용을 공여하는(자금을 부담하는) 신용장이다. 즉 이 신용장은 수익자가 신용장에 약정된 물품을 선적하고 기한부 어음을 은행에 제시하면 은행은 기한부 어음의 결제방법과 관계없이 신용장대금을 일람급신용장과 동일한 방법으로 즉시 지급하는 한편, 매수자에게는 신용장에 약정된 기간을 근거로 산출된 결제기일에 신용장대금을 지급하도록 약정하고 있는 신용장을 의미한다.

Banker's usance L/C는 개설은행이 인수은행을 지정하고 그 은행으로 하여금 매도자인 수익자가 발행한 기한부 어음을 인수·할인하도록 함으로써 그 인수은행은 그 어음이 제시되면 인수·할인하여 그 할인자금을 일람불로 즉시 매도자(수익자)에게 지급하고, 동시에 그 기한부 어음의 만기일을 산정·확정하여 개설은행에 만기일 통보와 함께 인수수료(acceptance commissions)와 할인료(discount charges)를 청구하여 개설의뢰자가 부담하도록 한다. 따라서 매도자는 일람급신용장과 동일한 방법으로 신용장대금을 즉시 영수하게 되고, 한편 매수자는 지급만기일까지의 인수수수료와 할인료를 개설은행을 통하여 인수은행에 선지급하고 그 원금은 그 지급만기일에 결제함으로써 거래가 종료되는 외상(신용)거래를 할 수 있다.

따라서 이 신용장에서 수익자는 일람지급으로 즉시 물품대금을 회수할 수 있고, 개설의뢰자는 외상기간 동안 신용거래를 할 수 있기 때문에 자금 부담을 해소할 수 있다.

그리고 Banker's usance L/C는 신용공여은행이 국내외 어디에 있는지에 따라 즉, 기한부 어음을 인수하는 은행이 국내에 있으면 Domestic banker's usance L/C로, 그 인수은행이 해외에 있으면 Overseas banker's usance L/C로 구분된다.

Banker's usance L/C는 신용장에 다음과 같이 표현하고 있는 신용장을 말한다. "Payment under this L/C is to be made at sight basis regardless of draft's tenor"(본 신용장에서의 대금결제는 환어음의 결제방법과는 관계없이 일람지급 방식으로 한다). 또는 "Usance bills drawn hereunder are to be negotiated at sight basis."(본 신용장에 의거 발행된 기한부 어음은 일람지급 방식으로 매입되어야 한다) 등으로 표현된다, 그리고 "Acceptance commissions and discount charges are for buyer's account."(인수수수료 및 할인료는 매수자 부담)라는 취지의 문언이 명시된다.

☞ 할부지급신용장: 기한부 환어음의 만기일이 도래할 때까지 2회 이상의 할부방식으로 대금결제가 이루어지는 방식이다.

(다) 연지급신용장(deferred payment L/C)

① 개념

연지급신용장은 환어음을 요구하지 않고, 매입은행(연지급약정은행)이 지정되며, 단순 신용장이고, 배서를 요구하지 않는 비배서 신용장이다. 연지급신용장에서 지정된 은행은 제시된 서류가 신용장의 조건에 일치할 경우 연지급약정서(DPU)를 발급하고 그 만기일에 대금지급을 약정한다. 그 지정은행은 만기일에 대금을 지급하고 개설은행에 상환청구를 할 수 있다. 연지급신용장은 기한부신용장(usance credit)과 유사하나 환어음이 발행되지 않는다는 점에서 차이가 있다.[9)]

연지급신용장의 경우 매도자는 대금지급을 유예하고 매수자는 물품을 수령하여 전매함으로써 받은 대금으로 만기에 대금을 결제할 수 있다. 연지급신용장은 일정 기간이 경과한 후, 즉 신용장에서 약정된 결제기간 후(지급만기일에)에 지급한다는 점에

9) 대법원 2003.1.24. 선고 2001다68266 판결(인터넷법률신문).

서는 기한부신용장과 유사하나, 연지급신용장은 환어음을 요구하지 않고 개설은행이 지정한 연지급약정은행이 지급만기일에 대금을 지급하겠다는 연지급약정(deferred payment undertaking)을 발행한다는 점에서 기한부신용장과 다르다.

연지급신용장은 수익자가 신용장의 조건에 일치한 선적서류를 연지급약정은행에 제시하면 그 연지급약정은행은 정해진 만기일에 지급할 것을 약정하는 연지급약정서를 수익자에게 발행하며, 그 약정된 만기일에 지급된다. 따라서 연지급신용장은 환어음을 요구하지 않으며, 연지급약정에 의해 만기일에 지급되는 방식이다.

연지급신용장은 연지급약정은행이 그 연지급약정을 발행하는 것만으로 최종적으로 결제가 되는 것이 아니고 만기일에 대금을 지급한 경우에만 최종적인 지급이 되는 것이다. 이는 인수신용장과 마찬가지로 연지급약정은 단지 만기에 대금을 지급하겠다는 약속에 불과하므로 현실적인 대금결제로 볼 수 없기 때문이다(김종락·양의동, 2009). 그러나 UCP 600은 연지급신용장과 인수신용장은 유사한 취지의 효력을 가진다는 것을 명확히 하고 있다.

② 연지급신용장과 UCP 600

UCP 500에서는 개설은행 자신의 연지급약정에 대해 지정은행의 선급(할인) 허용문제에 대한 명시적인 규정이 없었으나, UCP 600에서는 연지급신용장이 이 문제에 대해 명시적인 규정이 없는 경우에는 지정은행에게 환어음의 선급 또는 할인을 허용하고 있다(Dolan, 2008). 본 규칙 제2조에서는 "신용장이 연지급으로 이용될 경우, 연지급약정의 의무를 부담하고 만기일에 지급하는 것"으로 정의하고 있다. 그리고 본 규칙 제12조 b항에서는 "환어음을 인수하거나 또는 연지급약정을 부담할 은행을 지정함으로써, 개설은행은 지정은행이 인수한 환어음 또는 부담한 연지급약정을 선지급 또는 구매하도록 그 지정은행에게 권한을 부여한다."라고 규정하고 있다. 수익자에게 자금을 선급하기로 하는 결정은 통상 금융기관의 내부 결정이다(Rupnarayan, 2011).

이러한 쟁점을 고려하여 UCP 600 제12조 b항은 개설은행 자신이 지정한 지정은행에 그 자신의 연지급약정을 "선급 또는 구매"하도록 수권하여 그 연지급약정을 인수하거나 또는 부담하도록 함으로써 본 문제를 해결하고 있다. 신용장에 명시적인 규정이 없는 경우, 당해 지정은행은 개설은행이 수익자의 사기를 이유로 상환거절에 대한 두려움 없이 자신의 연지급약정을 할인할 수 있게 되었다(Dolan, 2008). 본조는 지정은행 자신이 인수한 환어음 또는 부담한 연지급약정에 의거 독립적이고 절대적인, 그리고 무조건적인 지정은행 의무의 본질을 인정하고 있다. 본 규칙은 개설은행이 환어음을 인수하거나 또는 연지급약정을 부담하는 은행을 지정함으로써 할인 수권을 규정하

고 있다.[10)]

(8) 양도가능신용장과 양도불능신용장

(가) 양도가능신용장(transferable L/C)

양도가능신용장이란 신용장에 특별히 "양도가능"(transferable) 이라는 문언을 명시하고 있는 신용장을 의미한다. 따라서 양도가능신용장은 수익자("제1수익자")의 요청으로 신용장의 전부 또는 일부를 또 다른 수익자("제2수익자")가 이용할 수 있도록 하는 신용장이다. 양도은행은 신용장을 양도하는 지정은행 또는 모든 은행에서 이용할 수 있는 신용장에서 개설은행으로부터 신용장의 양도를 특별히 수권 받고 그 신용장을 양도하는 은행을 말한다. 개설은행은 양도은행이 될 수 있다(UCP 600 제38조).

신용장의 양도는 신용장에서 제1의 수익자인 매도자가 신용장에 명시된 물품을 선적할 수 있는 권리를 또 다른 제2의 수익자에게 양도하여 제1수익자를 대신하여 물품을 선적할 수 있도록 허용하는 것을 의미한다. 신용장상에 반드시 "transferable"이라는 문언이 있어야 신용장의 양도가 가능하다.

그리고 신용장의 양도는 제1수익자가 또 다른 제2수익자에게 1회에 한하여 신용장 금액의 전부 또는 일부를 이용할 권리를 양도할 수 있도록 허용한다. 분할양도는 신용장에 분할선적이 허용된 경우에만 가능하다.

(나) 양도불능신용장(non-transferable credit)

양도불능신용장이란 신용장에 "transferable"(양도 가능)이라는 문언을 명시하고 있지 아니한 신용장으로 신용장의 전부 또는 일부를 이용할 수 있는 권리양도가 또 다른 제2수익자에게 허용되지 아니한 신용장이다. 신용장에 "transferable"이라는 문언이 없으면 양도불능신용장이다.

(9) 우편신용장과 전신신용장

(가) 우편신용장(mail L/C)

개설은행이 자신이 보유하고 있는 신용장 양식으로 개설하고 동 신용장을 우편으로 통지은행에 발송하여 매도자인 수익자에게 통지하도록 하는 신용장이다.

---

10) ICC(2007), *Commentary on UCP 600*, ICC Pub. No.680, pp.53-54.

(나) 전신신용장(cable L/C)과 SWIFT 신용장

우선 전신신용장은 전신 또는 텔렉스를 이용하여 수익자에게 통지되는 신용장이다. 그리고 SWIFT 신용장은 SWIFT(Society for World-wide Interbank Financial Telecommunication: 세계은행간금융통신기관)의 통신망을 이용하여 통지되는 신용장으로 일정한 규칙에 따라 정해진 형식으로 통지된다. 즉 금융기관 간에 교환되는 각종 전문(message)을 업무별로 표준화하여, SWIFT 통신망을 통해 송·수신함으로써, 국제거래에서 발생되는 신용장의 개설 및 조건변경, 송금의뢰, 입금확인 등 금융 업무를 저렴한 비용으로 신속하고 정확하게 처리할 수 있다.

(9) 기타 특수 신용장

(가) 보증신용장(standby L/C)

화환신용장과 달리 무역서류가 필요 없는 금융담보 또는 채무이행 등을 목적으로 개설되는 무화환신용장의 일종으로 ISP98(국제보증신용장규칙)의 적용을 받는다. 일반적으로 보증신용장 개설의뢰자(보통 본사)의 해외 지사(지점)가 현지은행으로부터 금융여신을 공여 받거나 화환신용장을 개설하고자 할 때 자신의 거래은행에 요청하면 그 거래은행이 현지 신용공여은행(보증수혜자) 앞으로 국내 보증신용장 개설의뢰자의 해외 지사 관련 채무를 보증한다는 취지로 개설한다. 물론 보장신용장을 개설하기 위해서는 일정한 절차를 거친다.

현재 플랜트 수출이나 선박수출 등과 관련하여 국내의 수출자가 국제입찰 참가에 필요한 입찰보증, 선수금 환급보증, 하자보증, 기타 이행보증 등을 위해서도 개설된다.

(나) 회전신용장(revolving credit)

신용장거래에서 동일 거래업자와 동일한 품목과 내용으로 지속·반복적으로 수입해야 할 경우가 있다. 이 경우 매번 거래 시마다 새로운 신용장을 개설해야 하는 불편이 따르고, 또 거래전액을 1회에 개설할 경우, 예컨대 6개월 또는 1년 거래량을 1회에 개설할 경우에는 과중한 개설약정에 따른 자금 부담과 개설수수료가 부담이 된다. 따라서 이와 같은 부담을 해소 또는 완화하기 위해 이용되는 신용장이 회전신용장이다. 이 신용장은 처음 개설되는 신용장이 월력상의 약정기간이 경과하거나 또는 그 신용장대금이 결제되면 자동적으로 동액의 신용장이 갱신(다시 부활)되는 신용장으로 그 갱신의 시기는 대금지급과 동시 또는 환어음의 매입 후 일정 기간이 경과된 후에도 지급거절 통지가 없을 시 등이다.

신용장에는 다음과 같은 취지의 문언이 기술된다. "The amount of drawing made under this credit become automatically reinstated on payment by us. Draft drawn under this credit must not be exceeded to US$1,000,000 in any calender month."(본 신용장에 따라 발행되는 화어음의 금액은 우리 은행의 지급결제와 동시에 자동적으로 갱생된다. 본 신용장에 따라 발행되는 환어음은 매월 US$1,000,000을 초과하지 않는다).

그리고 이전 개설된 금액 중 선적이 이행되지 아니한 부분, 즉 신용장금액의 미사용 금액이 있을 경우 그 미사용 금액이 다음 차기(차기 개설)로 이월되는 누적적(cumulative)인 방법과 그 미사용 금액이 자동적으로 취소되는 비누적적(non-cumulative) 방법이 있다.

(다) 선대신용장(packing credit)

수입자(개설의뢰자)의 요청으로 개설은행이 수출자인 수익자가 약정물품을 선적하기 전 또는 선적서류가 제시되기 전에 매입은행이 그 수익자에게 일정한 조건으로 물품대금을 선대할 수 있도록 수권한 신용장이며, 이러한 취지의 문언을 신용장에 명시하고 그 선대금의 보상을 개설은행이 약정한 신용장이다. 이는 수익자가 여러 공급자로부터 물품을 집하하는데 필요한 자금을 선대하는 신용장을 의미한다. 신용장에 수익자에 대한 선대문언이 적색으로 명시하였다고 하여 "Red clause L/C"라고도 칭해진다.

이 신용장은 수익자가 수출을 위한 약정물품을 준비하는데 자금 여력이 충분하기 않거나 플랜트(plant) 또는 농수산물 등을 거래하는 경우에 서래편의를 위해 신용징의 개설과 동시에 수익자에게 일정 금액을 미리 선대할 수 있도록 한 신용장을 말한다.

여기에서 선대한도는 신용장금액이며 그 기한은 신용장의 유효기일로 한다. 이 선대금은 수익자가 약정물품을 선적하고 선적서류를 첨부하여 매입은행에 매입할 시 그 매입자금으로 상환(회수)된다.

(라) Back to Back 신용장(견질 신용장/동시개설 신용장/구상신용장)

외국으로부터 수취한 수출신용장을 담보(견질)로 그 신용장의 수익자가 해외에 수출할 물품을 국내외에서 공급받기 위해 자신의 거래은행에서 물품공급자 앞으로 이에 대응하는 제2의 신용장을 개설하도록 하는 문언이 있는 신용장이다.

따라서 수출신용장의 수익자(국내에서는 구매자)는 그 수출신용장을 견질(담보)로 자신의 국가(국내)에서 수출물품을 공급받기 위해 자신의 국내 거래은행을 통하여 국내 물품공급업자를 수혜자로 하는 내국신용장을 개설할 수 있다. 또 수출신용장의 수익자는 그 수출신용장을 담보로 거래상대 국가인 수입국가 또는 제3국의 거주자를 수익자로 하는 신용장을 개설할 수도 있다.

(마) 기탁신용장(escrow credit)

수익자(매도자)가 약정물품을 선적한 후에 매수자로부터 그 매매대금을 지급받는 것이 아니라 이 대금을 기탁계정을 개설(지정)하여 예치하고 매수자로부터 물품을 수입할 때 그 결제대금으로만 사용하도록 한 신용장이다.

즉, 기탁신용장은 신용장의 조건에 따라 수익자가 선적을 하면 개설의뢰자가 그 대금을 지급하는 형태는 일반 신용장과 유사하다. 그러나 개설의뢰자가 지급한 대금은 수익자에게 전달되는 것이 아니라, 수익자인 매도자와 개설의뢰자가 매수자가 지정한 기탁계정으로 입금된다. 이와 같이 입금된 자금은 수익자가 반대로 자신의 물품을 수입한 국가로부터 물품을 수입할 때 그 결제대금으로만 사용할 수 있다.

(바) 토마스 신용장(TOMAS Credit)

토마스 신용장은 구상무역에 이용되는데 거래쌍방의 당사자가 신용장을 동시에 개설하는 것이 아니고, 일방의 거래당사자가 먼저 신용장을 개설하면, 그 상대방은 일정한 기간 후에 동액의 신용장을 개설한다는 것을 약정하는 보증서의 발급을 전제로 개설되는 신용장이다. 따라서 토마스 신용장은 그 상대방인 수익자가 일정한 기간이 경과한 후에 수입을 위한 동액의 신용장을 개설한다는 보증서를 개설·제공해야 효력이 발생한다.

(사) 통과신용장(transit credit)

통과신용장은 수입국가의 은행에서 신용장을 개설하는 것이 아니라 수입구가와 수출국가 간에 환거래약정도 없고 양 국가가 사용하는 통화도 국제적인 결제통화가 아닌 경우 양국의 은행과 동시에 환거래약정을 맺고 있는 제3국 은행에서 제3국의 통화로 개설하고 대금결제도 제3국을 통하도록 한 신용장이다.[11]

---

11) http://www.kita.net/jsp/wiki/ 참고 2014.07.25

(아) 특혜신용장(omnibus credit)

이 신용장은 수출할 물품을 선적하기 전에 창고에 입고시킨 후 창고증권에 환어음을 첨부하여 물품대금을 회수할 수 있도록 수익자에게 특혜를 부여한 신용장이다.

(자) 연장신용장(extended credit)

수익자의 자금조달의 편의를 위하여 개설의뢰자의 요청으로 그 수익자가 물품선적 전에 개설은행 앞으로 무담보 어음(clean draft)을 발행하면 이 어음을 통지은행이 매입하고 그 무담보 어음이 발행된 후 일정기간 내에 해당 물품에 관한 일체의 선적서류를 그 어음 매입은행에 제공할 것을 조건으로 한 신용장을 연장신용장이라고 한다.

(차) 현금신용장(cash credit)

개설은행이 개설의뢰자(매수자)의 요청에 따라 매도국가에 소재한 통지은행 또는 자신의 지점이나 환거래은행 앞으로 신용장대금을 송금하고 그 은행으로 하여금 수익자 앞으로 신용장의 개설을 요청하여 개설된 신용장을 현금신용장이라고 한다.

이 신용장에서 수익자는 단순히 선적서류와 상환으로 물품대금을 지급받게 된다. 한편 개설의뢰자는 비록 서류를 인수하기 전에 신용장대금을 지급하지만, 선적서류와 상환으로 대금지급이 이행되므로 약정물품을 입수하지 못할 위험은 예방된다.

(타) 수취증급신용장(payment on receipt credit)

현금신용장과 유사하나 어음이 이용되지 않고 영수증(receipt)이 어음을 대신하며, 그 영수증과 상환으로 수출대금을 지급할 것을 약정하는 신용장을 말한다. 어음을 사용하지 않기 때문에 어음상의 상환의무는 발생하지 않는다.

제 3 장

신용장거래와 그 특성

제 1 절 신용장거래의 적용원칙과 특성

1. 신용장거래의 적용원칙

신용장거래에서 개설의뢰인(수입자)의 요청과 지시로 신용장을 개설하는 개설은행이 대금지급 여부를 결정하는 데는 다음 세 가지 원칙이 적용된다.

우선, 신용장의 독립성이다. 신용장거래는 그 성질상 그 근거가 되는 매매계약 또는 기타 계약 및 약정과는 독립된 별개의 거래이다.

둘째 신용장의 추상성이다. 신용장거래에서 모든 관계당사자는 서류거래를 하는 것이며, 그 서류와 관계되는 물품, 서비스 또는 기타의 이행으로 거래하는 것이 아니다.

그리고 제시서류의 일치성이다. 은행에 제시되는 서류는 신용장의 조건과의 일치성을 전제로 대금지급이 보장된다. 개설은행은 서류를 접수하면 서류접수 익일로부터 제5영업일내 내 그 제시서류의 신용장조건과의 일치성 여부를 심사하여야 하며, 또 그 결과 불일치한 경우에는 그 불일치 내용을 개설의뢰자와 서류제시은행(매입은행)에 통지해야 한다. 반면 수익자는 신용장에 따라 제시되는 모든 서류는 신용장의 조건과 일치하게 제시하여야 할 의무가 있다.

은행은 신용장의 독립추상성에 입각하여 제시서류가 신용장의 조건과 일치한 경우에 한하여 대금지급 의무를 이행한다는 원칙을 말한다. 그러나 실무적으로는 대금결제 시 개설의뢰자와 교섭·협의를 하면서 진행된다.

2. 신용장의 독립·추상성

신용장거래는 매매계약으로부터 독립되어 있다는 것을 전제로 한다. 사실상 독립성의 원칙은 신용장거래의 본질이다. 화환신용장은 신용장의 조건과 일치한 서류제시를 조건으로 지급하기로 하는 은행의 약정이다, 그리고 신용장은 그 근거가 되는 매매계약과는 독립되어 있다는 것은 잘 확립되어 있는 제도다.

따라서 신용장거래는 그 근거인 매매계약과는 관계없이 신용장의 조건과 수익자가 제시하는 서류와의 일치성 여부를 심사하여 지급 여부를 판단하는 것을 원칙으로 한다. 물론 제시서류는 약정물품의 인도(선적)에 관한 서류이며, 또한 그 서류는 수익자가 기초계약상의 자신의 의무를 이행했다는 것을 증명하는 것이다. 당해 수익자는 신용장의 조건과 일치하는 서류를 은행에 제시하는 한, 은행의 대금지급을 보장받는다(Andrle, 2012). 따라서 개설은행은 신용장의 조건에 일치하는 서류제시에 무조건적으로 지급하는 것을 원칙으로 하고 있으며, 또 그 일치성 여부는 원칙적으로 현물이 아닌 서류만을 근거로 결정한다.

UCP 600에서 신용장은 그 신용장에 선행하는 어떤 매매계약의 존재를 의미하며 또 그 계약의 근거해서 개설되지만, 그 매매계약의 거래당사자 간의 특정 관계로 해당 신용장이 그 자체로서 기능에 제약이나 위축을 받을 수 없다. 즉 국제무역에서 전통적으로 신용장은 그 기초계약인 매매계약 및 개설약정 등을 근거로 개설되는 것이지만, 일단 개설되면 신용장은 그 계약 및 약정과는 독립되어 그 자체로서 별도의 법률관계를 형성한다고 규정하고 있다.[1)]

이러한 독립추상성은 국제거래에서 신용장거래의 상업적 효용의 극대화에 기여하는 것이다. 영국의 Kerr 판사는 이를 '신용장거래에서의 생명의 피'라고 표현하였다.[2)]

(1) 신용장의 독립성

신용장의 개설은 매매계약이나 그 밖의 관련 계약을 전제로 한다. 그러나 신용장은 그 근거가 되고 있는 계약과는 전혀 관계가 없는 별개의 것이다.[3)] 신용장은 그 기초가 되는 매매계약에 근거하여 개설되지만 일단 신용장이 개설되면 오로지 신용장의 조건에 따라야 한다는 것이다. 즉 수익자는 매매계약의 이행을 매매계약의 조건이 아닌 신용장의 조건대로 이행해야 한다는 의미이다. 개설은행의 지급약정은 신용장의 조건과

---

1) UCP 600 Article 4: 채진익, "글로벌 전자무역의 활성화를 위한 전자신용장 제도의 운용과 개선방향", 「무역학회지」, 제33권 제1호, 한국무역학회, 2008.2, p.80.
2) *R. D. Harbottle Ltd. v. National Westminster Bank*, 〔1977〕3 W. R. L. 752, 764.
3) White and Summers(1980), *Uniform Commercial Code*, 2nd ed., West Publication Co., pp.3-4.

의 일치하는 서류의 제시를 전제로 하고 있다. 매매계약과 신용장의 조건이 상충되는 경우에는 신용장의 조건에 따라야 하며, 계약이행상 신용장의 조건에 문제가 있는 경우에는 신용장의 조건변경을 통하여 해결해야 한다.

따라서 신용장은 그 기초계약인 매매계약과 기타 약정을 근거로 개설되는 것이지만, 일단 개설되면 신용장은 그 매매계약과 기타 약정으로부터 독립되어 그 자체로서 별도의 법률관계를 형성하는데, 이를 신용장 독립성이라 한다.

이는 신용장거래의 기초가 되는 매매계약서로부터 신용장을 독립시켜 거래과정에서 발생할 수 있는 상호 불일치로부터 혼란을 예방하고 신용장거래의 안정성을 확보하기 위한 것이다. 이러한 신용장의 독립성에 관하여 은행은 어디까지나 자기가 알고 있고 서류상에 명문화된 내용에 대해서만 책임질 수 있다는 것이다. 본조의 독립성은 후술하는 추상성과 함께 신용장거래의 원활화를 위해서 불가결한 원칙으로 신용장의 본질을 규정하는 중요한 내용으로 간주되며 이는 영·미의 판례에 의해서 확립된 원칙이다.[4] 따라서 신용장의 독립성은 신용장거래의 중요한 원칙으로 존속할 수밖에 없다.

☞ UCP 600 제4조:

a. 신용장은 그 성질상 그 신용장의 근거가 되는 매매계약 또는 기타 계약과는 독립된 별개의 거래이다. 은행은 그러한 계약에 관한 어떠한 참조사항이 신용장에 포함되어있다 하더라도 그러한 계약과는 아무런 관계가 없으며 또한 이에 구속되지 아니한다. 결과적으로 신용장에 의하여 지급결제를 하거나, 매입하거나 또는 기타 모든 의무를 이행한다는 은행의 약정은 개설은행 또는 수익자와 개설의뢰자와의 관계로부터 발생되는 개설의뢰사에 의한 클레임 또는 항변에 지배받지 아니한다. 수익자는 어떠한 경우에도 은행 상호간 또는 개설의뢰자와 개설은행 간에 존재하는 계약관계를 원용할 수 없다. b. 개설은행은 신용장의 필수적인 일부로서, 기초계약의 사본, 견적송장 등을 포함시키고자 하는 어떠한 시도도 저지하여야 한다.

(2) 신용장의 추상성

은행은 서류로 거래하는 것이며 그러한 서류들이 관련될 수도 있는 물품, 용역 또는 이행으로 거래(취급)하는 것이 아니다(UCP 600 제5조). 즉 신용장거래에서 대금지급을

---

4) H. C. Gutteridge & Marice Megrah(1979), *The Law of Bankers' Commercial Credits*, 6th ed., p.62.

위한 일치성의 판단 여부는 매매물품이 아닌 서류상으로 판단해야 한다는 것이다. 즉 수입자인 개설의뢰자는 약정물품이 목적지에 도착하여 그 물품의 상태를 확인한 후에 대금을 지급하겠다고 주장할 수 없다. 그리고 계약을 이행하는 과정에서 매매계약과 신용장의 조건이 상충되는 경우에는 신용장의 조건대로 이행해야 한다는 것이다.

신용장은 약정된 물품명세가 명시되거나 또는 "as per sales contract No xxx"으로 기술될 수 있으나 신용장거래는 물품의 실체와는 직접 관계가 없다. 즉, 물품의 불인도, 품질불량, 국제운송 도중의 도난·파손, 계약조건의 이행 여부 등 기초계약의 조건과의 불일치에 대해서는 관계하지 않는다. 국제무역에서 전문가가 아닌 은행이 실물거래에 개입하여 현장 물품거래의 이행 여부를 판단하는 것은 불가능하다.

(3) 신용장의 독립추상성의 필요성과 그 의의

신용장의 독립추상성의 존재 의의는 수익자와 매입은행의 보호에 있다. 우선 그 독립성의 원칙은 매도자인 수익자의 입장을 보호함으로써 국제무역의 효율성을 증진시킨다.[5] 매도자(수익자)는 신용장의 조건에 일치하는 서류를 은행에 제시한다면 대금지급을 보장받는다. 그리고 은행은 매수자(개설의뢰자)의 의사와는 무관하게 그 자신의 독자적인 서류심사와 판단으로 당해 서류를 수리할 것인지 또는 거절할 것인지 결정한다(Andrle, 2009).

그리고 신용장거래에서는 그 독립추상성이 인정되어야 할 가장 큰 목적은 매입은행의 보호에 있다. 매입은행의 입장에서는 수익자가 발행한 화환어음을 안심하고 용이하게 매입하기 위해서는 그 환어음이 신용장의 조건과 일치한 서류에 의거 발행되는 한, 개설은행으로부터 무조건적으로 인수 또는 지급된다는 보장이 필요하다. 만약 개설은행이 제시된 서류가 신용장의 조건에 일치하는 데에도 불구하고 현물이 매매계약상의 물품과 불일치하다는 이유로 환어음을 지급거절 할 수 있다면 매입은행은 결코 매입에 소극적일 것이며(伊澤孝平, 1976), 또한 매입절차의 복잡성으로 인한 무역거래의 지연현상은 많은 비효율성을 발생시킬 수 있을 것이다.

그런데 독립성의 원칙이 전 세계적으로 수용된다고 하더라도, 이따금 법원은 매도자의 계약상의 의무 불이행을 근거로 개설은행의 신용장대금 지급을 금지하는 판결을 하고 있다. 이는 화환신용장의 본질은 매도자(수익자)가 신용장의 조건과 일치하는 서류를 제시하는 경우에는 매수자(개설의뢰자)에게 물품의 인도에 관련하여 발생할 수 있는 분쟁에 관계없이 지급된다는 사실에도 불구하고 발생한다(Andrle, 2009).

---

5) http://www.law-online.co.za/IntTradeLaw/letcredit.htm.

(4) 신용장의 독립·추상성에 대한 사례

(가) hamzeh Malas & Sons v. British Imex Industries Ltd 사건

Jenkins 판사는 "확인신용장은 물품이 계약에 합당한지에 대한 당사자 간의 분쟁과는 무관하게 그 대금을 지급하는 것은 은행의 절대적인 의무이다."

(나) 미국의 lamborn v. Lake Shore Banking & Trust Co. 사건

신용장거래에서 신용장은 "Java white granulated sugar"의 선하증권을 요구하였으나, 원고 수익자는 "Java white sugar"라고만 기재된 선하증권을 은행에 제시하였으나 개설은행으로부터 지급거절을 당하였다. 이에 수익자는 소송을 제기하였다. Smith 판사는 "당해 신용장은 화주(매도자)와의 독립된 계약으로 간주하고, 또한 개설은행은 … 물품의 매도자와 매수자 간에 발생할 수 있는 여하한 문제와도 무관하다."라고 판시하였다.

(다) Dublien Steel Products Inc., of Washington v. Bankers Trust Co. 사건

확인은행은 수익자가 청구한 대로 원 신용장금액의 전액을 지급하였으나 개설의뢰자는 확인은행이 매매계약에 따른 지시를 위반하였다는 이유로 소송을 제기하였다. 이에 Bryan 판사는 "신용장은 대금지급의 당사자와 수익자 간의 예비적 약정 또는 기타 기초적 거래와는 전적으로 독립되어 있다."라고 판시하였다.

(라) North American Manufacturers Export Associations, Inc. v Chase National Bank of City of New York 사건

원고 수익자는 신용장의 조건과 일치한 서류를 제시하지 아니하고, 개설의뢰자가 개설은행에게 지시한 신용장의 조건변경의뢰서의 변경내용과 일치한 서류를 제시하였다. 실제로는 신용장의 변경이 이루어진 상태가 아니었다. 이에 개설은행은 제시된 서류가 신용장의 조건과 불일치하다는 이유로 대금지급을 거절하였다. 수익자는 서류가 개설의뢰자가 개설은행에 지시한 변경내용과 일치하면 일치한 것으로 보아야 한다고 주장하며 소송을 제기하였다. 그러나 Medina판사는 "은행이 신용장의 조건변경의뢰서에 따른 개설의뢰자의 지시를 이행하지 아니하였다고 하더라도 은행은 수익자에 대하여 여하한 책임을 부담하지 아니한다."라고 판시하였다.

(마) 영국의 Base and Selve v. Bank of Australia 사건

원고 개설의뢰자는 코발트 광석의 수입을 위해서 독일 은행에게 시드니(Sydney)에 있는 수익자 앞으로 화환신용장의 개설을 지시하였다. 독일 은행의 요청에 따라 시드니의 피고 은행은 신용장을 확인하고 이를 통지하였다. 이 신용장에는 전문가의 품질증명서(Quality Certificate)를 요구하였다. 수익자는 신용장의 조건과 일치한 품질증명서를 제시하였고, 피고 은행과 개설은행도 이러한 서류를 수리하였다.

그 후 개설의뢰자는 수익자가 전문가의 검사를 받은 견본과 다른 "무가치한 물품"을 선적하였음을 발견하고 소송을 제기하였다. 이에 담당판사는 피고 은행은 원고 개설의뢰자에 대하여 서류의 진정성(genuineness)을 보증하여야 할 의무가 없다고 판시하였다.

(바) 미국의 Bank of East Asia Ltd. v. Pang 사건

원고 은행은 피고의 수익자가 제시한 서류를 정히 수리하였으나, 개설의뢰자가 파산함에 따라 선적된 물품이 불량이고 매매계약의 조건과 불일치하다는 이유로 수익자를 상대로 대금 상환청구 소송을 제기하였다. 이에 워싱턴의 최고 법원은 이를 기각하면서 은행과 수익자 간의 소송에서 물품에 대한 분쟁은 있을 수 없다고 판시하였다.

3. 제시서류의 엄격 일치성

(1) 엄격 일치성의 원칙

신용장에 따라 수익자가 은행에 제시하는 서류는 문면상 신용장의 조건과 엄격하게 일치해야 하며, 은행은 그렇지 아니한 서류에 대해서는 그 지급을 거절할 권리가 있다는 법적 원칙을 전통적인 엄격 일치성의 원칙이라 칭하며, 본 원칙 하에서 제시되는 서류가 일치하지 않는 경우, 그 개설의뢰자가 동의하지 않는 한 지급할 수 없다는 것이다. 그리고 서류의 문면상 일치성은 서류만을 기초로 하여 그 제시를 심사하여야 한다(UCP 600 제14조 a항).[6)]

은행에 제시된 서류와 신용장의 조건과의 일치성 판단은 신용장대금의 지급과 분쟁

6) A nominated bank acting on its nomination, a confirming bank, if any, and the issuing bank must examine a presentation to determine, on the basis of the documents alone, whether or not the documents appear on their face to constitute a complying presentation(UCP 600 Art. 14(a))

의 해결에 중요한 기준이 된다. 따라서 은행에 제시되는 모든 서류는 신용장의 조건과 문면상 엄격히 일치하여야 하며, 만약 그 서류가 신용장의 조건과 문면상 엄격히 일치하지 아니하는 경우에는, 은행이 그 서류의 수리를 거절할 수 있다는 것이다.7) 즉, 은행은 제시서류가 신용장의 조건과 엄격하게 일치한 서류에 한하여 지급의무를 이행해야 한다는 원칙을 말한다. 국제무역에서 결제수단인 신용장은 그 형식적인 엄격성을 원칙으로 하기 때문에 제시서류는 신용장의 조건과 엄격하게 일치해야 한다는 것을 원칙으로 하고 있다.8)

☞ Equitable Trust Co. of New York v. Dowson Partners Ltd. 사건9)
Sunner 판사는 "그러한 서류거래에 있어서 제시서류는 신용장의 조건에 엄격히 일치된 경우에만 보상 청구권이 있다는 것은 공통된 의견이자 상식이다. 서류심사에 있어서는 거의 일치한다거나 또는 거의 올바르다(정당하다)는 것은 통용되지 않는다."고 판시하였다. 한편 국내 법원에서도 매수자의 소재지를 신용장상에 "SEOUL KOREA"로 약정되어 있었으나, 제시된 상업송장에는 "Kyeong Gi-Do Korea"로 표기되어 있었는데, 그 상업송장은 신용장의 조건에 불일치하다고 판시하였다.10)

(2) 엄격 일치성의 기순

엄격 일치성의 원칙에서 문제는 은행이 요구하는 구체적이고 명확한 일치성 기준을 규정하고 있지 않았다는 것이다.11) 이 경우에 은행은 어떻게 그 일치성을 결정할 것인가? 이다. 한편 대부분 법체계는 신성시 할 정도로 엄격 일치의 원칙을 지지해 왔다.12) 그런데, 엄격 일치성의 원칙을 엄격하게 고수하게 되면 신용장의 조건과 제시서

7) *First Commercial Bank v. Gotham, 64 N. Y.2d 287, 486 N.Y.S.2d 715*(1985) : 지정에 따라 행동하는 지정은행, 확인은행(있는 경우) 또는 개설은행은 제시가 일치하지 아니한 것으로 결정한 경우에는, 지급이행 또는 매입을 거절할 수 있다(UCP 600 제16조 a항).

8) E.P. Ellinger(1978), *Documentary Letter of Credit*, University of Singapore Press, 1970, p.279.; ICC Documents No.470/328, 470/390 ; Matti Kurkela(1985), *Letter of Credit under International Trade Law ; UCC, UCP and Law Merchant*, Oceana Publications Inc., p.298.

9) (1927) 27 Ll.L. Rep. 49.

10) 대법원 1985.5.28. 宣告 84다카697 判決.

11) http://www.eagletraders.com/advice/doc_standby_letters_credit.htm.

12) Daniel M. Kolko(2007), "Strict Compliance Applies to Letter of Credit Issuers", *The Secured Lender*, Saturday, September 1, p.39.

류 간에 중요하지도 않고 또 별 의미가 없는 사소한 불일치에도 지급거절 사유가 되기 때문에 오히려 신용장의 경제적(상업적) 효용을 저해하는 불합리한 결과가 야기될 수도 있다.

따라서 미국의 일부 법원을 중심으로 엄격 일치성 원칙의 엄격성을 수정하고자 하는 시도가 나타나게 되었는데, 실질적 일치 또는 상당일치의 원칙이 그 것이다. 그러나 실질적 일치의 원칙은 서류일치를 판단하는 자들에게 불필요한 부담과 재량을 주는 결과가 되어 오히려 신용장거래의 안전성을 해칠 가능성이 엄격 일치성의 원칙보다도 더욱 높을 수 있다는 결과를 야기하게 된다. 이러한 점 때문에 1990년대에 있었던 규범들의 제정과 개정작업에서 엄격 일치성의 원칙을 명확히 천명한 것이 있었다(예컨대 미국통일상법전의 개정).[13)]

그러나 전통적인 엄격 일치성의 원칙은 그 기원이 UCP에 있는 것이 아니고, 이미 언급했듯이 1927년 Equitable Trust Co. v. Dawson Partners Ltd 사건에서의 영국법원의 판결에 있었다. 그 이유는 UCP에서 "엄격 일치성"을 결코 명시적으로 규정하지 않고 있다. 따라서 "엄격한"(strict)은 UCP의 표현이 아닌 사법적인 해석으로 보고 있다.[14)]

(3) 실질적(상당) 일치성의 원칙

엄격 일치성의 원칙에서 그 엄격 일치성을 완화하는 원칙을 소위 실질적 또는 상당일치성의 원칙이라고 칭하는데, 이 원칙은 은행이 수익자의 제시서류와 신용장조건과의 일치성을 판단하는데 있어서 외형적이고 형식적인 불일치가 존재하더라도 실질적인 의미에서 일치한다면 불일치로 간주하지 않는다는 원칙이다. 예컨대 신용장에 따른 제시서류의 심사에 있어서 그 제시서류 상 약정물품의 명세를 비롯한 기술내용이 상호 모순되지 아니한 일반적인 용어로 실질적으로 일치하면 불일치로 간주하지 않는다는 것이다.

이에 대해 법원도 서류의 엄격 일치성의 원칙을 지지해 왔으나 근래에 와서는 서류의 엄격 일치성을 완화하여 제시서류가 신용장의 조건과 실질적으로 일치하는 경우, 은행은 수리할 수 있다는 취지의 판시로 변화하고 있음을 알 수 있다.

이는 신용장조건의 자구(字句)상 의미로부터 이탈하는 것을 허용하고 다음과 같은 기준을 제시한다. 이런 이탈이 서류심사자의 마음에 불확실성을 초래하였는가?[15)] 또

---

13) 김선국(2009), 「신용장과 독립적 은행보증」, 『고시계』, p.60.
14) Ravi Mehta(2007), "Does UCP 600 soften or end the doctrine of strict compliance", Newsletter No.101, *LC VIEWS*, March.
15) *Datapoint Corp. v. M & I Bank, 665 F. Supp. 722, 724 (W.D. Wis. 1987).*

는 그 불일치가 서류심사자를 잘못 인도하여 그릇된 결론을 내리게 하였는가?, 아니면 그 불일치가 서류심사자에게 손해를 입혔는가? 이다.[16] 그리고 신용장의 거래적인 상황을 고려하여 신용장의 조건을 자구상으로 해석하는 것이 합리적인가? 라는 관점에서 판단한다. 일리노이주 지방법원은 Crocker commercial Services Inc. v. Countryside Bank 사건[17]에서 서류심사자가 서류를 제시받을 당시에 수익자의 회사명이 변경되었기 때문에 그 서류상의 회사명은 실제 회사명과 상이했다. 그런데 변경된 동일한 회사의 수익자가 제시한 서류를 거절하는 것이 정당한가의 여부에서, 법원은 "관계회사가 동일하기 때문에 회사명의 변화는 '실질적 일치성의 원칙'에 의하여 불일치하지 않다." 라고 판시한 바 있다.

따라서 서류 상호간 모순성이 없고 또한 서류상 하자가 경미하고 부수적이며, 그리고 그러한 하자가 서류심사자로 하여금 서류의 일치성 판단에 오도하지 않고 손해를 입히지 않는다면 사소한 자구상의 이탈은 허용된다고 보아야 한다고 판시한 바 있다.

(4) 실질적(상당) 일치성의 원칙과 UCP의 변화

UCP 제2조에서는 "일치하는 제시"에 대해 "신용장의 조건, 본 규칙의 적용 가능한 조항 및 국제표준은행관행에 일치한 제시"라고 규정하고 있으며, 본 규칙 제14조 d항에서는 "일치될 필요는 없지만 상충되어서는 안 된다(not be identical to, but must not conflict with)"는 요건을 원칙으로 하는 일치성에 대한 일반적 원칙을 도입하고 있다. 이 원칙은 UCP 500에서 서류의 일치성에 대한 규정보다 더 넓은 범위의 기준을 제공한 것으로 보인다. 문언 "상충되지 아니한"(not conflict with)은 "일치하지 않는"(inconsistent)이 가지고 있는 의미와 다른 의미를 가지고 있다. "상충되지 아니한"이란 언급은 문자적으로 엄격 일치성을 요구하지 않는다. 따라서 실질적 일치성의 원칙에 가깝다고 볼 수 있다.

신용장거래에서 제시서류의 일치성은 형식적·내용적으로 완벽성을 의미하는 것이 아니고 서류 상호간 또는 신용장의 조건과의 모순성이 없는 정도이면 충족할 것이며, 계약(조건)의 이행성 및 제시서류의 상당 일치성에 더 중점을 두어야 한다. UCP 600 제14조 d/e항)에서는 다음과 같이 규정하고 있다.

---

16) *First National Bank of Atlanta v. Wynne*, 149 Ga. App. 811, 817, 256 S.W.2d 383, 387(1979) ; *Flagship Cruises Ltd. v. New England Bank*, 569 F.2d 699, 705(1st Cir. 1978).

17) 538 F. Supp. 1360(N.D. I11. 1981) ; Boris Kozolchyk, *op.cit.*, 1990, p.69.

> "서류상의 자료는 신용장, 서류 그 자체 및 국제표준은행관행의 관점에서 검토하는 경우 그 자체 서류, 그 이외의 기타 규정된 서류 또는 신용장상의 자료와 일치할 필요는 없지만 이와 상충되어서는 안 된다. 상업송장 이외의 서류에 명시된 경우에는 그 서류상의 물품, 용역 또는 이행의 명세는 신용장상의 그들 명세와 상호 모순(상충)되지 아니한 일반적인 용어로 기술될 수 있다."

따라서 신용장에 따라 제시되는 모든 서류상에 기술되는 내용은 그 신용장에 약정된 내용과 상호 모순되지 아니하는 실질적으로 일치하면 불일치로 간주하지 않는다는 것이다. 또 제시서류에 신용장의 조건과 불일치한 사항이 있더라도 그것이 사소(경미)하거나 부수적인 것이어서, 제시된 서류만으로도 신용장이 의도하는 목적을 충족시킬 수 있는 경우에는, 은행은 이의 수리를 거절할 수 없다는 것이다.

은행은 제시서류 상호간 기술내용상의 상이 또는 불일치성이 아닌 신용장조건의 실질적 이행 여부를 심사원칙으로 하여 대금지급의 여부를 판단하는 것이 타당하다고 본다. 신용장상의 물품의 선적, 선적기일, 유효기일 등과 같은 신용장의 조건의 실질적 이행 여부로 신용장대금의 지급 여부를 결정하는 것이 합리적이다. 즉 단순한 서류상 오탈자에 의한 상이점 또는 동일한 의미를 가지지만 서로 다른 표현을 사용하는 경우 등은 서류가 일치하는 것으로 해석함으로써 서류의 불일치 비율과 지급거절의 건수를 축소시키고, 궁극적으로는 신용장거래의 상업적 효용성을 높일 것이다.

(5) 문면상의 일치성

여기서 "문면상"이라는 의미는 제시서류가 신용장조건과의 일치성 여부에 대한 판단기준 이었으나, 3차 개정부터 그 개념을 좀 더 명확히 하기 위하여 서류 상호간의 불일치 여부로 그 범위를 확대하였다. 그 결과 서류 상호간에 불일치가 있는 경우라면 신용장의 조건과 일치하지 않는 것으로 규정, 문면상의 개념을 신용장 자체뿐만 아니라 제시되는 서류 상호간의 연계성(linkage)에 까지 확대하였다(ICC Opinion, 1995-1996).

이에 대해 ICC에서는 본 규정의 근본적인 취지는 모든 서류가 동일하게 표기되어야 할 필요가 없지만, 제시서류의 전체적인 입장에서 심사·판단하여야 한다는데 의견을 모으고, 서류 상호간의 일치성 여부를 각각의 서류가 문면상 상호 연계성(linking with others on their face)을 지니고 서류 상호간에 모순이 있어도 아니 된다는 취지의 유권해석을 내린 바 있다ICC Opinion, 1995-1996).

신용장에서의 물품명세의 표기가 Clock Movement 'O.K.' BRAND QUARTZ CLOCK

MOVEMENT WITH SWITCH로 되어 있으나, 매입은행에 제시된 선적서류(송장, 선하증권, 포장명세서)에서는 'O.K.' BRAND QUARTZ CLOCK MOVEMENT WITH SWITCH로 표기되어 "Clock Movement"가 생략되어 있었다면, UCP 500하에서 불일치한 것인가라는 질의에 대하여, ICC에서는 상업송장 이외의 기타 서류에는 물품 명세는 모순되지 아니한 일반적인 용어로 명시할 수 있기 때문에 당해 서류상에 "Clock Movement"가 생략된 것은 불일치로 간주하지 않는다는 견해를 제시했다.

이에 대한 판례로는 Laudisi v. American Exchange National Bank 사건[18]에서는 신용장에는 "Alicante Bouche grapes"로 명시되어 있었고, 제시된 송장에서는 "Alicante Bouche grapes"로 되었으나, 선하증권에는 단순히 "grapes"라고만 기술되어 있었다. 법원은 이것으로 충분하다고 판시하였다. Bank of Nova Scotia v. Angelica-Whitewater, Ltd. 사건[19]에서도 캐나다 대법원은 일치성의 개념을 확대하여 전체 서류가 한 세트로 구성되어 동일한 물품임을 명백하게 명시하고 있을 경우에는 그 서류는 상호 일치한다고 판시하였다.

제 2 절 신용장의 독립성 예외

1. 신용장의 독립성 예외(Fraud Rule)와 그 성립

(1) 계약법상 사기의 개념과 성립

일반적으로 계약법에서는 어느 계약이 그 계약당사자 간의 진실한 의사표시에 의하여 이루어지지 아니한 경우에는 그 계약은 처음부터 무효이거나 또는 취소될 수 있다. 따라서 사기에 의하여 계약이 체결된 경우에 그 계약을 취소하거나 또는 사기로 인하여 입은 손해를 보상받을 수 있다. 우리나라 민법 제110조에서도 "사기나 강박에 의한 의사표시는 취소할 수 있다."라고 규정하고 있다.[20] 일반 판례법 하에서의 사기의 요소는 ① 사기당사자가 피해당사자를 사기할 의도를 가지고 실질적으로 사실에 대한

18) 239 N.Y. 234, 146 N.E. 347(1924).
19) (1987) 1 SCR 59, 99.
20) 동조 "② 항에서는 상대방 있는 의사표시에 관하여 제삼자가 사기나 강박을 행한 경우에는 상대방이 그 사실을 알았거나 알 수 있었을 경우에 한하여 그 의사표시를 취소할 수 있다."라고 규정하고 있다.

부실기재를 하고, ② 그 신뢰의 결과로 그 피해당사자가 손해를 입을 것을 요구하고 있다(원봉희, 1985).

그러나 보통법에서의 사기와 UCC(미국통일상법전: 1995) 제5조상의 구제 목적을 위한 사기는 동일하지 않다.[21] 여기에서 한 가지 차이점은 UCC(1995) 제5조상의 구제를 위해 요구되는 사기의 정도이다. UCC(1995) 제5-109조상의 사기는 “실질적인 사기”를 요구하고 있다. 종전 UCC 제5-114(2)조에서는 “실질적”(material)이라는 용어를 이용하고 있지는 않았지만, 사기가 실질적인 경우에만 구제가 허용된다는 원칙은 Sztejn 사건에서와 같이 오래 전부터 출발한다.[22]

따라서 거래에서 사기는 일방의 계약당사자가 사실에 관한 진술이 허위임을 알면서 자신이 행하는 허위진술에 따라 상대방이 행동할 것이라는 의도 하에 행하고 그 결과로 그 상대방이 기망을 당하여 손해를 입게 되는 경우에 성립한다. 즉 사기는 작성자가 진실이 아니라는 것을 알면서 명시적 또는 묵시적으로 서류의 중요한 부분에 대하여 기술하는 것을 의미하나, 여기서 진실이 아니라는 것을 “안다”는 것은 일반 불법행위에서와 마찬가지로 ① 그 기재가 허위라는 것을 아는 것, 또는 ② 서류기재의 진실성을 신뢰하지 않거나, ③ 서류기재가 진실 또는 허위의 여부에 대하여 무모할 정도로 중대하게 부주의한 것을 의미한다. 결국 여기서 “안다”는 것은, 서류를 제시한 자가 그 서류에 대하여 의심할 만한 아주 상당한 근거가 있어서, 만약 그가 적절한 주의를 기울였다면 그 서류가 허위로 기재되었다는 사실을 인지하였을 터인데도 이를 태만함으로써 알지 못한 경우에는 충분히 성립한다.[23]

(2) 독립추상성의 예외(사기예외) 원칙

신용장거래는 매수자(개설의뢰자)와 매도자(수익자) 간 매매계약으로부터 독립되어 있다는 것을 전제로 한다. 사실상 독립성의 원칙은 신용장거래의 근간이며 핵심이다(Fellinger, 1990). 신용장의 독립추상성은 신용장거래의 기본원칙을 이루고 있음에도 불구하고 수익자의 권리행사가 독립추상성의 원칙을 악용하는 이른바 “사기적인 청구”인 경우에는 그 예외법리를 인정하여 개설은행은 신용장에 따른 지급을 거절할 수 있고, 나아가 지급거절의 의무를 부담한다는 원칙이 국제적으로 승인되고 있으며, 이를 사기예외 원칙(fraud rule)으로 칭해지고 있다(Andrle, 2009). 영미에서는 이를 ‘fraud

---

21) *Emory-Waterhouse Co. v. Rhode Island Hosp. Trust Nat,l Bank*, 757 F.2d 399(1st Cir. 1985).

22) Brooke Wunnicke·Diane B. Wunnicke·Paul S. Turner(1996), *Standby and Commercial Letters of Credit*, 2nd ed., John Wiley & Sons, Inc., p.168.

23) Raymond Jack(1993), *Documentary Credit*, Butterworths, pp.196-197.

rule'로써 설명하는 데 반하여,[24] 대륙에서는 이를 '권리남용의 법리'에 의하여 설명한다.[25]

신용장거래에서 독립적 약정에 대한 법리는 독립성의 원칙을 악용하는 권리의 남용(abuse)과 "사기"(fraud)의 경우에는 개설은행(있는 경우, 확인은행)의 지급거절을 허용해야 한다. 여기에서 "사기"와 "남용"은 대체 사용이 가능하다.[26] 신용장거래에서 개설은행(있는 경우, 확인은행)이 신용장의 독립성의 원칙을 근거로 사기거래에 의한 대금을 당사자에게 지급한다는 것은 부당하다는 것이다. 제시서류의 사기 또는 위조(fraudulent or false) 등의 사기거래까지도 신용장의 독립성의 원칙을 인정하여 서류자체만으로 지급 여부를 결정하게 되면, 위조나 변조 등 부정행위를 정당화시키는, 즉 신용장의 사기거래를 조장하는 결과를 초래할 수 있다. 개설은행은 매도자와 매수자간의 계약과는 독립된 독립·추상적인 의무를 지고 있지만, 이러한 제도를 남용하여 계약이 사기에 의하여 이행되는 경우에는 은행의 취소불능의 지급의무를 면제하도록 하자는 것이 사기예외 원칙의 기본 입장이다.[27]

따라서 신용장거래에서 제시서류가 위조(변조 또는 허위 작성 포함) 되었을 경우, 은행이 위조 또는 변조에 직접 가담한 당사자이거나 서류의 위조 또는 변조 사실을 사전에 인지했거나 또는 그와 같이 의심할 만한 충분한 사유가 있었던 경우에는, 이는 신용장거래의 독립추상성을 빙자한 사기거래에 지나지 아니하므로 그 은행은 더 이상 이른 바 신용장의 독립추상성의 원칙에 의한 보호를 받을 수 없다는 것이다.[28]

이러한 사기예외는 은행이 지급청구를 회피하기 위해 이용할 수 있는 보호수단으로, 또는 일방의 거래당사자가 은행으로 하여금 지급청구에 대한 그 지급을 중단시키기 위해 「지급금지명령」의 확보를 위해 적용 가능하다.[29]

---

24) 미국통일상법전 제5-109조는 "사기 및 위조"라는 표제 하에 이 원칙을 명시적으로 규정한다.

25) 石光現(2001), "信用狀去來上의 銀行의 法的地位 ―貨換信用狀去來의 法律關係―", 南孝淳·金載亨(공편), 金融去來法講義 Ⅱ: 서울대학교 법과대학 전문분야연구과정 제6권, 145면.

26) Jim Barns(2010), "The L/C fraud/abuse exception", *DCInsight, Vol 16 No 4,* p. 10.

27) See the discussion by Muntingh JA *The Fraud Exception in the Context of Documentary Credits: A Comparative Study of the Remedies in Various Jurisdictions* LL.M dissertation, Stellenbosch University(1997), for a discussion of these remedies.

28) 대법원 1993.12.24. 선고 93다15632 판결, 1997.8.29. 선고 96다37879 판결, 1997.8.29. 선고 96다43713 판결 등 참조.

29) See the discussion by Muntingh JA *The Fraud Exception in the Context of Documentary Credits: A Comparative Study of the Remedies in Various Jurisdictions* LL.M dissertation, Stellenbosch University (1997), for a discussion of these remedies.

사례 1 International News Serv. v. Associated Press 사건

개설은행과 수익자는 GBP10,000.00의 검정콩 매매계약을 체결한 후, 수익자는 검정콩의 선적을 완료하고 상업송장과 선하증권 및 GBP10,000.00에 해당하는 환어음을 제시하였다. 이들 서류는 신용장의 모든 조건과 문면상 엄격하게 일치하였기 때문에 엄격 일치성과 독립·추상성의 원칙에 따라, 개설은행은 수익자가 단지 GBP9,000.00의 콩을 선적했거나 또는 인도된 콩이 검정콩이 아닌 다른 종류의 콩이라는 개설의뢰자의 주장에도 불구하고 수익자의 서류제시에 물품대금을 지급하여야 한다.

그러나 수익자는 콩이 아닌 톱밥과 벽돌을 혼합하여 선적하였으며, 이에 대한 상업송장과 선하증권의 물품명세가 사기라는 것을 인지하고, 개설은행과 개설의뢰자를 사기할 의도로 서류를 제시했다고 가정하자. 이 경우 사기거래 당사자에게도 개설은행은 엄격 일치한 서류제시에 대금을 지급하여야 하는 가? 인데, 물론 아니다. 법원은 사기의 경우에는 개설의뢰자에게 구제를 허용하는 서류의 일치성에 대한 예외 원칙을 확립하여 왔다. 사기에 대한 사법적인 예외는 미국 UCC 제5조에서는 규정하고 있다. 본 법은 명백하고 부도덕한 사기의 결과까지 관용을 베풀 수 없다는 것이다.[30]

사례 2 Sztejn v. J. Henry Schroder Banking Corporation 사건

수익자는 외관상 정당한 서류를 제시하였으나, 사실상 그는 강모 대신에 쓰레기(rubbish)를 채운 목상자를 선적하였다. 이에 개설의뢰자는 사기를 발견한 즉시 개설은행의 지급을 중지시키기 위하여 법원에 「지급금지명령」을 신청하였으며, 피고은행은 이에 항소하였다. 이에 담당 판사는 "그러한 사정에서 환어음과 서류가 지급을 위하여 제시되기 이전에 은행의 주의를 요하는 매도자의 사기가 존재한 경우에는 신용장에 따른 독립성의 원칙은 파렴치한 매도자를 보호하는 데까지 확대되어서는 안 된다. 서류가 위조 또는 사기가 있더라도 개설은행이 매도자의 사기에 대한 통지를 접수하기 이전에 이미 환어음을 지급한 경우에는, 은행은 그가 지급하기 이전에 상당한 주의를 다하는 한 보호받을 수 있다는 것은 사실이다. …… 그러나 본 사건에서 피고은행 Schroder는 자행이 환어음을 인수 또는 지급하기 이전에 매도자 Transea의 실질적인 사기에 관하여 통지를 받았었다."(James E. Byrne & Christopher S, Byrnes, 2008)

---

30) *International News Serv. v. Associated Press, 248 U.S. 215, 247* (1918) (Oliver Wendell Holmes, J.); Wunnicke, Diane. B. & Turner Paul S.(1996), *Standby and Commercial Letters of Credit*, p. 158.

(3) 사기예외 범위

신용장의 독립추상성의 예외에서 중요한 쟁점은 그 사기가 발생할 경우에 어떠한 종류의 사실과 행위가 법원의 개입을 정당화시킬 만큼 그 독립추상성 예외원칙에서 사기적인 지급청구로 규정해야 하는가 하는, 즉 사기기준의 정의이다. 독립성의 원칙에도 불구하고 기초거래에 관련하여 결정되어야 한다.[31] 그 주장은 서류상의 사기뿐만 아니라 기초거래에서의 사기를 명시적으로 인정하는 UNCITRAL(UN국제상거래법위원회) 협약 제19조에서는 물론 UCC 제5-109(5)조에서 인정되고 있다.[32]

따라서 개설의뢰자는 관할법원의 「지급금지명령」을 통하여 법적 구제를 받을 수 있다는 것을 확실히 하고 있다. 묵시적으로 개설은행에게 서류상의 사기와 거래상의 사기에 대하여 지급거절의 권리를 부여하고 있다. 그러나 사기예외의 적용은 위·변조를 포함한 사기서류의 제시와 관련된 것으로, 명백한 증거가 입증될 경우에 한하여 개설은행이 서류를 수리하기 이전에 이루어져야 한다.[33]

2. 관련 법규 검토

UCP(신용장통일규칙)와 URDG(청구보증통일규칙)는 직접적으로 규정하지 않고 있다. UCP의 본질은 사기가 발생한 경우에 UCP를 준수하는 은행을 보호하는 것이다. 이는 UCP 제34조를 포함한 일부 조항에서 알 수 있다. 본 규칙 제34조(서류의 유효성에 대한 면책)는 UCC 제5-109조(사기 및 위조)의 조항을 배제하거나 또는 변경하지 않는다. UCC 제5-109조는 신용장거래의 사기에 문제 대해 체계적으로 규정하고 있다. 그리고 보호당사자에 대한 표준국제신용장관행을 규정하고 있다. 한편 ISP98(보증신용장통일규칙) 제98 제1.05(c)조에서는 이 문제에 대해 준거법에 맡긴다고 명시적으로 규정하고 있다.[34]

(1) UCP(신용장통일규칙)

우선 UCP는 신용장거래에서 사기 문제는 직접 규정하고 있지 않고 각 국가의 국내

31) Roeland Bertrams(2004), *Bank Guarantee in International Trade*, ICC Publishing S.A., p.353.
32) Norman Rochert(2007), "Performance Guarantee on First Demand and the Fraud Exchange in International Trade", *Dissertation*, University of Cape Town, p.25.
33) 13 UCC Rep. Serv. 2d 469, 921 F2d 32(1990).
34) James E. Byrne & Christopher S, Byrnes(2008), *Annual Survey of Letter of Credit Law & Practice*, Institute of International Banking Law & Practice, Inc., p.104.

법에 맡기고 있다.[35] 이것은 UCP가 사기예외를 인정하지 않아서가 아니고 이에 관한 각국의 국내법이 명확하지 않거나 각국 간 차이가 있기 때문에 각국의 국내법에 그 해결을 맡기는 입장을 취하고 있기 때문이라고 볼 수 있다(Raymond Jack, 1993). 즉 신용장거래의 독립성은 권리의 남용과 사기를 근거로 그 예외가 인정된다고 보면 된다. 이러한 수익자 및/또는 지정은행을 사기로부터 보호하는 방법은 각 국내의 어느 한 법원과 또 다른 법원과도 다를 수도 있다. 모든 선의의 관계당사자의 이해를 공정하게 보호하는 것은 법원에 달려 있다 견해(ICC Opinion)를 밝힘으로써 사기와 권리의 남용을 근거로 사기예외를 인정하고 있다.

UCP 600에서도 직접적으로 사기문제를 언급하고 있지 않지만, 본 규칙 제34조를 살펴보면, 은행의 서류에 관한 면책에서 "은행은 모든 서류의 형식, 충분성, 정확성, 진정성, 위조성 또는 법적 효력에 대하여 또는 서류에 명시되거나 또는 이에 추가된 일반 조건 또는 특별 조건에 대하여 어떠한 의무 또는 책임도 부담하지 아니하며 ……" 라고 규정하고 있으며, 또 본 규칙 제12조 b항에서는 "환어음을 인수했거나 또는 연지급약정을 부담한 지정은행에게 그 지정은행이 인수한 환어음 또는 부담한 연지급약정을 선지급 또는 구매할 권한을 부여한다."라고 규정하고 있다(Andrle, 2009).

그리고 같은 맥락에서 본 규칙 제7조 c항에서는 지정은행에 대한 개설은행의 상환의무를 정의하고 있다. 즉, "개설은행은 일치하는 제시에 대해 지급하거나 또는 그 제시를 매입하고 그 서류를 개설은행에 송부한 지정은행에게 상환약정을 한다(상환의무가 있다). 인수신용장 또는 연지급신용장 하에서 일치하는 제시에 대한 대금의 상환기일은 만기일이다. 따라서 지정은행은 만기 이전에 선지급 또는 구매할 것인지 결정해야 한다. 지정은행에 대한 개설은행의 상환약정은 수익자에 대한 개설은행의 지급약정과는 독립되어 있다."라고 규정한데서 알 수 있다. 개설은행이 사기라는 사유로 수익자에게 지급을 거절할 지라도, 그 개설은행은 수익자에게 이미 지급한 지정은행에 상환할 의무가 있다(Andrle, 2009).

(2) UCC(미국통일상법전)

UCC(미국통일상법전)에서는 사기예외에 대해 규정하고 있으며, 사기가 관계된 상황이다. 이전 UCC 제5-114(2)조에서는 "제시서류가 위조 또는 변조되었거나, 또는 거래상에 사기가 있는 경우에 적용된다."고 규정하였다. 여기에서 규정하고 있는 "거래상의 사기"(fraud in the transaction)란 신용장의 기초가 되는 매매계약 등의 실물거래에

35) King Tak Fung(2004), *Leading Court Case on Letter of Credit*, P.E.R. Consultancy Ltd., p.159.

있어서의 사기를 의미한다.

따라서 서류거래인 신용장거래가 원인행위에 영향을 받게 되므로, 그 효용성(본질)이 침해된다고 하여 본 조항의 해석에 관하여 논란이 있었으나, 개정 UCC(1995) 제5-109(a)조는 종래의 UCC 제5-114(2)조를 보완하여 "제시서류는 문면상 신용장의 조건과 엄격히 일치하여야 하지만, 제시서류가 위조 되었거나 또는 실질적으로 사기서류이거나, 또는 제시서류에 대한 대금지급이 수익자가 개설은행 또는 개설의뢰자를 상대로 실질적인 사기를 조장하게 되는 경우"로 규정하고 있다. 이 조항에 의하여 신용장거래의 기초가 되는 거래상의 사기도 실질적으로 사기인 경우에는 포함한다고 보는 것이 타당하다.[36] 본조는 Sztejn v. Henry Schroder Banking Corp 사건의 판례가 조문화 되었다.[37]

본 제5조는 사기 또는 위조에 대한 기준을 명확히 하고 있다. 본조에서 사기예외는 개설은행이나 개설의뢰자 앞으로 하는 수익자의 실질적인 사기에 초점을 두고 있다.

(3) ISP(보증신용장통일규칙)

ISP98 제1.05조 c항에서는 "사기, 권리남용, 또는 기타 이와 유사한 사유에 기초한 지급에 대한 보호"에 관하여는 정의하거나 또는 규정하지 않는다고 규정하고 있고, 또 이러한 문제는 준거법에 의한다고 규정하고 있다.

다만 본 규칙 제8.01조 b항 제ii호에서 "개설의뢰자는 타인의 사기, 위조 또는 불법행위에 따라 발생하는 모든 권리주장, 의무, 책임(변호사 비용을 포함)에 대하여 개설은행에게 보상해야 한다."고 규정하고 있기 때문에 사기적인 문제에도 무조건 지급하는 것으로 오해의 소지가 있다고 볼 수 있다. 그러나 이 규칙은 개설은행의 면책에 대한 일반 원칙이라고 볼 수 있다. 즉 UCP에서의 면책조항이나 eUCP에서 "접수된 전자기록에서 명백한 경우를 제외하고 송신자의 신원, 정보의 출처, 또는 그 완전성과 무변조성에 대한 책임을 부담하지 않는다."라고 규정하고 있는 취지와 같다고 볼 수 있다(eUCP 제12조).[38]

---

36) Brooke Wunnicke·Diane B. Wunnicke·Paul S. Turner(1996), p.168.

37) *151. Sztejn v. Henry Schroder Banking Corp.*, 177 Misc. 719, 31 N.Y.S.2d 631(N.Y. Sup: James E. Byrne & Christopher S, Byrnes(2008)., p.90.

38) 채진익(2009), "글로벌 전자무역에서 은행보증제도의 도입과 그 활용방안에 관한 연구", 「국제상학」, 제24권 제2호, 한국국제상학회, p.231.

3. 사기예외 원칙의 적용

법원은 사기예외를 적용하는 경우에는 엄격한 기준을 적용해야 한다. 우선 사기가 성립되어야 한다. 그 사기는 물품이 존재하지 않는 사기서류의 제시와 같은 "명백한 사기"(outright fraud)이거나, 또는 이와 유사한 맥락에서 "증명된 분명한 사기"(proven manifest fraud)이어야 한다(Andrle, 2009). 그 사기가 분명하고 명백하지 아니한 경우에는 신의성실(in good faith)하게 매입이 이행된 것으로 간주한다. 여기에서 "분명하고 명백한"의 의미는 매입은행 이전에 이용 가능한 정보에 바탕을 둔다.[39]

그리고 사전인지 입증이다. 그 적용은 위·변조를 포함한 사기서류의 제시와 관련된 것으로, 명백한 증거가 입증될 경우에 한하여 개설은행이 서류를 수리하기 이전에 입증되어야 한다.[40] 매입은행이 개설은행 앞으로 신용장대금의 상환을 청구하는 경우에 매입은행이 서류매입 당시 그 제시서류가 위조되었다는 것을 알았거나 의심할 만한 충분한 이유가 있었다고 인정되지 않는 한, 개설은행은 매입은행의 상환청구에 대한 지급의무를 면할 수 없다.[41] 또한 그 「지급금지명령」은 서류제시와 관련된 사기가 발생된 경우에 수익자에게 지급을 중단(금지)시키기 위해 행사될 수만 있다(Andrle, 2009).

이에 관해 국제상업회의소(ICC)에서는 다음과 같은 견해를 밝혔다. 즉 ① 매입은행 자신이 사기의 당사자인 경우, ② 동 매입은행이 서류제시 전에 사기를 이미 인지하고 있었던 경우, ③ 동 매입은행이 상당한 주의를 다하지 아니한 경우 등, 즉 위조가 서류의 문면상 명백한 경우에 적용된다. 그러나 서류가 정당한 선의 소지인으로부터 제시되었을 경우와 개설의뢰자가 사기의 성립을 입증하는 독립적인 증거를 제공하지 못할 경우에는 Fraud Rule의 적용이 배제된다.

그리고 이와 같은 상황에서 지급거절을 하는 은행은 ① 제시된 서류가 신용장의 조건과 일치하지 않다는 사실과, ② 제시된 서류상에 사기가 있거나 또는 매수자인 개설의뢰자가 거래상의 사기를 이유로 개설은행에 지급정지를 요청해 오는 경우에는 사기예외원칙을 적용할 수 있는지 확인해야 한다. 만약 사기를 입증할 수 없다면 부당한 지급거절의 책임은 져야 한다.

그러한 사기를 입증하거나 또는 국내 법원으로부터 「지급금지명령」을 득하는 요건은 국가마다 다를 수 있으나,[42] 어쨌든 「지급금지명령」은 수익자에게 지급을 중단시

---

39) King tak Fung(2011), "Chinese courts and negotiation in good faith", *DCInsight*, Vol.17 No.3, p.18.

40) *13 UCC Rep. Serv. 2d 469, 921 F2d 32(1990).*

41) 대법원 1997. 8. 29. 선고 96다37879 판결. 보완 및 견해 추가: 채진익(2009), 전게논문, p.232.

키기 위해 매우 예외적인 사기의 경우에만 허용되어야 한다(Andrle, 2009).

사례 3 All Service Exportacao, Importacao, S.A. v. Banco Banerindus Do Braz, S.A. 사건

선적물품이 도착하기 이전에 매도자는 필요한 서류와 환어음을 송부하였고, 은행이 그 서류와 환어음을 수리하였다. 그러나 선적물품이 도착된 이후 콩에 곰팡이가 발생되어 인간의 식용으로는 부적합하였다. 매수자는 거래상의 사기라고 하면서 신용장에 의한 「지급금지명령」을 신청하였다. 이에 법원은 이를 기각하였다. 사기예외 원칙의 적용은 명백한 증거가 입증될 경우에는 개설은행이 서류를 수리하기 이전에 한하여 이루어진다는 점을 시사하고 있다.

4. 지급금지명령(Injunction)과 그 요건

(1) 지급금지명령의 개념과 의의

신용장거래에서 개설의뢰자가 법원에 개설은행으로 하여금 신용장대금의 지급중단을 구하는 가처분을 신청하는 경우가 있다. 즉 개설은행의 부당지급 및 사기거래의 경우에 개설의뢰자는 법원에 개설은행의 지급을 중단시키도록 하는 이른바 「지급금지명령」을 신청하여 항변할 수 있느냐가 문제이다. 여기서 「지급금지명령」이라는 것은 일정한 행위를 중지하도록 하는 법원의 명령을 말하며, 이는 형평법상의 구제방법으로써 그 효력에 따라 「영구적인 금지명령」과 「잠정적인 중지명령」으로 구분된다(Kozolchyk, 1990).

그러나 신용장의 독립추상성의 원칙에 의하여 은행은 매매계약의 이행절차상에서의 문제와는 무관하게 신용장의 조건에 일치하는 서류제시를 전제로 대금지급을 확약하기 때문에 개설의뢰자는 원칙적으로 은행의 지급에 대한 「지급금지명령」을 신청할 수 없다. 그럼에도 불구하고 신용장의 독립추상성의 원칙을 악용하는 이른 바, 사기 또는 권리남용이 있는 경우에는 은행에 그의 취소불능의 지급의무를 면제시키는 법리가 독립추상성의 예외 또는 "사기예외의 원칙"(fraud rule)이 있다.

이는 개설은행 또는 결제은행 등을 통하여 신용장대금이 지급·결제된 후에는 수익자의 사기 또는 권리남용이 판명되어 개설은행의 지급거절이 적법하게 허용되더라도

42) King Tak Fung(2004), p.159.

개설은행이 이미 지급한 경우에는 그 신용장대금을 회수하기가 현실적으로 불가능하거나 또는 어려운 것이 현실이다. 즉 신용장거래에서 수익자 등의 사기행위가 발생하여 개설은행의 지급을 중단시키기 위해 “사기예외의 원칙”을 적용해야 하는 상황이 발생하는 경우에는 수입자인 개설의뢰자의 입장에서는 수익자가 제시한 서류가 지급될 경우에는 그 대금에 대한 손해를 입을 수 있다. 물론 그 지급 후에도 적법한 법적절차를 통하여 회수할 수 있지만 그 절차도 복잡하고 또 현실적으로 어려움이 따르고 또 그 회수도 보장받기 어렵다.

따라서 개설은행이 신용장대금의 지급을 중단하도록 그 지급 이전에 신속하게 법적조치를 취할 필요가 있으며, 이러한 경우에 신용장대금 「지급금지명령」(injunction)이라는 제도를 인정하고 있다.

(2) 지급금지명령의 청구요건

개설의뢰자가 「지급금지명령」을 법원에 신청하는 데는 엄격한 요건이 적용된다. 이는 본 제도의 악용으로 신용장거래의 안정성을 해칠 수도 있기 때문이다. 그렇지만 신용장거래에서 사기 피해를 방지하기 위해서 유용하게 이용할 필요가 있다. 그리고 그 허용 여부는 법원이 판단한다. 개설의뢰자는 적법한 사유를 제시할 경우에는 은행의 부당지급 및 사기거래에 해당하는 지급에 대하여 법원의 「지급금지명령」을 신청할 수 있다.

때로는 신용장의 대금지급을 중지하려는 매수자는 클레임을 제기한 후 그 클레임을 해결하는 과정에서 유리한 입장을 확보하려는 의도 또는 계약의 해제 및 변경 등을 시도하려는 경우에도 발생된다. 매수자가 손해배상을 청구하거나 계약을 해제하기 위하여 지급을 중단하고자 하는 행위에 대해서의 법원의 판결은 신용장의 독립·추상성의 원칙에 따라 매수자의 입장과는 반대되는 태도 즉, 「지급금지명령」을 허용하지 않는 입장을 취하는 것이 보통이다. 따라서 매수자는 신용장에 의해 매도자에게 운송서류와 상환으로 지급을 이행한 후에 비로소 매도자에게 최초의 매매계약을 근거로 하여 계약위반에 대한 손해배상청구를 요구할 수 있다.

한편 UCC 5-109(1995)조에서는 개설의뢰자가 「지급금지명령」의 구제를 신청하기 위해서는 일정한 요건을 요구한다. 즉 ① 「지급금지명령」이 발부되지 않은 경우에는 회복 불가능한 손해를 입을 것 또는 개설의뢰자가 법적으로 적절한 구제방법이 없을 것, ② 이러한 사실이 입증되어야 하며, ③ 개설의뢰자에게 직면한 손해가 「지급금지명령」이 허용되었을 때 수익자에 의해 입는 손해보다 더 클 것, ④ 「지급금지명령」을 허용하는 것이 공공이익에 반하지 아니 할 것 등이다. 여기에서 개설의뢰자가 회복할 수 없는 손해를 입는다는 것은 특히 중요하다. 일반적으로 개설의뢰자에게 야기된 손해는 경제적인 손해이다. 그와 같은 종류의 손해는 개설의뢰자가 기초계약의 위반을 근거로 수익자를 상대로 소송을 제기할 수 있으며, 개설의뢰자가 금전배상의 판결을 받을 경우에는 그 손해는 회복될 수 있다. 따라서 개설의뢰자가 금전배상의 소송을 제기하는 한 그 개설의뢰자는 법상 적절한 구제방법을 갖게 된다. 이 경우 법원에 의해 「지급금지명령」이 기각된다.[43]

5. 서류의 매입과 사기 적용

매입은행이 선적서류를 매입한 후 수익자에게 지급한 매입자금을 개설은행으로부터 상환받기 전에 사기거래가 밝혀진 경우에는 개설은행이 매입은행의 상환청구를 거절할 수 있는가의 문제이다. 그런데 화환신용장은 그 조건에 일치한 서류제시와 상환으로 지급하기로 하는 은행의 지급약정이다. 신용장은 그 신용장의 근거가 되고 있는 매매계약과 독립되어 있다는 것은 화환신용장의 잘 확립된 거래원칙이다(Andrle, 2009). 따라서 신용장거래는 독립추상성의 원칙에 의거 제시된 서류가 신용장의 조건에 일치한 경우에는 개설은행은 실제 물품의 품질결함 등의 하자를 이유로 지급거절 할 수 없다(Dolan, 2010).

그러나 서류가 위·변조되었거나 또는 수익자가 사기를 목적으로 의도적으로 불량물품을 선적한 경우, 은행이 위조에 가담한 당사자이거나, 서류의 위소 사실을 사전에 알았거나 또는 그와 같은 의심할 만한 충분한 이유가 있는 경우에는, 이는 신용장거래를 빙자한 사기거래에 지나지 아니하므로 그 은행은 더 이상 이른바 신용장의 독립·추상성의 원칙에 의한 보호를 받을 수 없다는 것이 일반적인 원칙이다.[44]

(1) 일람급신용장

신용장거래에서 그 결제조건이 일람급인 경우에는 개설은행이 당해 서류를 수리할 때, 그 개설은행은 보상할 것이다. 이 경우, 매입은행이 환어음 및/또는 서류와 상환으로 수익자에게 그 자금을 선급함으로써만 매입이 유효하게 성립될 수 있다. 그런데 만약 수익자에게 자금을 선급하는 매입이 이행된 후에 사기가 발견된 경우, 그 때 지정은행(매입은행)에 대한 개설은행의 상환의무는 여전히 존속하므로 사기예외의 원칙 적

---

43) Brooke Wunnicke·Diane B. Wunnicke·Paul S. Turner, p.175.
44) 대법원 2002. 10. 11. 선고 2000다60296 판결 내용 보완.

용에 대한 여지가 없다.

(2) 기한부·연지급신용장

결제조건이 기한부신용장(usance)인 경우에는 그 상황이 불분명해 질 수 있다. UCP 600 제2조의 "매입"에 대한 정의에 따르면 지정은행은 수익자에게 "자금을 선급" 하거나 또는 지정은행에 상환이 예정되어 있는 은행영업일 이전에 "자금을 선급하기로 약정"할 수 있다고 규정하고 있다(Andrle, 2009).

만약 기한부신용장에서 지정은행이 자금을 선급하기로 약정하고 매입하는 경우, 즉 지정은행이 제시된 환어음 및/또는 서류와 상환으로 수익자에게 선급한 경우, 개설은행은 상환예정일 즉, 그 기한부 만기일에 매입은행(지정은행)에 상환해야 한다. 그 자금이 선급된 후에는 사기예외 원칙의 적용 여지가 없다. 즉 "지정은행에 상환이 예정되어 있는 은행영업일 이전(지정은행에 대한 상환만기일)에 자금을 선급하기로 약정함으로써" 그 매입이 이행된 경우, 상황이 달라질 수 있다. 자금을 선급하기로 한 약정만기일에 수익자가 지정된 매입은행으로부터 자금을 지급받았고, 이 상황(그 지급)이 사기가 입증되기 전이라면, 개설은행은 기한부신용장의 만기일에 지정은행에 상환해야 한다. 반면 자금의 선급 약정일이 도래하기 전, 즉 수익자가 자금을 지급받기 전에 사기가 입증된 경우, 지정은행은 어떠한 경우에도 수익자(사기당사자)에게 지급해야 한다는 견해와 이미 매입이 이행되었기 때문에 개설은행은 그 지정은행에게 상환해야 된다는 견해는 부당하다((Andrle, 2009).

연지급신용장의 경우, 개설은행 또는 확인은행(있는 경우)은 그 신용장이 그 매매계약과 법적으로 독립되었다는 이유만으로 그의 연지급약정을 사기자에게 만기에 지급한다는 것은 부당해 보인다. UCP 600 제12조 b항에서는 개설은행이 연지급약정을 인수하거나 또는 부담하는 은행을 지정하여, 개설은행은 그 지정은행에게 그 연지급약정을 "선급하거나 또는 구매" 할 수 있도록 수권하는 규정을 하고 있다. 그 개설의뢰자가 연지급약정의 만기일 이전에 사기를 발견하여 이를 입증하는 경우에는 그 개설은행은 그 연지급약정의 인수자를 위해 사기예외의 원칙을 주장할 수 없다.

제 4 장

신용장의 개설과 통지

제 1 절 신용장의 개설과 통지

1. 신용장의 개설과 통지

수입자는 수출자와 무역결제방법으로 신용장을 약정하는 무역계약을 체결하게 되면, 자신의 거래은행에 신용장의 개설신청을 하게 된다. 이때 거래은행은 수입자의 신용상태에 대한 심사과정에서 정해진 기준을 통과하면 소정의 제출서류를 접수하고 개설한다.

Commercial Agreement

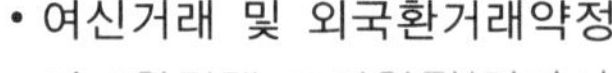

- 여신거래 및 외국환거래약정
- 외국환거래 추가약정(전자시스템 또는 인터넷 뱅킹을 이용한 신용장 개설)

Application for Letter of Credit

- 신용장 개설신청서 작성 및 은행에 제출
- 전자시스템을 이용하는 경우 전자시스템에 접속/발송
- 전자무역시스템 또는 인터넷 뱅킹서비스를 이용하는 경우에는 신용장의 개설신청 관련 증빙서류를 차후 별도로 제출한다.

Issuance and Forwarding Letter of Credit

- 은행의 신용장 개설신청서 접수 및 개설
- 개설된 신용장의 해외 통지은행에 발송

[그림 4-1] 신용장의 개설업무 흐름도

(1) 수입신용장의 개설 약정

수입거래약정과 여신거래약정이 이루어진 후 신용장의 개설신청은 일정한 서류를 구비하여 신청한다. 즉 수입신용장의 개설신청 시 주요 서류로는 취소불능 화환신용장 개설신청서, 수입승인서(승인품목인 경우), 보험서류〔가격조건이 FOB(본선인도), CFR(운임포함인도), FCA(운송인인도), CPT(운송비지급인도) 등 수입자의 부보조건인 경우〕, 물품매도확약서 또는 매매계약서, 기타 필요 서류(추천서, 허가서 등 필요 시) 등이 있다.

(2) 신용장의 개설 및 통지

개설은행은 개절절차에 따라 신용장을 개설하고 수출국가에 있는 통지은행을 지정하여 그 통지은행을 통하여 그 신용장을 수익자, 즉 수출자에게 통지한다. 신용장의 개설은 개설은행이 개설의뢰자의 신용상태, 담보상태 및 재정상태 등을 심사하여 개설 적격 판정을 받은 경우에 개설한다.

(3) 통지은행의 신용장의 접수 및 수익자에게 도착통지

통지은행은 개설은행으로부터 신용장을 접수하면, 당해 신용장의 진정성 여부를 확인하고 수익자에게 신용장의 도착통지를 한다. 그리고 수익자가 신용장을 수령하기 위해 은행에 방문하면 통지수수료를 수납하고 신용장을 인도한다. 전자적인 방법으로 통지할 수도 있다.

2. 신용장의 개설신청서 작성과 해설

(1) 수입신용장 개설신청서 작성

[예시 4-1] 신용장의 개설신청서 서식

취소불능화환신용장 발행 신청서
APPLICATION FOR IRREVOCABLE DOCUMENTARY CREDIT

(취급 영업점 접수인 날인)

고 객 용

TO : **KOREA FIRST BANK, SEOUL(PUSAN)** DATE : . . . 부(지점)

※ 표시는 은행에서만 기입합니다

※ Destination LT(Advising bank) : (Bank code :)
※ M : 40 : Form of documentary credit : irrevocable
※ M : 20 : Documentary credit number : ☐Airmail (우편통지 필요시 표시함)

M : 31 : Date and place of expiry :

M : 50 : Applicant :

M : 59 : Beneficiary(Write Full address & Tel) :

M : 32 : Issuing Amount :

0 : 39 : Pct credit amount tolerance(More or less) :

0 : 42C : (Draft tenor) Drafts at : (☐ Banker's, ☐ Shipper's, ☐ Domestic)

※0 : 42 : Drawee(Bank) : (☐ Remittance Basis의 경우 표시할 것)
※0 : 42M : Mixed payment details :

0 : 43P : Partial shipments : ☐ Allowed ☐ Not allowed
0 : 43T : Transshipment : ☐ Allowed ☐ Not allowed

0 : 44A : On board/disp/taking charge(Loading port) :

0 : 44B : For transportation to(Unloading port) :

0 : 44C : Latest date of shipment :

Commodity descriptions	Origin	Price Terms	Quantity	Unite Price	Total Amount

0 : 46 : Documents required : ☒ Signed commercial invoice in quintuplicate ☒ Packing list in triplicate
☒ Full set of clean on board ocean bills of lading made out to the order of KOREA FIRST BANK
marked "Freight "and "Notify accountee"
☐ Air Way Bills "Freight " ☐ Cerfificate of Origin
☐ Full set of marine insurance Policy or Certificate or declaration : 110% invoice value(Institute cargo clause)
☐ Inspection certificate issued by
Additional Documents(if any)·····

0 : 47 : Additional(Special) conditions : ☐ Emblem ______ must be marked on the surface of each package and beneficiary must certify to this effect on commercial invoice. ☒ All documents must bear our credit number.

0 : 71 : Charges : All banking commissions and charges including reimburesment charges outside korea are for account of beneficiary.(or ☐ applicant)
0 : 48 : Period of presentation : Documents must be presented within( ) days after the date of shipment, but within the validity of this credit.
M : 49 : Confirmation instruction : (Confirm L/C 개설시 표시할 것)

※0 : 53 : Reimbursement bank :
※0 : 57 : Advise thru bank :

위와 같이 신용장 발행을 신청함에 있어서 따로 제출한 외국환거래약정서의 해당 조항에 따를 것을 확약하며 아울러 위 수입물품에 관한 모든 권리를 은행에 양도하겠습니다.

주 소 : (전화번호 .)

신청인 :

(외 402) (210×297) NCR 50g/m2(94.7.11 개정) (4-4) 제일은행

[예시 4-2] 신용장의 개설 통지문 사례

* TO BIC CODE:BKCHCNBJ500
ELEX NUMBER:85322351
BANK NAME: BANK OF CHINA(SHANDONG BRANCH), QINGDAO
* FM : STANDARD CHARTED BANK KOREA LTD SEOUL
ADVICE KIND : SWIFT ACK
:27 : SEQUENCE OF TOTAL
1/1
:40A: FORM OF DOCUMENTARY CREDIT : IRREVOCABLE TRANSFERABLE
:20 : DOCUMENTARY CREDIT NUMBER : M04D7504NS00064
:31C: DATE OF ISSUE : 160911
:31D: DATE AND PLACE OF EXPIRY : 160930 IN YOUR COUNTRY
:50 : APPLICANT : SEONAM FABRIC CO., LTD.
:59 : BENEFICIARY : KICHAN TEXTILE COMPANY LIMITED.
:32B: CURRENCY CODE, AMOUNT : USD400,000.00
:41D: AVAILABLE WITH/BY ADVISING BANK BY NEGOTIATION
:42C: DRAFTS AT SIGHT
:42D: DRAWEE
STANDARD CHARTED BANK KOREA LTD(HEAD OFFICE SEOUL) SEOUL
50, ULCHIRO 2-GA, CHUNG-GU, SEOUL, REPUBLIC OF KOREA
:43P: PARTIAL SHIPMENTS : PROHIBITED
:43T: TRANSSHIPMENT : PROHIBITED
:44A: LOADING/DISPATCH/TAKING CHARGE AT/FROM
CHINA ANY PORT
:44B: FOR TRANSPORTATION TO BUSAN PORT KOREA
:44C: LATEST DATE OF SHIPMENT : 160920
:45A: DESCRIPTION OF GOODS AND/OR SERVICES
COUNTRY OF ORIGIN : CHINA CIF BUSAN
80 PCT POLYESTER 20 PCT CARDED COTTON BLENDED WOVEN
FABRIC IN GREY 55X45/110X76 49 WEIGHT : 129 GR/YD
200,000YD AT USD0.20/YD USD400,000.00
PACKING : 117-123YD 90 PCT 40YD UP 10 PCT
:46A: DOCUMENTS REQUIRED

+SIGNED COMMERCIAL INVOICE IN TRIPLICATE
+FULL SET OF CLEAN ON BOARD OCEAN BILLS OF LADING MADE OUT TO THE ORDER OF STANDARD CHARTED BANK KOREA LTD MARKED "FREIGHT PREPAID" AND "NOTIFY APPLICANT"
+INSURANCE POLICY OR CERTIFICATE IN DUPLICATE, ENDORSED IN BLANK FOR 110PCT OF INVOICE VALUE, STIPULATING CLAIMS TO BE PAYABLE IN KOREA IN THE CURRENCY OF THE DRAFT COVERING INSTITUTE CARGO CLAUSES: ALL RISKS.
+PACKING LIST IN TRIPLICATE

:47A: ADDITIONAL CONDITIONS
+A DISCREPANCY FEE OF USD80.00(OR EQUIVALENT) SHOULD BE DEDUCTED FROM THE AMOUNT CLAIMED OR WILL BE DEDUCTED FROM THE PROCEEDS OF ANY DRAWING, IF DOCUMENTS ARE PRESENTED WITH ANY DISCREPANCY(IES). NOTWITHSTANDING ANY INSTRUCTIONS TO THE CONTRARY, THIS CHARGE SHALL BE FOR ACCOUNT OF BENEFICIARY. IN ADDITION, THE PAYMENT OF THE RELATIVE CABLE EXPENSE, IF ANY, SHALL ALSO BE FOR ACCOUNT OF BENEFICIARY.
+DRAFT DRAWN UNDER THIS CREDIT MUST BE ENDORSED AND CONTAIN THE CLAUSE, DRAWN UNDER STANDARD CHARTED BANK KOREA LTD SEOUL, LETTER OF CREDIT NO. M04D7504NS00064 DATED 2016-09-11
+USE NO HOOKS
+THIS L/C IS TRANSFERABLE THROUGH ADVISING BANK ONLY, TRANSFER MADE UNDER THIS CREDIT MUST BE ADVISED TO US BY THE TRANSFER BANK AT THE TIME OF TRANSFER AND COPY OF TRANSFER ADVICE MUST BE PRESENTED WITH EACH DRAWING UNDER THE CREDIT.

:71B: CHARGES
ALL BANKING COMMISSIONS AND CHARGES OUTSIDE KOREA, PLUS REIMBURSING CHARGES, ARE FOR ACCOUNT OF BENEFICIARY

:48: PERIOD FOR PRESENTATION
DOCUMENTS TO BE PRESENTED WITHIN 21 DAYS AFTER THE DATE OF SHIPMENT BUT WITHIN THE VALIDITY OF THIS CREDIT

:49: CONFIRMATION INSTRUCTIONS

WITHOUT
:78: INST TO PAY/ACP/NEGO BANK
+ALL DOCUMENTS MUST BE FORWARDED DIRECTLY TO US(ADDRESS TO : STANDARD CHARTED BANK KOREA LTD(HEAD OFFICE SEOUL), 50, ULCHIRO 2-GA, CHUNG-GU, SEOUL, KOREA) IN ONE LOT BY COURIER SERVICE.(SWIFT: IBKOKRSEXXX)
+IN REIMBURSEMENT: UPON RECEIPT OF DOCUMENTS AND DRAFTS IN COMPLIANCE WITH TERMS AND CONDITIONS OF THIS CREDIT, WE SHALL REMIT THE PROCEEDS TO YOU IN ACCORDANCE WITH YOUR INSTRUCTIONS.
:57D: ADVISE THROUGH BANK
+PLS RELAY TO YR BINZHOU BR.
:72: SENDER TO RECEIVER INFORMATION
+THIS CREDIT IS SUBJECT TO UCP PUB.600 (2007, REV.)
+REIMBURSEMENT, IF APPLICABLE, IS SUBJECT TO ICC URR 525.

〈END OF TEXT〉

1) APPLICATION FOR IRREVOCABLE DOCUMENTARY CREDIT (취소불능 화환신용장 신청서)

신용장개설을 신청하기 위해 은행에 제출하는 신청서이다.

2) 신용장의 개설 문언

We request you to establish by □ cable □ air mail an Irrevocable Credit on the following terms and conditions(당사는 귀 은행에 다음 조건으로 전신(cable)/항공메일(air mail) 형식의 취소불능 신용장의 개설을 신청합니다).

수입자가 자신의 거래은행에 신용장의 개설을 신청한다는 문언과 함께 SWIFT(전세계은행간금융통신협회) 통신망, 전신(cable), 항공우편(air mail) 등의 통지방법 중 한 방법으로 선택하여 개설된 신용장을 통지한다. 따라서 신용장 개설 시 통지방법을 지정한다. 주로 'SWIFT'를 이용하여 통지되고 있다.

☞ SWIFT는 1973년 벨기에 법에 의하여 북미 및 유럽 15개국 239개 은행이 연합하여 세계적으로 통용되는 금융기관 간의 메시지 통신망으로 SWIFT(전 세계은행간 금융통신협회)를 창설하였다. 이 단체는 회원 소유의 협동조합이며, 이를 통하여 금융기관은 신속성, 확실성 및 신뢰성 있는 그 자신의 비즈니스 활동을 이행한다. 벨기에에 본사를 두고 있으며, 전 세계 주요 금융 중심지와 개발도상국 시장에 지사를 두고 있다. 현재 전 세계적으로 212개 이상의 국가에서 10,000여개 이상의 은행, 증권사 및 기업이 매일 수백만의 표준화된 금융 메시지를 교환할 수 있도록 SWIFT 인터페이스(interface)를 제공하고 있다(http://www.swift.com, 2014.1.26).

3) Issuing Bank(개설은행)

개설은행은 위의 서식과 같이 신용장의 상단에 개설은행의 명과 주소, 텔렉스 번호, 전신약호, e-Mail 등이 인쇄되어 있는 경우가 통상적인데, 신용장에 다음 같은 신용장을 개설한다는 취지의 문언이 명시되어 있다.

"We hereby issue …", "We hereby establish …", "We hereby open …" 등이다. 여기서 "We"는 신용장 개설은행을 말하며, 모두 "개설한다."는 뜻을 명백히 하고 있다.

한편 환어음의 발행에 중점을 두고 있는 신용장은 다음과 같이 표현된다. 즉 "We hereby authorize you to value on ZZZ", "You are hereby authorized to draw ZZZ", 즉 개설은행이 수익자에게 자신(개설은행) 앞으로 환어음을 발행할 권한을 부여하는 내용이다. 원칙적으로 "ZZZ"는 개설은행이 된다.

이미 언급했듯이 SWIFT 신용장의 경우는 신용장을 개설한다는 취지의 문언이 없이 정해진 SWIFT 형식에 맞추어 그 내용을 입력한다. 이하 설명하는 내용도 같은 취지이다.

4) Advising Bank(통지은행)

통지은행은 개설은행의 요청에 의하여 개설한 신용장을 수익자(수출자)에게 통지하는 은행이다. 통상적으로 통지은행은 개설은행이 지정한다. 그러나 거래편의상 개설의뢰자(매수자)가 개설은행의 동의를 받아 지정하는 경우도 많이 있다.

일반적으로 신용장에는 통지은행을 기재하는 공란이 지정되어 있어 그 공란에 통지은행 명의를 기입하도록 되어 있다. 그리고 통지은행은 수익자의 소재지에 있는 개설은행의 본지점이나 환거래은행을 주로 이용한다. 통지은행의 선정은 개설의뢰자의 요청으로 지정할 수 있으나, 통상 개설은행에서 지정한다.

5) Cable Address(전신 주소)

전문(신용장)을 송신하기 위한 통지은행의 전신 주소이다. 은행에는 전 세계은행의 전신번호 또는 SWIFT 코드번호 집 등을 보유하고 있다.

6) Credit Number(신용장 번호)

개설은행이 부여하는 번호로, 우리나라의 경우에는 한국은행이 신용장 번호에 대한 부여원칙을 제정하여 각 외국환은행이 공통적으로 시행하고 있는 "수입승인서 및 신용장 등의 번호 기재요강"에 따라서 부여된다. 이 원칙에 따라 개설은행의 전산시스템에서 자동적으로 부여된다.

 예시

- M18A8 169 NS 001345
- M은 수입신용장 표시, import의 M
- 18은 개설은행 고유번호, 우리나라 은행을 비롯한 각국의 은행은 각 은행의 코드번호가 부여되어 있다.
- A8은 개설은행 점포(지점) 고유번호(코드)
- 169는 개설연월을 의미한다. 16은 년도(2016년), 9는 월을 의미한다. 여기에서는 2016년 9월을 의미한다.
- N은 수입용도, 예컨대 N은 내수용, E는 외화획득용, S는 중계무역
- S는 결제방법, 예컨대 S는 일람출급, U는 기한부, 여기에서는 S이므로 일람급
- 00134는 일련번호
- 5는 checking digit(한국은행이 지정한 방법에 의한다).

7) Applicant(개설의뢰자)

신용장의 개설을 의뢰하는 자로 수입자(매수자)를 말한다. 따라서 수입자의 상호 및 주소, 전화번호, Fax 번호 등을 포함한 정보를 기재한다.

SWIFT와 같은 일정한 형식을 사용하지 않는 경우, 신용장이 개설되어 수익자 앞으로 발송되는 신용장상의 개설의뢰자는 다음과 같이 표기된다.

예시

- We hereby issue this irrevocable documentary letter of credit No. M18A8 169 NS 001345 which is available against beneficiary's drafts at sight for full invoice value drawn on us in favor of Kongju Industrial Co., Ltd(Beneficiary) for account of Sejong Industrial Co., Ltd(Applicant).
- We hereby authorize you to value on KNU bank for account of Sejong Industrial Co., Ltd. by order of Kongju Industrial Co., Ltd.

위 문장에서 "for account of" 다음에 매매계약상 "매수자"를 기재한다. 결국 이는 accountee(어음결제인), 즉 신용장 개설의뢰자인 applicant가 된다.

8) Beneficiary(수익자)

수익자는 신용장을 이용하여 수혜를 누리는 자로 약정물품의 수출자(매도자)를 말한다. 따라서 수출자(매도자)의 상호 및 주소, 전화번호 등을 포함한 정보를 기재한다. SWIFT 등과 같은 일정한 형식을 사용하지 않는 경우, 신용장이 개설되어 수익자 앞으로 발송되는 신용장의 수익자는 다음과 같이 표기된다.

예시

- We hereby issue in your favour this irrevocable documentary letter of credit No. M18A8-169-NS-001345 which is available by negotiation with any bank of your drafts at sight drawn on us bearing the clause " .... ".
- We hereby issued our irrevocable Letter of Credit No. M18A8-169-000256 Favoring Kongju Industrial Co., Ltd. for account of Sejong Industrial Co., Ltd. for US Dollars three thousand only.

위 문장에서 "in your favour" 또는 "favoring"이 수출자(매도자), 즉 수익자를 의미하는 표현이다. 여기에서 "your"는 신용장을 최종적으로 수취하여 이용하는 당사자가 수익자이기 때문에 "수익자"를 가리킨다. 그리고 이들 표현은 "7) Applicant(개설의뢰자)"의 사례와 같이 "in favor of (수익자)"로 대체할 수 있다.

우편신용장의 경우는 수익자는 통상 신용장의 addressee, 즉 수익자 앞으로 신용장이 개설되므로 신용장 서식상의 좌측 상단 부분의 "To" 다음에 수익자의 상호와 주소가 기재되며, 그 다음에 위 예시와 같이 "We issue our irrevocable L/C in your favor …"로 표기되든지, 처음부터 "We issue our irrevocable documentary letter of credit No. in favor of (수익자)"로 명시될 수 있다.

한편 전신신용장 또는 SWIFT 신용장은 'beneficiary' 란을 별도로 두어 수익자의 상호와 주소가 기재된다. 물론 우편신용장도 'beneficiary' 란을 별도로 두어 기재될 수도 있다. 여기서 수익자란 신용장의 조건대로 수출을 이행하고 그 대금을 받기 위하여 환어음을 발행하는 환어음의 발행인(drawer)을 말한다.

9) Amount(신용장금액)

개설되는 신용장금액으로 신용장의 개설한도 금액을 기재한다. 신용장금액은 물품매도확약서(Offer) 또는 수입승인서(수입승인이 필요한 경우)의 금액 이내여야 하며 신용장금액을 숫자와 문자로 기재할 경우에는 두 금액의 상호 일치여부를 확인하여야 한다. 신용장금액 앞에 "about", "circa", "approximately" 등으로 명시되어 있으면 10%의 과부족이 허용된다. 이러한 문언이 없는 경우에도 신용장상에 금지조항이 없고, 포장단위 또는 개수단위의 품목으로 표시되어 인도되는 화물이 아닌 경우에는 신용장금액을 초과하지 않는 범위 내에서 5%이내의 과부족이 허용된다.

위 서식과 같은 경우에는 금액란에 숫자와 문자로 기재하면 되지만, 일정한 서식을 사용하지 않는 경우에는 "up to an aggregate amount of …"(…의 총액까지), "for a sums not exceeding a total of …"(…의 총액을 초과하지 않는 금액에 대해), "to the extent of not exceeding a total of …"(…의 총액을 초과하지 않는 범위 내), "for a maximum amount of …"(최고 금액 …에 대해) 등으로 표현되기도 한다.

여기에서 "aggregate amount"(총액), "sum or sums"(합계금액) 등의 표현은 신용장에서 partial shipment(분할선적)를 허용하는 경우에는 환어음이 약정물품을 분할로 선적한 횟수로 나누어 발행될 때를 대비한 것으로, 당해 신용장에 의하여 분할되어 발행되는 모든 환어음금액의 총액(합계액)이 일정액을 초과할 수 없다는 뜻이다.

☞ 신용장의 개설은 개설은행 측에서는 여신에 해당하기 때문에 개설의뢰자(매수자)의 신용상태가 양호하지 않은 경우에는 신용장의 개설신청이 거절될 수 있다. 은행은 개설의뢰자의 신용상태, 재정상태 및 담보제공 여부 등을 고려하여 신용장의 개설 한도를 결정한다.

10) Expiry Date & place(유효기일과 장소)

모든 신용장은 수익자가 물품을 선적한 후 지급, 인수 또는 매입을 위해 관련 운송서류를 제시하기 위한 유효기일과 장소를 정하여 신용장에 명시해야 한다. 신용장통일규칙 제6조 d항(i호)에서는 신용장을 이용할 수 있는 서류제시를 위한 최종기일, 즉 신용장에서 규정한 서류와 환어음을 은행에 제시하여야 할 최종기일에 관하여 규정하고 있다. 그리고 신용장이 이용될 수 있는 서류제시를 위한 장소를 명시한다.

 예시

- Expiry date(유효기일): December 15th, 2016(2016년 12월 15일)
- This credit expires on December 15th, 2016(이 신용장의 유효기일은 2016년 12월 15일이다).
- Drafts must be presented for payment/negotiation on or before December 15th, 2016(환어음은 매입 또는 지급을 위해 2016년 12월 15일 이전에 제시되어야 한다).
- Drafts drawn under this credit must be negotiated by a bank not later than December 15th, 2016(이 신용장의 조건하에 발행된 환어음은 2016년 12월 15일 이전에 매입되어야 한다).
- Drafts must be presented for negotiation not later than December 15th, 2016(환어음은 매입을 위하여 2016년 12월 15일 이전에 제시되어야 한다).
- Drafts drawn under this credit must be negotiated by a bank not later than December 15th, 2016(이 신용장은 2016년 12월 15일 이전에 환어음을 매입하여야 한다).
- This credit is valid until December 15th, 2016 with the Standard Charted Bank Korea Ltd(이 신용장은 SC은행서 2016년 12월 15일까지 유효하다).

유효기일은 선적기일을 고려하여 결정한다. 특별한 사정이 없으면 선적일자로부터 10일 또는 2주일 이내로 정하는 것이 바람직하다. 그리고 위 예시와 같은 유효기일은 환어음의 매입이나 지급을 위하여 서류를 은행에 제시할 수 있는 최종기일을 뜻하는 것이지 은행에서 환어음의 매입이나 지급을 완료하여야 하는 최종일자는 아니다. 따라서 유효기일이 영업마감시간 이전에 환어음 및/또는 관계서류를 제시하면 된다.

서류가 영업시간 이외에 제시된 경우에는 은행은 이러한 서류를 수리하여야 할 의무가 없다. 또한 서류제출자는 은행에게 이러한 서류의 수리를 강요할 수 없다(UCP

600 제33조: A bank has no obligation to accept a presentation outside of its banking hours: 은행은 그의 영업시간 이외에는 서류제시를 수리할 의무가 없다). 이 경우 은행은 제시서류를 심사한 후 그 다음 은행영업일에 당해 서류를 매입하여 영업시간 내에 지급할 수 있다.

유효기간을 의미하는 문언, 예컨대 "This credit is valid until December 15th, 2016 with the Standard Charted Bank Korea Ltd"(본 신용장은 SC은행에서 2016년 12월 15일까지 유효하다)해에서 에서와 같이 "with" 다음은 서류의 제시장소이며, 보통 매입은행이 명시된다. "with yourselves"로 한 경우에는 통지은행이 되며 동시에 매입은행이 된다. 즉 유효기일 이전에 "with" 다음 지정된 '장소'에 제시되어야 한다."는 것을 의미한다.

다만 "ourselves"로 하는 경우에는 유효기일 이전에 '개설은행'에 제시하여야 한다. 이 경우에는 우송기간을 충분히 고려하여 개설은행에 서류를 제시해야 한다.

11) Tenor of Draft(환어음 결제방법)

환어음의 결제방법에는 일람급 환어음(sight draft)과 기한부 환어음(usance draft)이 있다. "일람급"인 경우에는 일시불, 즉 서류인도와 동시에 대금을 지급하는 방법을 의미하며 at 다음에 sight를 명시하면 된다. 그리고 "기한부"인 경우에는 외상거래(신용거래)를 의미하며 at 다음에 약정기간(외상기간)을 표기하면 된다. 따라서 예컨대 환어음상에 결제방법이 'at 60 days from B/L date'라고 표기되어 있으면 선하증권의 발행일자로부터 60일이 되는 날이 만기일이며, 지급일을 의미한다.

오퍼 또는 매매계약서의 payment(결제조건)에 명시되어 있는 조건을 기재하면 된다.

(가) 일람급인 경우

- At Sight

(나) 기한부신용장인 경우

- At 60 days(약정기간) after sight(일람후 정기출급) : 환어음이 매수자(개설의뢰자)에게 제시되는 날부터 환어음만기일(결제일)을 기산한다. 즉, 개설의뢰자가 서류를 인수한 날로부터 일정(약정)기간 후에 대금을 결제한다.
- At 60 days(약정기간) after date(일부후 정기출급) : 환어음의 발행일자로부터 환어음의 만기일(결제일)을 기산한다. 즉, 환어음의 발행일자로부터 일정(약정)기간 후에 대금을 결제한다. 일부후(after date) 환어음이 일람후(after sight) 환어음보다

서류가 전달되는 데 소요되는 우편일수만큼 지급결제가 앞당겨 이루어진다. 즉 동일한 외상기간(신용기간) 경우 일부후 환어음의 지급만기일이 빠르다.

기한부 어음에서는 환어음의 인수(acceptance) 행위가 수반되는데, 기한부 어음이 지급인에게 제시되었을 때 만기일에 지급할 것을 약속하는 서명 행위이다. 대부분의 경우는 인수인(인수은행)은 만기일에 지급인이 된다.

- At 90 days(약정기간) after B/L date(확정일자후 정기출급) : 선적일자와 같은 확정일자로부터 어음만기일을 기산한다. 즉, 여기에서는 선하증권의 발행일 이후부터 약정기간인 90일 이후에 대금을 지급한다.
- Date of Maturity : due date(확정일 출급) : on November 30th, 2016.

☞ 약정기간은 거래당사자 간에 합의하여 약정한다. 그리고 기산일은 만기일 산정을 위한 개시일자를 의미한다.

(다) 기한부신용장의 실무상 유의사항

기한부신용장은 Banker's Usance와 Shipper's Usance로 구분되며, 또 Banker's Usance는 Overseas Usance와 Domestic Usance로 구분되기 때문에 이를 확인하여야 한다. 그리고 Banker's Usance 인 경우, 인수은행은 환어음을 인수(할인)하고 만기일 통보와 함께 인수수수료 및 할인료를 개설은행에 통보한다. 이때 개설은행은 다시 개설의뢰자에게 이 내용을 통보하여 이자 성격의 인수수수료 및 할인료를 즉시 결제하도록 하고 그 원금은 만기일에 결제하도록 한다.

그리고 기한부신용장인 경우는 신용장 개설신청서의 'Special Condition'의 란에 다음 문언을 추가한다.

우선 Banker's Usance인 경우는 "Payment under this letter of credit is to be made at sight basis regardless of draft's tenor"(이 신용장은 환어음의 결제방법과는 관계없이 일람급 방식으로 결제한다). "Acceptance commission and discount charges are for account of applicant."(인수 수수료 및 할인료는 개설의뢰자의 부담이다)라는 취지의 문언을 추가한다.

그리고 Shipper's Usance인 경우에는 "Interest are for account of beneficiary."(이자는 수익자가 부담한다)라는 문언을 추가한다.

☞ B/A(bank acceptance) rate(은행인수 어음할인율)
지급이 절대적으로 확실한 은행인수어음은 뉴욕이나 런던의 금융시장에서 매우 유리한 이율로 할인되며 이때 할인율을 말한다.
☞ LIBOR(London inter-bank offered rates; 리보금리)
국제금융시장의 중심지인 영국 런던에서 우량은행간 단기자금을 거래할 때 적용하는 금리를 말한다.

(라) 환어음 발행금액(For of invoice value)과 표현

환어음의 발행금액은 통상적으로 송장금액(invoice value)과 일치해야 하며, "For 송장금액" 또는 "For 100% of invoice value"로 표기하는 것이 원칙이다. 그러나 특수 거래(곡물, 광석 등)인 경우에는 송장금액의 100% 미만으로 환어음을 발행할 수도 있다. 예컨대 "For 95% of invoice value"인 경우에는 그 차액 5%는 수입자가 물품을 인수하고 품질, 중량 등을 검사한 후 추가적으로 환어음을 발행하게 된다.

환어음은 인수(acceptance) 또는 매입(negotiation)의 방법으로 이용되는 신용장에서는 반드시 요구되지만, 연지급신용장(deferred payment L/C)에서는 요구되지 않는다. 지급신용장(payment L/C)은 통상 환어음이 요구되지는 않으나, 지정된 지급은행(paying bank)을 지급은행으로 하는 환어음을 요구할 수도 있다. 환어음은 다음과 같은 문언으로 표현할 수 있다.

- Beneficiary's drafts at sight for full invoice value drawn on issuing bank(개설은행 앞으로 발행된 송장금액 전액에 대한 수익자의 일람급 환어음).
- Your drafts in duplicate for 100% of the invoice value drawn at 120 days after sight on us(송장금액의 100%에 대해 당행을 지급인으로 한 일람후 120일로 발행된 귀사의 환어음 2부).
- Beneficiary's drafts at 120 days from B/L date for full invoice value plus interest on us(송장금액에 이자를 가산한 금액에 대해 당행을 지급인으로 하여 선하증권의 발행일로부터 120일부로 발행된 수익자 환어음).

☞ 환어음의 발행인(drawer)은 수익자(beneficiary)이다. 따라서 신용장에서 환어음과 관련하여 "your"는 수익자를 의미한다. 그리고 환어음의 지급인(drawee)은 "drawn on" 다음에 지정된 자가 되며, 환어음의 발행금액은 "for" 다음에 명시되는데 통상

> 상업송장 금액과 일치하지만, 거래상황에 따라 가감되기도 한다. 그리고 환어음은 "Drafts drawn under documentary credit no. xxx issued by xxx bank"와 같은 신용장에 관한 사항을 환어음 전면에 표기하도록 요구하고 있다. ⇒ 환어음의 작성법 참조

12) Documents(please indicate by placing × Mark in applicable box)
: 서류(해당 박스에 × 마크로 표시하시오)

(가) Bill of Lading(선하증권)

① 선하증권의 조항(예시)

Full set of clean on board ocean bills of lading, made out to the order of the Standard Charted Bank Korea Ltd marked "Freight(　　　)" and "Notify applicant"(전통의 무고장 해양선적선하증권: SC은행의 지시식으로 작성하고, "운임(　　　)"으로 표기한다. 그리고 물품도착 시 통지처는 "개설의뢰자"로 한다.

• Full set는 3부를 의미한다. 선하증권은 특별한 경우를 제외하고는 3부를 1set로 발행된다. 따라서 은행에서는 전통(full set)을 요구하는 것이 원칙이다. 그러나 신용장의 조건에 따라 전통이 아닌 일부 부수, 예컨대 'Two-third'(3부 중 2부) 또는 'One-third'(3부 중 1부)를 요구하고, 1부 또는 2부를 직접 매수자인 개설의뢰자에게 송부하도록 규정하고 있는 경우도 있다. 이 경우 은행 측에서는 신용장의 개설 시 그 결제대금으로 수입보증금의 100% 예치 또는 100%의 물적 담보제공을 받지 않는 경우에는 위험할 수 있다. 그 이유는 매수자가 수입대금을 은행에 결제하지 않고 직접 송부 받은 선하증권으로 직접 물품을 선 인수할 수 있기 때문이다(선하증권이 소지인식이거나 수입자 앞의 기명식으로 발행된 경우). 따라서 은행은 신용이 확실하거나 또는 수입보증금을 포함하여 담보 확보가 된 경우가 아니면 신용장조건에 전통(full set)을 요구하도록 하는 것이 안전할 것이다.

• "on board"는 물품의 적재를 의미한다. 즉, 이 표현이 있으면 물품을 선적한 후에 발행된 선하증권을 제시해야 한다.

• "to the order of the Standard Charted Bank Korea Ltd"는 SC은행의 지시식으로 작성한다는 의미로 동 은행의 배서(지시)에 의해 선하증권이 양도된다는 의미이다. 따라서 기업은행의 배서가 있기 전까지는 물품에 대한 소유권은 기업은행이 가지며, 은행의 배서(지시)에 의해 소유권이 양도된다.

• "Freight (　　　　)"의 괄호에는 인코텀즈(가격조건)가 CFR(운임포함인도), CIF(운임보험료포함인도), CPT(주운송비지급인도) 등 매도자(수익자)가 운임을 지급하는 '운임 지급필' 조건인 경우에는 'prepaid'로, FAS(선측인도), FOB(본선인도), FCA(운송인인도) 등 매수자(개설의뢰자)가 운임을 지급하는 '운임 추심' 조건인 경우에는 'collect'로 표기한다.

• "Notify"(물품도착 통지처)는 물품이 목적지에 도착했을 때, 그 도착통지를 받는 당사자를 말하며, 통상 개설의뢰자(수입자)가 된다.

 예시 **선하증권의 주요 표현**

- Full set of clean on board marine(ocean) bill of lading made out to our order marked freight collect notify applicant.
- Full set of clean on board marine bill of lading issued to the order of shipper and blank endorsed, marked freight prepaid notify applicant.
- Full set of clean on board marine bill of lading issued or endorsed to the order of the Standard Charted Bank Korea Ltd(issuing Bank).
- Full set of clean multimodal transport bill of lading issued to the order of issuing bank indicating place of taking in charge of the goods xxx, port of loading ZZZ, port of discharge ZZZ, Place of final destination ZZZ …(복합운송서류).

② 선하증권의 발행형식

발행방식		수하인(Consignee)	배서 방식
지시식	단순 지시식	To Order, To Order of Shipper	백지식 배서
	기명 지시식	To Order of issuing bank, To our order	지시식 배서
기명식		특정 기명인/KONGJU NATIONAL UNIVERSITY	기명식 배서
소지인식		소지자(Bearer)	

ⓐ 지시식으로 요구하는 경우

지시식 선하증권은 선하증권상에 어느 특정 수하인을 지정하는 대신 'the order of 개설은행' 등과 같이 표기되는 경우는 화물을 선하증권상에 지정된 자의 지시에 의해 물품을 인도하라는 의미이며, 선하증권은 배서에 의해 양도가 가능하다. 지시식 선하증권에는 단순 지시식과 기명 지시식이 있다.

따라서 신용장 개설신청서 작성 시, 단순 지시식은 선하증권의 조항 중 "made out" 다음에 'to order' 또는 'to the order of Shipper'와 'blank endorsed'(백지식 배서)를 요구한다. 따라서 'made out to order and blank endorsed' 또는 'made out to the order of shipper and blank endorsed' 등으로 표기된다.

그리고 기명 지시식은 "made out" 다음에 'to the order of issuing bank'(개설은행 명을 구체적으로 기재해도 된다) 또는 'to our order'(여기서 our는 개설은행을 의미)로 표기하며, 두 문언 모두 '개설은행의 지시식'이라는 의미이다.

우리나라에서는 대부분 개설은행의 지시식 선하증권으로 발행되고 있다. 이는 신용장은 제시서류가 일치하는 한 수익자에 대한 개설은행의 지급약정이기 때문에 신용장 대금을 수익자에게 지급한 이후 개설의뢰자(수입자)로부터 대금상환을 받지 못하는 경우에는 손해가 발생한다. 따라서 신용장의 개설은 은행여신으로 대출에 준하여 취급하고 있다. 통상 신용장은 담보제공 없이 보통 신용으로 개설하기 때문에 향후 도착되는 물품에 대한 처분권(소유권)을 갖기 위한 것이다. 그 처분권은 배서에 의해 개설의뢰자에게 이전(양도)되는데, 일람급 신용장의 경우 이때 결제대금을 수납하는 것이 보통이다.

ⓑ 기명식을 요구하는 경우

기명식 선하증권은 어느 특정인에게 물품을 인도하도록 이미 지정되어 있는 선하증권으로 양도가 불가능하다.

신용장 개설 시 기명식을 요구할 경우에는 선하증권의 조항 중 "made out to" 다음에 특정인을 명시한다. 우리나라에서는 보통 은행에 신용장의 개설신청 시 대금결제를 위한 준비자금으로 수입보증금을 100% 예치하든가 또는 부동산, 예금 등과 같은 담보를 제공한 경우에 기명식으로 발행할 수 있으며, 이 경우는 통상 개설의뢰자를 명시한다.

ⓒ 소지인식을 요구하는 경우

소지인식을 요구할 경우에는 선하증권의 조항 중 "made out to" 다음에 'bearer'를 명시한다. 소지인식은 선하증권을 갖고 있으면 누구라도 수하인(consignee)이 될 수 있다. 즉, 선하증권을 소지하면 누구라도 수입물품을 인도받을 수 있도록 한 선하증권이다.

(나) Airway Bill(항공화물운송장)

Airway Bill consigned to (특정 수하인) showing freight collect/prepaid notify applicant(항공화물운송장은 운임 추심/선지급, 도착 통지처는 개설의뢰자로, 그리고 특정 수하인을 명시하고 있어야 한다). 화물을 선박이 아닌 항공기로 선적을 원하는 경우에는 본 조항을 명시한다.

(다) Marine Insurance policy or certificate(보험증권 또는 증명서)

Marine Insurance policy or certificate in duplicate, endorsed in blank for (110 %) of the invoice value. stipulating that claims are payable in the currency of the drafts and also indicating a claim settling agent in Korea. Covering Institute Cargo Clauses : ( )(백지 배서한 해상보험증권 또는 보험증명서 2부, 송장가액의 110 %를 부보 하여야 하며, 보험금의 청구는 환어음의 통화로 하도록 하며, 한국에 있는 보험 대리점을 명시한다. 그리고 협회적하약관 ( )으로 부보하기로 한다).

• 보험서류는 CIF(운임보험료포함), CIP(운송비보험료포함) 등 매도자가 부보의무가 있는 조건일 경우에만 해당되는 조건이다. 따라서 매도자의 입장에서 가격조건이 CIP, CIF 조건이 아닌 경우에 보험서류는 은행에 제시할 필요가 없기 때문에 신용장에 명시할 필요가 없다. 신용장에 부보금액에 대해 아무런 언급이 없는 경우, 보험서류상의 최저 부보금액은 CIF 또는 CIP 가액의 110%로 한다. 단, 문면으로부터 CIF 또는 CIP 가액을 결정할 수 없는 경우에는 "지급 또는 매입되는 금액 또는 송장에 명시된 총 물품가액 중 더 큰 금액을 기초로 산정해야 한다."(UCP 600 Art. 28).

• 담보범위는 명확하게 신용장상에 규정하여야 한다. 신용장은 요구된 보험의 종류를 명시하여야 하고, 담보되어야 하는 부가위험이 있다면 그 부가위험도 명시해야 한다. 신용장에 "통상적 위험"(usual risks) 또는 "관례적 위험"(customary risks)과 같은 부정확한 용어를 사용하는 경우, 보험서류는 어떠한 위험의 부보여부와 관계없이 수리되어야 한다(UCP 600 Art. 28(g)). 따라서 위 보험서류 조항의 ( )는 국제적으로 통용되고 있는 보험약관을 합의하여 결정하고 그 내용을 표기하면 된다. 국제거래에서는 통상적으로 영국 런던보험자협회(ILU; Institute of London Underwriter)가 제정한 적하보험약관(ICC; Institute Cargo Clause)을 이용하고 있다. 여기에는 ICC(A), ICC(B), ICC(C)의 기본약관, 그리고 ICC(WAR), ICC(SRCC), ICC(TPND) 등의 특별약관과 부가약관이 있다. 물품의 특성 및 여러 상황을 고려하여 약정한다.

(라) Signed commercial invoice in (부수)
(서명한 상업송장)

상업송장은 당해 물품의 명세서인 동시에 견적서 및 대금 청구서의 기능을 한다.

위 상업송장에서 "in" 다음에는 "서류 부수"와 필요한 경우 "특기사항"이 명시되기도 한다. "in" 다음에는 상업송장의 부수를 명시한다. 부수(통수) 표현은 original(1부), duplicate(2부), triplicate(3부), quadruplicate(4부), quintuplicate(5부) 등 또는 1 copy(1부), 2 copies(2부), 3 copies(3부)와 같은 형식으로 표기하기도 한다.

예시 **특기사항 명시**

- Signed commercial invoice in triplicate bearing L/C No.78045-3987(신용장 번호를 명시한 서명된 상업송장 3부).
- Signed commercial invoice in duplicate which must be certified by chamber of commerce in your country(서명된 상업송장 2부 제시해야 하며, 그 상업송장은 귀 국가 상업회의소의 확인을 받아야 한다).

(마) Packing list in (부수)
(포장명세서)

포장명세서는 선적화물의 포장단위별 명세와 순중량 및 총중량 그리고 포장의 일련번호 등을 기재함으로써 포장 및 운송과 통관상의 편의를 위하여 수출자(매도자)가 수입자(매수자) 앞으로 작성하는 거래 · 계약관련 서류 중의 하나이다.

포장명세서는 위 상업송장과 동일한 방법으로 필요한 부수를 명시하고 특별한 포장방법을 요구할 때는 별도의 지시사항을 명시하기도 한다.

(바) Other Document(s) (if any)
(기타 서류가 있는 경우)

Certificate of Origin(원산지증명서), Certificate of Inspection(검사증명서), Certificate of Analysis(분석증명서), Consular Invoice(영사송장), Generalized System of Preference Certificate of Origin; GSP C/O, Form A(일반 특혜관세용 원산지증명서), Customs Invoice(세관송장) 능 기타 서류가 있는 경우에는 명시한다.

13) Commodity Description(물품명세)

품목(commodity name), 수량(quantity), 단가(unit price), 금액(amount), 규격(standard) 및 원산지(origin) 등을 기재하며, 품목별 수량에 단가를 곱한 금액의 합계와 신용장의 개설금액과의 일치 여부를 확인하여야 한다. 그리고 물품명세를 지나치게 상세하거나 또는 복잡하게 기술하는 것은 가능하면 자제한다. 그 물품명세가 복잡한 경우에는 "Details as per Sales offer no. XXX" 등으로 명시하고 물품명세 란에는 일반적인 내용만을 명시하시는 것이 바람직하다.

물품에 관해서는 SWIFT 신용장의 경우는 계약서상의 주요 물품명세를 그대로 옮기면 되기 때문에 간편하다. 보통 신용장에서는 물품명세를 "Covering shipment of (주요 물품명세)" 또는 "Evidencing shipment of (주요 물품명세)", "Covering (주요 물품명세)" 등으로 명시할 수 있다. 그 물품명세는 일반적으로 물품명, 수량, 단가, 규격, 금액, 가격조건(Incoterms) 등으로 구성한다.

14) From(선적지)/To(도착지)

해상운송인 경우는 특정 항구(port), 항공운송인 경우에는 특정 공항(air port), 또는 두 운송수단 모두 허용하는 경우에는 특정 항구/공항(port/air port) 등으로 표기한다. 그리고 당해 국가의 특정 장소를 지정하지 않는 임의의 항구 또는 공항인 경우에는 국명을 반드시 명시해야 한다. 예컨대 "any korean port"와 같이 표기한다.

예시

From Los Angeles Port   to Busan Port

☞ 내륙운송을 포함하는 복합운송증권(multimodal transport document) 등의 경우에는 발송지(place of dispatch), 수탁지(place of taking in charge) 등이 되는 수도 있다.

15) Latest(최종 선적기일)

위 서식에서 선적기일은 물품선적을 위한 최종 선적일자를 명시하되, 신용장의 유효기일 이내로 명시하여야 한다. 또한 별도로 선적기일을 명시하지 않는 경우에는 신용장의 유효기일이 최종 선적기일로 간주된다. 선적기일은 유효기일과 달리 그 선적기일이 공휴일 또는 휴업일에 해당하는 경우에도 자동연장이 되지 않는다.

예시

December 15th, XXXX

☞ 선적일자와 관련하여 to, until, till, from 등의 용어가 사용되면 해당일자를 포함하나, "after"는 그 해당일자를 포함하지 않는다. 선적기일을 정할 때 "on or about"을 사용하면 당해 일자를 기준으로 전 5일부터 후 5일 사이에 선적을 이행하여야 하는 것으로 해석한다.
어느 월의 "first half"와 "second half"는 각각 양단일 포함하여 각각 당해 월의 "1일부터 15일"까지, "16일부터 말일"로 해석하며, 그리고 어느 월의 "beginning", "middle", "end"란 용어는 각각 양단일 포함하여 당월의 "1일부터 10일까지", "11일부터 20일까지", "21일부터 말일까지"로 해석한다(UCP 600 第3조).

16) Partial shipment(분할신적)

분할선적을 허용할 경우에는 "Partial shipment (are)" 다음에 "permitted", "allowed", "granted" 등으로 표기하고, 분할선적을 금지하는 경우에는 이들 용어 앞에 "not"를 붙이거나 또는 "prohibited"로 표기한다.

예시

- Partial shipment are allowed

☞ 분할선적이란 신용장에서 요구하는 물품을 2회 이상으로 나누어 선적하는 것을 말하며, 달리 명시하지 않으면 허용된다(UCP 600 第30조).

17) Transshipment(환적)

환적이란 물품을 신용장에 명시된 선적항에서 양륙항까지 운송하는 도중에 한 선박에서 다른 선박으로 다시 적재하는 것을 말한다. 환적을 허용하는 경우에는 "Transshipment are" 다음에 "permitted", "allowed", "granted" 등으로 표기하고, 금지하는 경우에는 이들 용어 앞에 "not"를 붙이거나 또는 "prohibited"로 표기한다. 전 운송이 동일한 선하증권으로 커버되는 경우에는 선하증권에 물품이 환적될 것이다 또는 될 수 있다고 표시할 수 있으며, 이는 환적이 허용되는 것으로 본다.

그리고 신용장에서 환적이 금지되는 경우에도 물품이 선하증권에 의하여 입증된 대로 컨테이너(container), 트레일러(trailer) 또는 래쉬선((lighter aboard ship : LASH)에 선적된 경우에는, 환적이 될 것이라거나 또는 될 수 있다고 명시하고 있는 선하증권은 수리된다(UCP 600 제20조).

예시

- Transshipment are allowed

18) Period for presentation(서류제시 기한)

- Documents must be presented within (   ) days after the issuance date of B/L but within the validity of the credit (서류는 선하증권 발행 후 (   ) 일 이내 제시되어야 한다. 단, 신용장의 유효기일 이내에 제시해야 한다).

물품을 선적한 후 신용장에서 요구한 선적서류의 제시를 위한 최종기일을 명시하는 것으로 별도의 명시가 없으면 선적일자 후 21일 이내에 제시하여야 한다. 그러나 늦어도 신용장의 유효기일 이내에 제시해야 한다(UCP 600 제14조 c항). 선적일자 후 21일을 초과하여 선적서류를 제시하는 것을 허용하고자 하는 경우에는 "Special(Additional) condition(s)" 란에 다음과 같이 명시하고 본 문언을 삭제한다.

예시

- Stable B/L acceptable" 또는 "Late presentation B/L acceptable
- Documents presented later than 21 days after the date of issuance of the transport document(s) are acceptable.

19) Special(Additional) condition(s)(특별/부가조건)

본문에 기재할 수 없는 사항을 기재하며 주요 내용은 다음과 같다.

- 별도로 요구되는 각종 증명서 등 서류
- 신용장의 양도를 허용하는 경우, 양도가능신용장의 표기
- 신용장의 확인(confirmation)을 요청하는 경우
- 제시서류상에 관련 신용장 번호의 표시(또는 표시 금지) 요청 문언
- 용선계약 선하증권을 인정하는 경우
- 선박회사를 지정하는 경우

예시

- Unless otherwise stipulated in the Credit, commercial invoices must appear on their face to be issued by the Beneficiary named in the Credit, and must be made out in the name of the Applicant(신용장에 별도로 규정하고 있지 않는 한, 상업송장은 문면상 신용장에서 지정된 수익자가 발행하여야 하며, 또한 개설의뢰자의 명의로 작성되어야 한다).
- All banking charges including postage, advising and payment commission outside Korea are for account of (   )(한국 이외에서 발생하는 우편료, 신용장 통지수수료 및 결제수수료를 포함한 모든 은행 수수료는 (   ) 의 부담이다.
  * "outside ~"는 "~ 이외의"의미이며, "for account of ~"은 "~의 부담이다."라는 의미이다.
  * 이들 수수료는 통상적으로 수익자가 부담(for account of beneficiary)하나, 개설의뢰자(매수자)가 부담하도록 할 경우에는 "for account of applicant"로 한다.
  * 일반적으로 해외은행의 수수료는 우리나라 은행의 수수료보다 대체적으로 높기 때문에 부담자를 명확히 하여 분쟁이 발생하지 않도록 한다.
  * 우리나라에서는 Banking Charge를 수익자 부담으로 하였더라도 해외의 은행에서 부득이한 사유로 이를 징구하지 못한 경우에는 개설의뢰자(applicant)가 부담하고 있다.
- All banking charges outside New York are for account of beneficiary(뉴욕 이외의 모든 은행 수수료는 수익자 부담이다).
- Discrepancy fee of US$100.00 or equivalent will be deducted from the proceeds of each presentation of documents with discrepancy for payment/reimbursement under this letter of credit(본 신용장상 결제 또는 상환에 있어서 불일치 서류로

제시되는 각 서류에 대해 미화 100불에 상당하는 불일치료를 대금으로부터 공제할 것이다).

- All documents to be sent to us by registered airmail in 2 consecutive lots(모든 서류는 2 세트로 나누어 등기 항공편으로 우리 은행에 송부해야 한다).
- Proceeds drawn under this credit will be remitted as per instruction of the negotiating bank upon receipt of the documents in compliance with the terms and conditions of the credit(신용장의 조건과 일치하는 서류를 접수하면 매입은행의 지시대로 신용장대금을 송금할 것이다).

20) Shipment by

매수자(수입자)가 특별한 선박 또는 운송회사를 지정할 필요가 있을 경우에는 선박명 또는 운송 회사명을 지정할 수 있다. 따라서 이 경우에는 "by" 다음에는 선박명 또는 운송 회사명을 기재한다.

예시

- Shipment by HYUNDAE SHIIPPING LINE
- Shipment by ARIRANG LINE

21) 신용장통일규칙 준거문언

국제간 무역거래에 사용되는 모든 신용장에는 통상 그 개설은행이 당해 신용장거래에서 야기될 수 있는 모든 문제는 2007년에 개정된 신용장통일규칙에 따른다는 준거문언을 다음과 같이 명시된다.

따라서 이와 같은 준거문언이 명시되어 있는 신용장을 통하여 모든 거래당사자는 신용장통일규칙에 준거하여 구속을 받게 되며, 또한 신용장은 어디까지나 그 신용장에 명시되어 있는 서류에만 근거하여 거래하는 것이며, 물품 그 자체나 거래당사자 간의 계약내용에는 구속받지 않는다.

- Unless otherwise expressly stated herein, this credit is subject to the Uniform Customs and Practice for Documentary Credits(2007 Revision), International

Chamber of Commerce, Publication No. 600(명시적으로 달리 규정하고 있지 않는 한, 이 신용장은 신용장통일규칙 및 관례(2007년 개정판) 대한상공회의소 공포 600호를 적용한다).

- Except so far as otherwise expressly stated, this credit is subject to the : Uniform Customs and Practice for Documentary Credits(2007 Revision) International Chamber of Commerce, Publication No. 600(별도의 명시적으로 규정한 경우를 제외하고, 이 신용장은 신용장통일규칙 및 관례(2007 개정판), 국제상업회의소 공포 600호가 적용된다).
- 현재 신용장거래에서는 주로 SWIFT 신용장이 이용되고 있으며, 이 경우 'THIS CREDIT IS SUBJECT TO UCP PUB.600 (2007, REV.)'라고 간명하게 표기되고 있다.

[주요어휘]

- Except for so far as ~(~ 한 경우를 제외하고, ~ 이외에는)
- Unless otherwise expressly specified(별도로 명시되어 있지 않는 한)
- be subject to ~(~을 따르다, ~을 준수하다, ~을 적용하다).

☞ 신용장방식에 의한 거래인 경우, 그 양식, 용어, 해석 및 그 거래관습에 대해서는 각국의 법규와 관습 및 의견 등을 달리하고 있기 때문에 분쟁이 발생하고 무역거래를 저해할 가능성이 높았다. 따라서 각국이 국제적인 통일규칙의 필요성을 인식함에 따라 국제상업회의소(ICC)는 "신용장통일규칙"을 제정하게 되었다.

22) 지급약정 문언

취소불능신용장은 신용장상에 지급확약 문언을 구체적으로 명시하지 않더라도 UCP를 적용하는 한, 신용장의 조건에 일치하는 제시서류와 함께 제시하는 환어음에 대해서 개설은행은 지급·인수 또는 매입을 하여야 한다. 매입신용장(negotiation credit)과 지급신용장(straight credit)은 다소의 문언 차이는 있지만 다음과 같은 지급약정 문언을 명시한다.

 예시

- We engage with drawer that draft(s) drawn in conformity with the conditions of this credit will be duly honored by us(우리 은행은 본 신용장의 조건과 일치하여 발생된 환어음을 정히 지급할 것을 환어음의 발행인에게 약정합니다).
- We hereby engage with drawer that drafts under this credit shall be duly paid upon presentation(우리 은행은 본 신용장에 따라 환어음을 제시하면 정히 지급할 것을 환어음의 발행인에게 약정한다).
- We hereby agree with the drawers, endorsers, and bona-fide holders of draft(s) drawn under and in compliance with the terms of this credit that the same shall be duly honored on due presentation(우리 은행은 본 신용장의 조건에 따라 그 조건과 일치하게 발행되는 환어음이 정당하게 제시되면 그 환어음의 발행인, 배서인 및 선의 소지인에게 정히 지급할 것을 본 신용장에 약정한다).
- We hereby engage with the drawers, endorsers and bona-fide holders that drafts drawn and negotiated with the terms of this credit will be duly honored on due presentation to the drawee(우리 은행은 본 신용장의 조건에 따라 발행되고 매입된 환어음이 그 어음지급인에게 정당하게 제시되면 정히 지급할 것을 환어음의 발행인, 배서인 및 선의의 소지인에게 약정한다.

(2) 전신신용장 사례

TLX TO KEB HANA BANK SEOUL

[수신] KEB 하나은행 서울

- 여기에서 "TO" 다음에는 텔렉스 또는 CABLE(전신)에서 전문의 수신자이다.

FM: BANK OF NEW YORK, OSAKA

[발신] 뉴욕은행 오사카 지점

- "FM"은 "FROM"의 축약어로 전문의 발송자(지)이다.

ⓐ WE HEREBY ISSUED OUR IRREVOCABLE LETTER OF CREDIT NO. M18A8-NS-00018 DATED SEPTEMBER 07TH, 2016(우리 은행은 2016년 9월 7일자로 취소불능신용장 번호 M18A8-NS-00018을 개설함).

ⓑ APPLICANT(개설의뢰자)

MAHURA INTERNATIONAL CO., LTD.

12-09-098 KAWARAMACHI, CHUO-KU, OSAKA, JAPAN

ⓒ BENEFICIARY(수익자)

ELECOM BANK, CO., LTD., DAEDONG BLDG NO. 429, 182 SHINKWAN-DONG, KONGJU CITY, CHUNGHAM, KOREA

ⓓ THIS CREDIT AVAILABLE WITH ANY BANK BY NEGOTIATION(이 신용장은 매입에 의해 어느 은행에서든 자유로이 이용할 수 있다).

- 여기에는 신용장의 매입은행과 이용방법을 명시한다. 즉 매입은행을 구체적으로 지정할 경우에는 다음과 같이 명시하면 된다.

 예시

THIS CREDIT AVAILABLE WITH KEB HANA BANK, SEOUL BY NEGOTIATION (이 신용장은 매입은행에 의해 KEB 하나은행 서울에서 이용할 수 있다).

- 그리고 매입방법은 매입(NEGOTIATION), 지급(PAYMENT), 연지급(DEFERRED PAYMENT) 등으로 표현한다.

ⓔ AMOUNT(금액)

US. DOLLARS 200,000.00(미화 이십만 달러)

ⓕ DRAFT(S) AT SIGHT FOR 100 PCT OF COMMERCIAL INVOICE VALUE DRAWN ON BANK OF NEW YORK, OSAKA, JAPAN(일본 오사카에 위치한 BANK OF NEW YORK을 지급인으로 하여 상업송장 금액 전액으로 발행된 일람출급 환어음).

- 위 조항을 다음과 같이 표현할 수 있다.

 예시

ALL DRAFT(S) HEREUNDER MUST BE MARKED “DRAWN UNDER KOREA EXCHANGE BANK, LETTER OF CREDIT NO. M18A8-508-NS-00018 DATED SEPTEMBER 7TH, 2016” AND ALL OTHER DOCUMENTS SHALL ALSO CONTAIN THE NUMBER OF THIS CREDIT(본 신용장에 근거한 모든 환어음은 “DRAWN UNDER KOREA EXCHANGE BANK, LETTER OF CREDIT NO. M18A8-508-NS-00018 DATED SEPTEMBER 7TH, 2016”의 문언을 표기하여야 하며, 그리고 다른 모든 서류는 신용장번호 M18A8-508-NS-00018을 명시해야 한다).

ⓖ EXPIRY DATE DECEMBER 20, 2016 AT THE COUNTER OF THE NEGOTIATING BANK(유효기일은 매입은행의 창구에서 2016년 12월 20일까지임)

ⓗ PARTIAL SHIPMENTS ARE PERMITTED(분할선적 허용)
TRANSHIPMENT IS PROHIBITED(환적 불허)

ⓘ SHIPMENT FROM KONGJU KOREA TO OSAKA, JAPAN(선적은 한국 공주에서 일본 오사카까지).

ⓙ SHIPMENT MUST BE EFFECTED ON OR BEFORE NOVEMBER 30, 2016(선적은 2016년 11월 30일까지 이행해야 한다).

ⓚ COVERING(물품명세)
100% POLYESTER CURTAIN AS PER P/O NO. IMF 00209 DATED AUGUST 25TH, 2016, CIF OSAKA, JAPAN(2016년 8월 25일자 P/O 번호 IMF 00209에 의거 CIF OSAKA 조건의 100% POLYESTER CURTAIN).

ⓛ DOCUMENTS REQUIRED(제시서류)

+ SIGNED COMMERCIAL INVOICE IN QUINTUPLICATE(서명된 상업송장 5부).
+ PACKING LIST IN TRIPLICATE INDICATING GROSS AND NET WEIGHT(총중량과 순중량을 명시한 포장명세서 3부).
+ FULL SET OF CLEAN ON BOARD OCEAN BILLS OF LADING MADE OUT TO THE ORDER OF KEB HANA BANK. MARKED "FREIGHT PREPAID" AND NOTIFY APPLICANT(전통의 무사고 본선적재 해상선하증권를 제시해야 하며, 그 선하증권은 "운임 지급필", 그 통지처를 개설의뢰자로 하는 KEB 하나은행의 지시식으로 작성되어야 한다).
+ MARINE INSURANCE POLICY OR CERTIFICATE IN DUPLICATE, BLANK ENDORSED FOR 110% OF THE COMMERCIAL INVOICE VALUE WITH CLAIMS PAYABLE IN JAPAN IN THE CURRENCY OF THE DRAFT AND INSURANCE MUST INCLUDE: INSTITUTE CARGO CLAUSE(A) WITH INSTITUTE WAR CLAUSES AND SRCC CLAUSES(해상보험증권 또는 보험증명서 2부, 그 보험증권/증명서는 송장금액의 110%를 부보하고 백지배서를 하여야 하며, 보험금 청구는 환어음의 통화로 일본에서 가능하다. 그리고 보험조건은 협회적하약관(A)이며, 추가로 협회전쟁약관과 협회동맹파업폭동소요약관도 부보한다).
+ CONSULAR INVOICE AND CERTIFICATE OF ORIGIN IN DUPLICATE ISSUED OR VISAED BY KOREAN CONSUL(한국영사관에서 발행하고 사증한 영사송장 및 원산지 증명서 2부).

+ BENEFICIARY'S CERTIFICATE IN DUPLICATE CERTIFYING THAT ONE-THIRD(1/3) ORIGINAL BILL OF LADING AND ONE SET OF ALL NON-NEGOTIABLE DOCUMENTS HAVE BEEN TO APPLICANT BY COURIER SERVICE WITHIN 5 DAYS AFTER SHIPMENT DATE(선하증권 원본 1부와 모든 비유통 서류 1 세트를 선적일자 후 5일 이내 특별 택배 서비스 편으로 개설의뢰자에게 송부했음을 진술(증명)한 수익자 증명서 2부).
+ ALL BANKING CHARGES AND COMMISSION INCLUDING POSTAGE OUTSIDE JAPAN ARE FOR ACCOUNT OF BENEFICIARY(우편료를 포함한 모든 은행 수수료와 커미션은 수익자 부담이다).
+ DOCUMENTS TO BE PRESENTED FOR NEGOTIATION WITHIN 10 DAYS AFTER SHIPMENT DATE BUT THE VALIDITY OF THE CREDIT(서류는 매입을 위해 선적 후 10일내 제시해야 한다. 그러나 신용장의 유효기간 이내 제시해야 한다).
+ SPECIAL INSTRUCTIONS
  • T/T REIMBURSEMENT NOT ALLOWED(전신 상환청구는 불허)
  • THIS CREDIT NOT TRANSFERABLE(이 신용장은 양도 불가능하다).
+ INSTRUCTIONS TO PAY/ACP/NEGOTIATING BANK(지급/인수/매입은행에 대한 지시)
  • ALL DOCUMENTS MUST BE SENT TO US(CPO BOX 234, OSAKA, JAPAN) BY COURIER SERVICE IN ONE LOT(모든 서류는 우리 은행(CPO BOX 234, OSAKA, JAPAN)에 특송 서비스를 이용하여 1회로 송부해야 한다).
  • WE WILL CHARGE USD70 FOR EACH DOCUMENT FOUND NOT IN COMPLIANCE WITH L/C TERMS WHETHER OR NOT WE TAKE UP THE SAME AT OUR SOLE DISCRETION(우리 은행은 독자적인 판단으로 신용장의 조건과 불일치한 서류의 수리 여부에 관계없이, 각각의 동 불일치서류에 대해 미화 70달러를 징구할 것이다). THE CHARGE WILL BE DEDUCTED FROM OUR REMITTANCE, DESPITE ANY OTHER TERMS HEREOF TO THE CONTRARY IF ANY(그 수수료는 기타 신용장의 조건에 반하는 경우, 그에도 불구하고 당행의 송금액으로부터 차감할 것이다).
  • UPON RECEIPT OF THE DRAFTS AND DOCUMENTS IN ORDER, WE WILL REMIT THE PROCEEDS TO YOUR ACCOUNT WITH THE BANK DESIGNATED BY YOU(환어음과 서류를 정히 수령하는 대로, 우리 은행은 그 대금을 귀

행이 지정한 은행에 있는 귀 은행의 계좌번호로 송금할 것이다).

+ THIS L/C IS SUBJECT TO UCP, ICC PUBLICATION NO. 600(이 신용장은 국제상업회의소 간행물 600호인 2007년 개정된 화환신용장통일규칙 및 관행을 적용한다).

• 본 조문은 다음과 같이 표현할 수 있다.

 예시

> UNLESS OTHERWISE EXPRESSLY STATED, THIS CREDIT IS SUBJECT TO "UNIFORM CUSTOMS AND PRACTICE FOR DOCUMENTARY CREDITS(2007 REVISION) INTERNATIONAL CHAMBER OF COMMERCE PUBLICATION NO. 600."

+ THIS CABLE IS OPERATIVE INSTRUMENT(이 전문은 유효한 증서임).

(3) 우편 신용장 사례

IRREVOCABLE AND TRANSFERABLE LETTER OF CREDIT(취소불능·양도가능 신용장)	CREDIT NO(신용장 번호) LN 2006-05-00018
AMOUNT(금액) USD200,000.00	DATE OF ISSUE(개설일자) SEPTEMBER 7TH, 2016
ADVISING BANK(통지은행) KEB HANA BANK SEOUL	REFERENCE NUMBER OF ADVISING BANK AD206-00018
BENEFICIARY(수익자) ELECOM BANK, CO., LTD., DAEDONG BLDG NO. 429, 182 SHINKWAN-DONG, KONGJU CITY, CHUNGHAM, KOREA	APPLICANT(개설의뢰자) MAHURA INTERNATIONAL CO., LTD. 12-09-098 KAWARAMACHI, CHUO-KU, OSAKA, JAPAN
EXPIRY DATE(유효기일) SEPTEMBER 07TH, 2016 AT THE NEGOTIATING BANK'S COUNTER FOR NEGOTIATION (매입을 위해 매입은행의 카운터에 2016년 9월 7일)	

Dear sirs,

We hereby issue our irrevocable and transferable documentary letter of credit no. LN 2006-05-00018 in your favor for account of Mahura International Co., Ltd. 12-09-098 Kawaramachi, Chuo-Ku, Osaka, Japan for a sum or sums not exceeding a total of USD200,000.00 which are available by your draft(s) at sight on us accompanied by following documents(당 은행은 수익자를 귀 사로 하고 개설의뢰자를 Mahura International Co., Ltd. 12-09-098 Kawaramachi, Chuo-ku, Osaka, Japan으로 하는 금액 미화 이십만 달러 범위내의 취소불능 및 양도 불가능한 신용장(번호 LN 2006-05-00018)을 개설한다. 본 신용장은 다음 서류를 첨부하여 당행을 지급은행으로 하는 귀사의 일람출급 환어음으로 이용할 수 있다).

+ Signed Commercial Invoice in quintuplicate(서명된 상업송장 5부).
+ Packing List in triplicate indicating gross and net weight(총중량과 순중량을 명시한 포장명세서 3부).
+ Full set of clean on board ocean Bills of Lading made out to the order of KEB Hana Bank marked “Freight Prepaid” and notify Applicant(전통의 무사고 본선적재 해상선하증권, 당해 선하증권은 “운임 지급필” 조건이며, 그 통지처를 개설의뢰자로 하는 KEB 하나은행의 지시식으로 작성되어야 한다).

+ Marine Insurance Policy or Certificate in duplicate, blank endorsed for 110% of the commercial invoice value with claims payable in Japan in the currency of the draft and insurance must include: Institute Cargo Clause(A) with Institute War Clauses and SRCC Clauses(해상보험증권 또는 해상보험증명서 2부, 그 보험증권/증명서는 송장금액의 110%를 부보하고 백지배서를 해야 하며, 보험금의 청구는 환어음의 통화로 일본에서 가능하다. 그리고 보험조건은 협회적하약관(A)이며, 추가로 협회전쟁약관과 협회동맹파업폭동소요약관으로 부보한다).
+ Consular Invoice and Certificate of Origin in duplicate issued or visaed by Korean Consul(한국영사관에서 발행하고 사증한 영사송장 및 원산지 증명서 2부).
+ Beneficiary's certificate in duplicate certifying that one- third(1/3) original Bill of Lading and one set of all non-negotiable documents have been to applicant by courier service within 5 days after shipment date(선하증권 원본 1부와 모든 비유통 서류 1 세트를 선적일자 후 5일 이내 특별 택배 서비스 편으로 개설의뢰자에게 송부했음을 진술(증명)한 수익자 증명서 2부).

Evidencing shipment of 100% polyester curtain as per P/O no. IMF 00209 dated August 25th, 2016, CIF Osaka, Japan(2016년 8월 25일자 P/O 번호 IMF 00209에 의거 CIF Osaka 조건의 100% polyester curtain의 선적을 증명함).

+ Shipment from Kongju Korea to Osaka, Japan(선적은 대한한국 공주에서 일본 오사카까지).
+ Latest Shipment(최종 선적기간) : November 30, 2016(2016년 11월 30일)
+ Partial Shipment permitted(분할선적 허용)
+ Trasshipment prohibited(환적 불허)
+ All draft(s) hereunder must be marked "DRAWN UNDER KEB HANA BANK, LETTER OF CREDIT NO. LN 2006-05-00018 dated September 7th, 2016" and all other documents shall also contain the number of this credit(본 신용장에 근거한 모든 환어음은 "DRAWN UNDER KEB HANA BANK, LETTER OF CREDIT NO. LN 2006-05-00018 DATED SEPTEMBER 7TH, 2016"의 문언을 표기하여야 하며, 그리고 다른 모든 서류는 모든 신용장 번호 LN 2006-05-00018을 명시해야 한다).
+ Documents to be presented for negotiation within 10 days after shipment date but the validity of the credit(서류는 매입을 위해 선적 후 10일 이내에 제시해야 한다. 그러나 신용장의 유효기간 이내 제시해야 한다).
+ All banking charges and commissions including postage outside Japan are for account of beneficiary(우편료를 포함한 모든 은행 수수료와 커미션은 수익자 부담이다).
+ T/T reimbursement not allowed(전신에 의한 상환청구는 불허)
+ Instructions to Pay/Acp/Negotiating Bank(지급/인수/매입은행에 대한 지시)
+ All documents must be sent to us(CPO Box 234, Osaka, Japan) by courier service in two lot(모든 서류는 우리 은행(CPO Box 234, Osaka, Japan)에 특송 서비스를 이용하여 2회로 나누어 송부해야 한다).
+ We will charge USD70 for each document found not in compliance with L/C terms whether or not we take up the same at our sole discretion(당행은 독자적인 판단으로 신용장의 조건과 불일치한 서류의 수리 여부에 관계없이, 각각의 당해 불일치 서류에 대해 미화 70달러를 징수할 것이다). The charge will be deducted from our remittance, despite any other terms hereof to the contrary if any(그 수수료는 기타 신용장의 조건에 반하는 조건이 있는 경우, 그럼에도 불구하고 당행의 송금액으로부터 차감할 것이다).

+ Upon receipt of the drafts and documents in order, we will remit the proceeds to your account with the bank designated by you(환어음과 서류를 정히 수령하는 대로, 당 은행은 귀 은행이 지정한 은행에 있는 귀 은행의 계좌번호로 대금을 송금할 것이다).
+ We hereby agree with the drawers, endorsers, and bona-fide holders of draft(s) drawn under and in compliance with the terms of this credit that the same shall be duly honored on due presentation(당행은 본 신용장의 조건과 일치하게 발행되는 환어음이 정당하게 제시되면 그 환어음의 발행인, 배서인 및 선의 소지인에게 정히 지급할 것을 확약합니다).
+ Unless otherwise expressly stated, this credit is subject to "Uniform Customs and Practice for Documentary Credits(2007 Revision), International Chamber of Commerce Publication No. 600."(달리 명시적으로 기술하지 않는 한, 본 신용장은 국제사업회의소 간행물 제600호인 "화환신용장통일규칙 및 관행(2007년 개정)"을 적용하기로 한다).

Sincerely yours,

Jin ik

KEB Hana Bank

Authorized

(4) 신용장의 특별 조건에 대한 주요 표현

- This credit is transferable in korea only(본 신용장은 한국 내에서만 양도 가능하다).
- Negotiation under this credit is restricted to Kongju Bank only(본 신용장 하에서의 매입은 공주은행에서만 할 수 있다).
- This L/C available with ELECOM Bank only(본 신용장은 ELECOM 은행에서만 이용할 수 있다).
- Shipment to be effected by XXX Shipping Co., Ltd. only(선적은 XXX Shipping Co., Ltd가 이행하여야 한다).
- 10% more or less in amount and quantity acceptable(금액과 수량에 있어서 10%의 과부족은 허용된다).
- Commercial Invoice must bear the breakdown of the amount(상업송장은 금액의

명세를 명시해야 한다).

- Bill of Lading should indicate name, address and telephone number of the carrying vessel's agent at port of discharge(선하증권은 양륙항에 있는 운항선박 대리점의 명칭, 주소 및 전화번호가 명시되어 있어야 한다).
- Negotiating Bank's Certificate certifying that 6% of commercial invoice value as agent commission has been remitted to Daehan Co., Japan(대리점 수수료로 상업송장 금액의 5%를 일본의 Daehan 사로 송금하였음을 증명하는 매입은행의 증명서).
- Documents presented later than 21 days after the date shipment are accepted(선적 후 21일 경과하여 제시한 서류도 수리가 가능하다).
- Stable Bill of Lading accepted(제시기한 경과선하증권도 수리가 가능하다).
- Payment under this credit should be made on a sight basis regardless of draft's tenor(본 신용장 하에서의 대금결제는 환어음의 결제조건과는 관계없이 일람급으로 이행된다).
- Legalized certificate of Origin and invoice must be sent the applicant directly by registered airmail and a certificate to this effect from the beneficiary must accompany the documents. Non-legalized acceptable for negotiation(영사가 확인한 원산지증명서와 상업송장은 개설의뢰자에게 등기우편으로 직송되어야 하며, 이를 이행했다는 취지의 수익자 증명서는 서류에 첨부되어야 한다. 영사확인을 받지 아니한 원산지증명서나 상업송장의 사본은 매입 시 수리 가능하다).

3. 신용장의 통지와 그 방법

(1) 신용장의 통지와 그 의의

개설은행은 신용장을 개설하기로 결정한 경우, 적법한 절차에 의하여 신용장을 개설하고, 수출국가에 있는 자신의 지점 또는 환거래은행(통지은행)을 통하여 그 신용장을 수익자에게 통지하도록 요청한다. 신용장의 통지는 개설은행이 수출국가에 소재하는 은행에 요청하여 수익자에게 신용장의 개설 사실을 통지하고 그 신용장을 전달하는 것이다.

통지은행은 개설은행으로부터 도착한 신용장을 접수하고 신용장의 진정성 여부를 확인한 후에 신용장의 통지번호를 부여하여, 수익자에게 통지하고 전달한다. 통지은행은 신용장을 통지할 때 서명감, 비밀암호 등으로 진정성을 확인한다. 이 경우 통지은행은 우편신용장(mail L/C)의 경우에는 사전에 개설은행과 상호 교환된 서명감(authorized signature book)에 의해 서명을 대조하여 신용장의 진위 여부를 확인한다. 전신신용장의 경우는 사전에 상호 교환한 암호키(test key)로, 그리고 SWIFT 신용장의 경우는 인증자 키(authenticator key)로 신용장의 진위 여부를 확인한다.

특히 SWIFT L/C는 신용장 번호, 유효기일, 품목, 금액 등을 포함한 신용장의 조건이 코드화되어 있어 개설은행으로부터 이 암호를 수취한 통지은행은 이를 해독하여 수익자에게 통지한다.

(2) 신용장의 통지 방법

(가) 우편에 의한 개설·통지

신용장을 우편으로 개설하여 통지하고자 하는 경우, 개설은행은 개설의뢰자의 개설신청서에 따라 신용장을 개설하고 그 자신의 일정한 우편신용장의 서식을 이용하여 원본과 사본을 시스템을 이용하여 서면으로 출력한다. 그 원본과 사본 1부를 통지 요청서와 함께 통지은행 앞으로 우편으로 발송하여 수익자에게 통지하도록 하는 방법이다. 이때 통지은행은 우편신용장을 접수하여 통지번호를 부여하여 관리하고 자신이 이미 보관하고 있는 서명감과 신용장상의 서명을 대조하여 그 진위 여부를 확인한 후 이상이 없으면 서명 확인필 고무인을 날인하여 원본은 수익자에게 전달하고 그 사본은 통지은행 자신이 보관하게 된다.

우편에 의한 통지는 그 전달과정에서 훼손 또는 분실 위험성이 있고 시간이 다소 걸리는 단점이 있다. 신용장의 개설 통지는 개설은행이 수익자에게 직접 우편으로 발송할 수 있으나 신용장의 관리문제, 그리고 분실, 위조, 사기 등의 위험성에 때문에 통상 개설은행의 본·지점이거나 환거래은행을 통하여 수익자에게 전달된다.

(나) 전신에 의한 개설·통지

신용장을 전신으로 개설하여 통지하고자 하는 경우는 비교적 안전하고 신속하게 거래절차를 진행하기를 원하는 경우이다. 개설은행이 개설한 신용장을 통지은행을 통하여 전신으로 통지하는 방법이다.

전신에 의한 신용장의 통지방법에는 ① 약식전보(short cable)로 통지하는 방법, 즉 신용장금액, 품명, 선적기일 및 유효기일 등 중요한 내용만 간략하게 명시하고 'Full details to follow'(완전한 명세는 추후 통보함)라는 문언을 표기하여 전신으로 통지하고, 추후에 신용장의 원본을 통지은행을 통하여 발송하게 되는데, 이것을 우편 확인서(mail confirmation)라 한다. 그리고 ② 정식전보(full cable)로 통지하는 방법, 즉 신용장의 내용(조건)을 모두 명시한 완전한 통지방법이 있다. 이 방법으로 통지하는 경우, 통지은행은 사전에 상호 교환한 전신 암호키(test key)로 신용장의 진위 여부를 확인한다.

(다) SWIFT에 의한 개설·통지

오늘날 전 세계 금융기관 간 통신 메시지 교환에 주로 이용되고 있는 방법으로 SWIFT의 통신시스템을 이용하여 SWIFT에서 제정한 형식과 방법으로 신용장을 통지하는 방법이다. 현재 특별한 경우를 제외하고 대부분 SWIFT로 신용장이 통지되고 있다.

SWIFT는 국제비즈니스를 위한 전 세계 은행 간 메시지 교환을 위한 통신업무시스템이며, 현재는 그 이용범위가 은행에서 기업까지 확대되고 있다. SWIFT는 교환되는 메시지의 유형에 따라 표준화된 형식(format)을 제정하여 이용하고 있다. 예컨대 MT 700(화환신용장 개설, 화환신용장조건들 명시), MT 701(화환신용장 개설, MT 700에 연속되는 신용장 내용의 2쪽), MT 707(신용장의 조건변경), MT 710(신용장의 통지), MT 720(신용장 양도), MT 730(신용장의 수신확인) 등 표준화된 서식을 제정하여 이용하고 있다.

또한 그 메시지 내용에 있어서도 일상적으로 이용되는 용어 등에 고유번호를 부여함으로써 코드화하여 교환되는 메시지의 내용을 축소시키고 있다. 예컨대 20(화환신용장 번호), 31C(신용장 개설일자), 59(수익자), 42C(결제방법), 43P(분할선적) 등과 같이 코드화하고 있다. 그리고 메시지의 내용 자체도 예문으로 표준화하여 그 이용을 권장하고 있다. 예컨대 대금청구, 서류인수, 지급거절 등의 메시지 유형에 따른 표준화된 예문이 영작되어 있기 때문에 필요한 공란만 채우면 될 것이며, 만약 그 수정이 필요한 경우에는 그 이용 취지에 부합하게 수정하여 이용하면 될 것이다.

따라서 SWIFT에 의한 신용장의 통지방법은 개설은행이 개설의뢰자의 요청으로 신용장을 개설하여 SWIFT의 통신시스템을 통하여 SWIFT가 구축한 절차와 방법에 따라 신용장을 통지하는 방법이다.

4. 통지은행의 의무

통지은행의 기본 의무는 개설은행의 요청에 따라 신용장을 신속·정확하고 안전하게 수익자에게 전달하는데 있다. 따라서 신용장이 도착하면 통지은행은 신용장의 진정성 여부를 확인하고 신속한 방법으로 수익자에게 신용장의 원본을 전달해야 한다. 전신으로 수신·접수된 신용장을 수익자에게 통지할 때 통지은행은 그 신용장 내용을 자신의 양식에 옮기는 과정에서 오류가 발생할 수 있다는 점에 유의해야 한다. 물론 통지은행의 실수로 수익자가 손해를 입었다 할지라도 통지은행이 상당한 주의의무를 다하여 통지를 했다고 주장하면 면책될 수 있다.

그러나 통지은행은 개설은행으로부터 수신된 신용장 메시지를 그대로 출력하여 그 신용장 메시지에 자신의 신용장 통지서를 작성하여 통지하는 것이 일반적이다.

UCP 600 제9조 a항에서는 "신용장 및 모든 조건변경은 통지은행을 통하여 수익자에게 통지된다. 확인은행이 아닌 통지은행은 지급 또는 매입에 대한 어떠한 약정 없이 신용장 및 모든 조건변경을 통지한다."라고 규정하고 있다. 따라서 통지은행은 신용장에 의거하여 발행된 환어음의 지급·인수 또는 매입에 대하여는 아무런 책임이 없다.

본조 b항에서는 "신용장 또는 조건변경을 통지함으로써, 통지은행은 신용장 또는 조건변경의 외관상 진정성에 관하여 그 자신이 확인하였다는 것을 의미하며, 또 그 통지는 접수된 신용장의 조건 또는 조건변경을 정확히 반영하고 있다는 것을 의미한다."라고 규정하고 있다.

통지은행은 수익자에게 신용장 및 모든 조건변경을 통지하기 위하여 또 다른 은행("제2의 통지은행")의 서비스를 이용할 수 있다. 신용장 또는 조건변경을 통지함으로써 제2의 통지은행은 자신이 수령한 그 통지의 외관상의 진정성에 관하여 그 자신이 확인하였다는 것과 그 통지가 수령된 신용장 또는 조건변경의 조건을 정확히 반영하고 있다는 것을 의미한다. 신용장을 통지하기 위하여 통지은행 또는 제2의 통지은행의 서비스를 이용하는 은행은 본 신용장의 모든 조건변경을 통지하기 위하여 동일한 은행을 이용하여야 한다(UCP 600 제9조 c/d항).

한편 어떤 은행이 신용장 또는 조건변경을 통지하도록 요청받았지만 통지하지 않기로 결정하는 경우에는, 그 은행은 신용장, 조건변경 또는 통지를 발송한 은행에게 이를 지체 없이 통보하여야 한다(UCP 600 제9조 e항).

그리고 어떤 은행이 신용장 또는 조건변경을 통지하도록 요청받았지만 신용장, 조건변경 또는 통지의 외관상의 진정성에 관하여 그 자신이 확인할 수 없는 경우에는, 그 은행은 그 지시를 발송한 것으로 보이는 은행에게 이를 지체 없이 통보하여야 한다. 그럼에도 불구하고 통지은행 또는 제2의 통지은행이 그 신용장 또는 조건변경을 통지하기로 결정한 경우에는, 그 통지은행은 수익자 또는 제2의 통지은행에게 신용장, 조건변경 또는 통지의 외관상 진정성에 관하여 자신이 확인할 수 없었다는 것을 통보하여야 한다(UCP 600 제9조 f항).

[예시 4-3] 신용장 도착 통지서

American Express Bank Ltd. Seoul Branch
15th Fl. Kwang Wha Moon Bldg.
64-8 1-ka Taepyung-ro, Chung-ku,
K.P.O. Box 1390 Seoul, Korea
TEL : 399-2957, 2971 Telex : K24484 AMBANK

Date 2002.03.25
Verified against the checklist

DATE 2002.03.25
OUR REF.NO.A6501 2031701

TO BENEFICIARY

TONGKOOK CORP.
SEOUL KOREA

TO ISSUING BANK
SHANGHAI COMMERCIAL AND SAVINGS
CHUNG SHAN BRANCH
TAIWAN PHU-0112 500 CLM

Dear Sirs,

At the request of the above named issuing bank and without any engagement or responsibility on our part, we are pleased to advise the attached irrevocable Letter of Credit No. 2ASSQ20004BU (the "Credit") PoPSHIAO
당행은 상기 개설은행의 요청에 따라, 당행의 책임부담없이 첨부된 취소불능화환 신용장을 통지합니다.

in favor of yourselves
in the amount of US$54,432.00
valid until(expiry date) 2002.05.10

* North Korea & Yugoslavis were excluded

This advice is subject to the condition that documents indicating goods originating from, or shipment to or from, or transshipment through any U.S. Sanctioned Country, i. e., Cuba, Iraq, Iran, Libya, North Korea, Sudan & the Federal Requblic of Yugoslavia(serbia) will not be accepted. Please note that documents indicating U.S. Sanctioned Countries or Specially Designated Nationals will be seized and retained by us unless or until a license is issued by the U.S. Department of Treasury.

본 신용장은 다음의 조건에 따라 통지됨을 알려드립니다. 관련 선적서류가 다음의 미국경제제재 대상국 즉, 쿠바, 이라크, 이란, 리비아, 북한, 수단, 유고슬라비아(세르비아)를 상품의 원산지로 하거나 선적·환적 또는 도착지임을 나타내는 경우에는 처리되지 않습니다. 해당 서류는 미국 재무성의 승인이 있을 때까지 당행에 보관됨을 주시하시기 바랍니다.

(X) The original of the above credit. POLY

( ) We are releasing the restriction clause concerning the negotiation under the above credit.
당행은 위 신용장의 매입은행에 대한 제한을 면제합니다.

( ) We are contacting our concerned branch for approval of confirmation. We will add cinfirmation and notify you by separate letter upon receiving necessary approval.
확인을 위한 승인을 당행 관련 지점에 신청 중입니다. 해당승인을 득하여 확인을 한 후 별도 서면으로 통보하여 드리겠습니다.

( ) Should you want us to confirm this L/C, please ask in writing. We will then confirm upon obtaining necessary approval and your payment for our confirmation charge.
본 신용장의 확인을 원하면, 서면으로 신청하십시요. 필요한 승인을 득하고 확인수수료를 지급 받은 후 확인하여 드리겠습니다.

( ) As requested by our Correspondent, We hereby confirm the above mentioned credit.
상기 개설은행의 요청에 따라, 당행은 위 신용장을 확인합니다.

Should the terms and conditions of the Credit not be to your requirements, please contact your customer for a suitable amendment.
신용장의 조건이 귀사의 요구사항과 일치하지 않으면, 귀사의 계약당사자(신용장의 발행신청인)를 통하여 신용장을 변경하시길 바랍니다.

In any communication with us, please always quote our reference number.
당행과의 연락시에는 항상 당행의 통지번호를 인용하시기 바랍니다.

This Credit is subject to the Uniform Customs and Practice for Documentary Credits(1993 Revision), ICC Publication no. 500.
첨부한 신용장은 국제상업회의소에 의하여 제정·공포된 '화환신용장에 관한 통일규칙 및 관행(1993 개정판)'에 의거합니다.

Yours faithfully

THIS IS A COMPUTER GENERATED COVERING LETTER. MANUAL SIGNATURE NOT REQUIRED.

AMERICAN EXPRESS BANK LTD.
SEOUL BRANCH

L/C ADVICE CHARGE WON 30,000

제 2 절 신용장의 조건변경

1. 신용장의 조건변경의 의의와 효력

(1) 조건변경의 개념과 의의

신용장의 조건변경이란 이미 개설된 신용장의 거래절차를 이행하는 도중에 신용장상에 약정된 조건을 다른 조건으로 변경하고자 할 때 그 신용장의 기존 내용(조건)을 변경하는 것을 의미한다. 신용장거래를 이행하는 과정에서 매매계약의 조건과 신용장의 조건이 상이하거나 또는 신용장 자체에 문제(오류)가 있어 그대로 진행할 경우 선적서류의 매입에 문제가 있다고 판단될 때는 신용장의 조건을 변경하는 것이 바람직하다. 그리고 거래상황의 변화에 따라 신용장 개설의 근거가 되었던 매매계약의 조건을 매매당사자가 변경하기로 합의한 경우에는 신용장의 조건을 변경해야 하는 경우가 발생한다.

이러한 신용장의 조건변경은 1회에 한정된 것이 아니고 무제한으로 변경할 수 있으나, 별도로 규정된 경우를 제외하고 개설은행, 수익자, 확인은행(있는 경우)의 합의 없이는 신용장의 조건변경 또는 취소가 불가능하다(UCP 600 제10조). 물론 취소가능신용장의 경우에는 신용장거래당사자의 합의 없이 일방적으로 조건을 변경할 수 있다.

신용장의 조건변경은 통상 개설은행이 개설의뢰자로부터 "신용장조건변경신청서"를 접수하여 이를 통지은행을 통해서 수익자의 동의를 받음으로써 그 절차가 종료된다. 확인신용장인 경우에는 확인은행에 통지하여 동의를 받아야 한다.

(2) 조건변경의 통지와 효력

개설은행은 개설의뢰자의 조건변경 신청서를 접수하여 그 내부 절차를 완료하고 통지은행을 통하여 그 조건변경을 통지하게 된다. 따라서 개설은행은 그 자신이 조건변경(서)을 발행한 시점부터 그 조건변경에 의하여 취소불능의 의무를 부담한다. 확인은행은 그 자신의 확인을 조건변경에까지 확대할 수 있으며 그 변경을 통지한 시점부터 취소불능의 의무를 부담한다. 그러나 확인은행은 그 자신의 확인을 확대함이 없이 조건변경을 통지하기로 결정할 수 있으며, 그렇게 하기로 한 경우에는 개설은행에게 그 사실을 지체 없이 통보하고 그 자신의 통지로 수익자에게 통보하여야 한다(UCP 600 제10조 b항).

그리고 수익자는 통지은행으로부터 신용장의 조건변경에 대한 통지를 받으면 그 수락 여부를 그 통지은행에 통보해야 한다. 그 수락 통보를 할 때까지는 그 이전의 신용장조건이 유효하기 때문이다. 그러나 수익자가 해당 조건변경에 대한 수락 여부를 통보하지 아니한 상태에서 그 변경이전 신용장의 조건 및 수락되지 아니한 그 신용장의 조건변경 통지서에 일치하는 서류를 은행에 제시하는 경우에는 그 조건변경을 수락한 것으로 간주되며, 은행에 서류를 제시한 순간부터 신용장의 조건이 변경된다.

이에 대해 UCP 600 제10조 c항에는 "원신용장(또는 이전에 수락된 조건변경을 포함하고 있는 신용장)의 조건은 수익자가 그러한 조건변경을 통지한 은행에게 그 조건변경에 대한 그 자신의 조건변경 수락을 통보할 때까지는 수익자에게는 여전히 유효하다. 수익자는 조건변경에 대해 수락 또는 거절의 통보를 해야 한다. 수익자가 그러한 통보를 하지 아니한 경우, 그 신용장과 아직 수락되지 아니한 조건변경에 일치하는 제시는 수익자가 그러한 조건변경에 대하여 자신의 수락통보를 행한 것으로 간주된다. 그 순간부터 신용장은 조건 변경된다."라고 규정하고 있다.

그리고 조건변경을 통지하는 통지은행은 그 조건변경을 송신한 상대 은행에게 수락 또는 거절의 통보를 통지하여야 한다. 또 조건변경에 대한 부분 수락은 허용되지 아니하며 그 조건변경에 대한 거절통지로 본다. 그리고 수익자가 특정 기한 내에 조건변경을 거절하지 않는 한, 그 조건변경은 유효하다는 취지의 조건변경서상의 규정은 무시된다(UCP 600 제10조(d/e/f)).

2. 전송 및 사전 통지된 신용장과 조건변경

신용장 또는 조건변경의 인증된 전송은 유효한 신용장 또는 조건변경으로 간주하며, 그 이후에 발송될 수 있는 이에 대한 모든 우편 확인서는 무시된다. 전송 메시지에서 '완전한 명세는 추후 통지함'(full details to follow: 또는 이와 유사한 추지의 표현)이라고 기술하고 있거나 또는 추후에 통지되는 우편 확인서를 유효한 신용장 또는 조건변경으로 본다고 기술하고 있는 경우에는 그 전송 메시지를 유효한 신용장 또는 조건변경으로 보지 아니하고, 추후에 통지되는 "완전한(상세한) 명세서"나 또는 '우편 확인서'를 유효한 신용장 또는 조건변경으로 인정한다. 이러한 경우에 개설은행은 그 전송과 모순되지 아니한 조건으로 지체 없이 유효한 신용장을 개설하거나 또는 조건변경을 발행하여야 한다."라고 규정하고 있다(UCP 600 제11조 a항).

그리고 신용장의 개설 또는 조건변경에 대해서 예비적으로 또는 사전적으로 통지하는 경우가 있을 수 있는데, 이 경우에는 그러한 예비적 또는 사전적인 통지 이후에 개설은행이 유효한 신용장을 개설하거나 또는 조건변경이 계획된 경우에만 그 예비 또는 사전 통지를 해야 한다. 그리고 사전 통지를 송부하는 개설은행은 지체 없이 사전 통지와 모순되지 아니한 조건으로 유효한 신용장을 개설하거나 또는 조건변경을 이행할 것을 취소불능으로 약정해야 한다(UCP 600 제11조 b항).

3. 신용장조건변경의 신청 절차 및 유의 사항

(1) 매매계약의 조건 변경

수입승인(수입승인 품목인 경우) 사항의 변경이든 신용장의 조건변경이든 그 변경의 근거가 되는 제출서류는 거래당사자 간에 합의된 이와 관련된 매매계약서의 조건변경이 선행되거나 또는 기존 매매계약을 취소하고 다시 합의한 새로운 매매계약서이다. 따라서 신용장의 조건변경을 위해서는 그 그거가 되는 매매계약의 조건변경이 선행되어야 한다.

(2) 수입승인사항 변경(수입승인 품목인 경우)

개설의뢰자는 수출입 승인사항변경 승인신청서와 그 근거 서류인 매매계약에 대한 조건변경서나 또는 새로이 합의한 매매계약서를 기존 승인기관에 제출하여 수입승인사항의 변경승인을 받는다. 수입승인 품목이 아닌 경우에는 이 절차는 불필요하다. 현재는 특별한 경우를 제외하고는 불필요하다.

(3) 신용장의 조건변경 의뢰

그 다음 이 수출입 승인사항 변경승인서(수입승인 품목인 경우)와 신용장조건변경의뢰서(Application for Amendment to Letter of Credit)를 개설은행에 제출하여 조건변경을 요청한다. 이때 개설의뢰자는 매매계약서에 대한 조건변경서나 또는 새로이 합의한 매매계약서(또는 관련 증빙서류)도 제출해야 한다. 그 이유는 개설은행이 거래당사자의 합의 여부를 확인하기 위한 것으로 신용장의 조건변경에 필요한 서류이기 때문이다.

(4) 개설은행의 조건변경

개설은행은 신용장의 개설의뢰자로부터 조건변경에 필요한 서류를 접수하여 확인하고 문제가 없다고 판단되면 신용장의 조건을 변경한다. 그러나 개설은행은 신용장의 개설금액 증액, 유효기간의 연장 등 자행의 지급약정에 영향을 미치는 즉, 채권보전과 관계되는 조건변경인 경우에는 금융 여신에 준하는 절차를 진행해야 한다.

예컨대 신용장의 금액이 증액되는 경우에는 그 시점에서 개설의뢰자의 신용상태 및 담보력 등을 확인하고 채권보전에 문제가 있다고 판단되는 경우에는 수입예치금 또는 부동산 등의 담보제공을 추가로 요구할 수 있다. 만약 그 당시 상황에서 개설의뢰자의 지급능력이 우려되거나 또는 신용상태가 불확실해지고 또 이를 담보하기 위한 담보제공도 어려운 경우에는 개설은행은 신용장의 증액 요청을 허용하지 아니할 수 있다. 따라서 개설의뢰자와 개설은행은 조건변경을 위한 합리적인 방법을 찾기 위해 노력해야 할 경우도 있다.

(5) 조건변경의 통지

이미 언급했듯이 신용장의 조건변경이 허용되는 경우에는 개설은행은 내부적으로 조건변경을 위한 절차를 이행하고 그 내용을 통지은행을 통해 수익자에게 통지하게 되는데 그 통지은행은 그 조건변경의 진정성 여부를 확인하고 수익자에게 통지한다.

(6) 수익자의 조건변경(서) 수취·확인 및 동의

수익자는 통지은행으로부터 조건변경의 통지를 받으면 그 통지은행에 통지 수수료를 납부하고 그 조건변경(서)을 수취하게 된다. 그리고 그 조건변경의 내용을 확인한다. 그 결과 문제가 없으면 그 조건변경에 대한 수락통보를 통지은행에 한다. 실무적으로 수익자는 신용장을 수취할 당시 통지은행에 그 조건변경에 대한 동의 여부를 통보하는 것이 통상적이다.

(7) 통지은행의 수락 통보

통지은행은 그 조건변경에 대한 수익자의 동의 여부를 개설은행에 통지함으로써 조건변경의 절차는 종료하게 된다.

4. 신용장조건의 주요 변경내용

(1) 신용장금액의 증액/감액

현재 신용장거래에서 신용장 및 그 조건변경은 주로 SWIFT 통신시스템을 이용하여 통지되고 있기 때문에 메시지 유형을 표준화한 SWIFT 형식(format)을 이용한다. 즉 조건변경은 조건변경 메시지 유형(MT707)을 이용한다면, 그 MT707의 정해진 필드(field)에 추가 또는 변경될(변경 후) 내용을 기술하면 된다. 예컨대 증액 또는 감액인 경우에는 증액 또는 감액한 금액과 새로운 '신용장금액'을 기술하며, 기한연장인 경우에는 해당 필드에 연장된 새로운 유효기일을 기술한다. 이 이외 사항도 같은 방법으로 기술한다.

따라서 조건변경도 형식이나 용어 및 문언 등이 표준화되어 있기 때문에 특별한 경우를 제외하고는 장문의 영작이 필요 없고 또 그 작성에 있어서도 큰 어려움이 없다. 따라서 여기에서는 많이 발생하지는 않지만 일반 전신(cable or telex)으로 조건을 변경하는 방법을 중심으로 살펴본다.

(가) 증액하는 경우

- L/C Amount increased by (증액할 금액) (up)to (증액 후 신용장금액)
- L/C Amount increased by USD30,000.00 up to USD130, 000.00(신용장금액이 USD30,000.00 만큼 증액되어 USD130,000.00로 변경).
- L/C Amount is increased by USD300,000 (up) to USD1,000,000(신용장금액이 USD300,000 만큼 증액되어 USD1,000,000로 변경).
- Amount is increased by USD300,000 making total of USD1,000,000(금액이 USD300,000 만큼 증액되어 총 금액은 USD1,000,000로 변경되었다).

(나) 감액하는 경우

- L/C Amount decreased by (감액할 금액) (up) to (감액 후 신용장금액)
- L/C Amount decreased by USD30,000.00 to USD70,000.00(신용장금액이 USD30,000.00 만큼 감액되어 USD70, 000.00으로 변경되었다).
- L/C Amount is decreased by USD200,000 (up) to USD 500,000(신용장금액이 USD200,000 만큼 감액되어 USD500,000로 변경되었다).
- Amount is decreased by USD200,000 making total of USD 500,000(금액이 USD200,000 만큼 감액되어 총 금액은 USD 500,000로 변경되었다).

☞ 여기에서 "by"는 "만큼"에 해당되어 "by" 다음에 명시되는 금액은 "순 증액 또는 순 감액"을 의미하며, "to 또는 making total of" 다음에 오는 금액은 변경 후의 최종 금액을 의미한다.

(다) 선적기일 또는 유효기일 연장

- Shipping date is extended to July 30th, 2016(선적기일이 2016년 7월 30일까지 연장되었다).
- Expiry date is extended to August 20th, 2016(유효기일이 2016년 8월 20일까지 연장되었다).
- Shipping and expiry date are extended to July 30th and August 20th, 2016 respectively(선적기일과 유효기일이 각각 2016년 7월 30일과 8월 20일로 연장되었다).

(라) 물품명세

- Descriptions are changed as follows(instead of previously)
  1,000 pieces of Model HP LaserJet 1012 Laser Printer, U.S.A. Origin @ USD1,000 CIF
- Unit price changed from @USD10,000 to @USD11,000(단가는 USD10,000에서 USD11,000로 변경되었다).
- Commodity size now should read 60cm 75cm instead of 9" 12"(물품 규격은 현재 9" 12" 대신에(아닌) 60cm 75cm로 변경되었다).
- Quantity changed 1,000 M/T into 3,000 M/T(수량이 1,000 M/T에서 3,000M/T로 변경되었다).

(마) 선적항 또는 도착항(목적지)

- Shipping port is changed Seattle into San Francisco(선적항은 Seattle에서 San Francisco로 변경되었다).
- Shipment from Tokyo instead of Osaka(선적장소가 Osaka에서 Tokyo로 변경되었다).
- Destination changed from Busan to Inchon(목적지는 부산에서 인천으로 변경되었다).

(바) 환적 및 분할선적

- Transhipments are permitted(or allowed)(환적 허용) : 이 경우에는 불허용에서 허

용으로 변경될 때

- Transhipments are not permitted(or prohibited)(환적 불허용) : 이 경우에는 허용에서 불허용으로 변경될 때
- Partial shipments are allowed(or permitted)(분할선적 허용) : 이 경우에는 불허용에서 허용으로 변경될 때
- Partial shipments are not allowed(or prohibited)(분할선적 불허용) : 이 경우에는 허용에서 불허용으로 변경될 때

(사) 기타 변경사항

- This credit is transferable(이 신용장은 양도가능하다) : 이 경우에는 양도불가능에서 양도가능으로 변경된 경우
- Please delete the special instruction 2(특별 지시사항 2 삭제함).
- Please insert the word "in Kongju Korea" in expiry date clause(유효기일 조항에 문언 "in Kongju Korea"를 추가함).
- This L/C available with Standard Charted Bank Korea Ltd only(본 신용장은 SC은행에서만 이용할 수 있다).
- Please insert the word the following clause in special instruction(특별 지시사항에 다음 조항을 추가하시오). 변경된 내용 기재

(2) SWIFT로 변경하는 경우

조건변경 신청시상의 "Increase(Decrease) of Documentary Credit Amount"(화환신용장금액 증액/감액) 란에 증액 또는 감액할 금액, 그리고 "New Documentary Credit Amount After Amendment"(변경 후 신용장금액) 란에는 증액 또는 감액한 후의 새로운 신용장금액을 기입한다.

예컨대 신용장금액(USD100,000.00)에 USD30,000.00을 증액하는 경우에는 해당 필드에 증액되는 금액 USD30,000과 그 금액을 증액한 후의 새로운 신용장금액 USD130,000.00을 기재한다. 그리고 USD30,000.00을 감액하는 경우에는 해당 필드에 감액되는 금액 USD30,000.00과 그 금액을 감액한 후의 새로운 신용장금액 USD70,000.00을 기재한다.

이와 같이 SWIFT로 조건을 변경하는 경우에는 영어 문장으로 표현하지 않는 경우가 대부분이며, 변경될 내용만 해당 필드에 기술한다.

[예시 4-4] 조건변경(증액) SWIFT 전문 발송 사례

FM : 발송은행 BIC CODE OSABJP JSXXX
BANK NAME : KINKI OSAKA BANK, LTD., THE (OSAKA)
접수구분 : 정상
해외 발송일자 : 2016-09-11
TO : STANDARD CHARTED BANK KOREA LTD SEOUL

---

20 : SENDER'S REFERENCE(전송자 참조번호)
301-612-16311
21 : RECEIVER'S REFERENCE(수신자 참조번호)
NONREF (참조번호 없음)
31C : DATE OF ISSUE(개설일자)
160911(2016년 9월 11일)
30 : DATE OF AMENDMENT(조건변경일자)
160919 (2016년 9월 19일)
26E : NUMBER OF AMENDMENT(조건변경 회차)
01 (첫 번째)
59 : BENEFICIARY (수익자)
CHUNGANG I.TD . CO. LTD.
HANIL BLDG., NO.607 370-56
MIA-19-DONG GANGBUK-GU, SEOUL, KOREA
32B : INCREASE OF DOCUMENTARY CREDIT AMOUNT(화환신용장금액 증액)
USD8,570.00
34B : NEW DOCUMENTARY CREDIT AMOUNT AFTER AMENDMENT(변경 후 신용장금액)
USD21,423.00
39A : PERCENTAGE CREDIT AMOUNT TOLERANCE(신용장금액 과부족 허용차)
05/05 (5%)
79 : NARRATIVE(내역)
COVERING ADDITIONAL SHIPMENT AS FOLLOWS:
CONTRACT NO. UYK-0092
DESCRIPTIONS: CURTAIN
72 : SENDER TO RECEIVER INFORMATION(수신자에 대한 정보)
PLS ADVISE BENEFICIARY THRU
YOUR MYEONG DONG YEOK-BRANCH, KOREA
(귀 은행의 명동 역 지점을 통하여 수익자에게 통지하기 바랍니다).

제 5 장

신용장의 확인과 양도

제 1 절 신용장의 확인

1. 신용장의 확인과 그 의의

신용장거래에서 확인이라 함은 개설은행의 확약에 추가하여 일치하는 제시를 지급결제 또는 매입하기로 하는 확인은행의 확정적 약정을 의미한다. 그리고 여기에서 일치하는 제시란 신용장의 조건, 본 규칙의 적용 가능한 조항 및 국제표준은행관행에 따른 일치한 제시를 의미한다(UCP 600 제2조).

통상적으로 확인은행은 개설은행보다 신용상태가 양호한 공신력 있는 제3의 은행이며, 개설은행의 수권 또는 요청에 따라 신용장에 그의 확인을 추가하는 은행을 의미한다(UCP 600 제2조). 즉, 지급(연지급)·인수 또는 매입에 대한 개설은행의 약정에 추가하여 이를 독립적으로 약정한다. 이와 같은 신용장의 확인은 개설은행이 신용도가 낮거나 또는 불안하다고 판단되는 경우 매도자(수익자)가 신용장거래에서 대금회수를 확실하게 보장받기 위해 매수자(수입자)에게 그 신용장의 확인을 요청한다.

확인신용장이 이용되는 경우는 대금회수에 있어서 개설은행의 약정만으로는 불안하거나 또는 불충분하다고 생각될 때 매도자의 요청에 따라 확인이 추가된다. 확인은행은 독자적인 신용장상의 의무를 지며 개설은행과 동일한 의무를 부담한다. 따라서 개설은행이 파산하거나 또는 지급불능상태에 빠지는 경우 개설은행을 대신하여 개설은행과 동일한 지급의무를 부담한다. 확인은행은 개설은행보다 신용도 높은 것이 일반적이다.

이에 대비하여 신용장의 확인이 필요한 경우에는 매수자는 신용장 개설신청서의 해당 항목에 표시함으로써 개설은행에 신용장의 확인을 요청(지시)한다. 이에 개설은행은 신용상태가 양호한 환거래은행을 선정하여 동 은행에 신용장의 확인을 요청하며, 보통 통지은행에 요청하는 경우가 많다. 확인을 요청받은 은행이 확인을 하게 되면 신용장대금에 대한 별도의 독립적인 채무를 부담하게 되므로 개설은행 앞으로 여신을 공여하는 것과 동일한 효과가 있다.

따라서 확인은행은 일반 여신약정 절차에 준하여 확인·검토할 필요가 있다. 그 이유는 개설은행이 지급불능 또는 파산상태에 빠지거나, 또는 그 개설은행 소재국의 불가항력적인 원인으로 확인은행이 지급, 인수한 환어음 및/또는 서류에 대해 개설은행이 지급거절하거나 상환불능의 상황에 이르는 경우, 확인은행은 일단 확인을 약정한 이상 수익자에게 소구권 행사 또는 지급자금의 반환청구를 할 수 없기 때문에 손해를 입을 수 있기 때문이다.

개설은행으로부터 확인할 권리를 부여받거나 또는 확인을 요청받은 은행은 이와 같은 상황을 면밀하게 검토하여 여신상 문제가 없다고 판단되면 확인을 추가할 수 있다. 그러나 확인할 의사가 없는 경우에는 지체 없이 개설은행에 통보하여야 하고 확인 없이 신용장을 통지할 수 있다(UCP 600 제8조 d항).

2. 확인은행의 의무

신용장에 개설은행 이외의 공신력 있는 제3은행이 확인은행으로 지정되는 경우 개설은행과 동일한 지급의무를 부담하는 은행이다. 확인신용장에서 확인은행은 신용장 거래의 기본당사자가 된다. 따라서 확인은행은 개설은행의 요청에 의해 수익자에게 환어음의 지급·인수 또는 매입을 추가로 확약하는 은행이다.

따라서 확인은행은 신용장에 자신의 확인을 추가하는 시점부터 지급 또는 매입할 취소불능의 의무를 부담한다(UCP 600 제8조 b항). 확인은행은 일치하는 제시서류를 지급 또는 매입하고 그 서류를 확인은행에 송부하는 다른 지정은행에게 상환할 것을 약정한다. 인수 또는 연지급에 의하여 이용되는 신용장에 의거하여 일치하는 제시금액에 대한 상환은 다른 지정은행이 만기일 전에 선지급 또는 구매하였는지의 여부와 관계없이 만기일에 지급해야 한다. 다른 지정은행에 상환할 확인은행의 확약은 수익자에 대한 확인은행의 약정과 독립된다(UCP 600 제8조 c항).

UCP 600 제8조에서는 확인은행의 확약에 대해 다음과 같이 규정하고 있다.

a. 규정된 서류가 확인은행 또는 그 이외의 다른 지정은행에 제시되고, 그 서류가 일치하는 제시를 구성하는 한, 확인은행은:

i. 신용장이 다음 중의 어느 것에 의하여 이용되는 경우에는, 지급결제 하여야 한다:

(a) 확인은행에서 일람지급, 연지급 또는 인수에 의하여 이용되는 경우;

(b) 다른 지정은행에서 일람지급에 의하여 이용되는데, 그 지정은행이 지급하지 아니하는 경우;

(c) 다른 지정은행에서 연지급에 의하여 이용되는데, 그 지정은행이 연지급약정을 부담하지 아니하는 경우 또는, 그 지정은행이 연지급약정을 부담하였지만 만기일에 지급하지 아니하는 경우;

(d) 다른 지정은행에서 인수에 의하여 이용되는데, 그 지정은행이 그 자행을 지급인으로 하여 발행된 환어음을 인수하지 아니하는 경우 또는, 그 지정은행이 그 자행을 지급인으로 하여 발행된 환어음을 인수하였지만 만기일에 지급하지 아니하는 경우;

(e) 다른 지정은행에서 매입에 의하여 이용되는데, 그 지정은행이 매입하지 아니하는 경우.

ii. 신용장이 확인은행에서 매입에 의하여 이용되는 경우에는, 상환청구권 없이, 매입하여야 한다.

b. 확인은행은 신용장에 자신의 확인을 추가하는 시점부터 지급결제 또는 매입할 취소불능의 의무를 부담한다.

c. 확인은행은 일치하는 제시를 지급결제 또는 매입하고 그 서류를 확인은행에 송부하는 다른 지정은행에게 상환할 것을 약정한다. 인수 또는 연지급에 의하여 이용되는 신용장에 따른 일치하는 제시금액에 대한 상환은 다른 지정은행이 만기일 전에 선지급 또는 구매하였는지의 여부와 관계없이 만기일에 이행되어야 한다. 다른 지정은행에 상환할 확인은행의 확약은 수익자에 대한 확인은행의 확약으로부터 독립한다.

d. 어떤 은행이 개설은행으로부터 신용장의 확인을 수권 또는 요청받았으나 이를 행할 의사가 없는 경우, 그 은행은 지체 없이 개설은행에 통지하여야 하고 확인 없이 신용장을 통지할 수 있다.

3. 신용장의 확인절차

신용장의 확인절차는 ① 매도자가 대금회수에 대한 불안을 해소하고 더 안전한 거래를 위해 매수자에게 확인을 요청한다. ② 매수자(개설의뢰자)는 개설신청서에 확인을 요청함으로써 개설은행에 신용장의 확인을 추가하도록 위탁한다. ③ 개설은행은 이를 수탁하고 공신력 있는 은행을 확인은행으로 지정하고 그 은행에 확인을 요청한다. 통상 통지은행을 확인은행으로 지정하는 경우가 많다. 통지은행이 확인은행으로 지정된 경우 개설은행은 "Please advise this credit to the beneficiary, adding your confirmation" 등의 문언이 이용된다. ④ 이에 개설은행으로부터 신용장의 확인을 요청받은 은행은 자신의 확인을 추가하고 수익자에게 통지한다. 이 경우는 "As requested by an issuing bank, we hereby confirm this credit" 등의 문언으로 표기한다. SWIFT 신용장에서는 통상 확인은행 필드에 해당 은행명을 명시한다. 그러나 채권보전 등의 사유로 이를 거절할 수 있으며, 이 경우에는 개설은행에 지체 없이 통보하고 확인 없이 신용장을 수익자에게 통지할 수 있다.

신용장거래에서 확인은 통상 매도자(수익자)의 요청에 따른 것이며, 또 대금결제의 편의를 위해 확인을 요청할 수 있다. 이때 수출지에 개설은행의 본 · 지점이 있을 경우에는 그 본·지점을 통지은행이면서 지급은행으로 지정하여 지급신용장(straight credit)을 개설할 수 있는데, 그 본·지점에게 확인을 요청하는 경우도 있다.

제 2 절 신용장의 양도

1. 신용장 양도의 개념과 효용

(1) 신용장 양도의 개념과 의의

신용장의 양도란 수익자가 신용장 거래에서 향유하는 권리의 전부 또는 일부를 수익자가 지시하는 제3자(제2수익자)에게 양도하는 것을 말한다. 즉 신용장의 조건에 따라 그 신용장에 명시된 물품을 수출하고 그 대금을 수취할 권리를 제3자(제2수익자)에게 양도하는 것을 의미한다. 국제무역에서 매도자와 매수자가 신용장을 결제조건으로 하는 매매계약을 체결한 경우, 그 이후 신용장거래에서 매도자인 수익자는 여러 사유로 통지은행으로부터 접수한 신용장의 전부 또는 일부를 제3의 당사자로 양도하는 것을 의미한다. 여기에는 수익자가 양도가능신용장에 의거 정상적으로 수출하는 과정에서 수출물품의 재고부족이 발생하여 제3자에게 양도하는 것을 포함한다.

신용장거래에서 제1수익자가 통지은행으로부터 양도가능신용장을 접수한 후에 당해 신용장의 양도가 필요한 경우에는 양도은행에 양도신청을 하게 된다. 신용장의 양도는 반드시 양도승인을 받아야 하며, 그 양도승인은 신용장 상에 "양도가능"(transferable)이라는 문언이 반드시 명시되어 있어야 가능하다. 그 외의 "divisible"이나 "assignable" 등 이와 유사한 용어는 인정되지 않는다. 이와 같은 양도가능신용장을 개설하는 한, 개설은행은 그 양도에 따른 위험을 부담하여야 한다.

따라서 양도가능신용장이란 "양도가능" 이라고 특별히 기술하고 있는 신용장을 의미한다. 양도가능신용장은 수익자("제1수익자")의 요청으로 신용장의 전부 또는 일부를 또 다른 수익자("제2수익자")가 이용할 수 있도록 하는 신용장을 의미한다. 양도은행은 신용장을 양도하는 지정은행 또는 모든 은행에서 이용할 수 있는 신용장에서 개설은행으로부터 신용장의 양도를 특별히 수권 받고 그 신용장을 양도하는 은행을 의미한다. 개설은행은 양도은행이 될 수 있다. 양도된 신용장은 양도은행이 제2수익자가 이용할 수 있도록 한 신용장을 의미한다(UCP 600 제38조).

신용장에서 분할어음 발행 또는 분할선적이 허용되는 경우에는 신용장은 둘(2) 이상의 제2수익자에게 분할하여 양도될 수 있다. 양도된 신용장은 제2수익자의 요청으로 그 이후의 어떠한 수익자에게도 양도될 수 없다. 제1수익자는 그 이후의 수익자로 보지 아니한다(UCP 600 제38조 d항). 즉 제1수익자의 요청으로 양도은행으로부터 신용장을 양도받은 제2수익자는 또 다른 제3의 당사자에게 양도받은 신용장을 다시 양도할 수 없다는 것이다. 다만 제1수익에게 재양도는 가능하다.

그리고 양도는 국내양도와 국외양도로 구분할 수 있다. 우선 국내양도는 제1수익자와 제2수익자 모두 국내에 소재하는 경우이며, 양도신용장의 대부분은 국내양도이다. 반면 국외양도는 제1수익자와 제2수익자가 다른 국가에 소재하는 경우다. 이 경우에는 신용장에서 국외양도에 대한 금지문언이 기술되어 있지 않아야 한다. 특히 선적항 및 가격조건 등이 양도되는 국가와 모순되는지 확인해야 한다.

(2) 신용장 양도의 필요성(효용)

우리나라에서는 통상적으로 신용장은 그 이용이 수익자로 제한되어 있기 때문에 제3자가 이용할 수 없지만 다음과 같은 차원에서 주로 양도되고 있다. 즉, ⓐ 제1수익자가 무역업 신고가 되어 있지 않았거나 또는 직접 수출할 역량이 부족하여 수출대행계약에 의해 수출대행업자 앞으로 신용장을 양도하고자 하는 경우, ⓑ 제1수익자가 물품의 제조업자가 아니기 때문에 제조업자로 하여금 직접 선적 및 매입을 할 수 있도록 하기 위해, ⓒ 쿼터(quota) 품목으로 쿼터를 확보(보유)하지 못하였거나 또는 쿼터를 확보하였더라도 물품이 부족한 경우로 쿼터를 보유한 자에게 양도하는 경우(현재 쿼터제도 폐지됨), ⓓ 무역업자가 수수료 또는 마진(margin)을 목적으로 국내 제조업자에게 양도하고자 하는 경우,

그리고 ⓔ 매수자(수입업자)가 매수에 따르는 부대비용의 절감 또는 편리성을 위해 자신의 해외 지사(또는 대리점) 앞으로 신용장을 개설하는 경우, 즉 해외 다수의 매도자(수출업자) 앞으로 일일이 신용장을 개설하기 보다는 자신의 해외 지사 앞으로 신용장을 개설하고 그 지사로 하여금 당해 신용장을 현지 다수의 매도자에게 양도하도록 할 수 있다.

이와 같이 신용장거래에서 여러 목적으로 양도할 수 있으나, 우리나라의 경우 신용장의 양도는 무역업자가 물품의 제조업자에게 직접 수출할 수 있도록 양도하는 경우가 많은 것으로 생각된다.

2. 신용장 양도의 조건과 방법

(1) 양도은행의 범위

UCP 600 제38조 a항에서는 UCP 500 제48조에서 정의되지 아니한 용어의 정의, 즉 "양도된 신용장"(transferred credit)을 도입했다. 그리고 UCP 600 제38조 b항에서는 수익자로부터 요청받아 양도가능신용장의 양도를 수행하는 양도은행은 우선, 신용장의 양도이행을 지정받은 지정은행이다. 양도가능신용장에서 지급, 연지급약정, 인수 또는 매입이 수권된 은행이다. 그리고 모든 은행에서 이용할 수 있는 신용장에서 개설은행이 양도를 특별히 수권함으로써 그 신용장을 양도하는 은행을 말한다. 물론 개설은행은 양도은행이 될 수 있다고 규정하고 있다.

따라서 신용장의 양도은행은 지급신용장은 지급은행, 연지급신용장은 연지급은행, 매입제한 신용장은 매입제한은행(지정은행), 자유매입신용장은 지정은행(개설은행이 특별히 수권한 은행), 지정되지 아니한 경우에는 수익자가 자의적으로 지정한 은행(통상 수익자의 거래은행)이다.

(2) 신용장의 양도조건

신용장거래에서 양도은행은 제1수익자의 양도신청에 따라 신용장의 양도를 제2수익자에게 이행하게 된다. 이때 양도은행은 UCP 600과 신용장의 조건에 따라 신용장의 양도절차를 진행해야 한다.

우선 ① 신용장의 양도를 위해서는 신용장상에 "transferable"(양도가능)라는 문언이 있어야 한다. 따라서 신용장에 "transferable"이라는 문언이 없는 경우에는 양도가 불가능하며, 또한 기타 이와 유사한 용어는 무시된다(UCP 600 제38조 a항). ② 양도은행이 명시적으로 동의한 범위와 방법에 의해서만 양도할 수 있다(UCP 600 제38조 a항). ③ 양도는 1회에 한하여 가능하다. 단, 제2수익자가 양도받은 신용장을 제1수익자에게 다시 양도하는 것은 가능하다. 즉, 양도된 신용장은 제2수익자의 요청으로 그 이후의 어떠한 수익자에게도 양도될 수 없다. 제1수익자는 그 이후의 수익자로 보지 아니한다(UCP 600 제38조 d항). ④ 분할양도는 분할선적이 가능한 경우에만 가능하다.

그리고 ⑤ 양도되는 신용장의 조건은 신용장의 조건을 정확히 반영해야 한다. 즉 신용장의 조건과 동일해야 한다. 이는 양도된 신용장이 원신용장을 정확히 반영하지 않는 경우에는 그 양도은행은 책임이 있다는 것을 의미한다.

그러나 다음의 경우는 예외로 하며, 신용장의 조건을 변경하여 양도할 수 있다(UCP 600 제38조 g항).

ⓐ 신용장의 금액
ⓑ 신용장에 명시된 단가
ⓒ 유효기일
ⓓ 서류의 제시기간
ⓔ 최종 선적기일 또는 약정된 선적기일; 이들 중 일부 또는 전부는 감축 또는 단축될 수 있다.
ⓕ 본 규칙 또는 신용장에 규정된 부보금액을 충족시키기 위한 보험부보 비율증대
ⓖ 양도된 신용장상에 개설의뢰자의 명의를 제1수익자의 명의로 대체, 개설의뢰자의 명의가 송장 이외의 모든 서류에 명시되도록 신용장에서 특별히 요구하는 경우, 그러한 요구는 양도된 신용장에 반영되어야 한다.[1)]

(3) 신용장의 양도 방법

신용장의 양도는 제1수익자가 신용장금액을 양도하는 방법에 따라 전액양도(total

---

1) ICC, *ICC Banking Commission Opinions 2005-2008*, ICC Pub. No.697, p.53.

transfer)와 분할양도(partial transfer)로 구분할 수 있다. 전액 양도는 신용장의 제1수익자인 양도인이 제2수익자인 양수인에게 신용장금액의 전액을 양도하는 방법을 말한다.

전액 양도하는 경우, 양도은행은 신용장의 이면에 다음과 같은 문언을 표기하고 서명하여 그 신용장을 제2수익자에게 전달한다.

> "This credit is totally transferred to Kongju National University for US$300,000.00 by Standard Charted Bank Korea Ltd., Kongju Branch, Kongju, Republic of Korea on July 20th, 2016."

한편 분할양도는 제1수익자가 둘 이상 다수의 제2수익자에게 양도하는 방법이다. 분할양도는 신용장에서 분할선적이 가능한 경우에만 가능하며, 제2수익자가 다수가 되더라도 1회의 양도로 간주한다.

UCP 600 제38조 d항에서는 둘(2) 이상의 제2수익자에 대한 화환신용장의 양도를 규정하고 있다. 즉 "분할어음 발행 또는 분할선적이 허용되는 경우에는 신용장은 둘 이상의 제2수익자에게 분할하여 양도될 수 있다. 양도된 신용장은 제2수익자의 요청으로 그 이후의 어떠한 수익자에게도 양도될 수 없다. 제1수익자는 그 이후의 수익자로 보지 아니한다."라고 규정하고 있다.

예컨대 다수의 제2수익자에게 분할양도는 가능하지만 양도신청자 즉, 제1수익자는 어느 정도의 통제성을 유지하기를 원할 것이기 때문에 새로운 수익자에게 연속적인 분할양도는 허용되지 않는다(Byrne, 2007). 이는 실무적으로 중요한 사안으로 제1의 수익자는 양도가능신용장을 다수의 제2수익자에게 양도할 수 있으나, 당해 신용장을 양도받은 제2의 수익자는 또 다른 제3의 수익자에게 양도할 수 없다는 것을 의미한다.

그리고 분할하여 양도하는 경우, 양도은행은 신용장의 이면에 다음과 같은 문언과 양도사항을 표기하고 서명하여 신용장을 제2수익자에게 전달한다. 분할양도의 경우 분할양도 분에 대한 양도사항을 기재하고 서명하여 양도해도 된다.

> "This credit is partially transferred to Kongju National University for US$300,000.00 by Standard Charted Bank Korea Ltd, Kongju Branch, Kongju, Republic of Korea on July 20th, 2016."

3. 신용장의 주요 양도절차

(1) 신용장의 양도 확인

신용장을 전반적으로 검토하고 우선 신용장상에 "transferable"(양도 가능)이란 문언이 있는지 확인하고, 분할선적이 금지되어 있는지 확인한다. 만약 분할선적이 금지되어 있는 경우에는 전액양도만 가능하다. 그러나 신용장에 분할선적이 금지되어 있지 않은 경우에는 전액양도 또는 분할양도 모두 가능하다. 그리고 양도를 특별히 수권하고 있는 은행이 있는지 확인한다.

이미 살펴 본 바와 같이 신용장의 양도는 지급신용장이거나 신용장에 지급, 인수 또는 매입이 지정되어 있는 경우는 그 지정은행이, 자유매입신용장의 경우에는 개설은행이 특별히 양도를 수권한 은행이 없는 경우에는, 수익자가 자의적으로 은행(통상 수익자의 거래은행)을 지정하여 양도를 신청할 수 있다.

(2) 양도은행에 양도통지서 발행신청서 작성·제출

그리고 제1수익자인 양도인과 제2수익자인 양수인은 신용장의 양수도 계약을 체결하고 양도은행에 신용장전액양도신청서(Application for Total Transfer of the Credit) 또는 신용장분할양도신청서(Application for Partial Transfer of the Credit)를 제출하여 양도를 신청한다. 이때 제1수익자가 통상적으로 구비해야 할 서류로는 ① 수출신용장의 원본, ② 양도 신청서, ③ 양도인 및 양수인의 인감필적 명판신고서 등이다.

(3) 양도은행은 양도통지서 발행신청서 확인 및 양도 통지서 작성·교부

양도은행은 양도통지서 발행신청서와 신용장을 확인한 후 문제가 없다고 인정되면 전액양도(total transfer)의 경우에는 전액양도통지서(Advice of Totally Transfer)를 신용장에 첨부하여 제1수익자가 지정하는 제2수익자인 양수인에게 교부한다.

분할양도의 경우에는 분할양도통지서(Advice of Partial Transfer)에 양도되는 금액, 물품명, 수량 등 간략한 양도내역을 기입한 후 양수인에게 교부한다. 이중 양도를 방지하기 위하여 원신용장에 양도사항을 기재하고 배서한 후에 그 신용장을 수익자에게 반환한다. 이때 수익자의 요청이 있으면 개설의뢰자를 수익자 명의로 대체, 신용장금액, 단가, 유효기간, 제시기간 및 선적기간 등 변경 가능한 신용장의 조건을 수정한다.

이와 같이 변경한 신용장과 그 양도통지서를 교부하고 제1수익자로부터 양도 수수료를 징구한다. 양도 시에 별도로 합의하지 않은 한, 양도와 관련하여 발생되는 모든 비용 예컨대 수수료, 처리요금, 비용 또는 경비는 제1수익자가 지급하여야 한다(UCP 600 제38조 c항).

(4) 개설은행에 통보

양도절차가 종료되면 양도은행은 제2수익자의 회사명, 주소 등의 사항을 신용장 개설은행에 통지한다.

4. 양도된 신용장의 조건변경

(1) 양도된 신용장의 조건변경과 그 통지

신용장이 양도된 후에도 그 양도된 신용장의 조건을 변경할 수 있다. 전액 양도인 경우에는 개설은행, 양도은행, 제1수익자 및 제2수익자 전원의 합의가 있어야 효력이 발생한다. 한편 분할 양도된 경우에는 제2수익자는 조건변경을 승낙하거나 거절할 수 있다.

이에 대해 UCP 600 제38조 e항에서는 “양도가능신용장에 있어서 모든 양도요청은 그 신용장의 양도 이후의 조건변경에 대해 제2수익자에게 통지해야 하는지 여부, 그리고 어떠한 조건으로 제2수익자에게 통지하여야 하는지를 명시해야 한다. 양도된 신용장은 그 조건을 분명하게 명시해야 한다.”라고 규정하고 있다. 제2수익자에게 조건변경에 대한 통지를 허용한 경우에는 양도 이후의 어떠한 조건변경도 제2수익자에게 양도되어야 한다(ICC, 2007).

신용장의 양도신청 시에 그 이후에 신용장의 조건변경이 되는 경우에 제2수익자에게 직접 통지해도 되는지 여부에 대해 제1수익자는 양도은행에게 확실하게 의사를 표시해야 하고, 이를 양도 신청서에 명시하면 된다. 따라서 양도은행은 제1수익자의 지시에 따라 제2수익자에게 조건변경 사실을 통지할 수도 있고 안 할 수도 있다.

실무상 그리고 다양한 이유로, 제1수익자는 모든 또는 특정한 종류의 조건변경을 제2수익자에게 즉시 통지하기를 원하지 않는 경우가 많이 있다. 양당사자 즉, 제1수익자 및 그 이외의 제2수익자를 위해 UCP 600은 양도은행이 조건변경, 또는 특정한 조건으로 특정한 종류의 조건변경만을 제2수익자에게 통지하도록 요청하는 것을 허용하고 있다. 예컨대 제1수익자는 양도은행에 단지 신용장금액 및 유효기일의 조건변경 또는 서류제시 요건만의 조건변경 등을 통지하도록 요청할 수 있다(ICC, 2007).

(2) 양도된 신용장의 조건변경의 효력

양도된 신용장의 조건변경이 제2수익자에 의해 수락된다면 적법하게 조건변경 될 것이다. 만약 거절되는 경우에는 그 양도된 신용장은 변경되지 아니한 상태로 존속한다. 제1수익자가 둘 이상 다수의 제2수익자에게 조건변경에 대한 통지를 허용하는 경우, 각각의 제2수익자에게 통지된 양도된 신용장은 조건변경에 관한 한, 별개의 신용장으로 간주된다. 양도된 신용장이 양도 이후 조건변경이 되는 경우에 각각의 제2수익자는 그 양도 이후의 조건변경을 수락할 수도 있고 거부할 수도 있다. 따라서 제2수익자가 그 조건변경을 승낙한 경우에는 조건이 변경된 상태의 신용장으로 효력이 발생하고, 한편 그 조건변경을 거절한 경우에는 조건변경 전의 신용장으로 효력이 존속하게 된다.[2)]

따라서 둘 이상의 제2수익자에게 양도된 경우에는 각각의 양도된 신용장이 조건 변경된 경우에는 당해 신용장의 제2수익자가 그 조건변경을 수락했는지의 여부에 따라 각 양도된 신용장의 조건변경이 성립되거나 또는 그 조건변경이 성립되지 아니한 상태로 존속한다. 양도가능신용장이 둘 이상의 제2수익자에게 분할 양도된 경우, 양도된 신용장에 대한 조건변경을 일부 제2수익자가 거절한다고 해도, 이를 승낙한 다른 제2수익자에게는 조건변경 된 신용장은 그 효력을 갖는다(ICC, 2007).

따라서 제2수익자가 다수인 경우에는 조건변경을 승낙한 제2수익자에게만 효력이 발생하며, 그 조건변경을 거절한 제2수익자에게는 그 조건변경 전 신용장의 효력이 계속 존속된다. 각각의 분할 양도된 분은 상호 별개의 신용장으로써 존재하고 효력이 발생한다.

(3) 양도된 신용장의 취소

UCP 600에서는 신용장의 취소에 대해 정의하고 있지 않고, 단지 취소를 규정하고 있는 제10조 a항이 있을 뿐이다. 본 조항은 "본 규칙 제38조 i항에 예외적으로 규정한 경우를 제외하고, 신용장은 개설은행, 확인은행(있는 경우) 및 수익자 전원의 합의 없이는 조건변경 또는 취소할 수 없다."라고 규정하고 있다. 이는 신용장의 취소가 관련 모든 당사자의 합의를 요구한다는 것을 의미한다.[3)] 이는 신용장이 취소불능이라고 하

---

2) 이러한 입장은 UCP 600 제38조 f항에서 강조하고 있다. 즉 본 조항에서는 "신용장이 2 이상의 제2수익자에게 양도된 경우, 적법하게 조건변경이 되는 양도된 신용장에 대해서 하나 이상의 제2수익자가 조건변경을 거절하는 것은 그러한 거절의 결과로 그 이외의 다른 모든 제2수익자가 승낙한 조건변경은 무효화되지 아니한다. 그 조건변경을 거절한 제2수익자에 대해서는 양도된 신용장은 조건변경이 되지 아니한 상태로 존속한다."라고 규정하고 있다.

더라도 신용장은 모든 당사자가 그 취소에 합의하는 경우에는 취소될 수 있다는 사실이다.[4]

그런데 양도된 신용장의 경우에도 제2수익자가 제시를 원하지 아니하고 더욱이 그 취소를 요청한다면 어떻게 되는가? 이는 반드시 다른 당사자의 동의가 요구된다.[5] 이에 대해 제2수익자가 불가피한 사유로 양도받을 신용장을 이용할 수 없거나 또는 그 이용을 원하지 않는 경우에는 가능한 한 신속하게 그 제1수익자에게 재양도를 하거나 또는 양도된 신용장의 취소에 명시적으로 동의함으로써 제1수익자가 다시 양도받아 또 다른 제2수익자에게 다시 양도함으로써 이와 같은 문제를 해결할 수 있을 것이다.

그런데 제1수익자로부터 양도받은 제2수익자가 양도된 신용장의 유효기일 이후에도 아무런 행동을 취하지 않는 경우에는 제1수익자는 양도된 신용장의 양도를 취소하고 또 다른 제2수익자에게 양도된 신용장을 양도할 수 있을 것이다.

그러나 그 양도된 신용장의 유효기일 이전인 경우에는 문제가 달라질 수 있다. 이 경우에는 제2수익자는 다른 당사자들의 동의를 받아 취소요청을 하면 문제가 없을 것이다. 그런데 제2수익자가 그 양도된 신용장의 취소에 동의를 받지 못하거나 또는 아무런 조치를 취하지 아니하는 경우에는 문제가 발생될 수 있다. 그렇지만 실제 실무적으로는 흔하게 발생되는 일은 아니지만 제1수익자와 제2수익자가 적절한 협의를 통하여 해결되고 있다.

5. 양도 후 서류의 매입과 제2수익자 보호

(1) 서류의 제시와 매입

UCP에서는 양도된 신용장거래에서 제1수익자는 신용장이 양도된 장소에서 지급 또는 매입을 이행하도록 요청할 수 있다. 제2수익자의 서류제시 또는 그를 대신한 서류의 제시는 양도은행에 해야 한다는 취지의 규정을 하고 있다. 양도된 신용장거래에서 양수인인 제2수익자는 양도은행에 서류를 제시해야 하며, 또한 제2수익자는 그 제시서류를 양도조건에 일치시켜야 한다.

우선 본 규칙 제38조 (j)항은 제2수익자가 신용장의 유효기일까지 양도은행에 제시하도록 하고 있다. 동시에, 이 경우 제1익자의 송장 및 환어음(있는 경우)으로 대체하

3) Sheilar T. Shaffer(2009), "Discounting the deferred payment credit", *DCInsight*, Vol.15 No.3, p.19.
4) Xuehui Wang (Ofei)(2013), Xuehui Wang (Ofei)(2013), "The cancellation issue under a transferred credit", *DCInsight*, Vol.19 No.2, p.21.
5) Xuehui Wang (Ofei)(2013), *op.cit.*, p.21.

고 그 차액에 대해 환어음을 발행할 제1수익자의 권리는 침해되지 않는다고 진술한 조항을 포함한다(ICC, 2007).

그리고 본 규칙 제38조 (k)항[6]에서는 본 조 (j)항과 긴밀한 연관이 있으며 제1수익자의 권리를 더욱 보호하기 위해 의도된 조항으로 보인다. 본조를 규정하는 주된 이유는 화환신용장이 양도된 장소에서 지정은행이 그 제2수익자의 서류를 개설은행 또는 그 이외의 다른 은행에 발송하는 것을 예방하기 위한 것이며, 그렇게 함으로써 제1수익자가 자신의 송장(그리고 있는 경우 환어음)으로 대체하고, 그 차액에 대한 환어음을 발행할 기회를 박탈당하는 것을 예방하기 위한 것이다. 양도된 신용장이 원신용장의 100%가 양도되어 있고 송장과 환어음(있는 경우)의 대체가 없는 경우에는 양도된 신용장에 확인을 추가하지 아니한 양도은행은 제2수익자의 서류를 개설은행에 직접 발송하도록 통지은행에 지시할 수 있다(ICC, 2007).

양도된 신용장거래에서는 우선 제1수익자의 송장과 환어음(있는 경우)으로 서류대체가 양도은행에서 이루어지는 경우, 제2수익자는 물품을 선적한 후에 관련 서류를 양도은행에 제시하여 매입을 요청하게 된다. 이때 제1수익자는 자신이 교체한 송장금액과 제2수익자가 제시한 송장금액과의 차액에 대해 환어음을 추가로 발행하게 된다. 양도은행에서는 이와 같이 제1수익자가 제시한 환어음을 매입하는 경우, 제2수익자에게는 그가 제시한 송장금액을 지급하고, 제1수익자에게는 그 자신이 제시한 송장금액과 제2수익자의 송장금액과의 차액에 대해서만 지급할 것이다. 따라서 이와 같은 과정을 위해서는 제2수익자의 서류 제시 및 매입은 양도은행을 통해야 될 것이다.

그러나 양도된 신용장에 따라 제시되는 제2수익자의 송장 및 환어음(있는 경우)을 제1수익자의 송장과 환어음으로 대체되지 않는 경우, 확인을 추가하지 아니한 양도은행은 자신이 매입하여 직접 개설은행에 발송하거나 또는 다른 은행에서 매입하는 경우 그 매입은행이 직접 개설은행에 발송하도록 지시할 수 있다는 것이다.

(2) 제2수익자의 보호

양도된 신용장거래에서 제2수익자는 수익자와 동일한 지위를 누릴 수 있는지의 문제이다. 이 점에 관해서, ICC 은행위원회의 의견 R 375에서는 제2수익자의 그 제시는 일치하였으나, 제1수익자가 제시한 대체서류는 일치하지 않았다. 그렇지만 제2수익자의 서류가 양도된 신용장에 일치했다는 점을 근거로 하여, 은행 B는 본 규칙 제48조(i)(현재 UCP 600 제38조)에 따라서 행동했어야 했다는 것이다. 그리고 필요한

6) 제2수익자의 서류제시 또는 그를 대신한 서류의 제시는 양도은행에 해야 한다.

경우 그 신용장에 따라 제시된 제2수익자의 서류를 이용했어야 했다는 의견을 제시했다."(Shaffer, 2012).

그 견해는 양도된 신용장에 따른 제2수익자는 그 제1수익자와 동등하게 보호된다는 점을 상기시킨다.[7] 신용장이 양도되었을 때 그 개설은행은 제1수익자가 일치하는 서류를 제시할 수 없더라도 정당하게 양도된 신용장의 조건에 일치하는 제2수익자의 제시에 지급할 의무가 있다. 더욱이 양도된 신용장의 수익자로서의 제2수익자의 권리는 제1수익자의 권리와는 무관하다(Shaffer, 2012).

특별히 양도된 신용장에서 제2수익자가 일치하는 제시에 대해 환어음을 발행할 수 있도록 하고 있으나, 궁극적으로는 그 제시를 하도록 제2수익자를 구속하지는 않는다. 이는 양도된 신용장이 개설은행과 제2수익자 간 계약이 아니라는 간결한 결론에 이르게 한다. 제시 여부는 제2수익자에 의해 오로지 결정되어질 문제이다(Shaffer, 2012).

6. 대금의 양도

신용장에 의거한 이행권리를 유보하면서, 그 이행에 앞서 그 대금만을 다른 양수인에게 양도하는 것을 의미한다. 즉 신용장에 의거하여 수출할 권리를 가지면서, 그 수출이행에 대한 대금청구권을 다른 당사자에게 양도할 권리를 의미한다. 수익자는 신용장의 양도가능 여부와는 관계없이 신용장 또는 특정 법률의 규정에 의거하여 자신에게 수권된 모든 대금을 양도할 권리를 가진다. 양도불능신용장이 개설되었다고 하더라도 수익자는 법률에 따라 자신에게 주어진 권리, 즉 신용장에서 대금의 청구권을 다른 당사자에게 양도할 수 있다. 그러나 이러한 경우에는 수익자는 자신이 신용장에 의거하여 이행할 권리까지 다른 당사자에게 양도할 수는 있는 것은 아니다.

이에 대해 UCP 600 제39조에서는 "신용장에서 양도 가능한 신용장으로 기술되어 있지 않다는 사실은 적용되는 법(준거법)의 규정에 따라 신용장에 의하여 수권되거나, 또는 수권될 수 있는 모든 대금을 양도할 수 있는 수익자의 권리에는 영향을 미치지 아니한다. 본조는 대금의 양도에만 관련되며 신용장에 따른 이행권리의 양도에는 관계하지 않는다."라고 규정하고 있다.

그리고 신용장의 양도와 차이점은 대금양도는 신용장조건의 이행당사자는 수익자이

---

7) ICC의 오피니언 R. 375에서는 "1. 양도된 신용장에서 제2수익자는 제1수익자와 동등하게 보호된다. 2. 양도된 신용장은 일치하는 서류제시에 환어음을 발행할 수 있도록 한다. 그러나 궁극적으로는 제2수익자에게 서류제시를 구속하지 아니한다. 3. UCP는 제2수익자에게 그의 무위(inaction)에 관하여 그 상대방의 동의를 구하도록 하는 의무를 부과하지 않는다."라고 기술하고 있다(Xuehui Wang (Ofei), 2013).

나 대금청구 당사자는 양수인이다. 한편 신용장의 양도는 신용장조건의 이행 당사자와 대금청구 당사자 모두 양수인이다.

[예시 5-1] 신용장 양도신청서 서식

Application for ☐ Total ☐ Partial of Transfer

INDUSTRIAL BANK OF KOREA DATE:
SEOUL, KOREA

취급자	팀원 (책임자)

L/C No :
Dated :
Issuing Bank:

Amount :
Beneficiary :

Accountee :

Gentlemen :

We hereby request you to transfer irrevocably all of our rights of the above mentioned credit to the transferee under the same terms and conditions of the original credit with exceptions indicated hereunder

Amount to be transferred :
Latest shipping date :
Expiry date :

Description of Commodities and other conditions:

Any amendment to the credit hereafter made is to be advised to ☐ the first beneficiary
☐ the second beneficiary

The first beneficiary has the right to substitute its own draft and documents. □ Yes □ No

The original credit (including amendments to this date, if any) is attached herewith for your endorsement.

We agree to indemnity and hold you harmless against any and all losses, damages and expenses arising from your actions on this transfer.

This application is subject to The Uniform Customs and Practice for Documentary Credits, 2007 Revision, International Chamber of Commerce Publication No. 600.

Accepted by
Truly Yours,

Authorized Signature & Name of Second Beneficiary	Authorized Signature & Name of First Beneficiary

---

제 3 절 양도 신용장의 법률관계

1. 양도의 법적 성질

(1) 채권양도

신용장의 양도가 '채권양도'라는 설은 형평법상의[8] 양도이다. 영국에서 지지하였다. 그러나 이 '채권 양도설'은 제2수익자가 대금지급에 대한 정지조건을[9] 이행한 경우에

8) 형평법원은 처음에는 합법적이고 구체적 타당성과 양심에 따라 판결했지만 오랜 기간 동안 형평법 재판이 반복되어 오다 보니 일정한 원리와 규칙들이 정착되었는데, 이것이 바로 형평법(equity)이다.

9) 법률행위의 효력이 발생하거나 또는 무효가 되게 하는 조건으로. 예컨대 물품대금의 완불을 조

한하여 자신에게 양도된 금액을 취득할 수 있다는 사실을 간과하고 있다.

(2) 계약관계의 경개

이 설은 기존 수익자를 다른 수익자로 변경시킴으로써 기존 신용장의 계약을 소멸시키고 새로운 신용장계약을 성립시킨다는 설이다. 신용장거래에서 제2수익자가 제1수익자 대신에 모든 권리와 의무를 갖는다. 미국에서 지지하고 있으나 신용장이 양도된 후에도 제1수익자가 계속 신용장거래의 당사자로 존재한다는 점과 신용장금액의 잔액은 제1수익자가 제시한 송장으로 대금이 지급될 수 있다는 점을 간과하고 있다.[10]

2. 양도 당사자의 권리와 의무

(1) 제1수익자의(양도자)의 권리와 의무

신용장의 양도에 있어서 제1수익자는 기본적으로 개설은행 또는 양도은행에 신용장금액의 전부 또는 일부를 제2수익자에게 양도를 요청할 권리를 갖는다. 그리고 그 양도요청은 신용장의 조건에 따라야 한다. 그러나 예외적으로 신용장의 금액, 신용장에 명시된 단가, 유효기일, 선적기일 등의 감액 또는 단축, 보험부보 비율증대, 그리고 양도된 신용장상의 개설의뢰자의 명의를 제1수익자의 명의로 대체 등을 할 권리가 있다(UCP 600 제38조 g항).

양도가능신용장에 대한 제1수익자의 편익 중의 하나로 제2수익자의 서류를 자신의 서류로 대체하고 그 차액이 있는 경우, 그 차액에 대하여 환어음을 발행할 수 있다. 제1수익자는 신용장에 규정된 금액을 초과하지 아니하는 금액범위 내에서 제2수익자의 송장 및 환어음(있는 경우)을 자신의 송장 및 환어음으로 대체할 권리가 있으며, 그 당시에 자신의 송장과 제2수익자의 송장 간의 차액이 경우, 제1수익자는 그 차액에 대하여 신용장에 따라 환어음을 발행할 수 있다(UCP 600 제38조 h항).

따라서 제1수익자는 자신이 지급한 실제 물품대금과 제2수익자의 환어음과 송장을 제1수익자의 환어음과 송장으로 대체함으로써 실제 공급업자(명의)에 관한 정보를 개설의뢰자에게 비밀로 유지할 수 있다. 제1수익자가 그 자신의 송장을 제시할 수 없기 때문에 발생되는, 예컨대 단가와 송장금액에서의 차이 및 송장이 개설의뢰자 명의로

건으로 하여 물건의 소유권이 이전되는 경우에, 소유권 이전이라고 하는 법률 효과의 발생은 물품대금의 완결이라고 하는 조건이 성취되는 때에 비로소 발생하게 된다.

10) 서정두, 신용장론, 2004.

작성되지 아니하고 다른 당사자 즉, 제1수익자 명의로 작성된 경우, "하자"를 근거로 서류를 거절할 수 없다는 점을 명심해야 한다(ICC, 2007).

그리고 제1수익자는 그 자신의 양도 요청에서 제2수익자에게 지급 또는 매입은 신용장의 유효기일까지 신용장이 양도된 장소에서 이행되어야 한다는 것을 명시할 수 있다. 이것은 제38조 h항에 따른 제1수익자의 권리를 침해하지 아니한다(UCP 600 제38조 j항). 제1수익자는 제2수익자에게 유효기일까지 양도된 장소에서 지급 또는 매입을 요청할 권리가 있다. 제1수익자는 양도은행에서 매입을 요청하거나 또는 제2수익자가 양도은행이 아닌 자신의 거래은행에 매입했을 경우 이를 개설은행에 직송하지 않고 양도은행에 송부하도록 요청할 권리를 가진다.

한편 제1수익자는 양도은행에서 신용장의 양도에 따르는 모든 비용을 부담하여야 할 기초적인 의무를 부담한다. 양도 시에 별도로 합의하지 않은 한, 양도와 관련하여 발생되는 모든 비용 예컨대 수수료, 처리요금, 비용 또는 경비는 제1수익자가 지급하여야 한다(UCP 600 제38조 b항). 양도수수료의 지급은 은행이 신용장을 양도하기 전에 합의해야 되는 조건 중의 하나이다. 그러나 양도를 요청하는 당사자로서 제1수익자의 수수료의 지급은 UCP 600에 특별히 반영할 필요가 있는 널리 수용되는 관습이다. 이는 또한 양도은행의 보호를 위한 것이며, 그것은 대부분의 사례에서 제2수익자와 직접적인 관계를 가지지 않을 것이다(ICC, 2007).

모든 양도요청에서 조건변경을 제2수익자에게 통지해도 되는지 및 어떤 조건으로 제2수익자에게 통지해야 하는지를 기술해야 한다. 양도된 신용장은 이들 조건을 명백히 명시되어야 한다(UCP 600 제38조 e/g항).

(2) 양도은행의 권리와 책임

양도은행은 제1수익자와 양도약정에 동의한 순간부터 신용장의 양도절차를 이행할 의무를 진다. 양도통지서 발행신청서의 접수 및 양도 수수료의 징구를 위해 양도약정에 합의한다.

UCP 600 제38조 a항에서는 은행은 자행이 명시적으로 동의한 범위와 방법에 의한 경우를 제외하고 신용장의 양도의무를 부담하지 아니한다고 규정하고 있다. 양도은행은 제1수익자의 양도요청에 의한 신용장의 양도는 은행이 정한 양도절차나 양도범위에 따라서만 실행될 수 있다는 것을 의미한다. 양도가능신용장의 양도이행 여부는 양도를 위해 지정된 은행의 특권(prerogative)이다(ICC, 2007).

따라서 신용장의 양도에 있어서 제1수익자는 은행에 단순히 양도의뢰만을 할 수 있을 뿐이며, 그 제1수익자의 그 양도요청은 은행을 구속하지 못한다. 즉 양도은행은 제

1수익자의 양도요청에 따라야 할 의무를 부담하는 것은 아니며 그 요청을 거절할 권리가 있다는 것이다(ICC, 1993; 이상훈, 2006).

또한 양도요청을 받은 은행은 이를 거절함에 있어 거절의 정당성을 입증할 의무조차 없다. 예컨대 Quantum Finance v. Chase Manhattan Bank 사건[11]에서 양도은행은 제1수익자의 양도요청을 자의적으로 해석하여 제1수익자의 의도와는 다른 방식으로 양도를 이행하였으나 법원은 제1수익자에게 패소판결을 내려 양도의 구체적인 방식에 대한 결정권이 양도은행에 있음을 판시하였다(이상훈, 2006).

3. 양도은행의 신용장거래 당사자와의 법률관계

(1) 개설은행과 양도은행과의 관계

양도은행은 개설은행으로부터 지급, 연지급, 인수 및 매입을 지정받은 은행이 된다. 수익자가 이들 지정은행을 통하여 양도가능신용장을 양도하지 않고, 그대로 이용한다면 통상의 중개은행(intermediate bank)의 지위와 다르지 않을 것이다. 그러나 이들 지정은행이 제1수익자로부터 양도신청을 접수하여 신용장의 양도를 이행하면 양도은행이라는 새로운 관계가 성립된다.

개설은행이 양도가능신용장이 효력을 발휘하도록 중개은행에 수권하는 것은 절대적인 명령은 아니다. 후자의 은행은 양도절차에 따른 비용을 제1수익자로부터 징구하는 것을 조건으로 하여 개설은행의 지시와 UCP600 제38조에 따라 (중개은행 자신의 이해관계도 어느 정도 고려하여) 양도의 범위와 방법에 대하여 동의한 범위 내에서 양도절차를 실행하도록 개설은행으로부터 위임받은 것이다. 중개은행은 개설은행으로부터 양도절차를 이행하도록 수권받은 은행이기 때문에 그 권한에 따른 양도절차의 실행여부는 그 은행의 자유의사에 따른다. 따라서 이와 같은 사항에 동의할 수 없는 점이 있거나, 양도비용이 지급되지 않으면 제1수익자의 양도요청을 거절하더라도 UCP600 제38조의 규정에 따라 그 은행은 개설은행으로부터 책임을 추궁당하지 않는다.[12]

(2) 양도은행과 제1수익자와의 관계

양도은행으로 수권 받은 은행이 제1수익자의 양도요청에 응할 의무가 있느냐의 여부에 대하여 UCP600 제38조 a항에서는 어떤 은행도 신용장을 양도할 의무가 없다고

11) *No.98 Civ. 0008 D.D.N.Y.(1999).*

12) 小峯 登, 信用狀の 讓渡をめぐる 諸問題, 國際金融, 436호, 1974, pp.33-35: 논문 참조

명확하게 규정하고 있다. 양도은행으로 지정된 은행은 물론 확인은행과 개설은행도 수익자의 양도요청에 대한 거절권리를 가진다. 지정은행 또는 양도은행으로 특별히 지정된 은행이 양도요청을 거절할 때 수익자 또는 개설은행이 그러한 결정을 하게 된 사유를 통지할 의무도 없다.

지정은행 또는 양도은행으로 특별히 지정된 은행이 양도를 거절하면 수익자는 개설은행에 양도를 요청할 수 있으나 개설은행도 위에서 언급한 대로 양도요청을 거절할 수 있으며 수익자에게 그 이유를 통지할 의무가 없다.

(3) 양도은행과 제2수익자와의 관계

양도은행은 제1수익자와의 양도계약에 따라 제2수익자에게 신용장의 양도를 통지함으로써 송장 및 환어음(있는 경우) 등의 교체요청 의무를 제외하고는 제1수익자에 대하여 양도 통지의무가 종료된다. 이 경우에도 양도은행은 확인을 하지 않았다면 제2수익자에게 신용장대금의 지급을 약정하는 것이 아니다. 제2수익자는 양도은행으로부터 양도를 통지받은 때에 개설은행에 신용장대금 청구권을 취득하게 된다. 단, 개설은행이 양도은행이 되는 경우에는 이 은행이 직접 제2수익자에게 신용장의 대금지급을 확약하게 된다. 양도은행이 확인신용장인 경우에도 양도은행이 개설은행인 경우와 마찬가지가 된다(Shaffer, 2009).

제 6 장 운송서류의 인도와 대금결제

제 1 절 운송서류의 인도와 그 업무

1. 운송서류의 도착과 통보

개설은행은 매입(추심)은행으로부터 선적서류가 도착하는 경우에는 이를 접수하고 신속한 방법으로 개설의뢰자(매수자)에게 대금결제 또는 서류인수(기한부신용장) 요청과 함께 운송서류의 도착사실을 통지한다. 이때 개설은행은 즉시 서류를 심사하여 하자(불일치) 여부를 확인하고 그 결과를 통지한다. 그 서류상에 불일치 내용이 있는 경우에는 그 불일치 내용을 매입은행에 즉시 통보한다(제5은행영업일 이내).

물론 실무적으로 매수자(개설의뢰자)가 하자에 대한 권리를 포기하고 서류를 인수하여 수입통관을 원하는 경우에는 수입대금을 수납하여 매입은행의 지시대로 송금하면 된다. 이 경우 매입은행이 상환(결제)은행으로부터 대금을 청구하는 방식의 신용장인 경우에는 수입자로부터 대금을 수납하고 서류를 안도하면 되고, 기한부신용장인 경우에는 인수절차를 이행한 후에 서류를 인도하면 된다.

한편 수입화물이 선적서류보다 먼저 도착된 경우에는 개설의뢰자는 개설은행으로부터 수입화물 선취보증서(L/G ; Letter of Guarantee)를 발급받아 수입물품을 선취할 수 있다. 거래은행은 무신용장(D/P · D/A)방식으로 도착된 선적서류에 대해서도 매수자(수입자)에게 도착사실을 통지해야 하며, 신용장 업무와 마찬가지로 매수자에게 대금결제 또는 서류인수를 요청한다.

2. 개설은행의 서류심사

(1) 서류심사의 일반원칙

개설은행은 수출국가의 매입은행으로부터 접수한 선적서류를 즉시 심사한다. 은행에 제시된 서류와 신용장조건과의 일치성 판단은 제시서류의 수리 여부에 관련된 신용장의 대금지급과 분쟁의 해결에 중요한 기준이 된다. 따라서 은행에 제시되는 모든 서류는 신용장의 조건과 문면상 엄격히 일치하여야 하며, 만약 그 서류가 신용장의 조건과 문면상 엄격히 일치하지 아니한 경우에는, 은행이 그 서류의 수리를 거절할 수 있다.[1] 즉, 은행은 제시서류가 신용장의 조건과 일치한 서류에 한하여 지급의무를 이행해야 한다는 원칙을 말한다. 그리고 서류의 문면상 일치성은 서류만을 기초로 하여 그 제시를 심사하여야 한다.

그러나 신용장거래에서 서류의 일치성은 형식적·내용적으로 완벽성을 의미하는 것이 아니고 서류상호간 또는 신용장의 조건과의 모순성이 없는 정도이면 충족할 것이며, 무역계약의 이행성 및 제시서류의 실질 일치성에 더 중점을 두어야 한다. UCP 600 제14조 d/e항에서는 "서류상의 자료는 신용장, 서류 그 자체 및 국제표준은행관행에 따라 심사하는 경우, 그 서류, 그 이외의 규정된 다른 서류 또는 신용장상의 자료와 동일할 필요는 없지만 이와 상충되어서는 안 된다. 그리고 상업송장 이외의 서류에 있어서, 물품, 용역 또는 이행의 명세는 기술된 경우 신용장상의 이들 명세와 상충되지 아니하는 일반용어로 기재될 수 있다."라고 규정하고 있다. 따라서 신용장의 서류심사는 제3장에 이미 기술된 실질적 일치성의 원칙에 따라 심사하면 될 것이다.

제시서류의 심사에 있어서 지정은행, 확인은행(있는 경우) 및 개설은행은 서류가 문면상 일치하는 제시인지의 여부를 결정하기 위하여 서류만을 기초로 하여 그 제시를 심사하여야 한다. 그리고 그 제시가 일치하는지 여부를 결정하기 위하여 그 제시일 다음날로부터 최대 제5은행 영업일을 각각 가진다. 이 기간은 제시를 위한 모든 유효기일 또는 제시를 위한 최종기일 이후의 사건발생으로 인하여 단축되거나 또는 별도로 영향을 받지 아니한다(UCP 600 제14조 a/b항).

(2) 무서류 조건의 심사

UCP는 신용장에 수익자가 은행에 제시할 서류를 규정하지 아니한 조건은 무서류 조

---

1) *First Commercial Bank v. Gotham, 64 N. Y.2d 287, 486 N.Y.S.2d 715 (1985)* : 지정에 따라 행동하는 지정은행, 확인은행(있는 경우) 또는 개설은행은 제시가 일치하지 아니한 것으로 결정한 경우에는, 지급이행 또는 매입을 거절할 수 있다(UCP 600 제16조 a항).

건으로 간주하고 그 조건을 무시하도록 하고 있다. 즉 이와 같은 무서류 조건은 신용장에 규정되지 아니한 것으로 간주하고 확인(심사)하지 않아도 된다는 의미이다.[2] 이는 신용장이 신용장의 조건과의 일치성 여부를 확인하는데 필요한 서류를 명시하지 아니하고 조건만을 규정하고 있는 경우에는 은행은 마치 그 조건이 신용장에 규정되지 않은 것으로 취급하고 이를 무시해야 한다는 것이다.

UCP 600 제14조 h항과 관련된 문제에 대해, 예컨대 신용장에 "동맹선사 선박에 의한 선적"이라고 규정되어 있다면 동맹선사 선박에 실제로 선적 여부를 서류상이든 또는 실제상이든 확인할 필요도 없고 또한 본 조건은 무시된다. 그러나 신용장에서 "물품이 동맹선사 선박에 선적되었다는 것"을 진술하는 "선박회사 증명서"를 요구하는 경우에는 서류상으로 이와 같은 조건을 이행했는지의 여부를 확인해야 한다(ICC, 2007). 따라서 서류가 위조되지 않은 한 선박회사 증명서를 제시했다면 동맹선사의 선박으로 선적했다는 것이 증명될 것이다.

한편 ISP98은 UCP와는 달리 제4.11조에서 무서류 조건에 대해 "보증신용장이 당해 조건의 증명을 위한 서류의 제시를 요구하지 않는 조건으로서 개설은행 자신의 기록으로부터 또는 개설은행의 통상적인 업무 내에서 그 충족 여부를 결정할 수 없는 조건"으로 정의하고 있으며, 이와 같은 조건은 무시되어야 한다고 규정하고 있다. 즉 ISP98에서는 두 가지 요건, 즉 (i) 어떤 서류도 요구하지 않았고, (ii) 당해 조건의 준수 여부를 개설은행 자신의 기록 또는 통상적 업무로부터 개설은행이 직접 결정할 수 없어야 한다는 조건이 모두 충족될 때 무서류적 조건으로 본다.

그리고 URDG(청구보증통일규칙)는 기본적으로 ISP98에서 규정한 취지와 유사하다고 볼 수 있다. 본 규칙 제7조는 "보증이 어떠한 서류를 명시하지 아니하고, 그 조건의 이행 여부가 보증은행 자신의 기록이나 또는 은행보증에 명시된 인덱스(index)로부터 결정될 수 없는 경우에 한하여 보증은행은 그러한 조건을 명시하지 아니한 것으로 간주하고 이와 같은 조건을 무시한다."라고 규정하고 있다. 이는 UCP 600 제14조(h) 및 ISP98 규칙 제4.11조의 이념을 따랐다고 볼 수 있다.[3] 다만 일자나 기간에 관한 조건은 무서류 조건으로 보지 않는다.

예컨대 "수익자가 개설은행에 특정금액을 예치하기로 한다."라는 조건을 규정했다면, 이 조건은 UCP 하에서는 무서류 조건에 해당되기 때문에 무시되어야 하지만, ISP98 또는 URDG에서는 그렇지 않다. 그 이유는 개설은행은 자신의 기록 또는 통상

2) 신용장이 그 조건과의 일치성을 확인하기 위해서 서류를 규정하지 않고 조건만을 규정하고 있는 경우에는, 은행은 그러한 조건이 규정되지 아니한 것으로 간주하고 이를 무시하도록 하고 있다 (UCP 600 제14조(h)).

3) Ransier, Glenn(2010), "URDG 758 has benefits for all parties", *DCInsight*, Vol.16 No.2, p.11.

적인 영업활동으로부터 그 사실을 확인함으로써 그 금액이 예치되었는지 확인할 수 있어 그 보증조건의 이행 여부를 결정할 수 있기 때문이다.[4)]

(3) 규정되지 아니한 서류의 심사

신용장에서 요구하지 아니한 서류가 제시된 경우에는 당해 서류를 무시하고 그 제시자에게 반송할 수 있다(UCP 600 제14(g)). URDG도 UCP 600 본조를 수용하여 '요구되지 아니한 서류'의 처리에 관한 규정을 신설하고, 보증에서 요구되지 아니한 서류가 제시된 경우에, 당해 서류를 무시하고 제시자에게 반송할 수 있다고 규정하고 있다. ISP98에서도 마찬가지이다. 보증신용장에 규정되지 않는 서류는 심사하지 않는다. 은행은 신용장에서 요구한 서류만 관계해야 한다는 점을 명심해야 하며, 수익자가 제시한 추가적인 서류는 심사할 의무가 없다.[5)]

3. 불일치 통보 및 권리포기

(1) 불일치 통보 및 불일치 서류의 처리

은행은 신용장조건과의 일치성 여부를 심사한 결과 제시서류와 신용장조건이 불일치할 경우에는 개설의뢰자(매수자)에게 불일치 통보를 하고 본 서류의 인수 여부를 확인(조회)한다. 지정은행, 확인은행(있는 경우) 또는 개설은행은 서류의 제시가 일치하지 아니한 것으로 결정하는 경우에는, 지급결제 또는 매입을 거절할 수 있다. 이 경우 개설의뢰자가 그 제시서류에 대해 인수의사가 없는 경우, 즉 그 제시서류를 거절하는 경우에는 다음과 같은 절차를 이행한다(UCP 600 제16조).

우선 지정은행, 확인은행(있는 경우) 또는 개설은행은 수리거절 통보를 늦어도 서류제시일 익일로부터 제5은행영업일의 마감시간 이내에 전신 또는 기타 신속한 방법으로 서류제시자(제시은행)에게 통보해야 한다.

둘째, 그 불일치 통고에는 다음과 같은 내용이 기술되어야 한다.

(a) 은행이 지급결제 또는 매입을 거절하고 있다는 것;

(b) 은행이 지급결제 또는 매입을 거절하는데 있어서 각각의 불일치 사유;

(c) * 은행이 그 서류제시자로부터 별도의 지시를 받을 때까지 해당 서류를 보관하

---

4) http://icc-commodities.com/files/Documentary_and_Standby_Letters_of_Credit.pdf

5) Jaya Prakash & Flona Chan(1998), "Bank's Duty of Examination in relation to the Standby Letter of Credit-a Singapore Preserve", *The International Trade Law Quarterly*, p.110.

고 있다는 것, 또는

* 개설은행이 개설의뢰자로부터 권리포기를 접수하고 그 제시서류를 수리하기로 합의할 때까지, 또는 권리포기를 동의하기 이전 그 서류제시자로부터 추후 지시를 받을 때까지 개설은행이 서류를 보관하고 있다는 것; 또는
* 서류를 반송하고 있다는 것; 또는
* 은행이 서류제시자로부터 그 이전에 받은 지시대로 행동하고 있다는 것을 전신내용에 기술해야 한다.

셋째, 위와 같은 지급 또는 매입에 대한 거절통지는 단 1회에 한한다.

개설은행 또는 확인은행이 이와 같은 절차 즉, UCP 600 제16조(불일치 서류, 권리포기 및 통지)의 규정에 따라 행동하지 아니한 경우에는, 그 은행은 서류가 일치하는 제시를 성립하지 아니한다고 주장할 수 없다. 즉, 불일치를 통보하는 은행이 위와 같은 취지에 따라 행동하지 아니하는 경우에는 불일치를 구성한다는 주장을 할 수 없다. 그리고 개설은행이 지급결제를 거절하거나 또는 확인은행이 지급결제 또는 매입을 거절하고 본조에 따라 그러한 취지를 통지한 경우에는, 당해 은행은 이미 지급된 상환자금에 그 이자를 추가하여 반환을 청구할 권리가 있다(UCP 600 제16조 f/g항).

(2) 불일치에 대한 권리포기 교섭

개설은행은 제시가 일치하지 않다고 결정하는 경우에는, 독자적인 판단으로 불일치의 권리포기 여부를 개설의뢰자와 교섭할 수 있다. 그러나 이는 제14조 b항에서[6] 언급된 기간(서류제시일 익일로부터 제5은행영업일)이 연장되지 아니한다. 여기에서 '불일치의 권리포기'라는 의미는 개설은행이 제시서류를 심사한 결과 발견된 불일지 내용에 대한 권리를 포기하고 그 제시서류를 수리한다는 의미이며, 또한 하자서류의 매입으로 불일치 내용도 마찬가지이다.

실무적으로는 서류가 도착되면 은행은 개설의뢰자에게 서류도착 통보와 함께 불일치 포기 여부(불일치내용 수리 여부)를 조회하는 통지를 하는 것이 일반적이다. 개설의뢰자의 하자서류의 수리 여부는 실제로는 그 불일치 내용보다는 개설의뢰자의 수입물품의 통관 필요성에 의해 결정되는 것이 통상적이다. 그 이유는 도착물품에는 하자는 없는데 서류상에 불일치가 있다는 이유로 개설의뢰자가 물품통관을 위한 서류인수

6) 지정에 따라 행동하는 지정은행, 확인은행(있는 경우) 및 개설은행은 제시가 일치하는지 여부를 결정하기 위하여 그 제시일 다음날부터 최대 제5은행영업일을 각각 가진다. 이 기간은 제시를 위한 모든 유효기일 또는 제시를 위한 최종기일 이후의 사건 발생으로 인하여 단축되거나 또는 별도로 영향을 받지 아니한다(UCP 600 제14조 b항).

를 거절할 이유가 없기 때문이다.

즉 일반적인 상황 하에서는 신용장거래에서 서류의 일치성 여부는 은행에서는 매우 중요하지만, 기업의 입장에서는 통상적인 상황 하에서는 물품의 상태가 더 중요하다고 볼 수 있다. 다만 개설의뢰자(매수자)의 입장에서도 자금상태의 악화 또는 지급불능 상태에 빠지거나 또는 파산에 이르는 경우에는 다르다. 이때는 물론 개설은행은 불일치 및 지급거절의 통보는 중요하며 당연하다.

실제로 현장에서는 신용장거래에서도 마켓 클레임(market claim)이 종종 발생한다. 예컨대 수입물품이 필요한데 일시적으로 자금을 확보하지 못하고 있는 경우이다. 이 경우는 기업의 입장에서는 시간적 여유를 갖기 위해 지급거절 통보를 요청하고, 자금이 확보되면 즉시 지급결제를 하고 서류를 인수하여 물품을 통관하는 신용장거래의 메커니즘을 악용하는 경우도 종종 보게 된다. 물론 자금상의 이유가 아니더라도 본래의 수입목적에 이용할 필요가 없게 되어 수입물품이 필요가 없게 되거나 또는 물품가격이 폭락하여 수입물품을 인수하지 않는 것이 유리한 경우에는 서류상의 불일치가 있는 경우, 이를 이유로 지급거절 하고 재수입하는 경우도 있기 때문에 유의해야 할 것이다. 경우에 따라서는 마음속으로 불일치가 존재하길 간절히 바라는 경우도 있을 것이다.

따라서 은행의 입장에서는 서류의 중요성이 크고, 반면 기업의 입장에서는 현물의 중요성이 큰데, 이를 악용하는 경우가 문제일 것이다. 따라서 무역거래 당사자는 제도를 잘 이해해야 하며 적절하게 활용하면 될 것이다.

제 2 절 대금결제와 서류인도

1. 대금결제

개설의뢰자는 개설은행으로부터 서류도착에 대한 통보를 받으면 일람급신용장인 경우에는 서류도착 익일로부터 제5은행영업일 이내에 그 수입대금을 결제하고 서류를 수령해야 한다. 기한부신용장인 경우에는 환어음에 대한 인수절차를 완료하고 도착서류를 수령한다. 그리고 기한부신용장은 본 신용장의 결제조건에 의하여 산정된 결제기간 내에 수입대금을 결제하여야 한다. 우리나라는 외화획득용(수출용) 물품인 경우에는 금융기관에서 무역금융을 받아 결제할 수도 있다.

2. 서류인도

개설은행은 일람급신용장인 경우에는 개설의뢰자로부터 수입대금을 영수한 후 개설의뢰자에게 선적서류를 인도하고, 영수한 수입대금을 매입은행의 지시대로 송금한다. 기한부신용장은 이미 언급한 대로 은행에 일정한 형식으로 인수의사(보통 환어음에 인수표시)를 표하고 도착서류를 은행으로부터 수령하여 물품을 통관하고 신용장의 결제조건에 의하여 산정된 일정에 따라 결제한다.

3. 수입화물선취보증서(Letter of Guarantee: L/G)

(1) 수입화물선취보증서의 개념과 의의

수입자인 개설의뢰자가 수입물품을 선박회사로부터 수령·통관시키기 위해서는 선하증권이나 또는 항공화물운송장 등의 선적서류를 운송회사에 제출해야 한다. 그러나 수입화물은 도착항에 도착하였는데 선적서류가 개설은행에 도착하지 아니한 경우에 활용하는 제도가 L/G제도이다. 즉 통상적으로 선적서류가 실제 물품보다 먼저 도착하는 것이 통상적이나 상황에 따라서는 물품이 먼저 도착하는 경우가 있는데 이때 필요한 것이 은행에서 발급받는 '수입화물선취보증서'(L/G)이다. 즉, 원본이 필요 없이 선하증권 또는 항공화물운송장 등의 사본을 개설은행에 제출하여 발급받은 수입화물선취보증서를 운송회사에 제출하여 물품을 통관할 수 있게 하는 제도이다.

이와 같이 물품보다 선적서류의 도착이 지연되는 경우 개설의뢰자는 물품을 적기에 통관하지 못함으로 인해서 체선료, 창고료, 화재 보험료 등을 부담해야 함은 물론이고 수입물품을 그 목적대로 적기에 이용하지 못하거나 또는 판매 적기를 놓칠 수도 있기 때문에 많은 손해를 입을 수도 있다.

따라서 이러한 경우 개설의뢰자는 선적서류가 도착하기 전에 수입물품을 인도 받기 위하여 개설은행으로부터 수입화물선취보증서를 발급 받아 운송회사에 선하증권 또는 항공화물운송장 등의 운송서류 원본 대신 제출하고 수입화물을 인도 받을 수 있다. 개설은행은 수입화물선취보증서를 발급한 경우에는 그 이후에 선하증권 또는 항공화물운송장 등의 선적서류가 도착하면 즉시 그 원본을 해당 운송회사에 발송하고 이미 발급된 수입화물선취보증서를 회수해야 한다.

이와 같은 수입화물선취보증서의 발급은 운송서류의 원본을 인도하는 것과 같은 효과가 있기 때문에 추후 하자(불일치)가 있는 선적서류가 개설은행에 도착하더라도 개설의뢰자는 개설은행에 당해 서류인수를 거절할 수 없으며 또한 그 대금결제를 거절할 수가 없다.

수입화물선취보증서 제도를 이용함으로써 매수자(개설의뢰자)는 통관 지연에 따른 창고료, 체선료, 화재 보험료 등의 비용부담을 줄일 수 있으며, 더욱이 수입물품을 적기에 이용하거나 또는 전매함으로써 물품 수입의 목적을 효과적으로 달성 할 수 있다.

여기에서 항공화물의 경우에는 '수입화물선취보증서' 대신에 '항공화물인도승낙서'가 발행된다. 그리고 모든 절차적인 문제는 동일하다.

(2) 수입화물선취보증서의 발급과 절차

수입자가 수입화물선취보증서를 발급받기 위해서는 선하증권 또는 항공화물운송장 등의 사본 및 기타 필요한 서류(해당되는 경우 수입화물대도 신청서, 도착 통지서 등) 등 은행에서 요구하는 서류를 수입화물선취보증서 발급 신청서와 함께 개설은행에 제출한다. 이때 선하증권 또는 항공화물운송장 등의 운송서류는 수출자로부터 팩시밀리, 전자메일 등으로도 수취할 수 있다. 이에 은행은 제출된 서류를 검토하여 이상이 없다고 판단되면 수입보증금을 적립해야 되는 경우에는 수입자로부터 수입보증금(적립 당시 결제금액에 상당하는)을 영수하여 적립하고 수입화물선취보증서를 발급한다.

특히 여기서 주의할 사항은 이이 언급했듯이 은행이 L/G를 발급하게 되면 신용장의 조건과 일치하지 않는 불일치 서류가 도착하여도, 물품이 이미 수입자에게 인도된 상태이므로 상대은행(매입은행)에 대하여 서류의 수리(수입어음의 인수)를 거절할 수 없다.

그리고 수입화물선취보증서는 은행에서 공식적으로 발급하는 보증서임에도 불구하고 은행은 그 이후에 발생되는 문제에 대해 책임을 지지 않는다. 이 제도는 법에서 인정된 제도가 아니고 관행적으로 시행되고 있는 제도이기 때문이다. 따라서 그 이후에 발생되는 모든 책임은 본 수입화물선취보증서를 발급받은 수입자가 책임을 져야 한다는 점이다.

4. 수입화물대도(Trust Receipt: T/R)

선적서류가 도착하면 수입자는 개설은행에 수입대금을 결제해야만 수입통관을 위한 선적서류를 당해 개설은행으로부터 수취할 수 있다. 수입거래에서는 대금결제가 되지 아니한 상태에서 수입물품은 개설은행의 담보물로 은행이 소유권을 가지고 있기 때문에 수업업자는 통관할 수 없다. 그러나 개설은행에서 무역금융을 제공하거나 또는 기한부 수입 등의 경우에는 수입자는 수입대금을 결제하지 않고 선적서류를 수령하여 물품통관을 하고 수입대금은 일정한 기간 후 또는 만기일에 결제하게 된다. 이때 필요한 것이 '수입화물대도'라는 제도이다. 여기에서 무역금융을 제공하는 경우는 제공된 무역금융 자금으로 수입대금을 결제하기 때문이며, 그리고 기한부 수입은 계약조건 자체가 일정한 후에 결제하기로 하는 조건이기 때문이다.

즉 은행은 수입자로 하여금 수입결제를 하지 않고도 수입물품을 통관하여 이용·수익할 수 있도록 하는 제도이다. 이에 따라 은행 측은 계속 물품의 소유권을 보유하기 위해 수입화물을 양도담보로[7] 취급하는 바, 은행은 물품에 대한 소유권만 보유하고, 수입자가 본래의 수입 목적대로 수입물품을 통관시켜 이용(제조 또는 전매 등)할 수 있도록 하며, 그 수입물품을 이용하여 확보되는 자금(예컨대 수입물품의 판매대금)으로 우선하여 수입대금을 결제하도록 하는 제도이다.

이 제도를 이용하는 경우 은행은 수입물품에 대한 소유권을 가진 신탁자로,[8] 수입자를 수탁자로[9] 하여 개설은행과 체결한 일정한 계약목적 범위 내에서 수입물품을 사용·수익할 수 있도록 인도하기 때문에 수입화물선취보증서 또는 선적서류 인도 이후부터 대금을 결제할 때까지의 기간 동안의 신용공여에 따른 담보권을 확보하려는 일종의 신탁계약으로 이것을 수입화물대도(Trust Receipt: TR)이라고 한다.

그리고 수입화물대도(T/R)의 유형에는 ① 무역금융(원자재 수입자금)을 수혜하고 수입대금을 대응수출 이행 시 상환토록 하는 수출용 원자재 수입에 따른 T/R, ② 기한부 신용장(Usance L/C) 또는 물품인수도 추심방식(D/A)으로 수입하고 만기일에 수입대금을 상환하도록 하는 인수금융에 따른 T/R, ③ 외화획득용 시설재 등을 분할지급 수입하고 분할결제 방식에 의거 상환토록 하는 할부지급에 따른 T/R, ④ 외화대출 또는 차관자금 공여 시 당해 대출 또는 자관자금의 상환일정에 의거 상환도록 하는 외화대출 및 차관자금에 의한 T/R, ⑤ T/R Loan(일반재 수입에 따른 단기금융)에 의한 T/R 등이 있다.

---

7) 양도담보란 채권의 담보가 되는 담보물(수입물품)의 소유권을 채권자(여기에서는 개설은행)에게 양도하고, 일정 기간 내에 상환(그 물품대금을 결제)하면 그 담보물의 소유권을 넘겨받는 담보이다. 여기에서는 수입되는 물품의 소유권은 채권자인 은행이 보유하고, 일정기간 후에 수입자가 그 물품대금을 결제하면 은행으로부터 물품에 대한 소유권을 넘겨받는 담보제도이다.

8) 신탁자란 일정한 목적을 가지고 자기 재산의 관리나 처분 따위를 특정인에게 맡기는 자를 말한다.

9) 수탁자란 법률 행위나 또는 각종 사무의 처리를 위임(위탁)받은 자이다.

5. 수입통관과 전자통관시스템

(1) 수입통관

무역서류를 교부받은 개설의뢰자는 선하증권(B/L)을 선박회사에 제시하여 수입물품을 보세구역에 반입한 후 해당 세관에 수입신고를 하면, 세관장은 서류심사 및 수입물품의 적법성 여부를 확인하고 관세를 부과한다.

한편 수입자는 부과받은 관세를 납부하고 수입신고필증을 교부 받으면 수입물품은 내국 물품이 되어 보세구역에서 반출할 수 있다.

(2) 전자통관시스템(UNI-PASS)

전자통관시스템은 1994년 전자문서교환(EDI)방식의 수출입통관시스템을 갖춘 관세청이 2003년 인터넷을 활용한 e-Customs(전자세관) 사업으로 확대하면서 개발했다. 전 세계 최초의 100% 전자방식 수출입 신고 체계로 그동안 꾸준한 업그레이드를 통해 모든 세관신고 업무를 원스톱(one-stop)으로 간편하게 처리하고 그 결과를 실시간으로 확인할 수 있는 전자통관시스템이다.[10)]

관세청은 수입물품에 대한 관세 · 내국세 등 조세의 징수, 상품 · 여객 · 운송수단의 국경 출입관리, 밀수 · 마약 · 외환사범 단속을 통한 대외 거래질서의 확립 그리고 수출입 물품의 이동이 원활하게 이루어질 수 있도록 지원 등의 업무를 담당한다. 이 같은 다양한 업무를 전산화하기 위해 관세청은 단계적으로 정보시스템을 구축해 왔으며 그 결합체가 UNI-PASS이다.

그리고 UNI-PASS의 큰 특징은 해외 시장에서도 통하는 범용성을 갖춘 최첨단 통관 포탈 시스템이다. 이 같은 범용성은 이미 해외에서도 인정해 국제 인증인 ISO 20000과 ISO 9001을 획득했다. UNI-PASS는 세계관세기구(WCO: World Customs Organization)가 권고하는 국제표준을 모두 반영하였을 뿐만 아니라, 모든 형태의 무역거래도 처리가 가능한 시스템이다. 또 모든 무역통관절차가 UNI-PASS를 통해 처리되고 있기 때문에 IT(정보기술)부문과 물류 산업을 발전시키기 위한 동력으로도 활용될 수 있다. 따라서 수출입과 중계무역 그리고 역외가공 등 외국과의 교역과정에서 나타날 수 있는 표준 문제를 사전에 해결했다.

특히 공항 · 항만을 통한 수출입 통관처리 외에도 육로통관까지 가능하도록 구축하여, 내륙에서도 문제없이 이용할 수 있다. 수출입업체 · 관세사 · 화물관련 업체 등 외

---

10) 본 시스템은 관세청 자료 및 전자신문(2007.7.12).

부 사용자의 만족도는 수출입 통관은 물론 화물 추적관리와 수출입에 필요한 요건 확인까지도 원스톱 처리가 가능하게 돼 있어 크게 향상되었다. 원스톱 처리는 특히 보세화물관리 통관 분야의 만족도를 높였다.

기존의 전통적인 세관협력회의에서 탈피해 수출대상 국가와의 우선적인 세관협력회의 개최 및 직원 초청 연수 등을 통해 적극적인 민관합동 마케팅 활동을 전개 중이다. 아울러 중앙아시아 · 동남아 · 중남미에 이어 동아프리카 등의 지역으로 수출을 추진함으로써, UNI-PASS가 전 세계로 뻗어나가 국가 경제에 기여하고 동시에 국제관세 표준을 선도할 수 있도록 한다는 목표를 가지고 있다. 이를 통해 궁극적으로 세계 모든 국가와 기업을 하나로 통합하는 글로벌 물류공급망의 기반을 구축하고자 노력하고 있다.

☞ 보세구역

외국물건 또는 일정한 내국물건에 대하여 관세법에 의하여 관세의 부과가 유보되는 지역이다. 수입세 또는 통과세 부과를 유보한 채 외국 상품을 장치할 수 있는 장소이다.

제 7 장

수출환어음의 매입과 수출대금의 회수

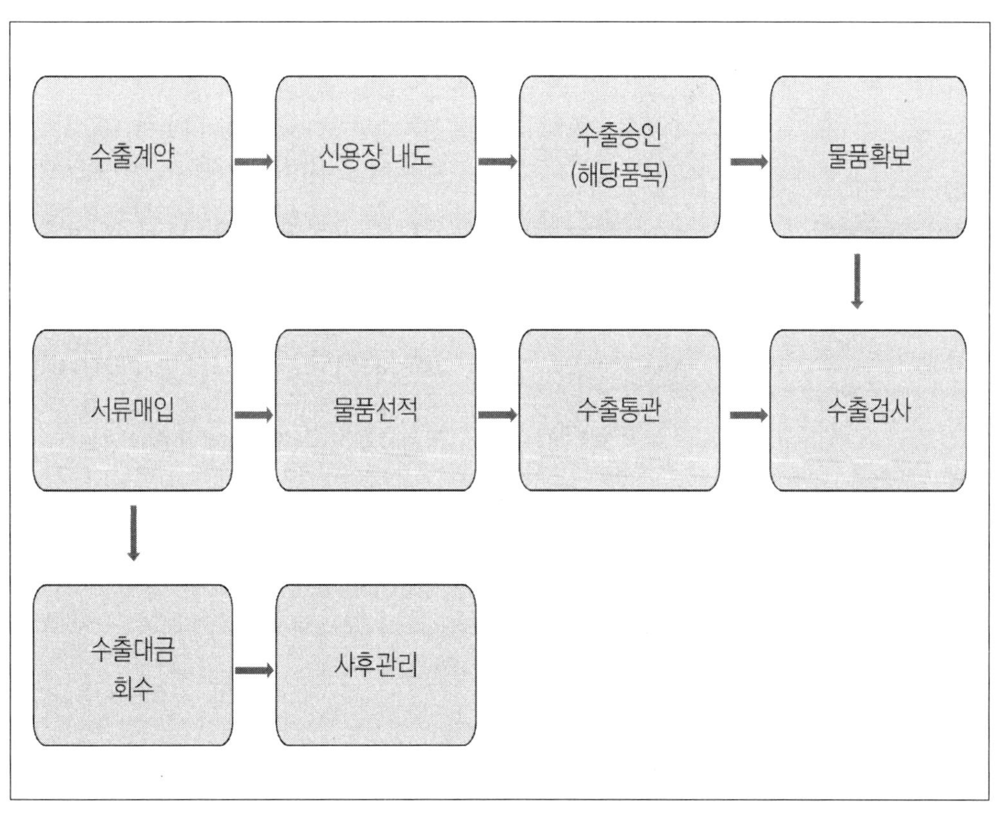

[그림 7-1] 주요 수출거래 절차

제 1 절 운송서류의 발급과 매입서류 준비

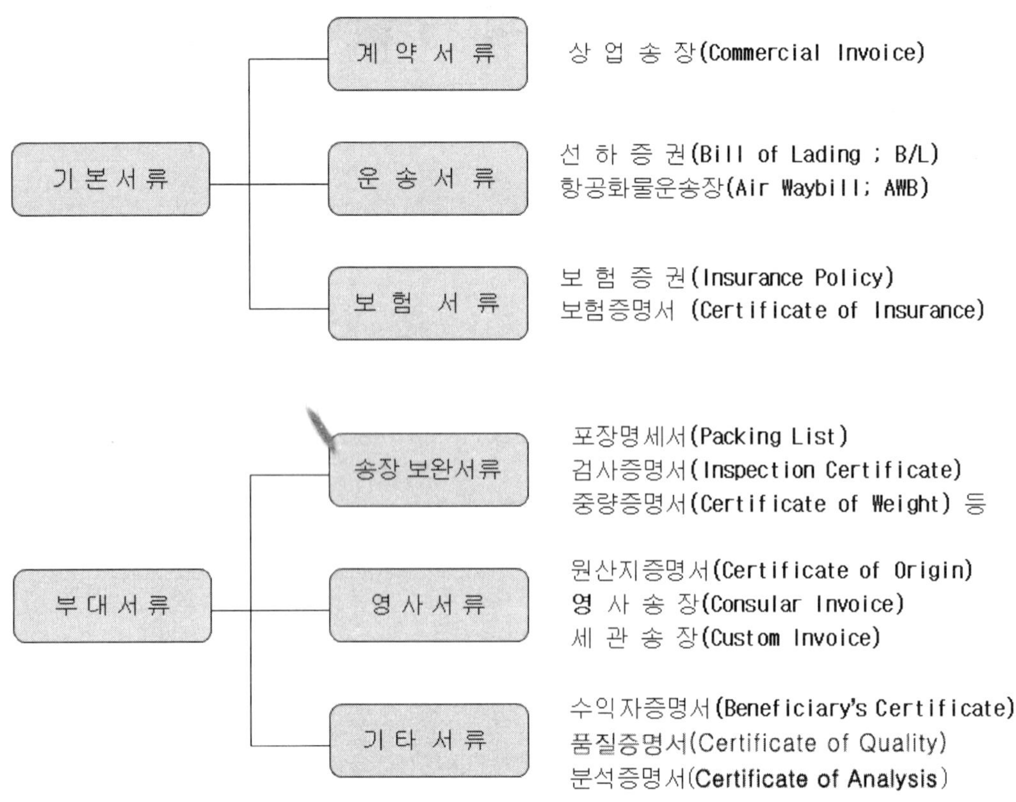

[그림 7-2] 매입에 필요한 주요 선적서류

1. 선하증권(Bill of Lading)

(1) 의의

선하증권이란 화주와 선박회사 간의 해상운송계약에 의하여 선박회사가 발행하는 유가증권이다. 즉 운송회사가 화주로부터 위탁받은 화물을 적재 또는 적재를 위해 수령한 사실과 화물을 지정된 목적지까지 운송하여, 그 목적지에서 일정한 조건 하에 수하인 또는 그 지시인에게 선하증권과 상환으로 운송화물을 인도할 것을 약속하는 유가증권이다.

선하증권은 그 증권상에 기재된 화물의 권리를 구체화하는 것으로써 선하증권의 양도는 화물에 대한 권리의 이전을 의미한다. 따라서 화물을 처분하고자 할 때에는 반드시 관련 선하증권을 소지해야 한다.

(2) 기능

① 화물 수령증(receipt for goods)

운송회사나 그 대리인이 매도자(송하인)로부터 계약화물을 수령했다는 화물수령의 증거로써 수령증의 역할을 한다.

② 권리증권(document of title)

선하증권에 명시된 물품을 대표하는 권리증권으로서 본 증권의 소유자는 그 증권상에 명시된 물품을 자유로이 처분할 수 있다. 또 소지인의 물품에 대한 권리 또는 소유권은 선하증권의 배서나 양도에 의해 타인에게 이전(양도)이 가능하기 때문에 유통증권(negotiable document)의 성격을 지닌다.

③ 운송계약의 증거 서류

선하증권은 물품운송에 따른 운송인과 화주 간의 운송조건이 기술되기 때문에 별도의 운송계약서를 작성할 필요가 없다. 따라서 개품운송계약의 경우 선하증권 자체가 운송계약의 증빙 역할을 한다.

[예시 7-1] 선하증권 서식

BILL OF LADING

<table>
<tr><td colspan="3">① Shipper/Exporter(송하인/수출자)
Kongju Industry Company, Ltd., 422-90,
Shinkwan-Dong, Kongju, Choongnam, Korea</td><td colspan="3">⑪ B/L No. ; KJY 2015-34</td></tr>
<tr><td colspan="3">② Consignee(수하인)
To Order of Union Bank, Osaka Branch</td><td colspan="3"></td></tr>
<tr><td colspan="3">③ Notify Party(착화 통지처)
ELECOM INTERNATIONAL CO. LTD. No. 22-15,
Shinkawa 1-Chome, Chuo-Ku, Tokyo, Japan</td><td colspan="3"></td></tr>
<tr><td>Pre-Carrage by(이전 운송수단)</td><td colspan="2">⑥ Place of Receipt(수령장소)
Incheon, Korea</td><td colspan="3"></td></tr>
<tr><td>④ Ocean Vessel(해양선박)
Bird Flower</td><td colspan="2">⑦ Voyage No.(항차번호)
3786 YE</td><td colspan="3">⑫ Flag(국적 기)
Korea</td></tr>
<tr><td>⑤ Port of Loading
(선적항)
Incheon, KOREA</td><td>⑧ Port of Discharge
(양륙항)
Osaka, Japan</td><td>⑨ Place of Delivery
(인도 장소)
Osaka, Japan</td><td colspan="3">⑩ Final Destination(For the Merchant Ref.)
(최종 목적지)
Osaka, Japan</td></tr>
<tr><td>⑬ Container No. ⑭Seal No.(봉인 번호)
(컨테이너 번호) Marks & No
(봉인번호/화인 및 번호)

ISCU3409

Total No. of Containers or Pakages(in words)
(컨테이너 또는 포장의 총수(문자로))</td><td>⑮ No. & Kinds
of Containers
or Packages

(컨테이너 또는 포장의
개수 및 종류)
2 CNTR</td><td>⑯ Description of
Goods(물품명세)

Woven Fabric</td><td>⑰ Gross Weight
(총중량)

28,374M</td><td colspan="2">Measurement
(용적)

32.30CBM</td></tr>
<tr><td>⑱ Freight and Charges
(운임 및 수수료)</td><td>⑲ Revenue tons
(운임 톤)</td><td>⑳ Rate
(운임단가)</td><td>㉑ Per
(용적 또는
중량 단위)</td><td>㉒ Prepaid
(CIF조건의
운임)</td><td>㉒ Collect
(FOB 조건의
운임)</td></tr>
<tr><td>㉓ Freight prepaid at
(CIF 조건: 운임의 지불장소)</td><td colspan="2">㉔ Freight payable at
(FOB 조건: 운임의 지불장소)</td><td colspan="3" rowspan="3">㉖ Place and Date of Issue
(발행일자 및 장소)
December 20, 2006, Kongju

Signature(서명)

㉘ HANSONG Shipping Co. Ltd.
as agent for a carrier, HANKOOK Liner Ltd.
(한국해운의 운송대리인 자격로)</td></tr>
<tr><td>Total prepaid in</td><td colspan="2">㉕ No. of original B/L
(원본 선하증권의 통수)</td></tr>
<tr><td colspan="3">㉗ Laden on board vessel
Date(적재일자) Signature(서명)
December 20, 2006</td></tr>
</table>

(3) 선하증권의 작성 및 기재사항

선하증권의 양식 및 기재 사항은 컨테이너(container)로 운송되는지 또는 재래선 벌크(bulk) 형태로 운송되는지에 따라 다소 차이는 있으나 그 내용은 대부분 유사하다. 그리고 신용장거래방식이든 무신용장거래방식이든 그 내용과 작성방법 또한 동일하다.

① Shipper(송화인)

송하인은 일반적으로 물품을 선적(발송)하는 수출자(매도자)를 의미하며, 송하인의 명칭 또는 상호를 기재하고 혼동이 예상될 때는 주소를 명기하여 정확히 하도록 한다.

② Consignee(수하인)

신용장이나 계약서상의 거래당사자를 기재한다. 수입자가 물품을 직접 수령하는 수하인이 되는 경우에는 수입자의 상호와 주소를 기재한다. 지시식인 경우에는 누구의 지시식인지를 명시해야 한다. 예컨대 신용장의 서류조건(documents required)에서 선하증권 조항에 명시된 다음과 같은 문언을 선하증권의 수하인 란에 기재한다. 즉 수출자가 지명한 자를 수하인으로, 즉 수출자의 지시인을 수하인으로 하는 경우의 "to order", "to order of shipper"를 기재하거나, 또는 개설은행이 지명한 자, 즉 개설은행의 지시인을 수하인으로 하는 "to order of 개설은행" 등이 기재된다. 이와 같은 선하증권의 수하인 란의 내용은 상업송장의 "Consignee"(수하인) 란과 일치하여야 한다. 이와 같은 지시식 선하증권은 배서에 의해 양도가 가능하다.

그리고 송금방식 및 추심방식(CAD, D/P, D/A 등)에서는 통상적으로 수입자의 상호 및 주소가 기재된다.

아래 사례의 경우에는 선하증권의 수하인 란에 "made out" 다음에 문언인 "to order of Union Bank, Osaka Branch"를 기재한다.

+ Full set of on board ocean bill of lading made out to order of Union Bank, Osaka Branch and blank endorsed, Marked Freight Collect and Notify party Applicant.

그리고 선하증권상의 "수하인"(consignee) 란에 기명되어 있으면, 즉 그 기명된 자가 화주(화물 소유권자)가 된다. 항공화물운송장의 경우 기명식으로 발행되며, 선하증권의 경우에도 신용장을 개설할 당시 개설금액에 대한 100% 담보를 제공하거나 또는 수입보증금을 100% 예치한 경우, 또는 은행이 특별히 허용하는 등의 경우에는 기명식으로 발행되는 경우가 있다.

③ Notify Party(착하통지처)

목적지(수입국가)에 수입화물이 도착 시에 그 통지받는 연락처로 선하증권의 "Notify Party" 란에 물품이 도착되었다는 통지를 받는 당사자가 기재된다. 위 사례에서는 "applicant"(개설의뢰자)이며, 통상적으로 개설의뢰자(수입자) 또는 그가 지정하는 대리인이 기재된다.

④ Ocean Vessel(해양선박)

선하증권상의 선적항에서 목적항까지 화물을 운송하는 선박명이 기재된다.

그리고 이전의 운송수단을 기재하는 경우, 즉 'Pre-carrier by'란 있는 경우에는 내륙운송 등 원양 선박으로 운송하기 이전의 운송수단을 기재한다.

⑤ Port of Loading(선적항)

운송화물이 적재되는 항구 및 국가 명이 기재된다. 예컨대 Incheon, Republic of Korea, Busan Port, Republic of Korea 등

⑥ Place of Receipt(수취장소)

운송인이 송하인으로부터 화물을 수령하는 장소로 "Incheon C.Y", "Incheon C.F.S" 등으로 표기된다.

⑦ Voyage No.(항차번호)

운항선박의 운송회사가 일정한 원칙에 따라 정한 일련번호가 기재되는데 1항차는 출발항에서 도착항을 거쳐 출발항에 회항하는 것으로 한다. 수출 · 입을 구별하기 위하여 East, West, South, North 등이 표기된다.

⑧ Port of Discharge(양륙항)

목적지에서 운송화물을 하역하는 양륙항 및 국명이 기재된다.

⑨ Place of Delivery(인도장소)

운송인의 책임 하에 운송하여 수하인에게 운송화물을 인도하는 장소가 기재된다.

⑩ Final Destination(최종 목적지)

운송화물의 최종 목적지를 표시하나 선하증권에 운임이 산정되어 있지 않는 경우는 단지 참조 사항에 불과하다. 그리고 복합운송이 아닌 경우에는 기재되지 않는 경우가 많다.

⑪ B/L No.(선하증권 번호)

선박회사가 일정한 원칙에 의하여 임의로 정한 표시번호를 기재한다. 통상적으로 선적항과 양륙항의 알파벳 두 문자를 이용하고 번호는 일련번호로 표기된다. 예컨대 "BO－4200" : Incheon－Osaka, "ELBU－2953" : New York-Busan 등으로 표기된다.

⑫ Flag(선박국적 기)

운항선박의 등록국적을 말한다. 해상사고 시는 국제적 관례에 따라 기국주의에[1] 의한다.

⑬ Container No.(컨테이너 번호)

화물이 적재된 컨테이너의 일련번호가 기재된다.

⑭ Seal No.(봉인번호)

컨테이너에 적재된 화물에 봉인을 한 Seal No.가 기재된다.

⑮ No. of containers or other pkgs(컨테이너 또는 기타 포장 수 및 종류)

컨테이너 또는 기타 포장의 개수를 기재한다. 예컨대 2 CNTR(컨테이너)

⑯ Description of goods(물품명세)

상업송장(commerce invoice) 또는 포장명세서(packing list)에 명시된 물품명세가 기재된다. 그리고 컨테이너 운송의 경우에는 "FCL"(full container load)은 화주가 자신의 책임 하에 적재 및 계산하여 컨테이너에 적입하기 때문에 운송인은 당해 컨테이너 내의 수량 및 내용물을 알 수 없다. 따라서 운송인은 화주가 신고한 대로 컨테이너를 인수해서 운송한다는 취지로 다음과 같은 "부지약관"(unknown clause)이 표기된다.

☞ Shipper's Load & Count(송하인의 적입 및 계량), Said by shipper to contain(송하인의 신고내용에 따름)

1) 공해상에 있는 선박이나 또는 항공기에 대해서는 그 선박이나 항공기의 소속 국가가 관할권을 가진다는 국제법상의 일반원칙이다.

⑰ Gross Weight, Measurement(총중량 및 용적)

물품의 총중량 및 용적이 기재된다. 상업송장(Commercial Invoice), 포장명세서(Packing List) 등과 일치하지 아니한 경우 "비고"(remark)란에 부기하여야 한다.

⑱ Freight and Charges(운임 및 수수료)

화물운송에 있어서 운송에 따른 제반 비용의 명세로 Freight(운임), CAF(환율변동에 따른 통화 할증료), BAF(유가변동에 따른 유가 할증료), CFS Charge(컨테이너 장치장 수수료), Wharfage(부두 사용료) 등이 통상 표시되며, Through B/L(통선하증권)인 경우는 Inland Charge(내륙운송료)가 표시된다.

⑲ Revenue Tons(운임 적용톤)

해상운임을 계산하는데 있어서 중량과 용적으로 계산한 운임 중에서 높게 산정되는 편이 선택되어 표시된다. 즉 총중량과 총용적에 각각의 운임단가를 곱하여 총중량의 운임이 총용적보다 클 경우는 "K/T"(중량을 나타내는 단위: Kilo Ton)를, 총용적이 클 경우는 "CBM"(부피를 나타내는 단위: Cubic Meter)을 기재한다.

⑳ Rate(단위당 운임)

운임 적용톤(Revenue ton) 당의 운임단가 및 CFS Charge(컨테이너 화물장치장비용), Wharfage(화물입출항료), BAF(유류할증료), CAF(통화할증료)의 %(percent) 등이 표시된다. Wharfage(화물입출항료)의 경우 국내에서는 1톤 이하는 무조건 올림으로 산정하고 있어, 만일 11.005 CBM이라면 12 CBM으로 계산된다.

㉑ Per(단위)

용적 단위 또는 중량 단위로 표기하고 'Full Container'(만재 컨테이너)의 경우에는 Van(컨테이너를 지칭하는 용어) 단위로 표기된다.

㉒ Prepaid/Collect(운임 표기: 운임 선지급/후지급)

무역거래조건(Incoterms®)이 CIF(운임보험료포함인도), CFR(운송포함지급인도) 등의 운임포함 인도조건인 경우에는 "Prepaid"(운임 선지급) 란에 표기되고, FOB (본선인도), FCA(운송인인도) 등의 운임포함인도조건이 아닌 경우에는 "Collect"(착불: 운임 후지급) 란에 표기된다.

또한 운임의 지급조건은 "물품명세"(Description of Goods) 란에 예컨대 CIF 조건인 경우 "Freight Prepaid"(운임 선지급), FOB 조건인 경우 "Freight Collect"(운임 후지급)로

통상 표기되기 때문에 문제되지는 않지만, 표기되지 않는 경우도 있기 때문에 각각 구분하여 해당되는 란에 표기되는 것이 바람직하다.

그리고 복합운송에서 표기방법은 각 당해 구간마다의 운임을 표기하여 계산한다. 따라서 구간표기를 하고 구간별로 운임을 계산하여 표기하는 것이 바람직하다.

㉓ Freight Prepaid At(운임포함 인도조건인 경우 운임 지급장소)

무역거래조건(Incoterms®)이 운임포함 인도조건인 경우에 운임이 지급되는 장소가 표기된다. 즉 화물이 뉴욕에서 선적되고 공주에서 운임이 지급되는 경우는 "Kongju, Republic of Korea"라고 기재한다. 예컨대 CIF 조건의 경우 운임이 납부되지 않으면 별도 합의가 없는 한 운송업자(B/L 발급업자)는 B/L을 발행·교부하지 않을 것이다.

㉔ Freight Payable At(운임포함 인도조건이 아닌 경우 지급장소)

무역거래조건(Incoterms®)이 운임포함인도조건이 아닌 경우, 예컨대 FOB 조건인 경우에는 수하인이 운임을 부담하기 때문에 수하인의 운임지급장소가 표기된다. 운임이 납부되지 아니하면 운송인 또는 그 대리점은 화물인도 지시서(D/O: Delivery Order)를 발행·교부하지 않을 것이다.

㉕ No. of Original B/L(원본 선하증권의 통수)

원본 선하증권(Original B/L)의 발행부수가 표기된다. 원본 선하증권은 통상 3부를 한 세트로 발행된다. 원본 선하증권은 "Original", "Duplicate", "Triplicate" 또는 "1st Original", "2nd Original", "3rd Original" 등의 용어 표기와 함께 "Negotiable"(유통 가능한)이라는 용어도 표기된디. 그리고 사본은 "Non negotiable"(유통 불가능한) 또는 "copy"(사본) 등으로 표기된다. 발행된 원본 선하증권(Original B/L)은 그 중 발행통수에 관계없이 한 통(부)이라도 이용되면, 즉 1통의 선하증권 소지인이 운송물을 인도받은 때에는 나머지 다른 선하증권은 그 효력이 상실된다.[2)]

> ☞ 선하증권은 통상 3통(부)을 한 세트로 발행되나, 그 숫자에는 제한이 없다. 그리고 그 Copy의 경우는 "Non-Negotiable" 또는 "Copy"로 표기되며, 유가증권으로서는 효력이 없고 다만 참조 서류로 활용할 뿐이다.

2) ① 양륙항에서 수통의 선하증권 중 1통을 소지한 자가 운송물의 인도를 청구하는 경우에도 선장은 그 인도를 거부하지 못한다. ② 제1항에 따라 수통의 선하증권 중 1통의 소지인이 운송물의 인도를 받은 때에는 다른 선하증권은 그 효력을 잃는다(상법 제857조).

㉖ Place and Date of Issue(선하증권의 발행장소 및 발행일자)

선하증권(B/L)의 발행장소와 발행일자가 표기된다.

㉗ On Board Date(적재일자)

선하증권의 "적재일자"(on board date)가 표기되며 통상적으로는 적재일자와 발행일자는 일치한다. 발행일자(date of issue)는 적재일자(on board date)보다 늦을 수는 있으나 앞선 경우는 선일자로 발행되는 선하증권이 되기 때문에, 즉 화물이 적재되지 아니한 상태에서 발행되었기 때문에 은행에서 수리가 거절된다. 그리고 그 적재일자의 바로 하단에는 B/L 발행자의 서명(signature)이 표기된다.

㉘ Carrier Name(운송자 상호명)

운송회사의 선하증권 발행권자의 서명이 표기된다. 그 선하증권의 발행권자가 서명한 후에 선하증권을 수정할 경우에는 그 선하증권을 재발급 하든가 또는 그 선하증권상에서 수정사항을 수정하고 그 위(주위)에 "correction"(수정)을 날인한 후 서명한다. 그러나 봉인번호, 중량 및 용적 등 물품가격에 영향을 미치지 않는 경우에는 "collection"(수정)만 날인해도 유효하다.

[예시 7-2] 선하증권 실제 발행 사례

① Shipper
NITI INTERNATIONAL
LIMITED, HONG KONG

⑩ B/L No.
KMTCPUS5514685

KMTC LINE
KOREA MARINE TRANSPORT CO., LTD.

BILL OF LADING

C O P Y
NON-NEGOTIABLE

② Consignee
TO THE ORDER OF M/S JAMMU AND
KASHMIR BANK LTD., CONNOUGHT
CIRCUS BRANCH, FOREIGN EXCHANGE
DEPT., NEW DELHI-110 001, INDIA

③ Notify Party
M/S K.S PLASTICS 3007,
BHADURGARH ROAD, DELHI
110006, INDIA

④ Pre-carriage by

⑦ Place of Receipt
BUSAN KOREA PORT CY

⑤ Ocean Vessel
NINGBO STAR

⑧ Voyage No.
032 S

⑪ Flag
MARSHALL ISLANDS

⑬ Place of Delivery
CALCUTTA, INDIA CY

⑥ Port of Loading
BUSAN KOREA PORT

⑨ Port of Discharge
CALCUTTA, INDIA

⑫ Final Destination

⑭ Container No.	⑮ Seal No.: Marks & Nos.	⑯ No. of Containers or P'kgs	⑰ Description of Goods	⑱ Gross Weight	⑲ Measurement
LUTENE-H HDPE NET WT.:25KGS LG PETROCHEMICAL MADE IN KOREA FSCU3256021 GESU2692941 KMTU7055805 KMTU7279512 KMTU7286229 KMTU7294707 KMTU7302612	 815213 064604 064793 811800 811796 811780 811797	 7 4900	"SHIPPER'S LOAD & COUNT" "SAID TO CONTAIN" X20' BAGS HDPE GRADE:ME9180 (N/P) QUANTITY : 122.50MT *14 DAYS FREE CONTAINER DETENTION CHARGES * GOODS TO BE DELIVERED AT DESTINATION ONLY ON SUBMISSION OF ORIGINAL BILLS OF LADING "FREIGHT PREPAID"	123,308.50 KGS	183.750CBM

NON-NEGOTIABLE

⑳ Total Number of Containers or Packages (in words)
SAY : SEVEN (7) CONTAINERS ONLY.

㉑ Freight & Charges	㉒ Revenue Tons	㉓ Rate	㉔ Per	㉕ Prepaid	㉖ Collect
	** FREIGHT PREPAID AS ARRANGED **				

㉗ Freight Prepaid at
SEOUL, KOREA

㉘ Freight Payable at

㉚ Place of Issue
SEOUL, KOREA

㉙ Total Prepaid in

㉛ No. of Original B/L
THREE (3)

㉜ Date of Issue
OCT. 27, 2004

Laden on Board the Vessel
㉝ Date
㉞ By OCT. 27, 2004

㉟ Korea Marine Transport Co., Ltd.
By

2. 보험증권(Insurance Policy)

(1) 개념

보험증권은 보험계약의 성립을 증명하는 서류로써 피보험자의 청구에 의해 발행되며, 원칙적으로 양도 가능한 유통증권이다. 무역거래에서 보험증권이 요구되는 경우는 무역거래규칙(Incoterms®)으로 운임보험료포함 인도조건을 요구하는 경우, 즉 CIF(운임보험료포함인도), CIP(운송비보험료지급인도) 등인 경우이며, 통상 2통을 한 세트로 발행된다. 그 중 1부에 의해 보험이 청구되면 나머지 1부의 증권은 무효가 된다. 신용장에서 수리되는 보험서류는 보험회사 또는 그 대리인 또는 보험인수자(underwriter)가 발행·서명한 것이어야 한다.

(2) 보험증권의 조건(UCP 600 제38조)

• 선하증권 또는 상업송장에 명시된 물품을 부보하고 있는 유효한 보험증권 또는 증명서이어야 하며, 그 보험 청구권은 은행에 양도되어 있어야 한다.

• 신용장에 명시된 부보금액일 것, 신용장에 명시가 없는 경우에는 최저 부보금액으로 CIF 또는 CIP 가액의 110% 이상 부보, 그러나 CIF 또는 CIP 가액을 결정할 수 없는 경우에는 지급 또는 매입되는 금액 또는 송장가액 중 큰 금액이어야 한다.

• 보험증권상의 부보일자는 선하증권상의 선적일자 이전이어야 한다. 즉, 보험서류의 발행은 운송서류상의 본선적재, 발송 또는 수령일보다 늦어서는 안 된다. 그러나 보험서류상에 소급하여 개시된다는 단서가 명시된 경우는 수리된다.

• 보험증권은 포괄예정보험에 의한 보험증명서 또는 그 통지서를 대신하여 수리될 수 있다.

• 보험서류상의 통화는 신용장에 규정된 통화와 동일하여야 한다.

• 기타 내용은 신용장의 조건과 일치하여야 한다.

• 보험중개인이 발급한 보험 승낙서는 은행에서 수리되지 않는다. 그러나 보험자가 서명하여 발급한 보험증명서 또는 확정통지서는 수리된다.

• 대리자 또는 대리업자의 모든 서명은 그 대리자 또는 대리업자가 보험회사를 위해 서명하였는지 또는 보험업자를 위해 서명하였는지를 표기하여야 한다.

• 보험서류가 2통 이상의 원본으로 발행되었다고 표기하고 있는 경우에는 모든 원본이 제시되어야 한다.

• 보험증권, 포괄예정보험에 의한 보험증명서 또는 확정통지서와 같은 보험서류는

보험회사, 보험업자 또는 이들 에이전트 또는 이들 대리업자에 의하여 발행되고 서명된 것으로 명시되어야 한다.

• 보험서류는 위험이 적어도 신용장에 명시된 대로 수탁 또는 선적지와 양륙 또는 최종 목적지 구간이 담보되었다는 것이 표기되어야 한다.

• 신용장은 요구된 보험의 종류를 명시하여야 하고, 담보되어야 하는 부가위험이 있다면 그 부가위험도 명시해야 한다. 신용장에 "통상적 위험"(usual risks) 또는 "관례적 위험"(customary risks)과 같은 부정확한 용어를 사용하는 경우에는, 보험서류는 어떠한 위험의 부보 여부와 관계없이 수리되어야 한다.

(3) 보험증권의 구성 및 해설

[예시 7-3] 보험증권 서식

MARINE CARGO INSURANCE POLICY

<table>
<tr><td colspan="3">Assured(s), etc ② (피보험자 또는 보험계약자)</td></tr>
<tr><td colspan="2">Policy No. ① (증권번호)</td><td>Ref. No.③ (참조번호)</td></tr>
<tr><td colspan="2">Claim, if any, payable at : ⑥ (보험금 지급지)

Claims are payable in</td><td>Amount insured ④ 보험금액</td></tr>
<tr><td colspan="2">Survey should be approved by ⑦ (보험사고 통지처)</td><td rowspan="5">Conditions ⑤ (보험조건)</td></tr>
<tr><td>⑧ Local Vessel or Conveyance
(국내 선박 또는 운송용구)</td><td>⑨ From(interior port or place of loading) : 내륙 출발지(내륙 적재항 또는 직재지)</td></tr>
<tr><td>Ship or Vessel
⑩ (화물을 운송하는 선박명)</td><td>Sailing on or about
⑪ 출항일자 또는 출항 예정일자</td></tr>
<tr><td>at and from
⑫ (선적항)</td><td>⑬ transshipped at(환적지)</td></tr>
<tr><td>arrived at
⑭(양륙지)</td><td>⑮ thence to
(최종목적지와 운소용구)</td></tr>
<tr><td colspan="2">Subject-matter insurance(16)
(보험목적물)</td><td>Subject to the following Clauses as per back hereof institute Cargo Clauses Institute War Clauses (Cargo) Institute War Cancellation Clauses(Cargo) Institute Strikes Riots and Civil Commotions Clauses
Institute Air Cargo Clauses(All Risks)
Institute Classification Clauses
Special Replacement Clause(applying to machinery)
Institute Radioactive Contamination Exclusion Clauses
Co-Insurance Clause Marks and Numbers as</td></tr>
</table>

Place and Date signed in (17) 보험증권 발행지 및 발행일자 No. of Certificates issued. (18) 보험증권 발행부수
(20) 본문약관 This Policy represents and takes the place of the Policy and conveys all rights of the original policyholder (for the purpose of collecting any loss or claim) as fully as if the property was covered by a Open Policy direct to the holder of this Certificate.
This Company agrees lossed, if any, shall be payable to the order of Assured on surrender of this Certificate.
Settlement under one copy shall render all others null and void.
Contrary to the wording of this form, this insurance is governed by the standard from of English Marine Insurance Policy.
In the event of loss or damage arising under this insurance, no claims will be admitted unless a survey has been held with the approval of this Company's office or Agents specified in this Certificate.

SEE IMPORTANT INSTRUCTIONS ON REVERSE
(19)

AUTHORIZED SIGNATORY

This Certificate is not valid unless the Declaration be signed by an authorized representative of the Issued.

① 보험증권 번호

보험자인 보험회사가 보험계약자에게 보험증권을 발행할 때 부여하는 일련번호이다.

② 피보험자(또는 보험계약자)

수출입업자의 명칭을 기재하며, 무역거래조건(Incoterms®)이 CIF(운임보험료포함인도) 조건인 경우에는 피보험자에 대하여 별도의 약정 또는 지시가 없으면 수출자 자신을 피보험자로 표기하여 수출환어음 매입 시 백지배서(blank endorsement)하여 양도한다.

③ 참조번호

보험자가 자신의 업무상 참조를 위한 번호로써 통상적으로 수출의 경우에는 신용장번호나 또는 매매계약서의 번호를, 수입의 경우에는 신용장번호나 또는 상업송장의 번호가 표기된다. 즉 무역거래에서 보험 업무를 효율적으로 관리하는데 편리한 번호가 표기된다.

④ 부보금액

보험계약자가 보험에 가입해야 하는 금액으로써, 보험사고가 발생하였을 경우 보험자가 손해보상액으로, 즉 보험금으로 지급하는 최고 한도액이다. 부보금액은 CIF 또는 CIP 가격의 110%로 한다. CIF 또는 CIP 가격을 결정할 수 없는 경우에는 지급이행 또는 매입이 요청되는 금액 또는 송장가액 중 큰 금액으로 한다(UCP 600 제28

조 f(ⅱ)항).

⑤ 보험조건

현재 국제무역거래에서 이용되고 있는 보험조건은 런던보험자협회(Institute of London Underwriters; ILU)가 제정한 협회적하약관(Institute Cargo Clause; ICC)에 규정되어 있는 조건으로, 협회적하약관은 ILU에 의해 1982년 1월 1일부터 개정되어 시행되고 있다. 따라서 본 협회의 약관에서 규정하고 있는 어느 보험조건을 선택하느냐 하는 문제는 통상 무역계약을 체결할 당시 거래당사자 간의 합의에 의하여 매매계약서에 약정된다.

그리고 이 보험조건은 화물의 종류와 특성, 운송수단, 포장 및 예상 항해기간 등을 감안하여 적정한 조건으로 결정하여야 한다.

⑥ 보험금 지급지

통상적으로 수출의 경우에는 화물의 최종 목적항(지)이 표기되고 수입의 경우에는 당해 보험자가 표기된다.

⑦ 손해사고 통지처

피보험화물에 손해가 발생하였을 경우 지체 없이 통지받아야 되는 곳으로 수출의 경우에는 최종 목적지에 있는 보험자 대리점의 상호 및 주소가 명시되고, 수입의 경우에는 보험자가 기재된다.

⑧ 국내 선박 또는 운송용구

국내 화물의 출하지(항)와 선적지가 다른 경우에 출하지로부터 선적지까지의 운송하는 국내 운송선박 또는 용구가 표기된다.

⑨ 내륙 출발지(내륙 적재항 또는 적재지)

수출국에 있는 물품의 적재지이며, 운송수단이 출발하는 내륙 출발항 또는 출발지이다.

⑩ 선박

운송화물을 적재하는 선박명이 표기된다.

⑪ 출항일자 또는 출항예정일자

적재선박이 선적항을 출항하는 년/월/일 또는 예정 년/월/일이 표기된다. 특히 수출의 경우에는 선하증권상의 내용과 일치하도록 하여야 한다.

⑫ 적재항

운송화물을 적재하는 선적항이 표기된다.

⑬ 선적항

선박이 운송 도중 환적이 예정되어 있는 경우 환적항이 표기된다.

⑭ 양륙항

화물이 하역되는 양륙항이 표기된다.

⑮ 최종 목적지와 운송용구

최종 목적지가 양륙항이 아닌 수입국가 내의 내륙 지방에 있기 때문에 양륙항과 최종 목적지가 다른 경우, 운송약관에 따라 양륙항에서 최종 목적지까지 운송화물에 대해 부보할 경우 최종 목적지와 운송용구가 표기된다. 예컨대 양륙항이 Los Angeles이고 최종 목적지가 New York인데 철도화차를 이용하여 운송된다면, thence to 'New York by rail'과 같이 표기된다. 그리고 New York까지 이동을 위한 운송용구가 결정되지 않았거나 또는 명확하지 아니한 경우에는 land conveyance 또는 any conveyance로 표기된다.

⑯ 보험 목적물의 명세

운송화물의 품명, 규격, 수량, 화인 등을 신용장이나 상업송장 또는 선하증권에 기재된 물품명세가 표기된다.

⑰ 보험증권의 발행지와 발행일

보험증권의 발행일자는 선하증권의 발행일자보다 이전이어야 한다.

⑱ 보험증권의 발행 부수

보험증권은 통상 2부를 한 세트로 발행되는데 그 중 1부에 의하여 보험금이 청구되면 나머지 1부는 무효가 된다.

⑲ 보험자의 서명

보험증권은 발급한 보험자(보험회사) 또는 그 보험자의 대리인의 서명이 반드시 필요하다. 따라서 실무 담당자는 보험증권을 발급받을 시 이를 확인하여야 한다. 다만 보험자가 법인인 경우에는 법인의 인장으로도 가능하다. 우리나라에서는 당해 보험회사의 담당 책임자가 서명하는 것이 보통이다.

⑳ 본문약관

보험증권의 본문에 명시된 가장 기본적인 약관으로 그 내용은 준거법약관, 타 보험약관, 약인약관, 선서약관으로 구성되어 있다.

㉑ 난외약관(marginal clause)

영문보험증권의 본문의 난외에 인쇄되어 있는 약관으로 클레임이 발생할 경우에 피보험자가 조치해야 할 각종 조치 및 절차 등이 일괄적으로 규정되어 있다. 이 난외약관은 이탤릭체로 인쇄된 포획·나포·부담보약관(FC&S Clauses), 동맹파업·폭동·소요·부담보약관(FSR&CC Clause), 그리고 타보험약관(Other Insurance Clause) 등으로 구성되어 있다.

3. 상업송장(commercial invoice)

(1) 상업송장의 개념과 의의

상업송장은 모든 무역거래의 필수 서류로써 수출자(수익자)와 수입자(개설의뢰자) 간 매매계약의 이행을 입증하는 서류로, 수출자가 수입자 앞으로 작성된다. 또 상업송장은 수출자가 수출계약을 정당하게 이행했다는 것을 수입자에게 입증하는 서류이다. 즉 선적을 이행한 물품의 품명, 수량, 단가, 가격 등 물품에 대한 명세가 명시된 서류로써 수출자에게는 물품명세서, 물품대금 청구서 및 물품대금 계산서의 기능을 하며, 반면 수입자에게는 수입계산서, 수입국에서 물품통관 시에 필요한 서류이다. 또 관세신고 시는 관세평가의 기초 자료가 된다.

(2) 상업송장의 발급

신용장통일규칙에서는 상업송장은 문면상 신용장에 명시된 수익자가 발급한 것이어야 하며, 개설의뢰자의 명의로 작성되어야 한다. 상업송장은 서명을 필요로 하지 않는다. 상업송장에서 물품명세는 신용장상의 물품명세와 일치하여야 한다. 그러나 상업송장 이외의 다른 모든 서류상의 물품명세는 신용장상의 물품명세와 모순이 되지 아니한 일반적인 용어로 기술될 수 있다. 그리고 신용장상에 별도의 지시가 없는 한 신용장금액을 초과한 금액으로 발급된 상업송장은 수리되지 않는다.

신용장에서 "Signed commercial invoice in quadruplicate which must be certified by local chamber of commerce and legalized by KNU consulate"(서명된 상업송장은 4부 제시되어야 하며, 그 송장은 국내 상업회의소에서 확인되어야 하며, KNU에 의해 공증되어야 한다)라고 표현하여 특정기관의 확인이나 공증을 요구하는 경우에는 해당 기관에서 확인 또는 공증을 받아야 한다.

양도가능신용장에서는 제2의 수익자가 작성한 상업송장을 제1수익자가 자신의 명의로 작성한 상업송장으로 대체 할 수 있으며, 그 두 송장금액 간의 차액은 제1수익자가 수취할 수 있다.

[예시 7-4] 상업송장 서식

COMMERCIAL INVOICE

① Shipper/Seller(송하인/수익자/매도자)	⑦ Invoice No. and date(송장번호 및 일자)
	⑧ L/C No. and date(신용장번호 및 개설일자)
② Consignee(수하인)	⑨ Buyer(if other than consignee) 개설의뢰자(수하인과 다른 경우)
	⑩ Other references(기타 참조사항)
③ Departure date(출발일자)	
④ Vessel/flight(선박/항공기) ⑤ From(선적지)	⑪ Terms of delivery and payment(인도 및 결제조건)
⑥ To(도착지)	

⑫ Shipping Marks (화인)	⑬ No.&kind of packages (포장종류 및 수)	⑭ Goods description (물품명세)	⑮ Quantity (수량)	⑯ Unit price (단가)	⑰ Amount (금액)
					Signed by ⑱ (서명)

(2) 상업송장의 구성

① Seller(수출자)

수출자의 상호와 주소를 포함한 수출자에 대한 주요 정보가 기재되며, 미국으로 수출하는 상업송장의 경우에는 좌측 상단에 제조업자 고유코드(Manufacture's ID Code)가 표기된다.

② Consignee(수하인)

운송목적지에서 매매물품을 인도받게 되는 수하인의 명의와 주소를 포함한 정보가 기재되며, 선하증권의 "Consignee" 란에 표기된 수하인(통상적으로 수입자)과 동일해야 한다. 즉, 신용장에 기명식이 아닌 지시식 선하증권을 요구하는 "to the order of KNU Bank", "to the order of Applicant" 등으로 표기되어 있는 경우에도 선하증권에 명시되어 있는 "to the order of KNU Bank", "to the order of Applicant"와 동일하게 표기된다.

③ Departure date(출발일자)

수출물품이 적재된 선박 또는 항공기가 출발하는 일자를 기재하며 통상 B/L(선하증권)이나 Air Waybill(항공화물운송장)상의 적재일자와 일치시켜야 한다. 다만 송장작성 시에 적재일자를 정확히 알 수 없는 경우에는 예상 선적일자의 7일전·후로 기재할 수 있다.

④ Vessel/flight(선박/항공기)

화물운송에 이용되는 선박 또는 항공기의 명칭이 표기되며, 복수의 운송수단이 이용되는 경우에는 주된 운송수단이 표기된다.

⑤ From(출발지)

약정된 운송수단이 출발하기로 예정된 항구나 공항 등의 명칭이 표기된다. 이는 신용장상의 적재지(place of loading)와 동일하여야 한다. 예컨대 Incheon Port, Republic of Korea

⑥ To(최종 목적지)

운송수단의 최종 목적지인 항구, 공항 등의 명칭이 표기되며 신용장상의 목적지와 동일하여야 한다.

⑦ Invoice No. and date(송장번호와 일자)

수출자(매도자)가 상업송장의 관리를 위해 부여한 참조번호와 송장을 작성한 일자가 표기된다.

⑧ L/C No. and date(신용장 번호 및 개설일자)

신용장거래인 경우 당해 신용장 번호와 신용장의 개설일자가 표기된다.

⑨ Buyer(if other than consignee)

물품을 수입하는 수입자의 상호와 주소를 포함한 수입자의 정보가 표기된다. 신용장방식의 경우 신용장개설의뢰자가 "Buyer"(매수자)가 되며 Buyer와 Consignee (수하인)가 동일한 경우에도 Buyer의 상호와 주소가 다시 표기된다.

한편 매수자와 수하인이 다른 경우, 예컨대 신용장개설의뢰자가 은행의 여신으로 신용장을 개설하는 경우에는 은행이 수하인이 된다. 그리고 매수자가 물품과 상업송장을 각각 다른 주소로 발송하도록 요구하는 경우에도 수하인 란에는 수입물품 수취인의 상호와 주소가 표기되는데, 이러한 경우에도 Buyer(매수자)란에는 실제로 수입물품에 대한 대금지급의 의무가 있는 매수자의 상호 및 주소를 포함한 정보가 표기된다.

⑩ Other reference(기타 참조사항)

기타 "참조사항"으로써 거래상대방이 신용장이나 계약서에서 별도로 요구한 사항이 표기된다.

⑪ Terms of delivery and payment(인도 및 결제조건)

인도조건과 결제조건이 표기된다. 인도조건은 "Incoterms®"상의 무역거래조건으로 정확하게 표기되며, 결제조건은 환어음의 구성요소 ⑤를 참고하여 작성되며 그 통화도 표기된다.

예컨대 CIF Osaka, At 90 days after sight in US Dollars

⑫ Shipping marks(화인)

화인은 포장화물의 외부 표면에 기호, 선적항, 목적항, 원산지, 케이스 번호(case number) 등으로 표기하여 다른 화물과 식별을 용이하게 하기 위한 것이다. 따라서 관련 서류와 포장물품의 대조·확인을 용이하게 하고 화물을 목적지까지 신속하고 안전하게 운송할 수 있도록 간단하게 표기된다.

⑬ No. & kinds of pkgs(포장번호 및 종류)

포장종류 당 포장화물의 개수와 각 물품의 포장형태를 case, dozen, bag, box, drum, bale 등으로 표기된다.

⑭ Goods description(물품명세)

물품명세 란에는 해당 물품의 품명(commodity), 규격(specification), 품질(quality), 등급(grade) 등의 명세를 정확하게 명기하여 다른 물품과도 명확히 구별될 수 있도록 하며, 물품명세는 신용장상의 명세와 일치하여야 한다. 그러나 상업송장 이외의 기타 서류에는 일반적인 용어(general term)로 표기할 수 있다.

⑮ Quantity(수량)

송장금액 계산의 기초가 되는 최소 단위당 수량이 표기되며 수량의 계산단위는 개수 혹은 도량형에 의하여 산정된다.

⑯ Unit Price(단가)

물품의 단위수량 당 가격이 표기된다.

예컨대 @US$100.50/yard

⑰ Amount(송장금액)

물품의 단위당 단가에 수량을 곱하여 총 금액을 계산한다. 그러나 거래에 따르는 제반 비용이 추가되고, 특별 할인이 있으면 차감된다. 따라서 송장금액은 수입자가 실제로 부담해야 되는 순 대금결제액이 표기된다.

⑱ Signed by(서명)

송장 작성자가 서명 란(Signed by)에 서명한다.

4. 부가서류

무역거래에서는 상업송장, 선하증권, 보험증권(또는 보험증명서)과 같은 기본서류 이외에도 포장명세서, 영사송장, 세관송장, 검사증명서, 중량증명서 등의 부가서류가 있다.

(1) 포장명세서

상업송장을 보완하는 서류로 물품의 포장명세가 명시된다. 포장명세서는 선적화물의 포장 및 포장 단위별 명세와 단위별 순중량, 총중량, 용적, 화인, 포장의 일련번호 등이 표기됨으로써 포장과 운송, 그리고 통관상의 편의를 위하여 수출자가 수입자 앞으로 작성한다. 포장명세서는 기재되는 내용이 전반적으로 상업송장과 유사하기 때문에 상업송장을 참조하면 된다.

[예시 7-5] 포장명세서 서식

PACKING LIST

<table>
<tr><td colspan="3">① Shipper/Seller(송하인/매도자)</td><td colspan="3">⑦ Invoice No. and date
(상업송장 번호 및 일자)</td></tr>
<tr><td colspan="3">② Consignee(수하인)</td><td colspan="3">⑧ Buyer(if other than consignee)
(매수자)</td></tr>
<tr><td colspan="3">③ Departure date(출발일자)</td><td colspan="3" rowspan="3">⑨ Other references(기타 참조사항)</td></tr>
<tr><td colspan="2">④ Vessel/flight
(선박/항공기)</td><td>⑤ From(선적지)</td></tr>
<tr><td colspan="3">⑥ To 도착지</td></tr>
<tr><td>⑩ Shipping Marks(화인)</td><td>⑪ No.&kind of packages
(포장수 및 종류)</td><td>⑫ Goods description
(물품명세)</td><td>⑬ Quantity or net weight
(수량 또는 순중량)</td><td>⑭ Gross-Weight
(총중량)</td><td>⑮ Measurement
(용적)</td></tr>
<tr><td colspan="3"></td><td colspan="3">⑯ Signed by
(   )</td></tr>
</table>

(2) 영사송장

수입자가 수입관세의 부담을 경감하기 위하여 남미제국, 저개발국, 중동 및 아프리카 등의 국가에서는 수출국가 주재의 본국 영사가 사증한 특수송장이다.

(3) 세관송장

세관송장은 통관송장, 관세송장으로도 칭해지며 영사송장과 동일한 목적으로 요구되는 서류이다. 국가의 사정에 따라 수입통계나 수입관세의 부과를 위해 필요한 송장으로도 요구되며, 수출국가 주재 영사의 사증이 필요 없고 수입국가 정부의 자유양식에 따라 작성된다.

(4) 원산지증명서

수출화물이 해당 국가에서 생산·제조·가공되었음을 증명하는 공적인 증명으로써 수출국가에 주재하는 수입국가의 영사 또는 수출국가의 상업회의소가 발급하는 것이 일반적이다. 원산지증명서의 목적은 우선 무역관리를 목적으로 하는 경우로, 예컨대 수입국가의 외국환 관리나 덤핑방지 또는 특정 국가로부터의 수입을 제한하는 경우에 그 국가로부터의 수입을 제한하기 위하여 원산지증명서를 제시하도록 요구하는 경우이다. 그리고 수입관세의 감세 또는 면세를 목적으로 하는 경우도 있다.

☞ GSP 원산지증명서: 개도국가의 수출확대 및 산업화 촉진을 위한 특혜관세제도 하에서 특혜관세의 적용을 목적으로 요구되는 서류이다.

(5) 검사증명서

일정한 수출검사기관이나 수입자가 지정하는 자가 물품검사를 이행하고 발급하는 서류로 검사결과 수출물품의 품질상에 하자가 없다는 것을 증명하는 서류이다.

(6) 기타 서류

그리고 이들 서류 이외에 품질증명서, 분석증명서, 위생증명서, 검역증명서 중량·용적증명서 등이 있다.

5. 환어음의 발행

(1) 환어음의 개념과 의의

일상적인 상거래, 즉 물품을 매매하는 과정에서 당해 물품을 매수하는 자가 매도자에게 물품대금을 지급하게 되는데, 이때 그 지급수단으로 현금, 수표, 약속어음 또는 당좌수표 및 자금이체 등의 방법이 있을 것이다. 여기에서 현장 소액거래에는 주로 현금이 사용되고, 통신판매 및 거액거래에는 수표와 자금이체 등의 방법이 이용될 것이다. 그리고 신용판매(외상판매)에서는 주로 약속어음이 이용되고 있다.

물품거래에서 약속어음은 그 발행자가 스스로 미래의 약정기일에 일정 금액을 그 수취인에게 지급할 것을 약속하는 형식의 어음이며, 그 발행자 자신이 지급인이기 때문에 어음당사자는 발행자(어음지급인)와 수취인이다. 즉 발행자가 주된 채무자로서의 의무도 동시에 부담하게 된다. 따라서 물품을 매수한 매수자가 매도자에게 발행한다.

한편 환어음은 국제무역거래에서 사용되며, 약속어음과 달리 수출자(매도자)가 수입자(매수자)에게 수출대금의 지급위탁을 요청할 때 이용된다. 즉 수출자가 자신의 물품을 수입한 수입자에게 그 물품대금을 청구하는 형식으로 발행되는 유가증권이다. 즉 환어음의 발행자(채권자)가 지급인(채무자)에 대하여 일정 약정기일(만기일)에 약정금액을 약정장소에서 지시인 또는 소지인에게 무조건 지급할 것을 위탁하는 유가증권으로 요식증권이자 유통증권이다. 따라서 환어음은 무역거래에서는 채권자인 수출자(매도자)가 그 채무자인 수입자(매수자)에게 발행된다. 따라서 환어음의 기본 당사자는 발행자, 수취인 및 지급인이며, 환어음의 인수(기한부 어음)가 일어나는 경우에는 인수자가 주채무자가 된다.

무역거래에서 주로 대금회수를 위한 방법으로 환어음이 발행된다. 수출자는 수출물품을 선적한 후에 선적서류에 환어음을 발행·첨부하여 매입은행에 제시·매입하고 그 대금을 회수하게 된다. 따라서 수출자는 수입자 앞으로 환어음 발행을 통하여 수입자에게 그 매입자금을 매입은행 또는 그가 지시하는 자에게 지급할 것을 위탁한다.

☞ 화환어음: 선적서류가 첨부된 환어음, 무담보 환어음: 선적서류가 첨부되지 않은 환어음

(2) 환어음의 당사자

ⓐ 발행인: 환어음을 발행하고 서명하여 최초로 지급지시 및 최초로 인도하는 자
ⓑ 지급인: 금전상의 약정금액을 지급하도록 지시받은 자
ⓒ 수취인: 환어음상의 금액을 수령하도록 발행인에 의해 지시된 자
ⓓ 소지인: 환어음의 소지자

(3) 환어음의 기재사항(신용장거래인 경우)

① 필수 기재사항

- "환어음"이란 문언: Bill of Exchange
- 무조건 지급위탁 문언, 즉 일정금액을 지급하라는 무조건적인 지시
- 지급인의 표기
- 지급만기일: 일람출급, 일람 후 정기출급, 발행일자 후 정기출급, 확정일 출급
- 환어음의 지급지
- 수취인: 기명식, 지시식, 무기명식
- 발행인의 기명날인

② 임의 기재사항

- 어음발행의 통수(복본 번호에 관한 문언)
- 어음번호
- 신용장번호, 개설은행 및 개설일자(통상 환어음에 반드시 기재를 요구하는 경우가 대부분)
- 대가 수취의 문언: Valued received and charge the same to account of .... : 환어음의 발행인이 대금을 수취했음을 나타내는 문언
- charge the same to account of: 환어음의 발행인이 지급인에 대하여 자신이 수취한 환어음의 대금을 "account of" 다음에 표기된 자(신용장의 경우, 개설의뢰자)부터 수취하라는 문언
- 환율 문언
- 이자 문언: Interest clause
- 무담보 문언: Without recourse to drawer
- 거절증서의 작성 면제에 관한 문언

(4) 환어음 작성의 유의점

- 어음금액은 숫자와 문자 병기되며, 일치하는지 확인
- 어음금액은 신용장금액을 초과하지 않도록 한다.
- 기재 후 정정 불가
- 복본으로 발행된 경우는 이를 확인: 환어음은 통상 2부를 한 세트로 발행된다.
- 발행인의 서명은 은행에 제출한 서명감과 일치되어야 한다.

(5) 지급 만기일의 표시(결제조건)

- 만기일 표시방법

  일람출급 : AT SIGHT

  일람 후 정기출급 : AT 120 DAYS AFTER SIGHT

  발행일자 후 정기출급 : AT 120 DAYS AFTER B/L DATE

  확정일 출급 : ON 2016년 X월 X일

 예시 **환어음 서식**

BILL OF EXCHANGE

No.①__________ Date :②__________ ③ Kongju, Republic of Korea

FOR ④__________

AT ⑤______ SIGHT OF THIS FIRST BILL OF EXCHANGE(SECOND OF THE SAME TENOR AND DATE BEING UNPAID)

PAY TO ⑥__________OR ORDER THE SUM OF ⑦__________

____

VALUE RECEIVED AND CHARGE THE SAME TO ACCOUNT OF ⑧__________

DRAWN UNDER ⑨

____

L/C NO ⑩__________ DATED ⑪__________

TO ⑫__________

__________ ⑬

환어음

어음번호①________________ 발행일 :②______________ ③ 공주, 대한민국
금액 ④________________________
본 제1환어음이 ⑤ 일람출급(또는 약정된 기한부)으로(동일한 기한 및 일자의 제2환어음이 지급되지 않은 경우)
⑥ 은행 또는 그 지시인에게 ⑦__________________ 금액을 지급하기 바랍니다.
대가를 수취 하였으니 어음금액을 ⑧의 계정에서 청구하기 바랍니다.
본 어음은 ⑪ ___일자로 개설된 ⑨ ___은행 ⑩ 신용장번호____에 의거 발행되었음.
⑫ 앞(지급인)___________________________
______________________________________ ⑬ 발행인

제2절 수출환어음의 매입과 서류심사

1. 외국환거래 약정과 수출환어음의 매입

매도지(수익자)는 자신이 작성한 환어음, 상업송장 및 포장명세서 등과 외부에서 발급받은 선하증권, 보험서류 및 검사증명서 등을 준비하여 상세하게 검토한 후 자신의 거래은행에[3] 매입을 의뢰한다. 물론 매입하기 전에는 거래은행과 외국환거래약정과 여신에 준하는 여신거래약정을 체결해야 한다.

그리고 서류준비와 약정절차가 완료되면 매입은행은 제시서류와 신용장의 조건과 일치성을 심사를 한 후 매입하기로 결정하면, 제반 수수료 및 지원된 무역금융(취급한 경우) 등을 공제한 후 수출대금을 지급하게 된다.

3) 우리나라의 경우, 수출자는 매입을 자신의 거래은행과 외국환거래약정을 체결하고 매입절차를 이행한다. 그런데 신용장이 매입을 지정하고 있는 경우에는 그 지정은행과 외국환거래약정을 다시 체결할 수도 있으나, 통상적으로 수출자 자신의 거래은행에 매입하고 다시 지정은행 앞으로 재매입을 의뢰하는 것이 일반적이다.

(1) 외국환거래약정 체결

매입은행(외국환은행)은 선적서류 및/또는 환어음을 매입하기 전에 매입으로 인해 발생할 수 있는 제반 문제에 대한 해결방법 등에 관하여 수출자와 매입은행 간에 체결되는 환거래상의 약정을 의미한다. 따라서 수출환어음의 매입, 해외송금, 수입 등 외국환거래를 위해서는 거래은행과 외국환거래약정을 체결해야 한다. 그리고 수출환어음의 매입과 같이 은행에서 자금이 유출되는 경우에는 은행은 자신의 손해를 예방하기 위해 채권보전에 대한 절차로 담보를 요구할 수도 있다.

그리고 외국환거래약정 시 제출서류로는 사업자등록증, 법인등기부등본, 정관(또는 조직의 규칙), 인감증명서, 인감도장 및 사용 인감, 실명확인증표, 기타 필요서류(신용조사 필요 시 관련 서류) 등이 있을 것이다.

(2) 담보제공(필요할 경우)

수출환어음의 매입인 경우 서류상의 하자발생으로 인하여 개설은행으로부터 지급보장이 안되거나 또는 개설은행이 지급불능으로 대금회수가 불가능하게 될 것에 대비하여 매입은행은 수출자로부터 물적 또는 인적 담보를 확보할 필요가 있다. 매입은행은 통상적으로 자신의 편의상 물적담보를 확보하려고 한다.

은행에서 환어음의 매입은 결제방식에 따라서 화환신용장에 의한 매입과 추심결제방식(D/P, D/A 계약서) 및 오픈어카운트 등 무신용장에 의한 매입으로 구분한다. 그리고 은행에 제시된 선적서류상의 불일치(discrepancies) 존재 여부에 따라 무하자 매입(clean nego)과 L/G 매입(Letter of Guarantee Nego: 각서부 매입: 하자 매입)로 구분할 수 있다. 그리고 결제조건에 따라 일람급 매입과 기한부 매입으로 구분된다.

여기에서 중요한 것은 신용장방식에서 불일치서류의 매입이나 무신용장 방식인 D/A(인수인도), D/P(지급인도) 또는 오픈어카운트(open account) 방식 등은 대금지급이 보장되지 않기 때문에 매입은행의 입장에서는 지급이 거절되는 경우를 대비하여 안전장치(담보확보 등)가 필요하다.

[예시 7-6] 외국환거래약정서

은행은 본인에게 이 약정서상의 중요한 내용을 설명하여야 하며, 은행여신거래기본약관과 이 약정서의 사본을 교부하여야 합니다.

외국환거래약정서

작성자	팀 원	팀 장	부점장

년　　월　　일

중소기업은행 앞

본 인　　　　　　　　　　　　(인)

주 소

본인은 중소기업은행(이하 "은행" 이라 합니다.)과 수출·수입·내국신용장발행·"내국신용장환어음, 판매대금추심의뢰서" 매입(추심)거래·선적통지부 사후송금방식 수출거래에 의한 수출대금채권 매입거래를 함에 있어 "은행여신거래기본약관" 이 적용됨을 승인하고 다음 각 조항을 확약합니다.

제 1 장 공통사항

제 1 조 적용범위

이 약정은 다음 각항의 현재 및 장래의 모든 거래(전자문서교환방식에 의한 거래를 포함합니다)에 적용하기로 합니다.

① 수출거래
1. 화환어음(환어음이 첨부되지 않은 선적서류를 포함합니다. 이하 이 약정에서 같습니다.)의 매입 및 추심
2. 보증신용장 등에 의한 무화환어음(Clean bill)의 매입
3. 기타 전 각호에 준하는 거래

② 수입거래
1. 신용장 발행
2. 화환어음의 인도 및 결제
3. 보증신용장에 의한 무화환어음의 인도 결제
4. 기타 전 각호에 준하는 거래

③ 내국신용장발행거래

④ 내국신용장환어음 또는 판매대금추심의뢰서(이하 "내국신용장어음등" 이라 합니다.)의 매입(추심)거래

⑤ 선적통지부 사후송금방식 수출거래(Open Account Transaction)에 의한 수출대금채권 매입거래(이하 수출대금채권 매입거래라 합니다)

제 2 조 권리의 행사

① 수출화환어음, 내국신용장환어음등 매입대금(은행의 매입대금을 말합니다. 이하 이 약정에서 같습니다.) 및 수출대금채권 매입대금에 관하여 은행은 아래 제10조, 제11조, 제23조, 제24조 및 제28조에 의하여 이를 청구하거나 금전소비대차에 의한 대출금으로 보아 어음채권(어음이 발행된 경우에 한함) 또는 여신채권 중 어느 것에 의하여도 청구할 수 있습니다.

② 수입화환어음 및 내국신용장환어음 결제를 위한 대지급금의 경우에는 은행은 어음채권(어음이 발행된 경우에 한함) 또는 여신채권 중 어느 것에 의하여도 청구할 수 있습니다.

제 3 조 담 보

본인은 제1조의 거래에 수반하는 물품 및 관련서류를 당해 거래와 관련하여 은행에 부담하는 채무 와 이에 부수하는 이자, 할인료, 수수료, 지연배상금, 기타 부대비용 등의 지급을 위한 담보로서 은행에 양도하기로 합니다.

제 4 조 적용환율

적용환율은 신청서 등을 접수한 날과 관계없이 실제로 지급받거나 지급하는 날의 은행이 정한 해당환율로 합니다. 다만, 제10조 제1항 제6호 및 제15조 단서의 경우 은행의 미수금계정 처리일 또는 외화지급보증대지급금계정 처리일의 은행이 정한 해당환율로 할 수 있습니다.

※ 약정서 일부임

2. 수출환어음의 매입제도

(1) 국제무역에서 매입제도

국제상거래에서 "매입"은 무역업자가 매매계약서에 약정한 물품을 선적하고 그 대금을 조기에 회수하기 위해 이용되고 있으며, 또 "매입"이라 함은 주로 신용장제도에서의 매입을 의미했다. 그러나 이러한 매입제도는 최근 이용이 증가하고 있는 Open Account 방식을 포함한 거래당사자 간의 거래방식에도 이용되고 있다.

우리나라에서는 실무적으로 매입이라 하면 수출자가 신용장 또는 무신용장방식의 수출계약서에 따라 약정물품의 선적을 완료하고, 그 선적을 근거로 발행한 선적서류와 환어음을 준비·세팅하여 매입신청서와 함께 은행에 제시하여 매입을 신청하면, 은행은 그 제시서류에 하자가 없는 경우에는 당해 서류를 매입하고 해외 수입자로터 수출대금을 회수하기 전에 수출자에게 선지급하는 행위를 의미한다.

즉 매입제도는 국제상거래에서는 자금융통을 위한 수단으로, 결국 수출자 입장에서는 매매계약에서 약정한 대로 선적한 물품에 대한 대금을 조기에 회수하기 위한 제도이다. 수입자로부터 대금을 회수하기 전에 수출환어음 매입의 형태로 자신의 거래은행으로부터 조기에 대금을 회수할 수 있다. 그리고 그 대금회수에 따르는 절차적 문제는 은행으로 넘어가기 때문에 업무적 부담을 상당 부분 덜 수 있다.

한편 은행의 입장에서는 이와 같은 매입제도가 은행수익을 창출하는 수익원으로 은행제도의 일부(은행상품)로 운용되고 있으며, 은행 수익의 많은 비중을 차지해 오고 있다. 따라서 은행의 입장에서는 매입제도의 활성화를 통하여 수익원을 창출할 수 있다. 반면 위험관리를 철저히 해야 한다. 매입업무는 은행의 여신행위의 일종이므로 매입서류의 심사에 철저를 기해야 한다. 특히 은행의 경우는 선적서류상에 하자가 있는 매입의 경우에는 개설은행으로부터 대금회수가 보장이 안 되기 때문에 채권확보를 위한 대책을 마련해야 한다. 즉 은행은 본 제도의 효과적 운용으로 위험을 극소화하는 하는 한편, 본 제도의 확대 및 활성화를 통하여 그 이익을 극대화하는 한편 수출자에게는 편의를 제공해야 할 것이다.

그리고 수출자 측에는 매입제도를 현실적으로 이용하는데 있어서 그 절차적으로 보다 편리성 및 안정성을 확보하고, 그 대금을 조기에 회수하는 금융수단으로써 그 대금의 미회수 위험을 최소화하기 위해 노력해야 한다.

(2) UCP(신용장통일규칙)상 매입의 개념

제5차 개정에서는 "매입"에[4] 대한 개념을 정의하고 있다. 즉, UCP 500 제10조 b항(ⅱ)호에서는 매입에 대해 "매입하도록 수권된 은행이 환어음 및/또는 서류를 수리하고 그 대가를 지급하는 것을 의미한다. 대가를 지급하지 않고 단순히 서류를 심사하는 것은 매입이 아니다."라고 규정하고 있다. 따라서 서류심사 후, 반드시 그 대가를 지급하여야 매입이 성립된다. 그런데 본 규칙에서는 "지급"(pay)을 언급하고 있지는 않았으나, 상세하게 기술되지 아니한 다소 부정확한 문언 "대가의 지급"(giving value)을 사용하고 있었다(Collyer, 2008).

한편 UCP 600 제2조에서는 매입에 대해 "매입이라 함은 지정은행에 상환이 예정된 은행영업일 이전에 수익자에게 자금을 선지급하거나 또는 선지급하기로 약정함으로써, 지정은행이 일치하는 제시를 조건으로 환어음(지정은행이 아닌 은행을 지급인으로 발행된) 및/또는 서류를 구매하는 것을 의미한다."라고 규정하고 있다. 여기에서 "일치하는 제시"라는 의미는 UCP 600 제2조에서 "일치하는 제시는 신용장의 조건, 본 규칙의 적용 가능한 조항, 그리고 국제표준은행관행에 의거한 제시를 의미한다."고 규정하고 있다.[5] 또 여기에서 "매입"은 실무적으로 운용하는데 있어서는 매입의무가 없는 서류의 구매를 의미한다(Smith, 2006).

따라서 UCP 600에서는 그 정의의 단순화, 즉 UCP의 "대가의 지급"이 "구매"(purchase)로 대체되었다. 즉 "매입"이란 수익자와 합의된 금액으로 매입은행이 환어음(지정은행 이외의 은행 앞으로 발행된) 및/또는 서류를 구매함으로써, 개설은행/지정은행이 신용장상의 그의 지급의무를 이행하기 전에 언제라도 수익자에게 자금을 선급하거나 또는 선급하기로 약정하는 것을 의미한다(Fung, 2007).

---

4) ICC(Commission on Banking Technique Practice)는 1994.9.1일자 의견서(Position Paper No.2)에서 UCP 500은 그 동안 오랫동안 유지되어 왔던 은행의 관행을 성문화시킨 것인데도 일부에서 이것이 마치 종래의 관행자체를 변경시킨 것처럼 부정확하게 해석되고 있다면서, UCP 500 제10조 b항 (ⅱ)호에 규정된 '대가의 지급'(giving of value)이라 함은 현금, 수표, 은행이체, 계좌입금 등의 방법으로 즉시 지급하는 것 또는 지급채무를 부담한다는 것(연지급 확약 또는 환어음의 인수 제외)으로 유권해석 했다. 따라서 매입이란 매입을 수권받은 은행이 배입의뢰인과 의사의 합치에 따라 환어음 및/또는 서류를 교부받고 그 대가를 지급하는 것을 의미한다(대법원 1997.8.29. 선고, 96다37879 판결).

5) J. E. Byrne(2007), p.136; 채진익(2011), p.230.

3. 수출환어음의 매입과 그 당사자

(1) 매입과 할인(인수)

어음할인은 금융기관에서 취급하는 융자의 한 형태이며, 물품매매에 수반되어 발행되는 어음, 즉 매도자가 물품을 매도하고 그 대가로 매수자로부터 받은 어음을 매도자(어음소지인/수취인)가 어음의 만기일이 도달하기 전에 그 기일까지의 일정한 이자(할인료)를 공제한 금액으로 자신의 거래은행에 매입(할인)하는 것을 말한다.

이 제도에서 매도자는 어음할인을 통하여 자금의 고정화를 조기에 현금화하여 생산자금의 회전 또는 자금을 융통할 수 있다. 반면 은행도 중앙은행 또는 어음할인시장에서 재할인을 통하여 자금을 조기에 회수할 수 있다. 그리고 어음지급인이 지급하지 않는 경우에는 어음배서인, 어음발행인 등에게 소구권을 행사할 수 있다.

그리고 은행이 어음을 인수한다는 것은 인수의뢰인으로 하여금 자신의 신용을 이용케 하고, 만일 지급인이 어음대금을 지급하지 못하는 경우에는 인수은행이 지급에 대한 책임을 지게 되는 것으로 일종의 여신업무라고 볼 수 있다. 은행이나 다른 금융기관에 의해 인수된 어음은 인수료를 지급한다고 하더라도 그 인수어음을 할인시장에서 낮은 이율로 할인할 수 있으므로 유리할 수 있다.[6)]

국제상거래에서는 기한부어음이 이에 해당한다. 즉, 인수신용장 또는 연지급약정(deferred payment undertaking: DPU) 거래에서 매입 또는 할인거래가 발생한다. 국제무역에서 은행은 이를 "할인"이라 칭하고 법적으로는 "매입"이라 칭해진다. 개설은행 또는 지정은행이 환어음을 인수하거나 또는 DPU(연지급약정)를 발행하며, 당해 수익자가 즉시 그 자금을 원하는 경우, 당해 지정은행은 인수 또는 할인할 수 있다. 따라서 당해 수익자는 DPU의 문면금액에서 할인료를 차감한 금액을 수령할 수 있다(Dolan, 2011). 따라서 전통적인 상업은행의 기능대로 수익자는 즉시 그 대금을 수령할 수 있다.

(2) "매입"과 지정은행

여기에서 매입은행은 문자 그대로 은행이 수익자의 환어음 및/또는 서류를 매입하는 은행을 말하며, UCP 600 제6조 a항에서는 신용장을 이용하는 은행을 지정하도록 요구하고 있다. 즉, "신용장은 그 신용장이 이용되는 은행 또는 그 신용장이 모든 은행에서 이용될 수 있는지를 명시하여야 한다."라고 규정하고 있다. 지정은행은 본 규칙

---

6) http://terms.naver.com/entry.nhn?cid=515&docId=782060&categoryId=1164&mobile수정함.

제2조에 정의 되어 있다. 즉 "지정은행이라 함은 신용장이 이용되는 은행 또는 모든 은행에서 이용할 수 있는 신용장의 경우에는 모든 은행을 의미한다."라고 규정하고 있다. 따라서 지정은행은 서류의 매입 또는 지급을 목적으로 개설은행이 특별히 지정한 은행이다. 대안적으로 그 지정은행은 모든 은행이 될 수 있다(Bose, 2011).

그렇지만 지정은행은 그 제시서류를 심사하거나 또는 매입할 의무는 없다. 그리고 그 은행의 확인이 없으면 그 지정은행은 그 제시를 수리할 의무조차 없다. 그러나 그 제시를 허용하는 경우에는 지정된 매입은행은 통상 신용장의 조건에 따라 그 서류를 심사하여, 하자가 있는 경우에는 그 하자에 대해 수익자에게 통지한다. 그리고 대금회수를 위해 그 서류를 확인은행 또는 개설은행에게 발송한다.[7]

(3) 개설은행과 확인은행[8]

개설은행은 신용장 하에서의 그의 지급의무를 이행해야 하기 때문에 "매입"할 수 없다. 즉 인수하거나 또는 연지급 의무를 부담하거나 또는 일람불로 지급해야 한다. 환어음이 개설의뢰자 앞으로 발행되었거나 또는 환어음이 요구되지 않았더라도 일치하는 서류제시에 지급해야 하는 것은 개설은행의 의무이다. 일부 개설은행은 서류를 매입했다고 주장하나, 실제에 있어서는 그들은 서류를 지급했다는 것을 의미한다.

반면 확인은행은 매입할 수 있다. 신용장 환어음이 개설은행 앞으로 발행된다면 확인은행(확인자)은 그 환어음과 서류를 구매함으로써 매입한다. 그러나 수익자에 대한 상환청구권 없이 매입하는 것이다. 그러므로 확인은행은 그 환어음이 또 다른 당사자 앞으로 발행되거나 또는 환어음이 없는 경우에도 매입할 수 있다. UCP 제9조(b)(ⅳ)는 매입에 관한 확인은행의 의무는 다음과 같다. "신용장이 매입을 규정하고 있는 경우 - 환어음 발행인 및/또는 선의의 소지인에게 상환청구권 없이 신용장에 따른 수익자가 발행한 환어음 및/또는 제시서류를 매입한다."

환어음이 확인은행 앞으로 발행되거나 또는 환어음이 없는 일람급신용장이고 확인은행에서 지급되도록 되었다면, 확인은행은 지급은행이 된다.

---

7) Donald Smith(2006) at Collyer(2008), p.170.
8) G. Collyer(2008), p.170.

4. 수출환어음의 매입과 그 절차

(1) 수출환어음의 매입신청과 그 접수

무역거래에서 매입절차를 살펴보면, 우선 매도자(수익자)가 신용장 또는 무신용장방식의 수출계약서에 따라 약정물품의 선적을 완료하고, 그 선적을 근거로 발행한 환어음 및/또는 선적서류를 자신의 거래은행에 제시하여 매입을 신청한다. 이에 대해 당해 은행이 그 제시서류를 접수하여 매입하기로 결정했다면, 이때 매입은행은 통상적으로 수익자와 그 매입의 소구권 여부를 규정하는 매입약정을 하게 된다. 만약 "소구권이 있는" 매입을 하기로 한 경우에는, 그 약정서에 매입은행이 소구권이 있다는 것을 규정한다. 이는 개설은행으로부터 YYY일 이내에 상환을 받지 못하는 거래위험, 국가위험, 또는 서류의 일치성에 관한 분쟁 등과 같은 서류심사 위험 등에 대비한 것이다.[9)]

은행은 신용장방식의 경우에는 그 제시서류를 심사하고 당해 서류가 일치하는 경우에는[10)] 구매하고 개설은행으로부터 신용장대금을 회수하기 전에 수익자인 매도자에게 선급한다. 이 경우 매도자는 환어음의 발행을 통하여 그 지급의무자(신용장방식의 경우에는 개설은행, 기타 방식의 경우에는 매수자)에게 그 대금을 매입은행에 직접 또는 그 은행이 지정한 은행의 계좌에 입금하도록 지시한다.[11)]

(2) 매입서류

은행의 담당자는 수출자로부터의 수출환어음의 매입 또는 추심의뢰가 있는 경우에는 외국환거래약정(수출거래 약정서)을 체결한 다음에는 다음과 같은 서류를 제출받는다.

① 신용장, 신용장의 조건변경 신청서(조건변경이 있는 경우), 또는 수출계약서(D/P, D/A 등의 수출 시: 추심방식인 경우)의 원본 및 사본
② 매입은행의 수출환어음 매입신청서
③ 수출자 발행 환어음
④ 신용장(신용장방식이 아닌 경우 계약서)에서 요구하는 약정 서류

---

9) D. Smith(2006), p.169.
10) 물론 서류가 일치하지 아니한 경우에는 은행은 수익자로부터 각서(Letter of Guarantee)를 받고 매입하는 방법(이 경우는 부동산을 포함한 담보를 확보하는 경우가 많음), 개설은행으로부터 승인을 받고 매입하는 방법, 조건변경 후 매입하는 방법 등에 의해 매입할 수 있다. 비신용장의 방식의 경우에도 은행은 수익자로부터 담보를 확보하거나 또는 신용상태가 양호한 경우에는 추심 전 매입할 수 있으며, 우리나라의 경우에는 많이 취급하고 있다.
11) 각 국내은행 외국환거래약정서를 근거로 함.

⑤ 영수증(매입자금용)
⑥ 수출신고필증
⑦ 기타 필요한 서류

[예시 7-6] 수출환어음 매입(추심) 신청서

수출환어음 매입(추심) 신청서

중소기업은행 앞

(1) L/C(계약서) 내용

Mail To			매입(추심)일		
			Ref No		
			Nego Amount		
Interest	(Days %P.A)	Our Comm		Less Comm	
Issuing Bank			Total Amount		
LC(Contract)No			Issuing Date		
Tenor			Maturity		
Beneficiary					
Accountee					
Drawee Bank					
Depo Bank			Postage		
			추가전신료(NA 등)		
			하자 Code		

(2) 제출서류 및 매입(추심) 신청내용

발행은행 제출서류		Draft	Comm Invoice	Packing List	B/L	AWB	Ins Pol	Cert Origin	Insp Cert	State	Bene Cert	Cert	SUR. COPY B/L	Extra Copy		
고객 작성란	1st															
	2nd															
은행 확인란	1st															
	2nd															

Issuing Bank		L/C No	
매입(추심) 신청금액		Tenor	

(3) 신용장(계약서)조건과의 불일치 내용

(4) 수수료 환출 입금계좌등록 → 금차 추가사항

계좌번호	□ [ ]
	□ 지정된 외환연동출금 계좌와 동일한 계좌로 신청합니다
지급정지 등의 이유로 입금이 불가한 계좌는 입금이 지연될 수 있음	

위와 같이 화환어음의 매입(추심)을 신청함에 있어서 따로 제출한 외국환거래약정서의 해당조항에 따를 것을 확약 하며 신용장(계약서)조건과의 불일치 내용이 상대은행에서 통보되어온 경우 매입신청 시 불일치 내용을 신고한 것으로 인정하여도 이의를 제기하지 않겠습니다. 아울러 위 수출품목에 대한 모든 권리를 은행에 양도하겠습니다.

년 월 일

신 청 인 : (인)

주 소 :

(3) 신용장의 검토

수출환어음의 매입업무를 철저히 하여 대금회수에 문제가 없도록 하기 위해서는 먼저 수출환어음의 매입의 기본이 되는 신용장의 조건을 철저히 검토해야 하며, 특히 다음 사항을 사전에 면밀히 검토하도록 한다.

① 취소가능 여부

수출환어음 매입을 위해서는 신용장은 반드시 취소불능 신용장이어야 한다. 신용장상에 'Revocable'(취소가능)이라고 표시된 것은 취소가능신용장이다. 그리고 신용장상에 'Irrevocable'(취소불능)라고 명시(규정)되어 있거나 취소불능 또는 취소가능에 대한 명시가 없는 경우에는 취소불능신용장으로 간주한다.

② 선적서류에 관한 명세

수입자는 물품을 수입하여 전매(resale)하는 경우에는 수입허가나 통관, 관세감면(환급), 국내 판매 등에 필요한 각종 서류를 신용장상에 모두 명시한다. 따라서 이와 같은 신용장에 약정된 서류를 제시하지 아니하면 개설은행은 지급을 거절할 수 있다. 한편 수입자의 입장에서도 지급거절 또는 클레임을 제기할 수 있기 때문에 은행은 신용장에서 약정하고 있는 서류가 모두 제시되었는지의 여부를 확인해야 한다. 물론 수출자는 신용장에 약정된 대로 서류를 준비하여 제출하여야 한다.

③ 신용장의 유효기간 및 서류제시 장소

신용장은 신용장의 조건과 일치성을 전제로 한 개설은행의 지급약정이므로 유효기간과 서류의 제시기간 및 장소가 명시되어 있어야 한다. 신용장은 제시를 위한 유효기일을 명시하여야 한다. 지급이행 또는 매입을 위하여 명시된 유효기일은 제시를 위한 유효기일로 본다. 신용장을 이용할 수 있는 은행의 장소는 제시장소이다. 모든 은행에서 이용할 수 있는 신용장의 제시장소는 모든 은행의 장소이다. 개설은행의 장소가 아닌 제시장소는 개설은행의 장소에 추가된다. 본 규칙 제29조 a항(불가항력)에서 규정된 경우를 제외하고는, 수익자가 제시하거나 또는 수익자를 대신하는 제시는 유효기일에 이전에 이행되어야 한다(UCP 600 제6조 d/e항).

따라서 신용장의 유효기간은 환어음의 매입, 인수 또는 지급을 위해 선적서류를 은행에 제시해야 할 최종기일이므로 유효기간을 경과해서 제시된 서류는 매입이 거절당할 수 있다.

그리고 신용장의 유효기간은 통상적으로 수출환어음의 매입지에서 종료되지만 신용장의 조건에 서류의 제시장소가 개설은행(또는 지급지)으로 되어 있는 경우에는 우편 소요일수를 고려(감안)해야 한다. UCP 600 제36조(불가항력)에 규정된 사유 이외의 사유로 신용장의 유효기일 또는 최종 제시기일이 제시받는 은행의 공휴일에 해당되는 경우에는 그 다음 최초 은행영업일까지 연장된다. 이와 같은 사유로 서류가 다음 최초의 은행영업일에 제시되는 경우에는 지정은행(매입은행)은 개설은행 또는 확인은행에 제시가 UCP 제29조 a항에 따라서 연장된 기간 내에 제시되었다는 진술이 제시서류의 표지(covering schedule)상에 표기되어야 한다(UCP 600 제29조). 즉 매입서류의 표지상에 "UCP 600 제29조 a항에 의거한 연장된 기한 내에 제시되었음"이라는 문언을 명시하면 된다.

그러나 은행은 특별히 권한을 부여받지 않는 한, 천재지변, 폭동, 내란, 소요, 전쟁, 테러행위, 동맹파업·직장폐쇄 및 은행의 통제를 벗어난 기타 불가항력적 사유로 인하여 업무가 중단된 기간 중에 유효기간이 경과한 신용장에 대해서는 그 은행업무가 재개되더라도 그 기간이 경과한 후에는 지급결제 또는 매입을 하지 아니한다.

④ 서류의 제시기간

신용장에는 유효기간 이외에도 서류의 제시기간을 명시한다. 만일 제시기간이 명시되어 있지 않은 경우에는, 물품을 선적한 후 21일을 경과하여 은행에 제시된 선하증권을 기간경과 선하증권(stale B/L)이라고 하며, 매입을 위한 선적서류의 수리가 거절될 수 있다. 매입은행은 신용장상에 '기간경과 선하증권의 수리가능하다'(stale B/L acceptable)라는 문언이 없는 한, 그 수리를 거절할 수 있다. 수출자의 물품선적이 지연되거나, 수입자의 요청에 따라 제시기간을 경과하여 선하증권의 제시가 예상되는 경우에는 신용장에 "Stale B/L acceptable"라는 표현을 명시하는 것이 신속한 업무처리와 대금결제를 위해 필요하다.

⑤ 지급보증 문언 및 신용장통일규칙 준거문언

신용장에 규정된 서류와 상환으로 대금지급을 약정하고 있는지의 여부를 확인해야 한다. 그리고 본 신용장이 UCP 600(Uniform Customs and Practice for Documentary Credits, 2007 Revision, ICC Publication No. 600, 화환신용장통일규칙 및 관행, 2007년 개정 ICC 간행물 제600호)에 따라 개설되었다는 문언이 있는지를 확인한다.

(4) 제시서류의 심사

신용장은 그 성질상 매매계약 또는 기타 계약에 근거를 두고 있다고 할지라도 그들 계약과는 독립된 별개의 거래이다. 그리고 모든 관계 당사자들은 서류상으로 거래하는 것이며 그러한 서류가 관련될 수 있는 물품, 용역 또는 기타 계약이행을 거래하는 것이 아니다(UCP 600 제5조).

따라서 지정을 받아 행동하는 지정은행, 확인은행(있는 경우) 및 개설은행은 서류가 문면상 일치하는 제시를 구성하는지(일치성) 여부를 결정하기 위하여 서류만을 기초로 하여 그 제시를 심사하여야 한다(UCP 600 제14조). 여기에서 "일치하는 제시"라 함은 "신용장의 조건, 본 규칙의 적용 가능한 조항 및 국제표준은행관행에 따른 제시"를 의미한다(UCP 600 제2조).

은행은 서류심사에서 주요 검토사항은 위에 기술한 신용장의 검토사항을 포함하여 서류가 신용장 조건대로 제시되었는지 즉, 제시서류의 형식성 준수 여부, 신용장에서 요구한 모든 서류와 부수가 제시되었는지 여부, 제시서류의 문면상 일치 여부, 제시서류의 신용장의 조건과 일치성 여부, 제시서류 상호간 모순성 및 불일치 여부, 모든 서류의 발행일자 적법성 여부, 서류의 서명방법 적합성 여부, 원본서류의 표기(방법) 여부, 환어음, 선하증권 및 보험증권 등의 배서양도의 적법성 여부, 신용장을 포함한 관련 서류 간 금액의 모순성(불일치성) 및 신용장의 금액(잔액)을 초과하는지 여부, 신용장에 명시된 특별지시 문언 이행 여부, 기타 국제표준은행관행 준수 여부 등을 심사해야 한다.

은행은 다음 내용에 대해서 책임과 의무를 지지 아니한다(UCP 600 제34조).

① 은행은 모든 서류의 형식, 충분성, 정확성, 진정성, 위조성 또는 법적 효력에 대해, 또는 서류에 명시되거나 또는 이에 부가된 일반조건(general conditions) 또는 특별조건(particular conditions)에 대하여 어떠한 의무 또는 책임도 부담하지 아니한다.

② 은행은 서류에 명시되어 있는 물품, 서비스 또는 기타 이행의 명세, 수량, 중량, 품질, 상태, 포장, 인도, 가치 또는 실존 여부에 대해서도 어떠한 책임이나 의무를 부담하지 아니한다.

③ 은행은 물품의 송화인, 운송인, 운송주선인, 수화인 또는 보험자, 또는 기타 당사자의 성실성이나 작위 또는 부작위, 지급능력, 이행능력 또는 신용상태 등에 관해서 어떠한 책임과 의무를 부담하지 아니한다.

(가) 상업송장의 심사

UCP 600 第18조에서는 상업송장의 요건에 대해 다음과 같이 규정하고 있다. 즉 수익자에 의하여 발행된 것으로 표기되어야 하고(제38조에 규정된 경우 제외), 또 개설의뢰자의 명의로 작성되어야 하며(제38조 g항에 규정된 경우 제외), 신용장과 동일한 통화로 작성되어야 한다. 그러나 서명될 필요가 없다고 규정하고 있다.

또 지정을 받아 행동하는 지정은행, 확인은행(있는 경우) 또는 개설은행은 신용장에 의하여 허용된 금액을 초과한 금액으로 발행된 상업송장을 수리할 수 있으며, 그러한 결정은 모든 당사자를 구속한다. 다만 당해 은행은 신용장에 의하여 허용된 금액을 초과한 금액으로 지급결제 또는 매입하지 아니하여야 한다.

그리고 상업송장상의 물품, 용역 또는 이행의 명세는 신용장에 명시되어 있는 것과 일치하여야 한다.

(나) 운송서류의 심사(UCP 600 제19조~제27조)

운송서류의 심사에 관련해서는 UCP 600 제19조(적어도 두 가지 다른 운송방식을 표기하는 운송서류), 제20조(선하증권), 제21조(비유통성 해상화물운송장), 제22조(용선계약 선하증권), 제23조(항공운송서류), 제24조(도로, 철로 또는 내수로 운송서류), 제25조(특사수령증, 우편수령증 또는 우송증명서), 제26조("갑판적", "송하인의 적재 및 수량 확인" 및 운임의 추가비용), 제27조(무고장 운송서류)에 규정하고 있다. 따라서 관련 조항에 따라 심사해야 한다(부록 참조). 본서에서는 운송서류의 심사에서 가장 많이 접하는 제19조(적어도 두 가지 다른 운송방식을 표기하는 운송서류), 제20조(선하증권) 및 제23조(항공운송서류)에 대한 조항을 언급한다.

① 적어도 두 가지 다른 운송방식을 표기하는 운송서류(제19조)

a. 적어도 두 가지의 다른 운송방식을 커버하는 운송서류(복합운송서류)는 그 명칭에 관계없이 다음과 같이 명시되어야 한다:

i. 운송인의 명칭을 표기하고 다음의 당사자에 의하여 서명되어 있는 것:

- 운송인 또는 운송인을 위해 대리하는 지정대리인, 또는
- 선장 또는 선장을 위해 대리하는 지정대리인.

운송인, 선장 또는 대리인에 의한 모든 서명은 그 운송인, 선장 또는 대리인의 서명인 것으로 확인되어야 한다.

대리인에 의한 모든 서명을 그 대리인이 운송인의 대리인으로서 서명하였는지, 또는 선장의 대리인으로서 서명하였는지를 표기하여야 한다.

ⅱ. 다음에 의하여, 물품이 신용장에 기술된 장소에서 발송, 수탁 또는 본선에 선적되었다는 것을 표기하고 있는 것:

- 사전 인쇄된 문언, 또는
- 물품이 발송, 수탁 또는 본선 적재된 일자를 표기하고 있는 스탬프 또는 부기

운송서류의 발행일은 발송, 수탁 또는 본선 적재일, 및 선적일로 본다. 그러나 운송서류가 스탬프 또는 부기로 발송, 수탁 또는 본선 적재일자를 표기하고 있는 경우에는 이러한 일자를 선적일자로 본다.

ⅲ. 비록 다음과 같은 경우일지라도 신용장에 기술된 발송, 수탁 또는 선적지 및 최종 목적지를 표시하고 있는 것:

a) 운송서류가 부가적으로 다른 발송지, 수탁지 또는 선적지 또는 최종 목적지를 표기하고 있더라도, 또는

b) 운송서류가 선박, 적재항 또는 양륙항에 관하여 “예정된” 또는 이와 유사한 단서 표기를 포함하고 있더라도,

ⅳ. 단일의 원본 운송서류 또는, 2통 이상의 원본으로 발행된 경우에는, 운송서류상에 표기된 전통인 것.

ⅴ. 운송조건을 포함하고 있거나 또는 운송조건을 포함하는 또 다른 자료를 참조하고 있는 것(약식 또는 이면 백지식 운송서류). 운송조건의 내용은 심사하지 않는다.

ⅵ. 용선계약에 따른다는 어떠한 표기도 포함하고 있지 아니한 것

b. 본조에서, 환적이란 신용장에 기술된 발송, 수탁 또는 선적지로부터 최종 목적지까지의 운송과정 중에 한 운송수단으로부터의 양하 및 또 다른 운송수단(다른 운송방법과는 관계없이)으로의 재 적재를 의미한다.

c. ⅰ. 운송서류는 물품이 환적될 것이라거나 또는 될 수 있다고 표기할 수 있다. 단, 전 운송은 하나의 동일한 운송서류에 의하여 커버되어야 한다.

ⅱ. 신용장이 환적을 금지하고 있는 경우에도, 환적이 이행될 것이라거나 또는 이행될 수 있다고 표기하고 있는 운송서류는 수리될 수 있다.

② 선하증권

a. 선하증권은 그 명칭에 관계없이 다음과 같이 명시되어야 한다.

ⅰ. 운송인의 명칭을 표기하고 다음의 자에 의하여 서명되어 있는 것:

- 운송인 또는 운송인을 위해 대리하는 지정대리인, 또는

• 선장 또는 선장을 위해 대리하는 지정대리인.

운송인, 선장 또는 대리인에 의한 모든 서명은 운송인, 선장 또는 대리인의 것이라는 것이 확인되어야 한다.

대리인에 의한 모든 서명은 그 대리인이 운송인의 대리인으로 서명하였는지 또는 선장의 대리인으로 서명하였는지를 표기되어야 한다.

ii. 물품이 다음에 의하여 신용장에 기술된 적재항에서 지정된 선박에 본선 선적되었다는 것을 표기하고 있는 것:

• 사전 인쇄된 문언, 또는

• 물품이 본선에 적재된 일자를 표기하고 있는 본선적재 부기

선하증권의 발행일자는 선적일자로 본다. 단, 선하증권이 선적일자를 표시하고 있는 본선적재 부기가 표기되어 있는 경우에는 그러하지 아니하며, 이 경우, 본선적재 부기상에 명기된 일자는 선적일자로 본다.

선하증권이 선박의 명칭에 관하여 “예정된 선박” 또는 이와 유사한 단서 표기를 포함하고 있는 경우에는 선적일자 및 실제 선박의 명칭을 표시하고 있는 본선적재 부기가 요구된다.

iii. 신용장에 명시된 적재항으로부터 양륙항까지의 선적을 표시하고 있는 것.

선하증권이 적재항으로써 신용장에 기술된 적재항을 표기하고 있지 아니한 경우, 또는 적재항에 관하여 “예정된” 또는 이와 유사한 단서 표기를 포함하고 있는 경우에는, 신용장에 기술된 대로 적재항, 선적일자 및 선박의 명칭을 표시하고 있는 본선적재 부기가 요구된다. 이 규정은 비록 지정된 선박에의 본선적재 또는 선적이 선하증권상에 사전에 인쇄된 문언에 의하여 표시되어 있더라도 적용된다.

iv. 단일의 선하증권 원본 또는, 2통 이상의 원본으로 발행된 경우에는, 선하증권상에 표기된 전통인 것.

v. 운송의 조건을 포함하고 있거나, 또는 운송의 조건을 포함하는 또 다른 자료를 참조하고 있는 것(약식 또는 이면 백지식 선하증권). 운송의 조건에 대한 내용은 심사되지 아니 한다.

vi. 용선계약에 따른다는 어떠한 표기도 포함하고 있지 아니한 것

b. 본조에서, 환적이란 신용장에 기술된 적재항으로부터 양륙항까지의 운송과정 중에 한 선박으로부터의 하역하여 다른 선박으로의 재적재를 의미한다.

c. i. 선하증권에 물품이 환적이 될 것이라거나 또는 될 수 있다고 표기될 수 있다. 단, 전 운송이 하나의 동일한 선하증권에 의하여 커버되어야 한다.

ⅱ. 신용장이 환적을 금지하고 있는 경우에도, 물품이 선하증권에 의하여 입증된 대로 컨테이너, 트레일러 또는 래쉬선에 선적되어 있는 경우에는 환적이 이행될 것이라거나 또는 이행될 수 있다고 표기하고 있는 선하증권은 수리될 수 있다.

d. 운송인이 환적할 권리를 유보한다고 기술하고 있는 선하증권상의 조항은 무시된다.

③ 항공운송서류(제23조)

a. 항공운송서류는 그 명칭에 관계없이 다음과 같이 명시되어야 한다.

ⅰ. 운송인의 명칭을 표기하고 다음의 자에 의하여 서명되어 있는 것:

• 운송인, 또는

• 운송인을 대리하는 지정대리인.

운송인 또는 대리인의 모든 서명은 운송인 또는 대리인의 서명이라는 것이 확인되어야 한다.

대리인의 모든 서명은 그 대리인이 운송인을 위해 대리하여 서명하였다는 것을 표기하야 한다.

ⅱ. 물품이 운송을 위하여 수취되었다는 것을 표기하고 있는 것.

ⅲ. 발행일자를 표기하고 있는 것. 항공운송서류가 실제 선적일자에 관한 특정 부기를 포함하고 있지 않는 한, 이 일자는 선적일자로 본다. 이 경우 그 부기에 명시된 일자는 선적일자로 본다.

항공편 번호 및 일자에 관하여 항공운송서류상에 명시되어 있는 기타 모든 정보는 선적일자를 결정하는데 고려되지 아니한다.

ⅳ. 신용장에 기술된 출발공항과 목적공항을 표기하고 있는 것.

ⅴ. 신용장이 전통의 원본을 규정하고 있는 경우에도, 탁송인 또는 송하인용 원본인 것.

ⅵ. 운송의 조건을 포함하고 있거나 또는 운송조건을 포함하는 또 다른 자료를 참조하고 있는 것. 운송조건의 내용은 심사되지 아니 한다.

b. 본조에서, 환적이란 신용장에 명시된 출발공항으로부터 목적공항까지의 운송과정 중에 한 항공기로부터 양화 및 다른 항공기로의 재 적재를 의미한다.

c. ⅰ. 항공운송서류는 물품이 환적이 예정되어 있다거나 또는 될 수 있다고 표기할 수 있다. 단, 전 운송은 하나의 동일한 항공운송서류에 의하여 커버되어야 한다.

ⅱ. 신용장이 환적을 금지하고 있는 경우에도, 환적이 이행될 것이라거나 또는 이행될 수 있다고 표기하고 있는 항공운송서류는 수리될 수 있다.

④ 특사수령증, 우편수령증 또는 우송증명서(제25조)

a. 운송물품의 수령을 입증하는 특사수령증은 그 명칭에 관계없이 다음과 같이 명시되어야 한다:

ⅰ. 특송 업자의 명칭을 표기하고, 신용장에서 물품이 선적되어야 한다고 명시하고 있는 장소에서 지정된 특송 업자가 스탬프 또는 서명한 것; 그리고

ⅱ. 접수일자 또는 수령일자 또는 이러한 취지의 문언을 표기하고 있는 것. 이 일자는 선적일자로 본다.

b. 특송 요금이 지급 또는 선지급되어야 한다는 요건은 특송 요금이 수하인 이외의 당사자의 부담이라는 것을 증명하는 특송 업자가 발행한 운송서류에 의하여 충족될 수 있다.

c. 운송물품의 수령을 입증하는 우편수령증 또는 우송증명서는 그 명칭에 관계없이 신용장에서 물품이 선적되어야 한다고 명시하고 있는 장소에서 스탬프 또는 서명되고 일자가 기재된 것으로 명시되어야 한다. 이 일자는 선적일자로 본다.

⑤ "갑판적", "송하인의 적재 및 수량 확인" 및 운임의 추가비용(제25조)

a. 운송서류는 물품이 갑판에 적재되었다거나 또는 될 것이라고 표기해서는 아니 된다. 물품이 갑판에 적재될 수 있다고 명시하고 있는 운송서류상의 조항은 수리 가능하다.

b. "송하인의 적재 및 수량확인"(shipper's load and count) 및 "송하인의 신고내용에 따름"(said by shipper to contain)과 같은 조항을 기재하고 있는 운송서류는 수리 가능하다.

c. 운송서류는 스탬프 또는 별도의 방법으로 운임에 추가적인 비용에 대한 참조를 기재할 수 있다.

⑥ 무고장 운송서류(제27조)

은행은 무고장 운송서류만을 수리한다. 무고장 운송서류는 선적물품 또는 그 포장에 하자가 없는 상태로 표기된 운송서류이다. 신용장에서는 운송서류가 "무고장 본선적재(clean on board)" 이어야 한다는 요건을 기술한 경우에도 "무고장(clean)" 이라는 단어는 운송서류상에 표기될 필요는 없다.

(다) 보험서류의 심사(제28조)

a. 보험증권, 포괄예정보험에 의한 보험증명서 또는 확정통지서와 같은 보험서류는 보험회사, 보험업자 또는 이들 에이전트 또는 이들 대리업자에 의하여 발행되고 서명된 것으로 명시되어야 한다.
   대리자 또는 대리업자의 모든 서명은 그 대리자 또는 대리업자가 보험회사를 위해 서명하였는지 또는 보험업자를 위해 서명하였는지를 표기하여야 한다.
b. 보험서류가 2통 이상의 원본으로 발행되었다고 표기하고 있는 경우에는 모든 원본이 제시되어야 한다.
c. 보험 인수증은 수리되지 아니한다.
d. 보험증권은 포괄예정보험에 의한 보험증명서 또는 확정통지서를 대신하여 수리 가능하다.
e. 보험서류에서 담보가 선적일로부터 유효하다고 명시되지 아니하는 한, 보험서류의 일자는 선적일자보다 늦어서는 아니 된다.
   i. 보험서류는 보험 담보금액을 표기하여야 하고 신용장과 동일한 통화이어야 한다.
   ii. 보험담보가 물품가액, 송장가액 또는 이와 유사한 가격의 비율이어야 한다는 신용장상의 요건은 최소한의 담보금액이 요구된 것으로 본다.
      부보금액에 대해 신용장에 아무런 언급이 없는 경우, 보험서류상의 최저 부보금액은 적어도 CIF(운임 및 보험료 포함 가격: 해상운송) 또는 CIP(운임 및 운송비 포함가격: 복합운송) 가액의 110%가 되어야 한다.
      CIF 또는 CIP 가격이 보험서류로부터 결정될 수 없는 경우에는, 보험담보 금액은 지급이행 또는 매입이 요청되는 금액 또는 송장에 표시된 물품 총 가액 중에서 더 큰 금액을 기초로 하여 산정되어야 한다.
   iii. 보험서류는 위험이 적어도 신용장에 명시된 대로 수탁 또는 선적지와 양륙 또는 최종 목적지 구간이 담보되었다는 것을 표기하여야 한다.
g. 신용장은 요구된 보험의 종류를 명시하여야 하고, 담보되어야 하는 부가위험이 있다면 그 부가위험도 명시해야 한다. 신용장에 "통상적 위험"(usual risks) 또는 "관례적 위험"(customary risks)과 같은 부정확한 용어를 사용하는 경우에는, 보험서류는 어떠한 위험의 부보 여부와 관계없이 수리되어야 한다.
h. 신용장이 "전 위험에 대한 보험을 요구하고 있는 경우," "전 위험이라는 표제를 기재하고" 있는지의 여부와 관계없이 "전 위험의 표기 또는 조항을 포함하고 있는 보험서류가 제시된 경우에는 그 보험서류는 제외되어야 한다고 명시된 어떠한 위

험에 관계없이 수리되어야 한다.

i. 보험서류는 모든 면책조항(exclusion clause)의 참조를 포함할 수 있다.

j. 보험서류는 담보가 소손해면책률 또는 초과 공제면책비율 조건으로 한다는 것을 표기할 수 있다.

(5) 서류의 원본과 사본(UCP 600 제17조)

a. 적어도 신용장에 규정된 각 서류의 원본 1통은 제시되어야 한다.

b. 서류 그 자체가 원본이 아니라고 표기하고 있지 아니하는 한, 명백히 서류발행자의 원본 서명, 표기, 스탬프, 또는 라벨을 표기하고 있는 서류를 원본으로써 취급한다.

c. 서류가 별도로 표기하지 아니하는 한, 또한 서류가 다음에 해당하는 경우에는, 은행은 서류를 원본으로써 수리한다:

　i. 서류발행자에 의하여 수기, 타자, 천공 또는 스탬프된 것으로 보이는 경우; 또는

　ii. 서류발행자의 원본 용지상에 표기된 것으로 보이는 경우; 또는

　iii. 그 진술이 제시된 서류에 적용되지 아니하는 것으로 보이지 않은 한, 원본이라는 기술이 있는 경우.

d. 신용장이 사본 서류의 제시를 요구하는 경우에는 원본 또는 사본의 제시는 허용된다.

e. 신용장이 "2부"(in duplicate), "2부"(in two fold), "2부"(in two copies) 와 같은 용어를 이용함으로써 여러 부수의 서류의 제시를 요구하는 경우에는, 이것은 서류 자체에 별도의 표기가 있는 경우를 제외하고는 적어도 원본 1부와 사본으로 된 나머지 부수의 제시에 의하여 충족된다.

(6) 하자서류의 매입방법

신용장거래에서 제시서류가 신용장의 조건에 일치하지 않으면 신용장에 의한 대금회수가 보장되지 않는다. 이 경우 매입은행이 매입하는 방법에는 ① 환어음을 추심한 후 그 대금이 입금된 후에 지급하는 방법인 추심에 의한 방법(collection base), ② 매입은행이 개설은행 앞으로 하자내용을 통보하고 매입 여부를 전신으로 조회하여 그 승인을 받은 후 매입하는 방법(cable negotiation), ③ 신용장의 조건을 하자있는 운송

서류에 맞추어 조건을 변경하여 그 하자를 해결한 후 매입하는 방법, ④ 매입은행의 하자매입에 대해 개설은행으로부터 대금지급이 거절되는 경우에는 매입자금을 반환하겠다는 보증서(L/G; Letter of Guarantee)를 수익자로부터 징구한 후에 매입하는 보증서 매입방법이 있다.

수익자(수출자)로부터 보증서를 받고 하자있는 수출환어음을 매입하는 경우는 상기 산출공식의 해당 환가료율에 1.5%를 가산한 요율을 적용하고 있다.

보증부 매입(L/G Nego)은 수출환어음이 제시서류의 하자로 인하여 부도 또는 지급거절 되었다는 통지를 개설은행으로부터 접수하면 수익자(수출자)는 매입대금 및 그 동안의 이자를 산출하여 매입은행에 즉시 반환하겠다는 각서(확인서)를 받고 매입하는 것이다. 이를 매입은행의 입장에서는 하자부 매입이라고도 한다. 이때 수익자(수출자)가 매입은행에 제시하는 각서(확인서)는 보상장(Letter of Indemnity)이다.

[예시 7-7] SWIFT 수출신용장 수신 사례

Sender: UNION BANK, Osaka Branch
Receiver: INDUSTRIAL BANK OF KOREA, KONGJU BRANCH
40A: Form of Documentary Credit: Irrevocable & Transferable
20: Documentary Credit Number: KONGJUEC 1000-730
31C: Date of Issue: November 16, 2016
31D: Date and Place of Expiry: December 31, 2016 in Korea
50: Applicant: Elecom International Co. Ltd. No. 22-15, Shinkawa 1-Chome, Chuo-Ku, Tokyo, Japan
59: Beneficiary: Kongju Industry Company, Ltd., 422-90, Shinkwan-Dong, Kongju, Choongnam, Korea
32B: Currency Code Amount: UD$156,057.00
41D: Available with INDUSTRIAL BANK OF KOREA, KONGJU BRANCH by Negotiation
42C: Drafts at 90 days after sight
42D: Drawee - Name and Address: Issuing Bank
43P: Partial shipment: not permitted
43T: Transhipment: allowed
44A: On Board/Disp/Taking in Charge: Busan, Korea

44B: For Transportation to: Osaka Port, Japan
44D: Shipment Period: December 10, 2016
45A: Descriptions of Goods and or Services
Woven Fabric, 28,374M, USD5.50/M
CIF Osaka, Japan
46A: documents required
+ Signed Commercial Invoice in 2 Copies
+ Packing List in 2 Copies bearing offer No.
+ Full set of clean on board ocean bill of lading made out to order of shipper and blank endorsed made out to order of UNION BANK, Osaka Branch, Marked Freight Prepaid and Notify Party Applicant
+ Full set of Marine Insurance Policy or Certificate in duplicate, blank endorsed for 110% of Invoice value, covering Institute Cargo Clauses(A) and (War) with claims payable in USA in the currency of the drafts
+ Beneficiary Certificate certifying that one complete set of non-negotiable documents have been sent to Applicant by DHL within 6 days after shipment date.
53D: Reimbursing bank: MHTC BANK, New York Branch
71B: Charges:
+ All banking charges and commissions including reimbursement charge outside Japan are for account of beneficiary
48: Period for presentation
+ All Documents must be presented for negotiation within 20 days after the issuance date of the shipping documents but within the validity of the Credit.
49 : Confirmation Instruction: Without
78: Instruction to Pay/Accpt/Nego Bank
+ All Documents must be sent to Union Bank, Osaka Branch by Courier Service in two lots
+ We will charge USD50 for each document found not in compliance with L/C terms where or not we take up the same at our sole discretion.
+ Please claim your reimbursement from reimbursing bank
72: This Credit is subject to UCP 600(2007)

제 3 절 수출환어음의 매입자금 지급과 사후관리

1. 수출환어음의 매입자금 지급

매도자(수익자)는 신용장의 조건에 따라 상업송장 및 포장명세서 등과 외부에서 발급받은 선하증권, 보험서류 및 검사증명서 등의 서류에 환어음을 첨부하여 자신의 거래은행에 매입을 의뢰한다. 이에 매입은행은 매입하기 전에 매입을 위한 일정한 절차를 통하여 매입여부를 결정하고 매입하기로 결정한 경우에는 관련 서류의 징구와 함께 외국환거래약정과 여신에 준하는 여신거래약정을 체결해야 한다.

서류준비와 약정절차가 완료되면 매입은행은 수출자가 제시한 서류와 신용장의 조건과의 일치성을 심사를 한 후 매입하면 제반 수수료 및 무역금융(취급한 경우) 등을 공제한 후 수출대금을 지급하게 된다.

그리고 매입은행은 제시된 서류를 개설은행 앞으로 송부하여 수출대금을 회수하게 된다.

(1) 일람급 수출환어음의 매입

일람급신용장의 수출환어음이나 추심방식(D/P) 수출환어음의 매입 시 적용되는 환율은 일람급환어음매입률이다. 즉 일람급환어음매입률 = 전신환매입률 − (표준우편일수[12]/360 × 연환가료율[13] × 매매기준율).

(2) 기한부 수출환어음의 매입

기한부 환어음매입률(usance bill buying rate)은 다음과 같이 산출된다.

◉ 일람 후 정기출급인 경우
전신환매입률 - 〔(어음기간(결제기간) + 표준우편일수)/360 × 연환가요율 × 매매기준율〕

---

12) 표준우편일수는 일본 엔화(JPY), 홍콩 달러화(HKD), 말레이시아 링키트화(MYR), 싱가포르 달러화(SGD), 인도네시아 루피아(IBR), 태국 바트(THD)는 7일이며, 달러를 포함한 기타 통화는 8일, 재매입(Renego) 시는 통화구분 없이 12일이며, 연환가료율은 LIBOR + 1%이다.

13) 연환가료율: 당해통화 3개월물 Euro금리(LIBOR)에 1%를 가산한 범위 내에서 은행이 주 1회 이상 자율적으로 정한다.

◉ 확정일자후 정기출급인 경우

전신환매입률 - (매입일자에서 만기일까지 기간/360 × 연환가요율 × 매매기준율)

2. 수출입 사후관리

우리나라는 우선 법적으로는 수출입자는 모든 무역(수출입)을 외국환거래법 및 대외무역법 등 관련법령에 따라 이행해야 하며, 한편 그 사후관리기관은 이를 확인·관리해야 한다. 즉 수출입자와 사후관리기관은 수출입의 승인조건대로 이행(승인품목에 해당되는 경우) 여부, 수출입금액에 따른 대금지급 또는 그 영수의 이행 여부 등이 관련 법령에 따라 이행되었는지를 확인·관리해야 한다.[14)]

그리고 수출입자와 관계 은행(통상 매입은행과 개설은행)은 스스로 수출입 건에 대한 대금영수 또는 지급이 조건대로 입금 또는 지급되었는지를 확인해야 한다. 또 각종 업무처리과정에서 문제가 있거나 잘못이 있는 경우 이를 바로 잡기위해 취해지는 각종 조치를 해야 한다. 여기에는 은행에서 서류의 오류발송에 대한 조회(회송 요청) 및 재발송, 매입금액과 입금금액과의 차이 원인파악 및 부족분 입금 요청, 서류발송 후 서류인수 요청, 서류의 수정을 위한 새로운 서류로 대체 등이 있다.

예컨대 매입은행은 자신이 매입한 수출환어음대금(매입대금)이 지시대로 그리고 일정대로 개설은행 또는 상환은행 등으로부터 입금되지 아니한 경우에는 그 개설은행 또는 상환은행 등에 그 원인을 확인하거나 또는 그 입금을 독촉하기 위한 서한 또는 전문을 작성하여 발송한다. 물론 지연 입금된 경우에도 지연이자를 청구하기 위한 서한 또는 전문을 작성하여 발송한다. 한편 수출자도 수입자를 상대로 이를 조사·확인하고 가능한 조치를 취해야 한다.

그런데 반복적인 조치(독촉 등)에도 불구하고 대금회수가 지연되는 경우에는 매입은행은 수출업자로부터 수출환어음의 매입대전을 상환·청구하며, 경우에 따라서는 국제소송을 준비하는 경우도 있을 것이다.

따라서 여기에서는 이와 같은 조치를 위한 통신사례로 Cable 또는 Telex에 의한 예문을 들었으나, 현재 주로 SWIFT로 이루어지고 있다. SWIFT는 표준화된 서식을 이용하기 때문에 일반 Cable 또는 Telex를 작성할 수 있으면 SWIFT는 더 쉽게 작성할 수 있을 것이다.

---

14) 외국환거래규정 제5-9조(대응수출입 이행의무) ① 건당 미화 5만불을 초과하는 수출대금을 물품의 선적 전에 수령한 자는 동 대금을 반환하거나 대응수출을 이행하여야 한다. ② 선적서류 또는 물품의 수령 전에 송금방식에 의하여 건당 미화 2만불을 초과하는 수입대금을 지급한 자는 동 대금을 반환받거나 대응수입을 이행하여야 한다. 이 이외 대외무역관리규정 제39조 - 제46조 등 및 기타 관련법의 조항대로 관리해야 한다.

(1) 매입업무 과정에서의 오류

예시1 잘못 발송된 매입서류의 당 은행 앞 반송 요청하는 경우(상대방 은행으로부터 통보가 온 경우)

RE YOUR MESSAGE DTD NOV. 10, 2016 UNDER UNION BANK, OSAKA L/C NO NL90876 AND OUR REF NO. NS427-20-908760 FOR USD 220,000.00 (UNION BANK 오사카 신용장 번호 NL90876, 당 은행의 참조번호 NS427-20-908760(USD 220,000.00)에 관한 2016/11/10일자 귀 은행의 전문).

ABOVE DOCUMENTS MISMAILED TO YOU BY OUR OVERSIGHT. PLEASE RETURN THEM TO US BY COURIER SERVICE UNDER CABLE ADVICE(상기 서류가 당 은행의 부주의로 인하여 귀 은행 앞으로 잘못 전송되었습니다. 따라서 당해 서류를 특별 송달서비스 편로 당 행에 반송하고 그 결과를 통지하여 주기 바랍니다).

ALL EXPENSES ARE FOR OUE ACCOUNT. THANKS FOR YOUR NOTIFICATION (모든 비용은 당 은행의 부담으로 합니다. 귀 은행이 통보해 주면 감사하겠습니다).

B' RGDS. EXPORT DEPT.

예시2 오류 발송된 서류를 개설은행 앞 직송 요청하는 경우

RE YOUR MESSAGE DTD NOV. 10, 2016 UNDER UNION BANK, OSAKA L/C NO. NL90876 AND OUR REF NO. NS427-20-908760 FOR USD 220,000.00(UNION BANK 오사카 신용장번호 NL90876이며, 당행의 참조번호 NS427-20-908760(매입금액 USD220,000)에 관한 2016년 11월 10일자 귀 은행의 전신문에 관한 내용).

ABOVE DOCUMENTS MISMAILED TO YOU BY OUR STAFF'S ERROR. PLEASE TRANSMIT THEM DIRECTLY TO UNION BANK, OSAKA UNDER CABLE ADVICE TO US QUOTING OUR REF.(상기 서류가 당 은행 직원의 부주의로 귀 은행에 오송되었습니다. 따라서 당해 서류를 UNION BANK, OSAKA로 직접 전달하고 그 결과를 당 은행의 참조번호를 인용하여 당 은행에 전신으로 통지해 주기 바랍니다).

ALL EXPENSES ARE FOR ARE ACCOUNT. THANKS IN ADVANCE FOR YOUR COOPERATION(모든 비용은 당 은행이 부담합니다. 귀 은행이 협조해시면 감사하겠습니다).

B' RGDS. EXPORT DEPT.

예시3 오류 방송을 자신의 은행, 즉 당 은행이 먼저 알았을 경우

RE OUR REF NO. NS427-20-908760 FOR USD 220,000.00 UNDER UNION BANK, OSAKA L/C NO NL90876 DTD SEPT. 25, 2016(2016년 9월 25일자로 개설된 UNION BANK 오사카 신용장 번호 NL90876에 따라 매입한 USD220,000에 대한 당행의 참조번호 NS427-20-908760에 관한 전문).

WE HAVE FOUND THAT THE ABOVE DOCUMENTS MISMAILED TO YOU INSTEAD OF UNION BANK, OSAKA BY OUR OWN FAULT(당 은행은 상기 서류가 당 은행의 과오로 UNION BANK, OSAKA로 발송되어야 할 서류가 귀행 앞으로 오송되었다는 것을 발견했습니다). FOR YOUR INFORMATION, THE DOCUMENTS DISPATCHED BY DHL NO. 908763908 ON NOV. 5, 2016 AND RECEIVED AT YOUR COUNTER ON NOV. 10, 2016(귀 은행에 정보를 드리면, 당해 서류는 2016년 11월 5일자 DHL NO. 908763908로 급송되었으며, 귀 은행의 창구에는 2016년 11월 10일자로 접수되었습니다).

PLEASE INVESTIGATE AND RETURN THEM TO US BY DHL SERVICE AT OUR EXPENSE UNDER TESTED SWIFT OR TELEX ADVICE(따라서 이를 확인하여 당 은행의 비용으로 DHL 서비스로 반송하고 이 결과를 SWIFT 또는 TELEX 통보하여 주시 바랍니다).

B' RGDS. EXPORT DEPT.

예시4 매입서류 발송 후 정정서류 발송

RE YOUR CREDIT NO. NL90876 DATED SEPT. 25, 2016
OUR REF NS427-20-908760 FOR USD 220,000.00

(귀 은행의 2016년 9월 25일자 신용장 번호 NL90876 및 당 은행의 매입금액 USD220,000에 대한 참조번호 NS427-20-908760)

AT YOUR REQUEST, TODAY WE HAVE SENT THE REVISED COMMERCIAL INVOICE TO YOU BY DHL SERVICE(귀 은행의 요청으로 당일 당 은행은 DHL 서비스를 이용하여 정정된 상업송장을 발송했습니다).

PLEASE REMIT THE PROCEEDS TO OUR ACCOUNT WITH CHEMICAL BANK, NEW YORK UNDER TELEX OR SWIFT ADVICE AS REQUESTED IN OUR COVERING LETTER(따라서 당 은행의 매입서류의 표지에 지시된 대로 그 대금을 CHEMICAL BANK 뉴욕지점에 있는 당 은행의 계좌번호로 송금하고 전신 또는 SWIFT로 통지하여 주기 바랍니다).

 예시5 **매입서류 발송 후 추가서류를 발송할 경우**

RE YOUR CREDIT NO. NL90876 DATED SEPT. 25, 2016
OUR REF NS427-20-908760 FOR USD 220,000.00
(귀 은행의 2016년 9월 25일자 신용장 번호 NL90876, 당행의 매입금액 USD220,000에 대한 참조번호 NS427-20-908760)

AT THE REQUEST OF BENEFICIARY, TODAY WE HAVE FORWARDED THE CERTIFICATE OF ORIGIN TO YOU BY DHL SERVICE(수익자의 요청으로 당일 당은행은 DHL 서비스를 이용하여 원산지 증명서를 발송했습니다).

PLEASE DELIVER THEM TO APPLICANT AGAINST PAYMENT(따라서 대금결제로 당해 서류를 개설의뢰자에게 인도해 주기 바랍니다).

 예시6 **매입서류 발송 후 서류를 교체할 경우**

RE YOUR CREDIT NO. NL90876 DATED SEPT. 25, 2016
OUR REF NS427-20-908760 FOR USD 220,000.00
(귀 은행의 2016년 9월 25일자 신용장 번호 NL90876 및 당 은행의 매입금액 USD220,000에 대한 참조번호 NS427-20-908760)

AT THE REQUEST OF BENEFICIARY, TODAY WE ARE FORWARDING THE NEW INSPECTION CERTIFICATE TO YOU(수익자의 요청으로 당 은행은 당일 새로운 검사증명서를 발송했습니다).

PLEASE SUBSTITUTE THEM FOR THE PREVIOUS ONES AND RETURN THE OLD ONES TO US UNDER ADVICE TO US QUOTING OUR REF(이전 서류를 새로운 서류로 대체하고 이전 서류를 반송하여 주기 바랍니다. 그리고 당 은행의 참조번호를 인용하여 당 은행에 통지하여 주기 바랍니다).

(2) 매입한 후 입금 사후관리

 예시1 **미 입금된 매입대전에 대한 개설은행 앞 조회**

RE YOUR CREDIT NO. NL90876 DATED SEPT. 25, 2016 FAVORING ELECOM BANK, CO., LTD. AND OUR REF NS427-20-908760 FOR USD 220,000.00(귀 은행의 2016년 9월 25일자 일렉콤뱅크 주식회사를 수익자로 하는 신용장 번호 NL90876, 당 은행의 매입금액 USD220,000에 대한 참조번호 NS427-20-908760에 관한 건임)

WE HAVE NEGOTIATED THE ABOVE DOCUMENTS IN STRICT CONFORMITY WITH TERMS AND CONDITIONS OF L/C AND FORWARDED TO YOU BY DHL ON OCT. 28TH, 2016. HOWEVER WE HAVE NOT YET RECEIVED PAYMENT UP TO DATE(당 은행은 신용장의 조건과 엄격 일치하게 상기 서류를 매입하여 2016년 10월 28일자로 DHL를 이용하여 당해 서류를 귀 은행에 송부했습니다. 그러나 지금까지 그 대금이 입금되지 않았습니다).

PLEASE INVESTIGATE ABOVE ITEMS AND REMIT TO OUR ACCOUNT WITH CHEMICAL BANK, NEW YORK AS INSTRUCTED SOONEST UNDER ADVICE TO US QUOTING OUR REF NS427-20-908760(따라서 이를 조사해 보고, 지시한 대로 CHEMICAL BANK 뉴욕지점의 당 은행의 계좌번호로 가능한 신속하게 송금하고, 그 결과를 당 은행의 참조번호 NS427-20-908760을 인용하여 당 은행에 통지하여 주기바랍니다).

B' RGDS. EXPORT DEPT.

 예시2 **미 입금된 매입대전에 대한 결제은행 앞 조회**

RE OUR REF NS427-20-908760 FOR USD 220,000.00 UNDER UNION BANK, OSAKA CREDIT NO. NL90876 DTD SEPT. 25, 2016(2016년 9월 25일자 UNION BANK, OSAKA 신용장 번호 NL90876의 조건에 따라 매입한 USD220,000에 대한 당 은행의 참조번호 NS427-20-908760에 관한 내용임)

WE HAVE NEGOTIATED THE ABOVE DOCUMENTS IN STRICT CONFORMITY WITH TERMS AND CONDITIONS OF L/C ON OCT. 28, 2016. AND FORWARDED OUR REIMBURSEMENT CLAIM TO YOU. HOWEVER WE HAVE NOT YET RECEIVED PAYMENT UP TO DATE(당 은행은 2016년 10월 28일자로 신용장의 조건과 엄격 일치하게 상기 서류를 매입하였으며 귀 은행 앞으로 당 은행의 상환 청

구서를 발송했습니다. 그러나 지금까지 그 대금이 입금되지 않았습니다).

PLEASE CHECK AND CONFIRM THE RESULTS BY SWIFT/TELEX QUOTING OUR REF NS427-20-908760(따라서 이 사실을 조사하여 그 결과를 당 은행의 참조번호 NS427-20-908760을 인용하여 SWIFT 또는 TELEX로 확인·통지하여 주기 바랍니다).

B' RGDS. EXPORT DEPT.

(3) 기타 매입업무 사후관리

예시1 인수통보 확인/ 기업은행 사례

ATTN : IMPORT SEC

RE OUR REF NO. 14852053009184 FOR USD21,997.50 UNDER YR REF NO. 661733338 DTD MAR 09, 2016

WE FORWARDED THE DOCUMENTS TO YOU ON APR 12, 2016 BUT WE HAVE NOT RECEIVED YOUR ADVICE OF ACCEPTANCE ON THIS ITEM UP TO DATE(당은행은 2016년 4월 12일자로 서류를 귀 은행에 발송했으나, 지금까지 위 건에 대한 인수통보를 접수하지 못했습니다).

PLS URGENTLY INVESTIGATE AND LET US KNOW THE RESULTS IMMEDIATELY (따라서 이 사실을 긴급히 조사하여 그 결과를 즉시 알려 주시기 바랍니다).

REGARDS. EXPORT TEAM.

예시2 SWIFT에 의한 인수통보

FM 발송은행 BIC CODE:: BLOMLBBXXXX

BANK NAME : BLOM BANK S. A. L. (BEIRUT)

접수 구분 : 정상

해외발송 일자 : 2016-05-07

TO : INDUSTRIAL BANK OF KOREA SEOUL(수신 : 기업은행 서울)

20 : TRANSACTION REFERENCE NUMBER(참조번호)

LCI/050/MAR/16

21 : RELATED REFERENCE(관련번호)
　1485205-3010432
79 : NARRATIVE(내용)
　ATT : INTERNATIONAL FINANCE AND TRADE DEPT.
　+++ (국제금융 및 무역부)
　RE YOUR COVERING LETTER DD 21. 04. 2016
　(2016년 4월 21일자 귀 은행의 표지)
　DOCS FOR USD10,794.65 APPROVED STOP
　(승인된 서류금액 USD10,794.65)
　WE SHALL CREDIT ON DUE DATE 2016. 09. 16 YR USD A/C NO. 963-THR-106-01-7 WITH KOEXKRSE FOR USD10,043.01(당 은행은 만기일인 2016년 9월 16일에 한국외환은행에 있는 귀 은행의 USD 계좌번호 963-THR-106-01-7로 미화 10,043.01 달러를 입금할 것입니다.
　(BEING VALUE OF DOCS LESS OUR P/O FEES AND 3 PCT AGENT COMMISSION)/그 입금금액은 당 은행의 P/O 요금과 3%의 대리점수수료를 차감한 금액임)

REGARDS.

예시3 감액을 조건으로 한 불일치 서류의 수리통보

TO BIC CODE:: YAPITRAS072
TELEX NUMBER :
　BANK NAME : YAP VE KREDI BANKASI A.S(HEAD OFFICE)
　접수구분 : 정상
　해외 발송일자 : 2016-06-18
TO : INDUSTRIAL BANK OF KOREA SEOUL(수신 : 기업은행 서울)
20 : TRANSACTION REFERENCE NUMBER(참조번호)
　661733338
21 : RELATED REFERENCE(관련 참조번호)
　1485205-3009184
79 : NARRATIVE(내용)
　ATTN : EXPORT TEAM(수출팀)
　APPLICANT(개설의뢰자) : KIMTEKS KIMYA TEKSTIL

URUN.TIC.A.S.
BENEFICIARY(수익자) : DAE JUN TEXPIA CO.
L/C AMOUNT(신용장금액) : USD20,950.00(+/-5 PCT)
DOCS AMOUNT(서류금액) : 21,997.50
OUR CUSTOMER INFORMED US THAT THE APPLICANT WILL ACCEPT THE DISCREPANCIES IF THE BENEFICIARY HAS ACCEPTED REDUCTION OF USD9,000.00 FROM DOCS. AMOUNT(당 은행은 수익자가 서류금액으로부터 USD9,000.00의 감액을 허용한 경우에는 개설의뢰자가 그 하자(불일치)를 수리하겠다는 의사를 받았습니다).
THEREFORE, PLS CONTACT THE BENEFICIARY AND CONFIRM US THE ABOVE MENTIONED MATTER BY AUTHENTICATED SWIFT(따라서 수익자와 연락을 취하여 위 문제를 인증된 SWIFT로 확인하여 주기 바랍니다).

BEST REGARDS.

제 4 절 제시서류의 매입과 법률관계

1. 제시서류의 매입과 그 일치성

신용장거래에서의 매입은 신용장상의 의무이행과 서류의 일치성에 모두 관계가 있다. 즉 환어음 및/또는 서류의 매입을 위해서는 반드시 제시서류의 심사과정이 필요하며, 원칙적으로 일치성을 전제로 한다.

개설은행이 지정한 매입은행은 본질적으로 이와 같은 프로세스를 이행해야 한다. 매입을 위한 그 제시가 일치하지 아니한 경우에는 UCP 600 제7조 b항이[15] 적용되지 않는다. 또 본 조항의 정신은 제16조[16]에 반영되어 있다.[17] 따라서 신용장의 조건에 일치하는 서류를 개설은행에 제시해야 하며, 당해 제시서류가 특정 기일까지 개설은행

15) 개설은행은 신용장을 개설하는 시점부터 취소불능의 지급의무를 부담한다(UCP 600 제7조 b항).
16) 지정에 따라 행동하는 지정은행, 확인은행(있는 경우) 또는 개설은행은 제시가 일치하지 아니한 것으로 결정하는 경우에는, 지급 또는 매입을 거절할 수 있다(UCP 600 제16조 a항).
17) R. Bose(2011), p.7.

에 도달될 필요는 없다. 단지 신용장의 조건에 따라 지정은행에 제시하면 개설은행은 지급할 의무가 있다(Smith, 2006).

이와 같은 매입 프로세스에서 수익자의 매입의뢰는 일치하는 환어음 및/또는 서류를 지정은행에 제시하는 것을 의미하며, 당해 지정은행이 그 제시서류를 매입 후 개설은행에 발송 시에는 개설은행이 개설한 특정한 신용장에 의해 매입되었다는 취지를 매입서류의 표지상에 명시해야 한다. 그러나 그러한 표시가 없다고 해도 UCP 600의 조건에 위반되는 것은 아니며, 또 그러한 취지의 생략이 매입은행으로서 지정은행의 위상에 영향을 미치는 것도 아니다. 또한 당해 지정은행이 개설은행에 그 매입사실을 확인하는 한, 그 개설은행의 지급의무가 면제되는 것도 아니다[18]

그리고 제시서류의 심사에 있어서는 일치성의 정도, 즉 일치성의 기준이 문제가 되는데 전통적으로 신용장거래는 그 형식적인 엄격성을 원칙으로 하기 때문에 제시되는 서류는 신용장의 조건과 엄격하게 일치해야 한다는 것을 원칙으로 하고 있다. 즉 은행은 신용장의 조건과 엄격하게 일치하지 않는 서류에 대해 거절할 권리가 있다는 법적 원칙을 신용장거래에서는 전통적인 엄격 일치성의 원칙이라 칭하며, 그 원칙 하에서는 제시서류가 엄격하게 일치하지 않는 경우, 그 개설의뢰자가 동의하지 않는 한 지급할 수 없다는 것이다. 그러나 이와 같은 일치성의 기준은 그동안 완화되어 UCP 600 제14조 d항에서는 "일치할 필요는 없지만 상충되어서는 안 된다(not be identical to, but must not conflict with)"는 심사기준을 요건으로 하고 있다. 여기에서 "상충되지 아니한"이란 언급은 문자적 엄격 일치성을 요구하지 않는다.[19]

물론 서류상에 불일치한 내용이 있는 경우에는 매입은행은 개설은행에 그 불일치한 내용을 통보하여 매입가능 여부를 조회하고 매입하거나 또는 개설은행으로부터 대금지급 거절 시 반환하겠다는 보증서(L/G; Letter of Guarantee)를 수익자로부터 징구하고 매입하는 방법 등이 있으며, 실무적으로는 통상적으로 있는 일이다.

따라서 매입은행은 매입은행으로서 각국의 법제도 하에 권리와 보호를 받기를 원한다면, 제시서류를 심사하여 일치하는 서류(환어음)를 적법절차에 따라 매입해야 한다(Smith, 2006).

그리고 우리나라의 경우에는 비신용장방식이라 할지라도 신용장제도의 매입업무에 준하여 추심 전 매입도 가능하다. 물론 여신거래약정서에 의해 여신약정을 체결하기 때문에 여신에 준하여 처리하고 있다.

---

18) K. T. Fung(2010), "Another look at five banking days and negotiation", *DCInsight*, Vol.16 No.1, p.6.

19) www.evancarmichael.com/Legal/2112/(2010. 2. 16); 채진익(2011), p.231.

2. 매입은행의 상환청구

신용장이 매입으로 이용되는 매입신용장인 경우, UCP 600 제7조 c항은 지정은행에 대한 개설은행의 상환의무에 대해 정의하고 있다. 즉, "개설은행은 일치하는 제시서류를 지급하거나 또는 매입하고 그 서류를 개설은행에 발송한 지정은행에게 상환할 것을 약정한다. 인수 또는 연지급에 의하여 이용되는 신용장 하에서 일치하는 서류제시에 대한 상환은 지정은행이 만기일 이전에 선급 또는 구매하였는지의 여부와 관계없이 만기일에 이행된다. 지정은행에 상환하기로 하는 개설은행의 약정은 수익자에 대한 개설은행의 약정과 독립된다."라고 규정하고 있다. 개설은행이 수익자에게 지급할 의무가 없다고 할지라도(예컨대 사기를 이유로), 개설은행은 수익자에게 이미 지급한 지정은행에 상환해야 한다(Andrle, 2009).

본조에서는 지정은행의 상환청구권에 대한 성격과 범위를 명백히 하고 있다. 지정은행의 상환청구권을 명백히 함으로써 UCP 600은 지정은행의 권리를 강조하고 있다. 또 그 권리가 "독립적"이라고 선언함으로써 UCP 600은 수익자의 사기로부터 지정은행을 보호하기 위한 개념적인 기초를 규정하고 있다. 따라서 UCP 600은 지정은행이 수익자의 사기로 입은 손해를 보호한다.[20]

우선, 지정된 매입은행의 상환청구의 유효성은 일치하는 제시를 "매입" 했는지의 여부에 달려 있다. 물론 일치성은 사기발견의 문제가 아닌 서류심사의 문제이다. UCP 600에서는 상환을 청구하는 지정은행은 개설은행의 상환여부와 관계없이 자금을 선급하거나 또는 선급하기로 약정해야 한다고 규정하고 있다. 따라서 지정된 매입은행이 지금지급일을 예정된 상환일자 이전으로 정한 경우, 수익자에게 자금을 선급하기로 약정한 후에 유효하게 상환을 청구할 수 있다. 그 매입은행이 개설은행으로부터 자금을 수취한 경우, 자금을 선급하기로 하는 약정은 "매입"이 아니다(Barnes, 2007).

또한 지정된 매입은행 이외의 지정은행의 상환청구의 유효성은 그 지정은행이 일치하는 제시에 "지급결제"를[21] 했는지에 달려 있다. UCP 500 제10조 d항과 제14조 a항은 지급에 관계없이 만기에 인수 또는 부담하는 지정은행의 상환청구권을 규정하고 있다. UCP 500의 이들 규정은 UCP 600에서도 계속된다(Barnes, 2007).

그리고 개설은행의 인수/연지급약정을 할인하는 지정은행의 상환청구권을 보호하기

---

20) J. Barnes(2007), "UCP 600 and bank responsibility for fraud", *DCInsight*, Vol.13 No.1, available at Collyer(2007), pp.217-218.

21) "Honour"는 다음을 의미한다. 일람급신용장인 경우에는 일람 후 지급하는 것, 연지급신용장인 경우에는 연지급 확약의무를 부담하고 만기일에 지급하는 것. 인수신용장인 경우에는 환어음("어음")을 인수하고 만기일에 지급하는 것(UCP 600 제2조).

위한 상환약정이 UCP 600에 추가되었다. 즉 UCP 600 제12조 b항은[22] 그 지정은행이 할인(지정은행이 인수한 환어음 또는 부담한 연지급약정을 선급 또는 구매)할 수 있도록 수권하고 있다.

UCP 600 제14조 a항에서는 지정은행 또는 개설은행에 일치하는 서류를 제시하는 한, 개설은행은 지급을 이행해야 한다는 취지의 규정을 하고 있고, 또 본 규칙 제15조에서는 "개설은행이 수익자의 제시가 일치하다고 결정한 경우에는, 그 개설은행은 지급을 이행하여야 한다. 그리고 확인은행의 경우에도 그 제시가 일치하다고 결정하는 경우에는, 그 확인은행은 지급하거나 또는 매입하고 개설은행에게 당해 서류를 발송해야 한다."고 규정하고 있다.[23]

3. 은행의 매입과 그 소구권

매입은행이 개설은행으로부터 대금을 수취하기 전에 수익자에게 선급한 자금이 여러 이유로 지급거절 되는 경우 수익자에 대한 소구권 문제가 발생한다. 우선 금융거래에서 소구권이란[24] 상거래에서 거래당사자 일방이 물품 등을 제공한 대가로 받은 어음이나 수표의 지급이 거절될 경우 그 어음이나 수표를 소지하고 있는 자가 배서인 또는 발행인 등에게 즉시 변상을 청구할 수 있는 권리를 말한다. 따라서 어음 또는 수표의 지급인으로부터 그 어음 또는 수표의 지급이 거절될 경우, 그 소지인은 그 이전의 발행인 또는 소지인에게 그 대금을 청구함으로써 금전상의 피해를 면할 수 있다.

신용장거래에서도 이와 유사한 메커니즘을 통해 매도자인 수익자가 신용장의 조건대로 선적을 완료하고 그 증거가 되는 선적서류 및/또는 환어음을 은행에 제시·매입을 통하여 신용장대금을 조기에 회수할 수 있고, 한편 매입은행은 그 선적서류와 환어음을 담보로 수익자에게 그 자금을 선급하고 그 선급한 자금은 후에 개설은행으로부터 회수함으로써 신용장거래는 종결하게 된다. 통상적으로 매입은행은 신용장대금을

---

22) 환어음을 인수하거나 또는 연지급 확약을 부담할 은행을 지정함으로써, 개설은행은 지정은행이 인수한 환어음 또는 부담한 연지급 확약을 선지급 또는 구매할 수 있는 권한을 그 지정은행에게 부여한다(UCP 600 제12조 b항).

23) 대법원 2011.1.27. 선고 2009다10249 판결(UCP 600 관련 조항으로 수정함)..

24) 어음법 제43조(상환청구의 실질적 요건): 만기에 지급이 되지 아니한 경우 소지인은 배서인, 발행인, 그 밖의 어음채무자에 대하여 상환청구권을 행사할 수 있다. 다음 각 호의 어느 하나에 해당하는 경우에는 만기 전에도 상환청구권을 행사할 수 있다. 1. 인수의 전부 또는 일부의 거절이 있는 경우, 2. 지급인의 인수 여부와 관계없이 지급인이 파산한 경우, 그 지급이 정지된 경우 또는 그 재산에 대한 강제집행이 주효하지 아니한 경우, 3. 인수를 위한 어음의 제시를 금지한 어음의 발행인이 파산한 경우

개설은행으로부터 회수하기 전에 지급하고, 그 대금을 청구하면서 관련 서류는 개설은행에 발송하게 된다. 그러나 매입은행은 개설은행으로부터 제시서류의 불일치, 개설은행의 재정상태 악화 또는 파산, 및 기타 등의 사유로 대금지급이 거절되는 경우, 수익자에게 선급한 매입대금의 반환을 청구하는데, 이를 소구권(right of recourse)이라고 한다. 신용장거래에서는 원칙적으로 신용장에서 상환청구 가능(with recourse)이란 문언이 있거나 또는 없는 경우에도 소구권 행사가 가능하지만, 신용장에 상환청구 불능(without recourse)이라는 문언이 있는 경우에는 소구권을 행사할 수 없다.

3. 은행의 소구권과 UCP

(1) 관계은행의 소구권과 UCP

UCP 500 제9조(개설은행과 확인은행의 의무) a(ⅳ)항에 의하면 "어음의 발행인 및/또는 선의의 소지인에게 소구권 없이 신용장에 의거하여 제시된 서류 및/또는 수익자가 발행한 환어음에 대하여 지급한다." 또 동조 b(ⅳ)항에 "신용장에 의거하여 제시서류 및/또는 수익자가 발행한 어음을 어음발행자 및/또는 선의의 소지인에게 소구권 없이 매입한다."라고 규정하고 있다. 따라서 매입의 선택은 개설은행과 확인은행(있는 경우)의 지급약정 또는 비즈니스 옵션에 어떠한 영향도 미치지 않는다.[25] 또한 동조에서는 신용장에서 매입 또는 인수를 규정하고 있는 경우, 개설은행은 어음발행자(수익자) 또는 선의의 소지자에게 소구권 없이 지급해야 하며, 한편 확인은행(있는 경우)은 소구권 없이 지급하거나 또는 매입해야 한다는 취지의 규정을 하고 있었다.

한편 UCP 600 제8조 (a)(ⅱ)에서는 신용장이 확인은행에서 매입에 의해 이용하도록 규정된 경우에는 확인은행이 소구권 없이 매입하도록 명시적으로 요구하고 있다. 그 "매입"의 정의 조항에서 "소구권이 없는"이라는 문언이 배제된 반면, 확인은행의 의무 조항에서는 그 문언의 존치로 매입은행에게는 소구권 없는 매입을 거절할 수 있지만, 확인은행은 거절할 수 없다는 것을 의미한다고 볼 수 있다(Dolan, 2007).

(2) 매입은행의 수익자에 대한 소구권

매입은행의 소구권 행사에 대해 특히 쟁점이 되는 것은 수익자가 신용장의 조건에 일치하는 서류와 환어음을 매입은행에 제시했고, 그 매입은행은 적법한 매입절차와 서

25) R. Langerich(2004), "Negotiation" : no benefit to beneficiaries, *DCInsight*, Vol.10 No.2, p.43.

류심사를 거쳐 매입하여 그 매입대금을 지급했는데도 개설은행으로부터 지급거절 당하는 경우에는 매입은행의 소구권이 인정되어야 하는가이다.

이에 대해 우리나라의 법원은 "화환신용장거래에서 수익자가 개설은행을 지급인으로 하여 발행한 화환어음의 법률상 성질은 보통 환어음과 다를 바가 없으므로, 이 경우에는 신용장에 기한 법률관계와는 별도로 어음법에 의한 법률관계가 병존하고, 따라서 선적서류 및/또는 환어음을 매입한 매입은행은 개설은행에 의한 신용장금액의 상환이 거절되고 또한 환어음상 지급인에 의한 지급도 거절된 경우에는, 특별한 사정이 없는 한, 개설은행의 상환거절이 정당한지 여부와 상관없이 어음법에 따라 그 환어음의 발행인이나 배서인에 대한 소구권을 행사할 수 있다."고 판시했다.[26)]

한편 UCP 600 하에서 매입은행(지정은행)은 수익자가 상환청구권 있는 환어음을 발행하거나 또는 배서하지 않는 한, 수익자의 환어음의 수리를 거절할 수 있다. 따라서 당해 수익자는 매입은행이 상환청구권이 없는 환어음을 매입할 것을 더 이상 주장할 수 없다.[27)] 또 UCP 600 제2조의 매입에 대한 정의에서도 소구권에 관한 규정은 없다. 따라서 매입은행은 소구권 없이 매입할 수 있으며, 신용장에 "소구권 없음"이라는 조건이 있을 경우에는 수익자에게 이러한 조건을 해제하도록 할 수도 있다고 해석되고 있다.[28)] 따라서 매입은행은 UCP 하에서는 언제든 소구권을 행사할 수 있다.

한편 우리나라를 포함한 대부분의 국가에서 매입은행과 수익자 간의 수출환어음의 매입에 관한 약정서에서도 매입은행이 수익자로부터 매입한 환어음 및/서류를 개설은행에 제시하여 그 대금지급이 거절될 경우, 수익자는 당해 매입은행에 즉시 매입대금을 반환하도록 하는 조항을 두고 있다.[29)]

그러나 은행이 선급한 매입자금에 대한 소구권 행사에 대한 정당성 논란이 되어 왔다. 매입은행이 소구권을 갖는 것은 모순이라는 견해도 있다. 그 이유는 신용장거래는 서류상의 거래이며, 제시된 서류상에 하자가 없고 또 신용장의 조건과 일치하다고 판단하여 매입대금을 지급하였다면 적법하기 때문이다. 또한 선적서류가 신용장의 조건에 일치한다면 설령 수입된 물품에 하자가 있다고 하더라도 독립추상성의 원칙을 생명으로 하는 신용장거래에서는 개설은행이 지급을 거절할 수 없기 때문이다.[30)]

이와 같이 매입은행이 적법한 절차에 의하여 신용장의 조건에 일치한 서류를 매입

---

26) 대법원 2000.1.21. 선고 97다41516 판결, 대법원 2003.10. 9. 선고 2002다2249 판결.
27) ICC, Pub. No.680, p.22.
28) 김종락·양의동(2009), p.294.
29) KEB 하나은행, 외국환거래약정서 제10조 참조.
30) 동일한 은행 지점 간의 환어음 매입행위와 지급행위의 동일성 여부(판례공보 제101호), 519면(수정함).

했고, 또 일치한 서류에 대해서는 개설은행이 대금지급을 보장하기 때문에 선급한 매입대금에 대해 수익자 앞으로의 소구권 행사는 정당하지 않다는 주장은 논리적으로나 또는 이론적으로는 타당성 있어 보인다.

그러나 중요한 것은 국제거래에 관여하는 은행원은 실물거래에 대해서는 비전문가인 반면, 거래당사자들은 자신들의 필요 또는 이익을 위해 비즈니스를 하고 있으며, 더욱이 그 거래상대방의 선택은 그들 당사자가 스스로 판단하여 결정한다는 점이다. 그런데 이들 사이에 개입하는 매입은행은 자신의 수익성을 위해 매입업무를 하고는 있지만, 현재는 국경을 넘는 외국의 개설은행과 개설의뢰자의 신용상태를 확인할 의무도 없다. 실제로 매입은행(지정은행)의 수익자에 대한 소구권 행사를 제한한다면 매입을 기피하는 은행이 많을 것이며, 이는 오히려 거래당사자의 불편을 초래하는 결과를 낳을 것이다. 수익자의 입장에서는 자금이 긴급하게 필요한 경우에는 자신의 매도채권을 담보로 은행으로부터 자금을 조기에 융통받기를 원할 것이다.

이에 매입은행은 그 매도채권을 담보로 매입을 통하여 개설은행으로부터 대금을 회수하기 전에 큰 부담 없이 매입자금을 선급해 주고, 그 개설은행으로부터 그 대금회수가 불가능하게 되는 경우에는 수익자에게 소구권 행사를 허용함으로써 은행이나 수익자 모두 비즈니스의 효율성을 높이는 제도로 본다. 따라서 수익자를 위해 편의를 제공한다는 차원에서 수익자에 대한 소구권 행사는 부당해 보이지는 않는다.

제 5 절 연지급약정과 매입제도

1. 연지급약정의 매입과 할인

UCP 500에서는 개설은행 자신의 연지급약정에 대해 지정은행의 선급(할인)의 허용문제에 대한 명시적인 규정이 없었으나, UCP 600에서는 연지급신용장이 그 문제에 대한 명시적인 규정이 없는 경우에는 지정은행은 환어음의 선급 또는 할인을 허용하고 있다.[31] UCP 600 제2조에서는 "신용장이 연지급으로 이용될 경우, 연지급약정의 의무를 부담하고 만기일에 지급하는 것"으로 정의하고 있다. 그리고 본 규칙 제12조 b항에서는 "환어음을 인수하거나 또는 연지급약정을 부담할 은행을 지정함으로써, 개설은행

31) G. Collyer(2008), p.213; 채진익(2012), p.121.

은 지정은행이 인수한 환어음 또는 부담한 연지급약정을 선지급 또는 구매하도록 그 지정은행에게 권한을 부여한다."고 규정하고 있다. 수익자에게 자금을 선급하기로 하는 결정은 통상 금융기관의 내부 결정이다(본 사례에서는 지정은행).[32)]

UCP 600 이전의 Banco Santander v. Banque Paribas 사건에서 법원은 확인은행이 그 자신의 연지급약정을 할인한 경우에는, 그 자신의 위험으로 할인하는 것이며, 그리고 그 만기일 이전에 사기가 성립된 경우에는 개설은행은 그 확인은행에 상환할 의무가 없다고 판결하였다. 당시 많은 논란과 혼란을 일으켰으며, 특히 많은 은행권에서는 충격적인 사건으로 보고 있었다. 본 사건에서 신용장의 거래규칙에 사기는 예외라는 원칙을 인정하지 않은 사건이다.[33)]

이러한 쟁점을 고려하여 UCP 600 제12조 b항은 개설은행 자신이 지정한 지정은행에 그 자신의 DPU(연지급약정)를 "선급 또는 구매"하도록 수권하여 그 DPU를 인수하거나 또는 부담하도록 함으로써 본 문제를 해결하고 있다. 신용장에 명시적인 규정이 없는 경우, 당해 지정은행은 개설은행이 수익자의 시를 이유로 상환거절에 대한 두려움 없이 자신의 DPU를 할인할 수 있게 되었다. 이는 사기위험을 개설의뢰자에게 전가하는 결과가 되어, 만약 개설의뢰자가 그 DPU의 할인 이후 지급기일 이전에 사기를 발견한 경우에는 그 개설은행은 사기항변을 제기할 수 없다(Dolan, 2007).

2. 연지급신용장에서 지정은행의 상환청구권

UCP 600이 적용되는 연지급신용장 하에서 지정은행의 권리와 의무는 본 규칙 제2조, 제6조, 제12조, 제14조, 제15조, 제16조 및 제25조에 규정되어 있다. 또한 UCP 600은 지정은행에 대한 상환청구권을 규정하고 있다. UCP 600 제7조 c항과 확인은행을 위한 제8조 c항은 지정은행의 상환청구권에 대한 기본적인 기술을 규정하고 있다.

본 규칙 제7조 c항에서는 그 지정은행에 대한 개설은행의 상환의무를 정의하고 있으며, 본 조항에 따르면 개설은행은 신용장에서 자신의 상환약정은 지정은행에만 제한된다, 신용장에 그의 확인은행은 반드시 지정은행이 될 필요는 없다(Bose, 2011). 즉, "개설은행은 일치하는 서류를 제시하면 지급하거나 또는 그 제시를 매입하고 그 서류를 개설은행에 송부한 지정은행에게 상환을 약정한다. 인수 또는 연지급으로 이용되는 신용장에 의거 일치하는 제시의 대금상환은 지정은행이 만기일 이전에 선지급 또

32) R. Bose(2011), p.19.

33) Pradeep Taneja(2008), "UCP 600: 'A document restoring the credibility of L/Cs'", *DCInsight*, Vol.12 No.4, at G. Collyer(2008), p.188.

는 구매하였는지의 여부와는 관계없이 만기일에 지급된다. 그리고 지정은행에 상환하기로 하는 개설은행의 상환약정은 수익자에 대한 개설은행의 지급약정과는 독립되어 있다."라고 규정하고 있다. 개설은행이 사기를 사유로 수익자에게 지급하지 않을 지라도, 그 개설은행은 수익자에게 이미 지급한 지정은행에 상환할 의무가 있다. 따라서 UCP 600은 수익자 사기로 인한 피해로부터 지정은행을 보호한다(Collyer, 2008).

서류제시가 불일치한 경우에는 UCP 600 제7조 b항이[34] 적용되지 않는다. 매입을 위해 지정된 지정은행의 상환청구의 기일은 그 지정은행이 "일치하는 제시"를 "매입했는지"에 달려 있다. 물론 일치성은 사기발견이 아닌, 서류심사의 문제이다. 대부분의 판례에서, 개설은행은 지정은행이 수익자 또는 자신을 위해 추심하는지가 아닌 서류의 일치성에 초점을 맞춘다.

그러나 만약 사기가 발생한다면 그 때 지정은행은 자신을 위해 추심하는지에 대한 명확한 기술과 상환청구권이 있다는 것을 증명해야 한다. 지정은행으로 지정받았다는 것과 일치한 서류를 송부했다는 것을 그 개설은행에 명백히 해야 한다. 그러나 그 제시가 "매입되었는지"는 지정은행과 수익자에게만 알려질 수 있다는 사실이 우려된다(Collyer, 2008). 한편 지정은행이 인수 또는 부담한 연지급약정을 할인하는 그 지정은행의 상환청구권을 보호하고 있다.

34) 개설은행은 신용장을 개설하는 시점부터 취소불능의 지급의무를 부담한다(UCP 600 제7조 b항).

제 8 장 신용장거래당사자 간 법률관계

제 1 절 개설은행의 지위와 법률관계

신용장은 매수자의 개설의뢰에 의하여 그의 지시에 따라 개설은행이 개설하고, 그 개설은행은 신용장에서 매도자, 즉 수익자에게 신용장의 조건에 일치한 서류를 제시한다는 조건 하에서 대금지급을 약정하는 것이므로 개설은행의 법적 지위는 대 개설의뢰자와, 대 수익자와의 법률관계라는 이중적 측면에서 고찰할 수 있다. 즉 개설은행과 개설의뢰자 간에는 양 당사자 간의 계약에 의하여 신용장을 개설하여 개설은행이 대금지급을 하고 개설의뢰자가 이를 상환하는 법률관계가 발생하고, 개설은행과 수익자 간에는 개설은행이 신용장의 조건과 일치하는 서류와 상환으로 수익자에게 대금을 지급하는 법률관계가 발생한다. UCC(1995) 제5-108조에서는 위와 같은 관계를 개설은행의 수익자에 대한 지급의무와 권한이라는 측면과 개설의뢰자로부터 대금보상을 받을 권리라는 측면에서 규정하고 있다.

개설은행은 신용장 하에서의 그의 지급의무를 이행해야 하기 때문에 "매입"할 수 없다. 개설은행은 인수하거나 또는 연지급 의무를 부담하거나 또는 일람불로 지급해야 한다. 환어음이 개설의뢰자 앞으로 발행되었거나 또는 환어음이 요구되지 않았더라도 일치하는 서류에 대해 지급결제 해야 하는 것은 개설은행의 의무이다(Collyer, 2008).

1. 개설의뢰자와의 법률관계

(1) 개설의뢰자와의 관계

국제거래에서 매수자가 매매계약을 체결한 후 그의 거래은행에 신용장의 개설을 의뢰하면, 은행은 개설의뢰자에 대한 신용조사를 하여 신용장의 개설지원에 대해 적격하다고 결정하면, 신용장을 개설함과 동시에 그 이후의 신용장거래(대금결제)에 관한 모든 업무를 약정하는 것이므로 개설의뢰자를 위임자로 하고 개설은행을 수임자로 하는 위임계약에 기초를 두고 있다.

따라서 은행은 개설의뢰자의 신용도에 따라 신용장의 개설을 허용하거나 거부할 수 있는데, 개설은행은 자신의 계산과 위험으로 신용장을 개설하는 것이다.[1] 일단 개설하기로 약정한 이상, 개설은행은 개설의뢰자의 지시조건을 엄격하게 준수하여할 일반적인 의무를 부담한다. 예컨대 개설은행과 개설의뢰자 간에 신용장의 개설계약을 체결하여 그로부터 소정의 수수료를 받고 신용장을 개설하는 자로서, 개설의뢰자의 위임을 받아 그의 지시를 준수하고, 개설의뢰자의 이익을 보호하기 위하여 제시된 서류 등이 신용장의 조건에 일치하는지 여부를 심사할 의무를 부담한다. 일단 신용장이 개설된 이상, 관계당사자 전원의 합의가 없는 한 취소될 수 없다.[2]

은행의 입장에서는 신용장을 개설한 때부터 개설의뢰자에 대한 여신으로 취급하여 여신거래를 준용한다. 따라서 은행은 "여신거래약정서[3] 및 외국환거래약정서" 등을 개설의뢰자로부터 받고 신용장의 거래약정을 하게 된다. 우선 당해 은행과 신용장의 개설약정(commercial letter of credit agreement)을 체결하고 개별적으로 개설신청을 하여야 하므로 개설의뢰자와 개설은행 간의 법률관계는 이 약정에 의하여 결정되며, 개설은행이 개설의뢰자의 지시를 준수하여 대금지급을 한 이상은 개설의뢰자는 그 지급에 대해서 보상할 의무를 부담한다. 신용장의 개설신청은 일종의 의사표시이므로 그 효력에 관하여는 의사표시에 관한 사법상의 일반 규정이 적용된다.

신용장거래약정이란 매매계약과는 전적으로 독립된 계약이며, 개설은행과 개설의뢰자 간에 성립하는 하나의 상사계약, 즉 거래당사자 간의 약정으로부터 발생하는 모든 법률적인 의무를 의미한다. 따라서 은행은 단지 한 가지 문제에만 관계있다. 즉, 수익자가 제시한 서류가 신용장에 명시되어 있는 조건과 일치하는지의 여부와 관계있다. 따라서 신용장의 거래는 서류상의 거래이다(UCP 제4조 및 제5조).

(2) 개설약정에 대한 법리

신용장의 개설약정에 대한 법률적인 성격에 대한 해석은 다양하다. 첫째, 영국이나

---

1) 東京銀行, 貿易そ信用狀, 實業之日本社, 1996, p.120.
2) 서울民事地法 1994.9.29. 宣告 94가합32455 判決(抗訴期間 倒戈로 確定).
3) 은행여신거래약정서란 모든 여신관련 사항을 은행과 고객 간에 약정하는 것이다.

미국의 다수 견해와 은행관습에서는 신용장거래약정을 상사계약 중에서도 대리계약으로 해석하고 있다.[4] 즉, 개설은행은 개설의뢰자의 위임을 받은 대금지급 대리인이라는 것이다. 따라서 개설은행과 개설의뢰자 간의 신용장거래약정도 위와 같이 상사대리법상의 법률관계에 기초하기 때문에 위와 같은 의무가 발생한다는 것이다. 은행은 개설의뢰자로부터 신용장의 개설에 대한 개설수수료를 받는다. 신용장의 개설신청은 본인(principal)의 위임과 같다. 은행은 신용장에 의거하여 스스로 매도자인 수익자에게 지급의무를 부담한다. 이와 같은 점에서 본인을 대리하여 제3자와 계약을 체결하는 단순대리인 이상의 지위에 있다.

둘째, 독일에서는 신용장의 개설약정을 민법상의 도급계약(werkvertrag)으로 본다. 이 도급계약설에[5] 의하면 도급계약은 노무를 제공할 뿐만 아니라 어느 일을 완성하여 그 결과를 제공하는 데 특징이 있으므로 신용장의 개설신청은 개설은행이 수익자에 대하여 독립적인 지위에서 신용장에 규정된 서류를 일정한 약정기간 내에 제시할 것을 전제로 하여 채무이행을 약속하고 그 약속을 근거로 하여 수익자가 개설은행에 약정서류를 제시하여 대금지급을 청구하면 개설은행은 이에 응해야 되는 사무처리 계약 체결을 위한 청약이라고 보게 된다. 도급계약은 노력 또는 노무의 급부 등을 목적으로 하며, 그 주문자는 약속한 보수를 지급할 의무를 진다.[6] 또한 개설은행은 개설의뢰자의 고용자(dienst)로서 그 수익자에 대한 독자적인 채무약속을 발급할 의무를 진다. 물론 독일민법 제675조에 따르면 사무의 처리를 목적으로 하는 도급계약이나 고용계약에 있어서도 대리계약법에 관한 조항을 준용하고 있다.[7]

또한 프랑스에서는 신용장의 개설약정을 민법상의 고용계약(service contract)이나 위임계약(mandat contract)으로 본다. 그러나 Stoufflet는 이들 계약이 수임자의 명의로 제3자에게 의무를 부담하지 않는 것을 원칙으로 하기 때문에 은행과 개설의뢰자 간의 관계는 단순한 고용계약이나 위임계약으로 볼 수 없다고 하였다.[8] 이와 관련하여 일

---

4) P. W. Thayer, "Irrevocable Credits in International Commerce : Their Legal Effects", *37 Columbia Law Review* 1326 at p.1347 (1937) ; UCC, Sec.1-201(11) ; Midland Bank, "Clean Sight Credit Application and Agreement", "The undersigned Applicant hereby requests yo (as its Agent) to establish a clean sight credit, as follows : …"

5) 강갑선 역, 무역결제론, 법문사, 1977, p.40.

6) 강갑선 역, 전게서 ; G. Wiele, *Das Dokumenten-Akkreditiv und der Anglo-Amerikanische Documentary Letter of Credit*, Hamburg, 1957. S.34 ; "도급계약에 인하여 도급인은 약속한 일을 완성하고 주문자는 약속한 보수를 제공할 의무를 진다. 도급계약의 목적은 물의 제작 또는 그 변경 및 기타 노력 또는 노무의 급부에 인하여 창출한 결과인 것일 수 있다"(German BGB Para. 631); 양영환·오원석·서정두, 신용장론, 삼영사, 1994, p.368.

7) German BGB Para.663, 665 to 670, and 672 to 674 or 671(2); 양영환·오원석·서정두, 전게서, p.368.

본의 伊澤孝平은 "개설은행은 매수자를 위하여 그 대금의 지급사무를 행하는 매수자의 이행보조자"라고 표현하였으며, 우리나라에서는 아직 그 견해가 분분하다.[9)]

따라서 신용장의 개설은행과 그 개설의뢰자 간에 체결되는 신용장의 개설약정은 기존의 법률에 입각한다면 대리·고용·도급·위임 또는 사무처리 계약 등에 기초하여 해석할 수 있을 것이다. 그러나 앞서 지적한 바와 같이 신용장의 개설약정은 이러한 전형 계약들에 근거를 두었으나 이미 그 고유의(sui generis) 규칙을 갖고 있기 때문에 특수한 형태의 상사계약의 하나로 보는 것이 타당하다고 본다. 이러한 논거에 관련하여 Gutteridge & Megrah는 이미 "개설은행은 그 자신의 거래처인 개설의뢰자에 대해서는 대리인(agent)이 되며, 동시에 그는 수익자에 대해서는 본인(principal)이 된다."라고 주장한 바 있다.[10)]

2. 수익자와의 법률관계

신용장이 개설되어 수익자에게 통지되고 수익자가 이를 아무런 이의 없이 수령한 때부터 신용장의 개설효력이 발생하며, 그 때부터 개설은행과 수익자 간에 법률관계가 형성된다. 즉 법률관계는 이들 간에 존재하는 그 신용장의 조건에 기초한다. 취소불능 신용장의 주된 목적은 은행에 제시된 약정서류가 신용장의 조건에 일치하는 한, 매수자인 개설의뢰자의 불확실한 지급채무를 은행이 대신하여 지급약정을 함으로써 수익자로 하여금 대금청구권을 확실하게 보장하도록 하는데 있다. 즉 수익자는 신용장의 조건에 일치하는 제시를 조건으로 개설은행에 대하여 대금 청구권을 확보하는 반면, 개설은행은 수익자에 대하여 조건부 지급약정을 하는 것이다.

여기서 "일치하는 제시"란 UCP 600 제2조에서 규정한 "일치하는 제시"를[11)] 의미하며, 이와 같이 신용장의 조건이 이행되는 한, 개설은행의 약정은 절대적인 구속력을 갖게 된다. 이러한 견해는 영국이나 미국에서 지배적이다.[12)] 이것은 수익자인 매도자

8) Stoufflet, J., *Le Cre'dit Documentaire*, Paris, 1957, pp.369-371 ; "위임 또는 위임장이란 당사자의 일방이 타방에 대하여 위임자를 위하고 위임자의 명의로 어떤 사무를 처리할 권한을 부여하는 행위를 말한다."(French C.C. Art. 1984) ; "위임자는 수임자가 부여한 권한에 따라 계약한 의무를 이행하여야 한다"(French C.C. Art.1998).

9) 伊澤孝平, 商業信用狀論, 有斐閣, 1962, p.287 ; 우리나라에서는 "개설은행은 매수자의 이행보조자"(임홍근, 화환신용장의 법적구조, p.576), "개설은행은 수입자의 지시이행자" "이들 관계는 단순한 Customer-agency 또는 Principal-agency 관계는 아니다."라고 하는 견해가 있다; 양영환·오원석·서정두, 전게서, p.368.

10) Gutteridge H.C., & Megrah(1984), p.56.

11) "일치하는 제시"라 함은 "신용장의 조건, 본 규칙의 적용 가능한 조항 및 국제표준은행관행에 따른 제시"를 의미한다(UCP 600 제2조).

가 취소불능 신용장을 수취할 때 이에 대한 약인(consideration)[13]의 제공을 전제로 하고 있다. 그러나 UCC에서는 신용장의 개설과 조건변경에 있어서 약인은 필요로 하지 아니한다고 규정하고 있다.[14] 즉 미국법에 있어서는 신용장에 관한 한, 수익자로부터의 직접적인 약인을 필요로 하지 않는다. 대신에 이에 관한 약인은 수익자가 아닌 개설의뢰자로부터 제공되어야 한다.

또한 개설은행은 신용장의 조건과 문면상 일치하는 서류가 제시되는 한 매도자와 매수자 간에 존재하는 원인관계인 매매계약상의 불일치를 이유로 수익자에게 항변할 수 없다는 것은 물론이다. 그러나 일상 실무에서 흔히 발생되는 불일치 서류의 대금지급에 대한 법적문제를 고려하지 않을 수 없다. 이 경우 개설은행은 제시된 서류가 신용장에 불일치하는 경우에도 개설의뢰자의 지급지시가 있는 경우 또는 그러한 불일치를 추인하겠다는 의사표시를 하였을 경우에는 수익자에게 지급하는 것이 통례이나,[15] 그러한 사정만으로 수익자가 개설은행에 대하여 대금청구권이 회복된다고 보기는 어렵다.

따라서 개설의뢰자의 지시 및 불일치 추인의 의사표시는 개설의뢰자와 개설은행 간의 신용장의 개설약정에 따라 규율될 문제이므로, 이는 신용장 자체에 따른 개설은행의 수익자에 대한 지급의무와는 별개의 관계이다. 또한 수익자도 어떠한 경우에도 은행 상호간 또는 개설의뢰자와 개설은행 간에 존재하는 계약관계를 원용하여 개설은행에게 대항할 수는 없다(UCP 600 제4조).

---

12) *Dexters Ltd. v. Schenker & Co.*,(1923) 14 Ll. L. Rep. 586 at p.588 ; *American Bank and Trust Co. v. National City Bank of New York*, 6 F. 762 at p.769(1925).

13) 여기서 "약인"이란 당사자 일방의 약속과 교환으로 제공하거나 부담하는 것으로 약인의 기초적인 관념은 상호성이나 유상성에 있다. 즉 수약자는 자신이 받은 약속과 교환으로 어떤 약인을 제공하든가 또는 제공할 것을 약속하든가 하여야 하며, 이처럼 수약자의 반대급부가 없으며 당초 약속자의 약속은 강제력을 갖지 못한다. 결국 영미계약법의 대원칙인 약인의 법리에 따르면, 모든 계약은 그 상대방으로부터의 약인이 있는 경우에만 법률적으로 효력이 인정되지만 신용장거래에 있어서는 이 법리가 그대로 적용되지는 않는다는 것을 알 수 있다.

14) Consideration is not required to issue, amend, transfer or cansel a letter of credit, advice or confirmation(UCC(1995), Sec. 5-105).

15) 일반적으로 각 은행에서 준비한 각서를 개설의뢰자로부터 징구하고 수익자에게 대금지급하고 있으나 개설의뢰자의 은행에 대한 담보제공의 상태 및 신용상태 등을 고려하고 있다.

3. 지정은행과의 법률관계

(1) 개설은행과 지정은행과의 관계

본 규칙 제7조 c항에서는 그 지정은행에 대한 개설은행의 상환의무를 정의하고 있다. 즉, "개설은행은 일치하는 서류를 제시하면 지급하거나 또는 그 제시를 매입하고 그 서류를 개설은행에 송부한 지정은행에게 상환을 약정한다. 인수 또는 연지급으로 이용되는 신용장에 의거 일치하는 제시의 대금상환은 지정은행이 만기일 이전에 선급 또는 구매를 하든지 여부에 관계없이 만기일에 지급된다. 지정은행에 상환하기로 하는 개설은행의 상환약정은 수익자에 대한 개설은행의 지급약정과는 독립되어 있다."라고 규정하고 있다(Collyer, 2008). 개설은행이 사기라는 사유로 수익자에게 지급하지 않을 지라도, 그 개설은행은 수익자에게 이미 지급한 지정은행에는 상환할 의무가 있다(Andrle, 2009).

이와 같이 지정은행의 상환청구권을 분명히 함으로써 UCP 600은 그 지정은행의 권리를 효과적으로 강화했다. 그들 권리가 "독립적"(independent)이라고 공포함으로써 UCP 600은 수익자의 사기로부터 지정은행을 보호하기 위한 관념적인 근거(conceptual basis)를 규정하고 있다. 따라서 UCP 600은 수익자 사기로 인한 손해로부터 지정은행을 보호 한다. 매입을 위한 지정은행의 상환청구기일은 그 지정은행이 "일치하는 제시"를 매입했는지에 달려 있다. 물론 일치성은 사기발견이 아닌, 서류심사의 문제이다(Collyer, 2008).

(2) 지정은행과 비지정은행 간의 관계

지정은행이 매입에 관한 수권이 없는 비지정은행으로부터 선적서류 등을 제시받고 그 대가를 지급하였으나, 그러한 신용장거래가 이루어지기 전에 비지정은행과 '수출환어음 등의 재매입을 위한 약정'을 체결한다. 그리고 지정은행이 그 '비지정은행이 그의 고객으로부터 매입한 환어음 등을 비지정은행의 요청에 의해 재매입했으나, 환어음의 지급인 또는 개설은행으로부터 환어음대금을 지급받지 못한 경우 지정은행에 중대한 과실이 없는 한, 비지정은행이 그 재매입대금을 반환'하기로 하였다면, 비지정은행이 수익자로부터 서류에 대한 대가지급이나 추심을 의뢰받고 지정은행에 그 매입을 의뢰하는 등의 방법으로 관여한 경우에도 재매입약정이 적용되므로, 지정은행은 그 재매입약정에 따라 비지정은행에 재매입대금의 반환을 구할 수 있고, 이때 지정은행이 선적서류 등을 매입하기 전에 개설은행의 수권 또는 의뢰에 따라 수익자에게 연지급신용장에 지급확약을 한 경우, 확인은행의 지위에서 개설은행과 동일하게 대금지급의 만기일에 신용장대금을 지급할 의무를 부담하나, 대금지급의 만기 전에 신용장대금을 지급할 의무를 부담하는 것은 아니므로, 서류에 대한 대가지급이 연지급신용장의 만기 전에 이루어졌다면, 양 당사자 사이에 그 대가지급에 관하여 위 재매입약정을 배제하기로 하는 특별한 약정이 없는 한, 위와 같이 체결한 재매입약정의 적용이 배제되는 것은 아니다.[16]

제 2 절 통지은행의 지위와 법률관계

통지은행은 개설은행으로부터 통지은행으로 지정을 받아 신용장을 그 개설은행의 지시대로 수익자에게 통지하는 경우에는 일정한 법률적인 관계를 갖게 된다. 만약 신용장에 통지은행과 매입은행이 동일한 은행으로 명시되어 있을 경우에는 신용장의 통지과정에서는 통지은행의 기능을 하고 결제과정에서는 매입은행의 기능도 수행하게 된다.

1. 개설은행과의 법률관계

개설은행은 신용장을 개설하면 당해 신용장을 통지할 은행을 선정하여 지정하게 되고,[17] 이에 통지은행이 그 개설은행의 지시에 따라 행동할 의사가 있는 경우에는[18] 개설은행과 통지은행은 위임관계[19]나 대리관계[20] 또는 이행 보조자로서 지시 관계를 갖게 되므로 그에 따른 법률관계가 형성된다. 따라서 통지은행은 위임을 받은 입장에서

---

16) 대법원 2008.11.13. 선고 2006다61567 판결.

17) 통지은행의 지정은 개설은행이 지정하는 것이나, 실무적으로는 수익자로부터 요청을 받은 개설의뢰자가 다시 개설은행에 통지은행에 관한 정보(일반적으로 수익자의 거래은행)를 제공하여 지정하는 경우가 많다. 이는 수익자의 거래은행을 통하여 통지하는 것이 보다 안전하며 신속하기 때문이다. 그러나 별도의 약정이 없는 한, 개설은행이 개설의뢰자가 지명한 은행을 통지은행으로 지정하였다고 해서 개설의뢰자와 통지은행 간에 법률관계가 형성되는 것은 아니다.

18) UCP 600, Art. 9 및 UCC(1995), Sec. 5-107(c) 참조.

19) 東京銀行(1996), p.53.

20) *Kronman(Samuel) & Co., Inc. v. Public National Bank of New York*, 218 N.Y.S. 616 at p.622 (1926)

상당한 주의의무를 다하여 개설은행의 신용장을 수익자에게 안전하고 신속·정확하게 전달하여야 할 의무가 있다. 그러나 통지은행과 개설은행 간의 계약관계는 신용장거래에서 다른 계약관계와는 독립되어 있다.

통지은행이 수익자에게 사실과 다른 지시를 통지하였을 경우에도 신용장은 그 자체로 유효하게 된다.[21] 그 결과 수익자가 사실과 다른 신용장을 사용함으로써 개설은행은 신용장의 조건이 불일치하다는 사유로 지급약정의 이행을 거절할 수 있다. 따라서 통지은행이 개설은행의 대리인으로 사실과 다른 지시를 통지하였을 때에는 그가 상당한 주의를 기울였다는 것을 입증할 수 없는 한, 부주의한 신용장의 통지에 대한 책임을 면할 수 없다. 즉 통지은행의 고의 또는 과실로 신용장이 부정확하게 통지되어 수익자에게 손해를 입혔다면, 통지은행은 수익자에 대하여 불법행위로 인한 손해배상의 책임을 져야 한다.[22]

UCC(1995)에서는 "확인자가 아닌 통지인은 제시에 대하여 가액을 지급하거나 이를 교부할 의무를 부담하지 않는다."라고 규정하고 있다. 즉 별도의 다른 지시 또는 약정이 없는 한, 통지은행은 타은행이 개설한 신용장을 통지함으로써 그 신용장에 따라 발행된 환어음의 매입, 지급, 연지급 또는 인수를 이행하여야 할 어떠한 의무를 지지 않는다. UCP 600 제9조 a항에서는 "신용장 및 모든 조건변경은 통지은행을 통하여 수익자에게 통지된다. 확인은행이 아닌 통지은행은 지급 또는 매입에 대한 어떠한 약정 없이 신용장 및 모든 조건변경을 통지한다."라고 규정하고 있어 UCC와 같은 취지이다.

한편 통지은행이 환어음의 지급 또는 인수를 하도록 개설은행으로부터 지시를 받거나 확인을 추가하도록 요청을 받고 동의한 경우에는 통지은행과 개설은행 간의 관계는 위임관계와 지시관계가 병존하는 것으로 보아야 한다. 만약 통지은행이 개설은행의 지시에 의하여 환어음의 지급 또는 인수를 하게 되면, 통지은행은 그러한 수권을 한 개설은행에게 보상을 청구할 권리를 확보하게 된다(UCP 제7조). 이러한 보상청구권은 개설은행의 위임 또는 지시에 근거를 둔 것으로 이것은 마치 개설은행이 개설의뢰자에 대하여 보상 청구하는 경우와 동일한 법적 성격을 지닌다(伊澤孝平, 1962).

그러나 신용장의 통지은행이 자신의 이익을 위하여 자신이 통지한 신용장을 매입하였을 경우에는, 이는 자신의 위험부담으로 하는 것이며 개설은행의 대리인 자격으로 하는 것이 아니다. 이때 매입한 서류가 신용장의 조건과 불일치한 경우에는, 개설은행으로부터 지급 또는 인수가 거절될 수 있다. 따라서 통지은행은 제시된 서류가 UCP에

---

21) Even if the advice is inaccurate, the letter of credit, confirmation, or amendment is enforceable as issued(UCC(1995), Sec. 5-107(c) 후단).

22) 小峯 登, 信用狀統一規則-逐條解說とその問題点(上), 外國爲替貿易研究會, 1977, p.222.

따른 일치하는 제시를 하는 경우에는 문제가 없겠으나, 불일치한 제시를 하는 경우에는 수익자의 신용상태 및 담보제공 등을 검토하여 일반 여신에 준하여 취급하는 것이 일반적인 관행이다.

2. 수익자와의 법률관계

통지은행은 개설은행의 지시에 따라 그 대리인으로서 수익자에게 신용장을 통지하는 것이기 때문에, 수익자에 대하여 신용장상의 채무를 부담할 의무는 없다. 그런데 수익자의 거래은행을 통지은행으로 지정하여 통지하는 경우가 일반적이기 때문에 자연히 통지은행에게 매입을 의뢰하는 경우가 많이 있다. 그렇지만 통지은행이 통지하는 신용장에 확인을 추가하지 아니하는 한, 이에 응할 의무는 없다. 따라서 통지은행은 신용장에 의거하여 발행된 환어음의 지급·인수 또는 매입에 대하여는 아무런 책임이 없다.

그러나 통지은행이 신용장에 확인을 추가할 경우에는 개설은행과 동일한 지위에 서기 때문에 상환 청구권을 행사하지 않는 조건으로 매입하여야 할 의무가 있다. 즉 통지은행이 개설은행의 지시로 신용장에 확인을 추가할 경우에는 통지은행은 개설은행의 수탁인이나 대리인으로서 수익자에 대하여 지급, 인수 또는 매입을 약정하게 된다.

또 통지은행은 수익자에게 전달하는 신용장의 내용에 관한 책임을 부담하지 않기 위하여 통지서 양식에 면책문언을 명시하는 것이 보통이다.[23] 그러나 통지은행은 신용장을 통지할 때 수익자에 대하여 어떠한 책임을 부담하지 않지만 자신이 통지하는 신용장의 외관상 진정성을 확인하기 위해 주의를 다할 의무가 있다. 은행이 신용장 또는 조건변경을 통지하도록 요청받았지만 신용장, 조건변경 또는 통지의 외관상의 진정성에 관하여 자신이 확인할 수 없는 경우에는, 그 통지은행은 그 지시를 발송한 것으로 보이는 은행에게 이를 지체 없이 통보하여야 한다(UCP 600 제9조(f)).

따라서 고의나 과실로 인한 불명확한 통지를 하여 수익자에게 손해가 입혔을 경우에는 불법행위에 대한 손해배상책임을 부담하여야 할 것이다(伊澤孝平, 1962).

---

23) "We have been requested to advise you of the issuance of this Credit in the terms stated and would ask you to note that this letter is solely an advice, and does not constitute a confirmation of the Credit on the part of this Bank … Please note that this is solely advice and conveys no engagement by us."라는 취지의 문언이 명시된다.

3. 개설의뢰자와의 법률관계

원칙적으로 개설의뢰자와 통지은행 간에는 아무런 법률적인 계약관계가 없다. 즉, 개설의뢰자가 비록 신용장의 개설을 요청할 당시 특정 은행을 통지은행으로 지정해 줄 것을 개설은행에 요청했다고 하더라도 이들 양자 간에는 법률적인 계약관계가 성립되지 않는다.[24]

그리고 통지은행이 어음지급인으로 지정되어 개설의뢰자가 개설은행을 경유하여 결제자금을 통지은행에 송금하였을 경우에는 만약 통지은행이 이를 달리 유용하였거나 또는 통지은행이 파산되었다 하더라도 개설의뢰자는 이에 대하여 반환을 청구할 수 없다.[25] 이것은 통지은행이 개설은행의 대리인 지위에 있을 뿐이기 때문이다. 따라서 개설의뢰자는 통지은행의 과실을 인지하더라도 그 책임을 물을 수 없다.

제3절 매입은행의 지위와 법률관계

1. 개설은행과의 관계

매입은행이 신용장의 조건에 일치하는 선적서류가 첨부된 환어음을 매입하면 이를 개설은행에 제시하여 그가 수익자에게 지급한 매입대금을 보상받게 된다(UCP 600 제15조(a)). 만일 개설은행이 제시된 선적서류가 신용장의 조건에 불일치하다는 이유로 대금지급을 거절할 경우 매입은행은 개설은행의 지급거절이 부당한 경우에는 그 개설은행을 상대로 소를 제기하여 신용장대금의 지급을 청구할 수도 있고, 한편으로는 환어음의 소지인으로서 수익자에게 어음법상의 상환청구권, 즉 소구권을 행사할 수도 있다.[26] 따라서 어느 은행이 신용장에 근거하여 환어음을 매입하였다면, 매입은행은 신

24) *Equitable Trust Co. of New York v. Dawson Partners Ltd.*, (1926) 25 Ll. L. Rep. 90 (C.A.) ; 27 Ll. L. Rep. 49 (H.L.).

25) 東京銀行, pp.76-77.

26) 만기에 지급이 되지 아니한 경우 소지인은 배서인, 발행인, 그 밖의 어음채무자에 대하여 상환청구권을 행사할 수 있다. 다음 각 호의 어느 하나에 해당하는 경우에는 만기 전에도 상환청구권을 행사할 수 있다. 즉 1. 인수의 전부 또는 일부의 거절이 있는 경우, 2. 지급인의 인수 여부와 관계없이 지급인이 파산한 경우, 그 지급이 정지된 경우 또는 그 재산에 대한 강제집행이 주효(奏效)하지 아니한 경우, 3. 인수를 위한 어음의 제시를 금지한 어음의 발행인이 파산한 경우(어음법 제43조).

용장과 유통증권법에 따른 권리를 갖는다. 즉 매입은행은 환어음의 소지인으로서 그 발행인에 대한 일정한 계약관계를 가질 뿐만 아니라,[27] 환어음의 지급인에 대한 일정한 계약관계도 갖는다.[28]

신용장의 조건과 일치한 서류가 첨부된 환어음을 매입한 매입은행은 자신이 이와 일치하게 매입한 사실을 입증하는 한, 개설은행에 대하여 그 보상을 청구할 수 있다.

그러나 매입은행이 불일치한 서류를 제시하였을 때 개설은행이 이를 심사할 상당한 시간을 향유하였거나 불일치 서류에 대한 권리를 포기한 경우에는 개설은행은 개설의뢰자가 이의 수리를 거절한다는 이유로 매입은행에 대하여 이미 지급한 대금을 상환청구할 수는 없다. 왜냐하면 개설은행이 일단 불일치한 서류를 수리한 경우에는 그는 환어음의 지급인으로서 수익자 또는 환어음의 선의 소지인에 대하여 상환청구권을 갖지 못하기 때문이다(UCP 600 제16조(f)).

그리고 매입은행은 수익자가 개설은행에 대하여 가지고 있는 신용장상의 권리를 단순히 양수하는 것이 아니라 UCP 600 제15조의 규정에 따라 개설은행에 대한 독자적 권리를 취득하는 것이므로, 개설은행은 수익자에 대하여 주장할 수 있는 항변, 예컨대 수익자가 선적서류를 위·변조하거나 사기 등에 대한 사기예외(Fraud Rule)에 의한 항변으로 선의의 매입은행에 대항할 수 없다. 즉 신용장거래는 독립추상성의 원칙에 의거 제시된 서류가 신용장의 조건에 일치한 경우에는 하자를 이유로 지급거절 할 수 없다. 또한 그 수량부족 또는 하자가 사기수준, 즉 단지 계약위반 그 이상이 발생하더라도 수익자는 지정은행이 소송하거나 또는 상계하는 것을 수용하지 않는다(Dolan, 2011).

개설은행이 수리한 서류가 사기인 경우에는 매입은행은 서류의 진정성에 관하여 면책되기 때문에 개설은행의 상환청구권에 대하여 항변할 수 있다. 개설은행은 매입은행이 제시한 서류가 사기라는 것을 이미 알고 있었더라도, 매입은행에 대한 이들 서류를 수리하여야 할 것이다. 왜냐하면 개설은행과 매입은행의 관계는 법률상으로 개설은행과 수익자 관계보다는 개설의뢰자와 개설은행의 관계에 더 가깝기 때문이다. 결

27) *Courteen Seed Co., v. Hong Kong & Shanghai Banking Corporation*, 215 N.Y.S. 525 at p.529 (1926)에서 McAvoy 판사는 “매입은행이 신용장에 관한 환어음을 매입한 경우… 그는 환어음의 발행인과 거래하며, 또한 신용장에 대한 지급인의 위임으로부터 이익을 구하고자 하는 경우를 제외하고 지급인과 거래하지 아니한다.”라고 판시한 바 있다.

28) *Second National Bank of Toledo v. M. Samuel & Sons, Inc.*, 12 F. 2d 963 at p.965 (1926). 특히 *Banco Nacional Ultramarino v. First National Bank of Boston*, 289 F. 169 at pp.173-174 (1923)에서 Peter 판사는 “만약 ‘환어음’ 구매자가 신용장의 조건 내에 있다면, 신용장은 구매자가 이를 매입한 때 지급하겠다는 청약에 상당하는 것이며, 그러한 청약 또는 약속은 환어음이 매입된 당시에 계약으로 성립된다.”라고 판시한 바 있다.

론적으로 매입은행은 문면상 일치한 서류가 첨부된 환어음을 매입하였음을 입증하는 한, 비록 서류의 사기가 있다 하더라도 개설은행에 대하여 환어음의 정당한 소지인이 갖는 모든 권리를 갖는다고 말할 수 있다.[29]

2. 수익자와의 법률관계

수익자는 약정물품을 선적한 후에 신용장에서 요구한 서류를 환어음과 함께 거래은행에 제시하여 매입을 요청하게 되는데, 이에 앞서 매입은행은 매입 여부를 결정하기 위한 신용조사가 완료되면 외국환거래약정서를 교환하고 매입하게 된다. 따라서 수익자와 매입은행 간 법률관계는 신용장뿐만 아니라 환어음법의 구속도 받게 된다.

매입은행이 환어음을 매입한 후에는 매입은행과 수익자 간에는 매매와 유사한 법률관계가 성립한다고 본다. 매입은행은 수익자에 대하여 우선 매수자의 권리를 가지며 그와 동시에 어음법상 환어음발행인인 수익자에 대하여 환어음의 소지인으로서의 권리를 가진다. 따라서 개설은행이 환어음에 대하여 어떠한 이유로 인수 또는 지급을 거절할 경우에는, 신용장 자체가 상환청구불능 신용장이거나 또는 어음상에 무담보 문구의 기재가 없는 한, 매입은행은 수익자에 대하여 소구권을 가진다.[30] 이 경우 환어음이 발행되지 않을 경우에는 매입은행은 수익자에게 선적서류를 담보로 하여 소구권을 확보할 수 있다. 이러한 매입은행의 수익자에 대한 권리는 인수나 배서된 어음의 소지자가 어음발행인에 대해 갖는 권리와 같으며 당해 환어음이 개설은행에 의해 완전히 결제될 때까지 수익자는 매입은행에 대하여 책임을 지게 된다.[31]

매입은행이 신용장에 따라 인수하기 전의 환어음을 매입한 경우에는, 그 은행은 환어음 발행인의 신용과 담보에 의존하기 때문에[32] 수익자에 대해서도 환어음 소지인으로서의 모든 권리를 행사할 수 있다. 만약 신용장에 따라 발행된 환어음이 인수거절되거나 지급거절로 부도된 경우에는 매입은행은 환어음의 발행인과 배서인에 대한 직접적인 상환청구권을 갖는다.[33]

---

29) *Sztejn v. J. Henry Schroder Banking Corporation*, 31 N.Y.S. 2d 631 (1941)에서 Shientag 판사는 "지급을 위한 환어음의 제시은행이 정당한 소지인임을 원고 개설의뢰자 앞에서 입증한다면, 피고 개설은행의 항소는 기초 거래가 사기로 변질되었더라도 패소하지는 않을 것이다."라고 판시한 바 있다.

30) *Courteen Seed Co. v. Hong Kong & Shanghai Banking Corporation*, 215 N.YS. 525 at p.529 (1926).

31) 박대위, "신용장당사자 간의 법률관계", 『중재』 제78호, 대한상사중재협회, 1978.5, p.8.

32) UCC, Sec. 5-111(1) ; *Courteen Seed Co. v. Hong Kong & Shannghai Banking Corporation*, 245 N.Y. 377 (1927).

다만 신용장의 조건에 따라 특별히 상환청구 불능의 환어음이 발행된 경우에는 예외이다.[34] 그러나 취소불능 매입신용장이 개설된 경우에 그 수익자는 결코 매입은행에 대하여 "상환청구 불능"에 관한 UCP 600 제6조 및 제7조의 규정을 원용하여 항변할 수는 없다. 왜냐하면 이 조항은 취소불능 매입신용장인 경우에 개설은행 또는 확인은행만이 환어음을 상환청구권 없이 지급하거나 매입한다는 약정을 규정한 것에 불과하기 때문이다. 그러나 매입은행은 환어음을 매입하기 전에는 결코 수익자와 어떠한 계약관계도 갖지 않는다.

우리나라도 매입신용장에 있어서 환어음의 매입은행은 비록 개설은행으로부터 신용장의 조건에 일치하게 매입한 환어음에 대하여 상환을 약속받고 있지만, 항상 개설은행으로부터 상환을 거절당할 우려가 있으므로 매입은행은 자신의 영업활동의 일환으로 스스로의 계산과 위험부담 하에 환어음을 매입하는 것이지, 수익자나 개설은행을 위하여 매입을 하는 것은 아니다.

따라서 매입 신용장의 경우에도 은행이 개설은행과의 별도의 특약에 의하여 개설은행에 대하여 매입의무를 부담하는 것은 별론으로 하더라도 수익자로부터 매입의뢰를 받은 은행이 이에 응할 의무는 없다.[35] 그러나 은행이 일단 매입에 응하기로 한 경우는, 신용장조건의 일치성 여부를 확인하여야 할 거래상의 의무를 개설은행 및 그 개설의뢰자에게 부담하므로 매입은행이 심사의무를 제대로 이행하지 아니하여 그로 인하여 개설의뢰자에게 손해를 입혔다면 이를 배상할 책임이 있다.[36] 매입은행이 지정되어 있는 지정 신용장을 비지정은행이 임의로 매입한 경우에는 비지정은행은 심사의무가 없다고 하는 일본의 하급심 판결이 있다.[37]

3. 개설의뢰자와의 법률관계

개설의뢰자와 매입은행 간에는 결코 계약관계가 존재하지 않는다. 따라서 매입은행은 개설의뢰자나 개설은행의 대리인으로서 행동하지 않는 한, 결코 개설의뢰자와 개설은행 간에 존재하는 계약관계를 원용할 수 없으며, 그러한 계약관계에 따를 의무도 없

33) 영국 Bill of Exchange Act, Art. 43(2) & 47(2) ; UCC, Sec. 3-507(2) ; UN협약, Art. 58(2); 박대위, 전게논문, p.8.
34) 영국 Bill of Exchange Act, Art. 16(1); UCC, Sec. 3-413(2). 그러나 대륙국가 중심의 통일어음법 제9조에서는 상환청구 불능의 환어음 발행은 인정하지 않는다.
35) 大法院 1980.2.12. 宣告 79다1615 判決.
36) 大法院 1977.4.26. 宣告 76다956 判決.
37) 大阪地方裁判所 1976.12.12. 宣告 48. 40. 判決.

다. 반대로 개설의뢰자는 매입은행과 개설은행 간의 계약관계에 개입할 수도 없다.

제 4 절 확인은행의 지위와 법률관계

1. 개설은행과의 법률관계

개설은행은 매입할 수 없으나 확인은행은 매입할 수 있다. 신용장 환어음이 개설은행 앞으로 발행된다면 환인은행(확인자)은 그 환어음과 서류를 구매함으로써 매입한다. 그러나 수익자에 대한 상환청구권 없이 매입하는 것이다. 그러므로 확인은행은 그 환어음이 또 다른 당사자 앞으로 발행되거나 또는 환어음이 없는 경우에 매입할 수 있다. UCP 제9조(b)(ⅳ)는 매입에 관한 확인은행의 의무는 다음과 같다. "신용장이 매입을 규정하고 있는 경우 - 환어음 발행인 및/또는 선의의 소지인에게 상환청구권 없이 수익자가 발행한 환어음 및/또는 신용장에 의거하여 제시된 서류를 매입한다."(Collyer, 2008).

UCP 600 제8조 b항에서는 "확인은행은 신용장에 자신의 확인을 추가하는 시점부터 지급 또는 매입해야 하는 취소불능의 의무를 부담한다."라고 규정하고 있다. 확인은행은 일치하는 서류제시를 지급 또는 매입하고 당해 서류를 확인은행에 송부한 다른 지정은행에게 상환할 것을 약정한다. 또한 UCP 600 제8조 e(ⅱ)항에서는 "신용장이 확인은행에서 매입에 의하여 이용될 수 있는 경우에는 상환청구권 없이 매입하여야 한다." 라고 규정하고 있다(Andrle, 2009).

신용장의 확인은 보통의 경우에는 매도자인 수익자로부터 요청을 받은 매수자인 개설의뢰자가 개설은행에 의뢰하면 개설은행은 자신이 거래하고 있는 환거래은행에게 자신이 개설한 취소불능 신용장에 대한 확인을 요청하게 되는데, 이때 개설은행과 확인은행 간 법률관계의 법적 성질은 개설의뢰자와 개설은행 간의 관계처럼 일종의 위임 또는 도급관계라고 보아야 할 것이다(Gutteridge and Megra).

일반적으로 이와 같은 확인은 개설은행의 신용상태를 의심하는 매도자의 요청에 따라 매수자가 신용장의 개설을 의뢰할 때에 개설은행 보다 신용상태가 양호한 제3은행의 확약을 추가할 것을 지시함으로써 이루어진다. 확인은행도 이러한 개설은행의 신용장의 확인요청에 대한 승낙이 개설은행에 대한 여신이라는 점에서 개설은행의 신용상태에 따른 지급능력이 있는지 여부와 개설은행에 소재하는 국가의 대외적인 신용도 즉, 국가위험도 고려하여야 한다. 즉 일단 확인을 행한 이상 개설은행과 동등한 의무를 부담[38]하는 것은 물론 수익자에게 어음의 상환 또는 지급자금의 반환청구를 할 수 없으며 동 은행은 개설은행의 불가항력적인 사태가 발생하면 손해가 불가피해질 우려가 있다.[39] 따라서 신용장의 확인에 있어서는 확인은행과 개설은행 간의 관계가 중요한 의미를 가지며 확인은행과 개설의뢰자 간에는 직접적인 계약관계나 법률관계는 존재하지 않는다.

만약 확인은행이 개설은행의 요청을 수용하여 신용장에 확인한 제시서류에 대금지급을 하였다면 확인에 대한 수수료와 함께 지급한 신용장대금의 상환을 청구할 권리를 개설은행에 대하여 가진다. 어느 은행이 개설은행으로부터 확인의 요청을 받았는데 확인할 의사가 없는 경우에는 그러한 사실을 지체 없이 개설은행에 통지하여야 한다.[40] 확인은행이 개설은행의 지시를 수용하여 확인을 실행하게 되면 개설은행에 대하여 확인수수료를 청구할 권리를 갖게 된다. 환거래계약에 확인 수수료에 관한 특별한 약정이 있을 경우에는 그 약정에 따라 수수료를 청구하게 된다.

확인 수수료는 궁극적으로 개설은행에 확인 지시를 요청한 매수자인 개설의뢰자가 부담하게 된다. 현재 우리나라에서도 개설의뢰자가 개설은행에 확인신용장의 개설을 의뢰한 경우에는 확인은행으로부터 확인수수료를 청구하면 개설의뢰자에게 통지하여 징구하고 있다. 따라서 개설의뢰자의 입장에서는 통상적으로 무확인신용장의 개설보다는 개설수수료의 부담이 있다. 개설의뢰자는 매도자인 수익자와의 약정으로 확인수수료를 수익자의 부담으로 전가할 수도 있다.

2. 수익자와의 법률관계

UCP 600 제8조에 의하면 개설은행의 요청에 따라 취소불능 신용장에 확인을 추가한 확인은행은 수익자에 대하여 제시서류가 신용장의 조건과 일치하는 한, 개설은행과 동등한 지급약정을 한다는 취지로 규정하고 있고, UCC(1995) 제5-107조 a항에서도 "확인자는 신용장에 따라 직접적인 의무를 부담하며, 또 확인범위 내에서 개설자로서 권리나 의무를 부담한다. 확인자는 또한 개설자가 개설의뢰자가 되고 개설자의 요청과

38) UCP 500, Art. 9(b); 東京銀行, 54면; UCP 600 Art. 8.

39) Todd, P.N.(1990), *Bill of Lading AND Banker's Documentary Credits*, Lloyd's of London Press Ltd., p.475.

40) UCP 600, Art. 8(d).

계산에 따라 신용장을 개설한 것과 같이 개설자에 대하여 권리와 의무가 있다."라고 규정하고 있기 때문에 수익자와는 제2차적 보증채무 관계가 아닌 독립적인 지급약정의 관계이다.

확인은행은 신용장의 조건에 일치하는 서류가 제시되는 한, 수익자의 지급청구에 응하여야 하고, 또한 지급한 후에도 매입대금의 회수가 불가능하여도 수익자에게 대하여 그 금액의 상환청구를 행사할 수는 없다. 확인신용장의 경우에는 수익자는 개설은행의 지급약정보다는 확인은행의 지급약정에 더 안심하며 개설은행과 확인은행 간의 청구권 행사의 가능 여부가 확인은행의 수익자에 대한 지급의무에 어떠한 영향도 미치지 않는다. 기본적으로는 확인은행과 수익자의 관계는 개설은행과 수익자 간의 관계와 상이할 수 없으므로 이미 언급한 개설은행과 수익자의 법률관계에 그대로 적용될 수 있다.

3. 개설의뢰자와의 법률관계

신용장의 확인에 관한 개설은행의 지시는 매도자와 매수자 간에 체결된 매매계약에서 그 근원을 찾을 수가 있다. 매수자가 정한 개설은행이 매도자의 입장에서 그 신용도에 의문시 된다고 생각될 경우에는 매도자는 매수자에게 신용도가 높은 또 다른 은행을 통하여 신용장을 확인하도록 요청할 수 있으며, 이러한 확인에 관한 사항을 매매계약에 명시할 수도 있다. 그 후 매수자인 개설의뢰자가 개설은행에 신용장의 개설을 의뢰하면서 신용장의 확인을 요청하면 개설은행은 다시 자신의 환거래은행을 통하여 확인을 요청하게 된다.

이와 같이 신용장의 확인에 있어서는 개설의뢰자는 개설은행을 통해서 간접적으로 확인은행과 관계를 가지는 것이기 때문에 확인은행과 개설의뢰자 간에는 직접적인 법률관계가 성립되지 않는 것이 원칙이다.[41] 다만 양 당사자 간에는 특약에 의하여 법률관계가 형성될 수는 있다. 개설의뢰자가 확인의 철저한 이행이나 수익자의 이익을 보호하기 위하여 수익자의 대리인 자격에서 확인은행과 특약을 맺은 경우에는 양당사자 간에 그에 따른 법률관계가 형성될 수 있다고 본다.

---

41) 강갑선 역, p.100.

제 9 장 기타 방식에 의한 대금결제

제 1 절 송금결제의 의의와 방법

1. 송금방식의 의의

국제무역에서 송금결제방식에 의한 대금결제방식은 매수자가 상품의 인도 전·후 또는 인도와 동시에 매도자에게 물품대금의 전액을 외화로 송금하여 지급함으로써 결제를 완료하는 방법이다. 이 방식은 대금과 환(換)의 이동방향이 모두 매수자로부터 매도자에게 같이 향한다고 하여 일방향의 "순환방식"이라고도 한다.

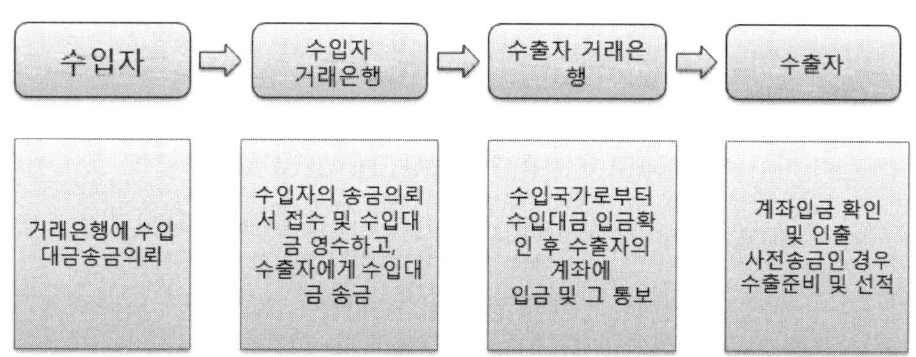

[그림 9-1] 송금방식의 수입대금 송금과정

송금결제방식에 의한 물품의 수출입은 결제자금의 금융편의와 안전성의 문제를 담보하지 못하는 가장 단순한 결제방식이다. 여기에는 물품을 수령하고 물품대금을 지급하는 사후송금방식과 물품을 수령하기 전 또는 수령과 동시에 지급하는 사전송금방식(단순 송금방식)이 있다.

이 방식에는 물품대금의 결제시기에 따라 주문지급(cash with order : CWO) 방식과 서류상환지급(cash against documents : CAD) 및 현물상환지급(cash on delivery : COD) 방식 등이 있다.

2. 송금방식의 종류

(1) 사전송금방식(payment in advance)

매수자(수입자)가 물품대금의 전액을 물품선적 전에 외국환은행을 통하여 수출자(매도자)에게 미리 지급하고 매도자는 일정기일 이내에 이에 상응하는 물품을 인도하는 방식이다. 사전송금은 매도자의 입장에서는 선수금에 해당되며 매수자의 입장에서는 선지급금에 해당된다. 따라서 매도자 입장에서는 매매대금의 회수가 보장되기 때문에 안전한 방식이다. 반면 매수자는 매도자에게 매매대금을 지급하였는데 약정기일 이내에 약정물품을 수령하지 못하거나 품질상태 등이 계약조건과 다른 물품을 수취할 수 있는 위험을 부담해야 한다.

이 결제방식은 매도자가 매수자에게 소액의 견본을 매매하거나 소액의 시험용품을 유상으로 매매하는 경우, 신용장의 개설이나 선적서류 준비 등의 복잡한 절차를 피하고자 할 경우, 추심결제방식 등의 번거로움을 피하여 신용거래를 하고자 할 경우에 종종 이용된다.

(가) 사전송금방식수출

본지사간이 아닌 수출거래로서 수출대금을 송금방식으로 수출물품의 선적 전에 외국환은행을 통하여 수령하고, 그 수령일로부터 1년 이내에 대응수출을 이행하는 수출방식이다.

본지사간이 아닌 수출거래로서 계약 건당 미화 5만불을 초과하는 사전송금방식거래로서 수출대금을 선적 전 1년을 초과하여 수령하고자 하는 경우, 즉 계약 건당 미화 5만불을 초과하는 사전송금방식으로 수출대금을 물품의 선적 전에 수령하고 그 대응수출이 1년을 초과하는 경우에는 한국은행총재에 신고해야 한다. 본지사간에 수출대금을 사전송금방식으로 선적 전에 수령하고자 하는 경우에도 한국은행총재에 신고하여야 한다. 단, 선박, 철도차량, 항공기, 대외무역법에 의한 산업설비의 경우에는 제외한다. 즉 대응수출 이행기간이 1년을 초과하더라도 수령할 수 있다.[1)]

(나) 사전송금방식 수입

사전송금방식 수입은 수입대금 전액을 선적서류 또는 수입물품의 수령일 전에 대외지급수단에 의하여 선급하여 수입하는 방식으로 동 방식에 의한 수입은 주로 견품, 시험용품 등 소액거래에 주로 이용된다.

계약건당 미화 2만불을 초과하는 수입대금을 선적서류 또는 물품의 수령 전 1년을 초과하여 송금방식에 의하여 지급하고자 하는 경우에는 한국은행총재에게 신고해야 한다(외국환거래규정 제5-8조).

(2) 사후송금방식(Deferred Remittance)

매도자가 먼저 매수자 앞으로 물품을 선적·발송하면 매수자는 그 물품을 수령한 후에 물품대금의 전액을 외국환은행을 통하여 매도자에게 지급하는 방식을 의미한다. 그런데 수출자로부터 물품을 수령한 후에 즉시 대금을 송금하는 경우에는 국제적 특수성을 고려하면 동시적 결제방식으로 볼 수 있다. 따라서 사후송금방식은 물품을 수령한 후 일정 기간이 경과한 후에 지급하는 경우(외상거래 약정한 경우), 즉 '물품 수령 후 60일 이후 송금지급'과 같은 취지의 문언이 있는 경우에 해당한다. 그러나 물품을 선적된 후 또는 수령된 후에 지급하는 경우에는 포괄적으로 사후송금으로 칭해진다.

국제거래에서 이용되고 있는 대금교환도(COD) 방식 및 서류인도(CAD) 방식은 선적 이후에 대금이 결제된다는 점에서는 시기적으로 사후송금에 해당된다. 그러나 국제거래의 특수성을 감안하면 실질적으로는 동시적 결제방법에 해당한다.

이와 같은 동시적 및 사후송금 방식에서 매수자는 약정물품을 수취하여 물품을 확인하고 지급한다는 점에서(동시적 지급결제방법에서는 매수국가의 통관시스템에 따라서는 물품 점검을 못하는 경우도 있음) 안전하지만, 매도자는 물품대금을 약정기간 이내에 수령하지 못하거나 또는 매수자의 부당한 클레임 제기 등으로 인한 대금회수 위험을 부담하게 된다.

(가) 현물인도 결제방식(COD : Cash On Delivery)

이 방식은 매도자가 물품을 선적한 후 선적서류를 자신의 대리인(주로 매수자의 국가에 소재함) 또는 지사에게 송부하여 물품이 목적지에 도착하면 매수자가 품질이나 수량 등을 직접 확인한 후에 물품을 인도 받으면서 대금을 현금으로 결제하는 방식이다.

---

1) 외국환거래규정 제5-8조 참조.

이 방식은 보석류나 귀금속, 그리고 육안에 의한 물품의 검사를 필요로 하는 경우의 소액거래에 주로 이용된다. 매도자로서는 매수자가 물품에 만족하지 못할 경우 대금을 회수(수취)하지 못할 위험을 부담해야 하는 단점이 있다.

(나) 서류인도 결제방식(CAD: Cash Against Documents)

이 방식은 매도자가 물품을 선적한 후에 이를 증명하는 선적서류를 매수자의 대리인 또는 거래은행에 제시하여 선적서류와 상환으로 대금을 결제하는 방식이다. 매수자가 선적서류를 고의로 찾아가지 않아 대금회수가 불가능한 경우도 있기 때문에 이 거래에서는 매수자의 신용이 무엇보다도 중요하다.

이 거래방식은 은행을 통할 경우에는 그 성격이 추심결제방식인 서류지급도(D/P)와 유사하다. 즉 대금상환의 대상이 물품이면 COD, 서류이면 CAD가 되고 또 CAD가 은행을 통하여 이루어지면 D/P 방식이 된다. 그리고 D/P 방식에서는 환어음이 이용된다.

(3) 혼합방식

국제거래에서 사전송금방식과 사후송금방식의 단점을 매도자와 매수자가 보완하기 위하여 물품대금의 일정 비율을 약정하여 두 가지의 결제방법을 혼합한 형태의 결제방식이다. 예컨대 물품대금의 30%는 사전송금으로 결제하고 나머지 70%는 물품을 수령한 후에 송금하거나 또는 일정기간 경과 후에 사후송금으로 결제하는 경우에 해단한다.

3. 송금방법

(1) 수표송금(D/D: Demand Draft)

수표송금방식은 매수자가 미리 물품대금에 해당하는 대금을 은행에 지급하면서 송금수표를 신청하면 은행이 송금수표를 발행해주는데, 매수자가 이 수표를 매도자 앞으로 직접 우송하여 결제하는 방법이다. 이 방법은 송금수표의 우송 중에 분실 또는 도난의 위험은 전적으로 매수자가 부담하기 때문에 주로 소액의 물품거래나 또는 개인간 송금거래에 주로 이용된다.

(2) 우편송금환(M/T: Mail Transfer)

우편송금환은 매수자의 요청에 따라 송금은행이 송금수표를 발행하는 대신에 지급은행에 대하여 일정한 금액을 지급하여 줄 것을 위탁하는 지급지시서(payment order)에 해당하는 우편환(M/T)을 발행하여 이를 송금은행이 직접 지급은행 앞으로 송부하는 방법이다. 이 경우 송금에 따른 분실 또는 도난의 위험은 은행이 부담하기 때문에 매수자로서는 일반 송금방식보다는 안전한 결제방식이 된다.

그러나 은행을 통한 우편송금환 방법은 지급지시서의 송부기간이 전신보다는 장기이기 때문에, 긴급을 요하지 않는 송금이나 소액송금 등에 주로 이용된다.

(3) 전신송금(T/T : Telegraphic Transfer)

전신송금은 우편송금과 같이 매수자의 요청에 따라 송금은행이 지급은행에 대하여 일정한 금액을 지급하여 줄 것을 위탁하는 지급지시서를 우편환으로 발행하는 대신에 전신환(T/T)의 형식으로 발행하여 이를 송금은행이 직접 지급은행 앞으로 전신으로 송금하는 방법이다.

이 송금방법은 우편환 송금방법보다 송금과정이 신속하고 편리할 뿐 아니라 송금환의 분실이나 도난의 위험, 그리고 환율변동에 따른 위험이 거의 없기 때문에 송금방법 중에서 가장 안전한 결제방식이라고 볼 수 있다.

따라서 긴급을 요하는 대금의 송금이나 거액을 안전하게 송금하고자 할 경우에 주로 이용된다. 다만 이 송금방식의 단점은 우편이 아닌 전신에 의해 이루어지기 때문에 전신료의 부담이 다소 있다는 점이다.

[예시 9-1] 송금방식 사례

KONGJU TRADING CO., LTD

RM #429, INSADAE BLDG, 182, SHINKWAN-DONG,
KONGJU CITY, CHUNGNAM PROVINCE, REPUBLIC OF KOREA

EXPORT SALES CONTRACT

(수출매매계약서)

TO: TIGER INTERNATIONAL CO LTD.
CARRERA 25A NO. 9A-12 OFC.
606, BOGOTA D.C. CUNDINAMARCA,
COLOMBIA

DATE : FEB. 06, 2016.
CONTRACT NO. DFY36010

COMMODITY & DESCRIPTION (물품 및 명세)	QUANTITY (수량)	U/PRICE (단가)	AMOUNT (금액)
TEXILE PIECE GOODS	CIF	UENAVENT	COLOMBIA
200D BUFFING SPAN P/D	32,500MTS	USD2.30/M	USD74,750.00
CF 1022 POLY SUPREMA P/D	17,000MTS	USD1.80/M	USD30,600.00
CF 1023 POLY TWO WAY SPAIN P/D	5,000MTS	USD1.65/M	USD8,250.00
Total	54,500MTS		USD113,600.00

SHIPMENT(선적) : APRIL 30, 2016.
PORT OF LOADING(적재항) : BUSAN, KOREA
PORT OF DISCHARGE(양륙항) : BUENAVENTURA, COLOMBIA
TRANSHIPMENT(환적) : ALLOWED(허용)
PARTIAL SHIPMENT(분할선적) : ALLOWED(허용)
PACKING(포장) : EXPORT STANDARD PACKING(LOOSE PACKING) (수출표준포장/느슨한 포장)
PAYMENT(대금결제) : CASH AGAINST DOCUMENTS(서류상환지급도)
5% MORE OR LESS ALLOWED(5% 과부족 허용)
REMARK : PLEASE REMIT THE PROCEEDS TO OUR ACCOUNT NO. 8907-23-87650 WITH KOREA EXCHANGE BANK, PANAMA BRANCH UNDER ADVICE TO US(당사에 통지 하에 대금을 외환은행 파나마 지점에 있는 당사의 계좌번호 8907-23-87650으로 송금해 주시기 바랍니다).

Buyer
TIGER INTERNATIONAL CO LTD.
berty huss

Seller
KONGJU TRADING CO., LTD
s. h. chang

제2절 오픈 어카운트(Open Account)방식에 의한 결제

1. 오픈 어카운트의 개념과 의의

국제거래에서 오픈 어카운트(Open Account: O/A) 방식은 수출자가 수출물품을 선적한 후에 상업송장과 선하증권 등 선적서류를 직접 수입자에게 송부하고 그 수출채권은 거래은행에 매각하여 조기에 현금화하는 방식이다. 즉, 오픈 어카운트 방식은 매도자와 매수자가 오픈 어카운트 방식으로 무역계약을 체결하면 매도자는 계약서 또는 주문서(order)에 따라 약정물품을 선적한 후 상업송장, 운송서류(B/L) 등 무역서류를 직접 매수자에게 송부하여, 그 매수자로부터 송장승인을 받아 물품대금을 회수하는 제도로 일종의 후지급(사후송금) 방식이며, 필요시 매도자는 당해 수출채권을 자신의 거래은행에 매각하여 수출대금을 조기에 회수할 수 있다.

국내에는 지난 1996년 도입됐었으며 '선적통지 결제방식', '외상수출 채권방식' 등으로도 칭해지고 있다. 이 오픈 어카운트 방식은 환어음이 발행되지 않으며, 선적서류를 은행을 경유하지 않고 매도자가 매수자에게 직접 송부하며, 매도자가 선적을 통지하는 시점에 매도채권(수출채권)이 성립된다. 이 방식은 한마디로 순수한 외상판매방식이다. 매도자가 물품을 선적하고 그 서류를 발송하면, 매수자가 계약조건에 따라 당해 서류를 접수하는 즉시 또는 접수 후 일정기간이 경과한 후에 매매대금을 송금하여 결제하는 방식이다. 매도자로서는 여러 면에서 불리한 측면이 있다. 전적으로 매수자의 신용에 의존하여야 한다. 반면 매수자에게는 위험이 전혀 없다.

외국과의 거래에서 오픈 어카운트 방식은 오랜 기간 동안 그리고 양호한 거래관계를 잘 유지해 오고 있거나 또는 확실한 신뢰관계가 유지되고 있는 경우에는 편리한 결제수단이 될 수 있다. 그러나 오픈 어카운트를 생각하고 있는 매도자는 정치적, 경제적 및 상업적 위험을 철저하게 조사해야 한다.

따라서 이 방식에 의한 무역거래는 매도자가 동의하지 않으면 이루어질 수 없다. 현실적으로 신용거래가 보편화된 서유럽국가들 간, 즉 EU역내에서 많이 이용되고 있다. 이 방식은 매도자가 매수자를 신뢰하여 선적한 후 서류를 매수자 앞으로 직접 송부하여 사후에 결제 받는다는 점에서 COD(현물인도결제) 또는 CAD(서류인도결제) 같은 송금방식과 유사하다.

이 방식의 수출은 자금이 필요한 경우에는 결제대금을 조기에 현금화할 수 있을 뿐만 아니라 거래시간과 거래비용 등을 절감시켜 주기 때문에 그 효용성이 크지만 은행 측에서 매도채권 매입에 소극적이어서 아직 거래가 많지는 않은 실정이다. 그러나 최근 들어서는 거래량이 증가하고 있는 실정이다.

2. 특징

오픈 어카운트 방식은 선하증권을 포함한 선적서류가 거래은행을 통하여 송부되지 않는다는 점에서 추심방식 및 신용장방식과는 차이가 있으며, 또한 은행이 매도자에게 대한 지급보장을 하지 않는다는 점, 즉 은행이 오픈어카운트 거래에 대한 책임을 지지 않는다는 점에서 신용장방식과는 중요한 차이가 있다. 그리고 거래가 간편한 순수한 거래당사자 간의 거래라는 점에서는 송금방식과 유사하지만, 당해 수출채권의 매각, 즉 거래은행이 선적서류를 매입하는 형태로 매매대금을 조기에 회수할 수 있다는 점에서는 일반 송금방식과 차이가 있다. 즉 일반적인 송금방식은 매수자가 현물인수 또는 서류인수와 동시에 물품대금을 송금함으로써 매도자는 수출대금을 회수할 수 있지만, 오픈 어카운트 방식은 매도자가 자금이 필요한 경우에는 매수자가 매매대금을 송금하기 전이라도 자신의 거래은행을 통하여 선적서류를 매입(수출채권 매각)하는 방법으로 수출대금을 미리 회수할 수 있다.

따라서 오픈 어카운트 방식은 은행의 책임은 따르지 않지만 신용장방식과 추심방식처럼 거래은행에 서류매입을 통하여 조기에 대금회수가 가능하면서 이들 방식보다 절차가 신속·간편하고 거래비용이 적게 들기 때문에 효율적이다. 이와 같은 오픈 어카운트 방식은 거래과정에서 제3자가 개입하지 않기 때문에 거래절차가 간소하고 거래의 융통성과 보안성이 확보된다.

그러나 오픈 어카운트 방식도 수출대금을 조기에 회수하고자 하는 경우에는 자신의 거래은행과 거래약정을 체결해야 하는데, 우리나라의 경우에는 신용이 확실하거나 인적·물적 담보를 제공하는 경우에 한하여 제한적으로 취급하고 있는 실정이다.

[표 9-1] 오픈 어카운트 방식과 비 신용장방식 비교

결제방법	수출채권 성립시기	선적서류 송부방법	환어음 발행	대금지급
O/A방식	선적통지 시점	은행 미경유	미발행	수출자 앞 송금
COD, CAD	선적서류 또는 물품인도 시점	은행 미경유	미발행	수출자 앞 송금
D/P, D/A	선적서류 시점	은행 경유	발행	추심은행 앞 입금

3. 오픈 어카운트(수출채권)의 매입 사례

오픈 어카운트(Open Account) 방식은 은행을 통하여 매입함으로써 조기에 그 대금을 회수할 수 있다. 이 경우 은행에 일정한 담보를 제공하게 되는데, 기술보증기금에서 발급하는 신용보증서를 담보로 매입을 신청할 수 있다.

기업은행에서는 그 지원대상을 보증기관의 부분 신용보증서를 발급받은 수출중소기업으로 하되, IBK기업은행 신용등급 BB이상이고, 180일 이내 사후송금방식 수출계약서를 보유한 중소기업이다. 신성장동력 중소기업 중 수출실적이 당기 또는 최근 1년간 매출액의 10% 이상인 수출중소기업, 중소기업청이 선정한 수출유망 중소기업, 대한무역투자진흥공사(KOTRA)의 지사화 사업에 선정된 수출중소기업은 우선 지원대상이다. 지원조건 및 지원조건은 다음과 같다.[2)]

- 자금용도 : O/A 방식 수출채권매입
- 지원한도 : 신용보증서 상의 대출금액
- 보증비율 : 85%이상 부분 신용보증서
- 지원기간 : 1년(신용보증서 보증기한 이내

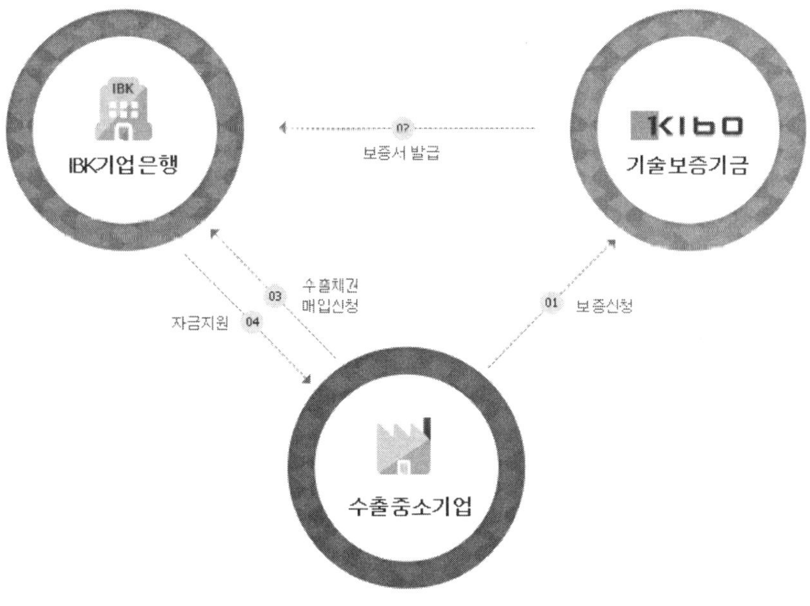

자료: 기업은행

[그림 9-2] 오픈 어카운트 방식의 매입절차

2) http://www.ibk.co.kr

제 3 절 추심방식(Collections)에 의한 결제

1. 추심방식의 개념과 의의

추심방식은[3] 매도자가 무역계약서상의 약정물품을 선적하고 자신의 거래은행(추심의뢰은행)을 통하여 선적물품에 대한 대금추심을 의뢰하면, 그 추심의뢰은행은 매수국가의 추심은행에 그 선적서류를 송부하고 당해 추심은행은 추심서류가 도착되면 매수자에게 서류도착 통지를 한다. 이에 매수자는 그 서류가 지급인도조건(D/P)이면 그 대금을 결제하고, 인수도조건(D/A)이면 인수 후에 서류를 수령하여 통관하는 방식이다.

추심방식은 은행의 지급약정 없이 오직 매수자의 신용만을 믿고 매매계약서를 근거로 대금을 추심하는 방식이다. 즉, 이 방식은 단순히 매매당사자 간의 무역계약에 따라 매도자는 물품을 선적한 후 관련 서류를 첨부한 화환어음을 자신의 거래은행에 제시하여 매수국가의 추심은행을 통하여 매수자가 그 환어음을 지급 또는 인수하도록 하여 결제하는 방법이다.

여기에는 이미 언급되었듯이 D/P(Documents against Payment: 지급인도조건)와 D/A (Documents against Acceptance: 인수인도조건)가 있으며, 우리나라의 경우에는 거래은행과의 약정에 따라 추심 전 매입도 가능하다. D/P, D/A는 신용장거래처럼 은행이 대금지급을 약정하지 않고, 대금결제는 전적으로 매수자의 신용에 의존하기 때문에 신용장방식보다 거래위험이 크나, 매매대금의 결제과정에서 은행이 선의로 개입함으로써 송금방식에 비하여 거래위험이 많이 해소되는 거래방식으로 무신용장방식에서는 가장 많이 이용되고 있다. 당사자의 신용에 의존한다는 점에서 거래위험이 있으며 지속적인 거래관계를 통해 상호 신뢰할 수 있는 경우 또는 본·지사 간인 경우에 비용절감과 편리성의 측면에서 이용되고 있다.

추심방식은 매도자와 매수자 간의 순수한 신용거래이기 때문에 원칙적으로 거래은행은 매도자가 약정물품을 선적하고 환어음을 발행하여 선적서류와 함께 추심의뢰를 요청하면 단순히 대금추심과 기일관리 서비스만 제공한다. 그리고 매수국가의 추심은행은 추심의뢰은행의 지시를 충실히 이행하여야 할 의무가 있으나, 물품대금에 대한 회수의무가 없기 때문에 매도자는 매수자의 신용조사를 철저하게 하여야 한다.

---

3) 여기에 "추심"이란 은행이 접수된 지시에 따라 1. 지급 및/또는 인수를 받거나, 2. 서류를 지급인도 및/또는 인수인도 하거나, 3. 기타의 제반 조건으로 서류를 인도하는 목적으로 본 규칙 제2조 b항에 정의된 서류를 취급하는 것을 의미한다(URC 제2조 a항).

따라서 매수자의 신용에 의존하기 때문에 매도자에게는 대금결제에 대한 보장이 없으므로 위험이 존재하지만 매수자에게는 자기의 담보력 등이 부족한 경우 매우 편리하게 이용할 수 있는 결제방법이다. 이 거래는 매수자의 신용을 바탕으로 이루어지는데 한국의 경우에는 한국무역보험공사에 수출어음보험을 부보하여 수출환어음의 매입과 관련된 결제상의 위험도 감소시킬 수 있도록 하고 있다.

2. 추심방식의 종류

(1) D/P(Documents against Payment: 지급인도조건)

이 방식은 매도자가 매수자와의 매매계약에 따라 물품을 선적하고 준비된 서류에 일람출급 환어음을 발행·첨부하여 자신의 거래은행을 통하여 매수자의 거래은행인 매수국가의 추심은행 앞으로 그 어음대금의 추심을 의뢰하면 추심의뢰를 받은 그 추심은행은 매수자에게 환어음을 제시하여 그 어음대금을 수납과 동시에 서류를 인도하고 그 수납대금을 추심의뢰은행의 지시대로 송금하여 결제하는 거래방식이다.

매도자 국가의 추심의뢰은행은 환어음과 선적서류를 추심은행에게 송부한다. 그리고 추심은행으로부터 선적서류 도착통지를 받은 매수자가 추심서류의 표지에 명시되어 있는 추심금액을 추심은행에 지급하는 경우에만 그 추심은행은 모든 선적서류를 매수자에게 인도한다.

[예시 9-2] D/P 계약서

KONGJU TRADING CO., LTD

RM #429, INSADAE BLDG, 182, SHINKWAN-DONG,
KONGJU CITY, CHUNGNAM PROVINCE, REPUBLIC OF KOREA

EXPORT SALES CONTRACT

(수출매매계약서)

TO: TIGER INTERNATIONAL CO LTD.
CARRERA 25A NO. 9A-12 OFC.
606, BOGOTA D.C. CUNDINAMARCA,
COLOMBIA

DATE : FEB. 06, 2016.
CONTRACT NO. DFY36010

COMMODITY & DESCRIPTION (물품 및 명세)	QUANTITY (수량)	U/PRICE (단가)	AMOUNT (금액)
TEXILE PIECE GOODS	CIF	UENAVENT	COLOMBIA
200D BUFFING SPAN P/D	32,500MTS	USD2.30/M	USD74,750.00
CF 1022 POLY SUPREMA P/D	17,000MTS	USD1.80/M	USD30,600.00
CF 1023 POLY TWO WAY SPAIN P/D	5,000MTS	USD1.65/M	USD8,250.00
Total	54,500MTS		USD113,600.00

SHIPMENT(선적) : JUNE 30, 2016.
PORT OF LOADING(적재항) : BUSAN, KOREA
PORT OF DISCHARGE(양륙항) : BUENAVENTURA, COLOMBIA
TRANSHIPMENT(환적) : ALLOWED(허용)
PARTIAL SHIPMENT(분할선적) : ALLOWED(허용)
PACKING(포장) : EXPORT STANDARD PACKING(LOOSE PACKING)
(수출표준포장/여유 있는 포장)
PAYMENT(대금결제) : D/P AT SIGHT
5% MORE OR LESS ALLOWED(5% 과부족 허용)
REMARKS(비고) : KOREA EXCHANGE BANK, PANAMA BRANCH, P.O BOX 8678,
PANAMA 9, REPUBLIC OF PANAMA. TEL: 269-9980/ FAX: 265-8224

Buyer
TIGER INTERNATIONAL CO LTD.
berty huss

Seller
KONGJU TRADING CO., LTD
s. h. chang

(2) D/A(Documents against Acceptance: 인수인도조건)

D/A 방식은 D/P 방식과 물품대금을 추심하는 그 추심절차는 동일하나 D/P와 다른 점은 매수자가 일정한 약정기간 후에 대금을 결제하는 방법이다. 즉, 추심은행이 매도자로부터 접수한 기한부 화환어음과 관련 선적서류를 매수자에게 제시하여 매수자가 그 어음을 인수하면 선적서류를 인도하고 어음의 만기일에 매수자로부터 물품대금을 회수하여 매도국가의 추심의뢰은행의 지시대로 송금하여 결제하는 거래방식이다.

D/A는 화환추심의 한 방식이다. 매도자가 계약상 매수자에게 거래신용을 허용하는 경우, 매도자는 선적한 물품에 대한 약정 만기일에 대금의 회수를 위해서 D/A 추심방식을 이용할 수 있다. D/A거래에서 매수자는 매도자가 선적한 물품을 수취하기 위해 그 기한부 어음을 인수하고 미래의 그 어음만기일에 대금지급을 약정해야 한다. 매수자는 기한부 어음 및 선적서류를 인수함으로서 물품을 취득하며, 반면 매도자는 선적서류를 인도함으로써 그 물품에 대한 통제권을 상실한다. 따라서 인수된 기한부 어음이 만기되어 그 어음만기일에 매수자가 어떤 사유로 그 대금결제를 하지 않는 경우에는 보호책이 거의 없다.

D/A거래에서 추심은행은 매수자가 어음만기일에 차질 없이 결제할 수 있도록 기일관리를 해야 한다. 즉 추심은행은 어음만기일 며칠 전에 매수자에게 기일통보를 하여 결제자금을 미리 준비할 수 있도록 한다. 물론 매수자도 추심은행과 마찬가지로 기일관리를 철저히 하여 대금결제에 착오가 없도록 해야 하는 것은 당연하다.

[예시 9-3] D/A 계약서

KONGJU TRADING CO., LTD
RM #429, INSADAE BLDG, 182, SHINKWAN-DONG,
KONGJU CITY, CHUNGNAM PROVINCE, REPUBLIC OF KOREA

EXPORT SALES CONTRACT
(수출매매계약서)

TO: TIGER INTERNATIONAL CO LTD.
CARRERA 25A NO. 9A-12 OFC.
606, BOGOTA D.C. CUNDINAMARCA,
COLOMBIA

DATE : FEB. 06, 2016.
CONTRACT NO. DFY36010

COMMODITY & DESCRIPTION (물품 및 명세)	QUANTITY (수량)	U/PRICE (단가)	AMOUNT (금액)
TEXILE PIECE GOODS 200D BUFFING SPAN P/D CF 1022 POLY SUPREMA P/D CF 1023 POLY TWO WAY SPAIN P/D	CIF 32,500MTS 17,000MTS 5,000MTS	UENAVENT USD2.30/M USD1.80/M USD1.65/M	COLOMBIA USD74,750.00 USD30,600.00 USD8,250.00
Total	54,500MTS		USD113,600.00

SHIPMENT(선적) : APRIL 30, 2016.
PORT OF LOADING(적재항) : BUSAN, KOREA
PORT OF DISCHARGE(양륙항) : BUENAVENTURA, COLOMBIA
TRANSHIPMENT(환적) : ALLOWED(허용)
PARTIAL SHIPMENT(분할선적) : ALLOWED(허용)
PACKING(포장) : EXPORT STANDARD PACKING(LOOSE PACKING) (수출표준포장/여유 있는 포장)
PAYMENT(대금결제) : D/A 120DAYS FROM B/L DATE(서류인수도 추심방식의 B/L 일자로부터 120일 조건)
5% MORE OR LESS ALLOWED(5% 과부족 허용)
REMARKS(비고) : KOREA EXCHANGE BANK, PANAMA BRANCH, P.O BOX 8678, PANAMA 9, REPUBLIC OF PANAMA. TEL: 269-9980/ FAX: 265-8224

Buyer
TIGER INTERNATIONAL CO LTD.
berty huss

Seller
KONGJU TRADING CO., LTD
s. h. chang

[표 9-2] 추심결제방식 비교

내 용	D/P	D/A
어음조건	At sight(일람급)	Usance(기한부)
대금결제	서류제시 시	Maturity(어음 만기일)
대금회수	서류수령 시	Maturity(어음 만기일)
결제조건 표현	• deliver document against payment • ~ days D/P, D/P at sight • sight • at sight on arrival of vessel	• deliver after sight • ~ days after sight • ~ days after B/L date • ~ days after date of draft

3. 추심결제방식의 당사자

(1) 추심의뢰자(Principal)

추심의뢰자는 약정물품을 선적하고 자신의 거래은행에 그 물품대금의 추심을 의뢰하는 매매계약상의 매도자(Seller)인 수출자(Exporter)를 말한다. 매도자는 약정물품을 선적한 후에 추심을 위해 화환어음을 발행하기 때문에 환어음 발행자(drawer)라고도 하며 물품대금을 청구하는 채권자(creditor)이다. 추심의뢰자는 원칙적으로 대금추심에 따른 은행의 모든 수수료와 제반 비용을 부담하여야 하며, 추심의뢰서에 그 추심관련 비용을 어음지급인으로부터 추심하도록 명시하였더라도 그 지급인이 이를 거절할 경우에는 추심의뢰자인 매도자가 최종적으로 부담하여야 할 의무가 있다.

(2) 추심의뢰은행(Remitting Bank)

추심의뢰은행은 매도자인 추심의뢰자로부터 대금추심을 의뢰받은 매도국가에 있는 은행을 말하는데, 통상적으로 추심의뢰자의 거래은행이며 추심의뢰자의 대리인의 성격을 가지고 있다. 그러므로 추심의뢰은행은 추심의뢰자의 지시를 엄격히 이행하여야 하며 추심의뢰자의 사전 동의 없이 그 지시내용을 변경하여서는 안 된다.

(3) 추심은행(Collecting Bank)

추심은행은 매수자인 어음지급인에게 선적서류의 도착통지와 함께 추심의뢰은행의 지시(추심의뢰서상에 명시)에 따라 매수자인 어음지급인에게 그 서류를 인도하고 물품대금(환어음대금)을 추심하여 그 대금을 추심의뢰은행의 지시대로 송금하는 은행이다.

이 은행은 추심의뢰은행의 대리인의 성격을 가지고 있기 때문에 추심의뢰은행의 지시를 엄격히 따라야 한다.

(4) 제시은행(Presenting Bank)

추심거래에서 제시은행은 매수자인 어음지급인에게 직접 선적서류를 제시하는 은행으로서 넓은 의미에서 추심은행에 포함된다. 일반적으로 추심은행이 매수자의 거래은행이 아닌 경우에 제시은행이 존재하게 된다. 추심의뢰은행은 매도자로부터 추심을 의뢰받은 선적서류를 추심은행에 발송하면, 그 추심은행은 매수자인 어음지급인에게 서류도착을 통지한다. 이 때 지급인도(D/P)인 경우에는 그 결제대금을 수납하고 선적서류를 인도하고, 인수지급도(D/A)인 경우에는 환어음의 인수절차를 종료하고 서류를 인도한다.

(5) 어음지급인(Drawee)

추심거래에서 매도국가의 추심의뢰은행의 추심의뢰에 대하여 최종적으로 대금지급을 하거나 또는 환어음을 인수하는 매수자를 말한다. 추심은행에 추심대금을 지급을 하는 자로서, 이는 통상 매수자(수입자)이며 수하인이다.

4. 추심방식에 의한 거래절차

추심방식에 의한 수출입의 절차는 다음과 같다.

① 매도자와 매수자는 D/P 또는 D/A 조건으로 결제하기로 하는 무역계약을 체결한다. 이 경우 계약서에 일시 지급인 경우에는 D/P, 일정기간 외상거래인 기한부 지급인 경우에는 D/A 조건으로 한다.

② 매도자는 선박(항공)을 수배하여 계약서에 따라 물품선적을 완료하고 선박회사(항공회사)로부터 선하증권(B/L) 또는 항공화물운송장(AWB)을 교부받는다.

③ 매도자는 자신의 거래은행(추심의뢰은행; remitting bank)에 선적서류에 환어음을 첨부하여 추심의뢰를 한다.

④ 추심의뢰은행은 매수지의 추심은행(collecting bank)에 선적서류를 송부하고 추심을 의뢰한다. 이때 우리나라에서는 매도자의 신용이 양호한 경우에는 추심의뢰은행과 외국환거래약정 및 여신약정을 체결하고 추심 전 매입을 하여 물품대금을 조기 회수할 수도 있다.

⑤ 추심은행은 매수자(어음지급인)에게 선적서류 도착통지를 한다.

⑥ 매수자는 D/P 거래인 경우는 추심은행에 물품대금을 지급하고, D/A 거래인 경우에는 인수절차를 종료하고(환어음상에 '인수함'(accepted)이라는 취지의 문언을 기입하고 서명날인 한다) 선적서류를 수령한다.

⑦ 추심은행은 D/P 거래인 경우에는 어음지급인으로부터 물품대금을 수납하여 추심의뢰은행의 지시대로 추심대전을 송금한다. D/A 거래인 경우에는 어음만기일을 통지하고 그 기입을 관리한다. 만기도래 시 대금을 수납하여 추심의뢰은행의 지시대로 송금한다.

⑧ 추심의뢰은행은 추심은행으로부터 추심대금의 입금이 확인되면, 매도자(환어음발행인)에게 추심대전을 지급한다.

⑨ 매수국가에 소재하는 선박회사(항공회사)는 매수자(어음지급인)에게 화물도착 통지를 한다.

⑩ 매수자는 선박회사로부터 화물도착 통지를 받으면 선적서류를 선박회사에 제시하고 화물인수 절차를 진행한다.

⑪ 추심은행과 매수자는 무역사후관리를 하고 추심거래를 종결한다.

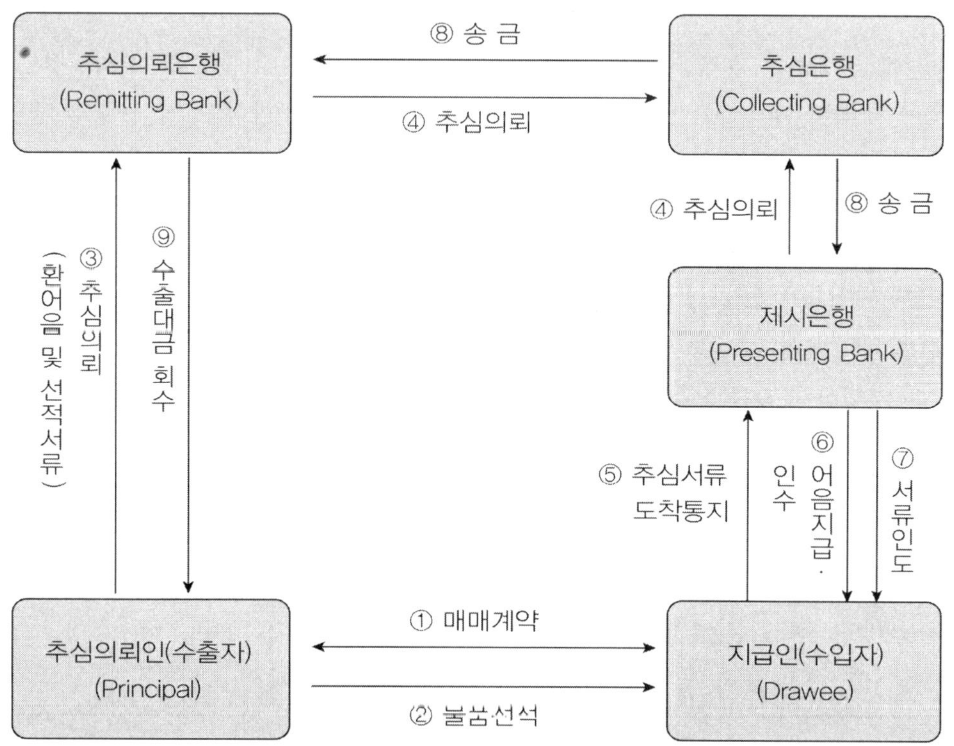

[그림 9-3] 추심방식에 의한 거래절차

5. 추심결제 당사자의 의무와 책임

(1) 추심의뢰자의 의무와 책임

추심의뢰자는 추심의뢰은행이 자신의 지시사항을 이행하기 위하여 다른 은행의 서비스를 이용함으로써 발생되는 비용이나 위험에 대한 책임을 부담하여야 한다. 그리고 추심과 관련하여 다른 당사자에게 서비스를 이용하도록 지시함으로써 외국의 법률과 관행에 의해 부과되는 모든 의무와 책임을 부담하여야 하며, 또한 이에 대하여 지시받은 당사자에게 보상하여야 한다. 추심의뢰자는 은행이 전달한 지시가 이행되지 아니한 경우에도 그 은행에게 의무나 책임을 부담시킬 수 없다. 이는 그 은행이 다른 은행의 선택을 주도한 경우에도 그러하다(URC 제11조).

추심에 관련된 비용으로는 추심의뢰은행의 추심료, 전신료, 기타 비용 등을 들 수 있으며, 추심의뢰자가 부담하는 위험으로는 서류분실이나 추심지시서의 각종 지시사항이 제대로 이행되지 않았을 경우에 발생할 수 있는 위험 등이 있다.

(2) 추심관계은행의 의무

추심에 관계하는 은행은 추심의 목적을 충분히 달성할 수 있도록 신의성실(good faith)에 따라서 행동하고 상당한 주의를 다하여야 하며, 또한 현지의 관행과 법률에 따라 행동해야 한다(URC 제9조). 특히 추심의뢰은행은 관습(관례)이 서로 다른 국가간의 추심거래이므로 추심의뢰서상에는 분명하고 명료하게 추심에 관한 지시를 하여야 한다(URC 제5조).

추심지시서에는 다음과 같은 정보를 적절하게 포함된다. 즉 ⓐ 추심을 의뢰하는 은행의 완전한 명칭, 우편주소 및 SWIFT 코드번호, 텔렉스, 전화번호, 팩스번호 및 참조사항을 포함한 명세, ⓑ 추심의뢰자의 완전한 명칭, 우편주소, 그리고 해당되는 경우, 텔렉스, 전화번호, 팩스번호를 포함한 명세, ⓒ 지급인의 완전한 명칭, 우편주소 또는 제시가 이행될 주소 및 해당되는 경우 텔렉스, 전화번호, 팩스번호를 포함한 명세, ⓓ 있는 경우 제시은행의 완전한 명칭, 우편주소, 및 해당되는 경우 텔렉스, 전화번호, 팩스번호를 포함한 명세, ⓔ 추심금액과 통화, ⓕ 동봉한 서류명세와 각 서류의 부수, ⓖ 지급 및/또는 인수 조건, 그리고 서류의 인도조건(지급, 인수, 기타 조건), ⓘ 추심될 수수료. 수수료가 포기 될 수 있는지의 여부를 기재 등이다.

(3) 추심관계은행의 면책

은행은 우선 서류의 효력에 대해 책임을 부담하지 아니한다(URC 제13조). 즉 서류의 형식, 충분성, 정확성, 진정성, 위조 또는 법적 효력, 또는 서류에 명시되어 있거나 또는 이에 첨가된 일반 및/또는 특별 조건에 대하여 어떠한 의무 또는 책임을 지지 아니한다. 또한 은행은 모든 서류에 명시되어 있는 물품의 명세, 수량, 중량, 품질, 상태, 포장, 인도, 가치 또는 존재에 대해, 또는 물품의 송하인, 운송인, 운송주선인, 수하인 또는 보험자, 또는 그 이외 모든 자의 성실성 또는 작위 및/또는 부작위, 지급능력, 채무이행 또는 재정상태에 대해 어떠한 의무 또는 책임을 지지 아니한다.

그리고 은행은 통신의 송달 중에 발생하는 지연, 분실 및 번역상의 오류에 대해 책임을 지지 아니한다(URC 제14조). 즉 모든 메시지, 서신 또는 서류의 송달 중에 지연 및/또는 분실로부터 발생하는 결과에 대해, 또는 모든 전신통신의 송달 중에 발생하는 지연, 훼손 또는 기타 오류에 대하여 또는 전문 용어의 번역 및/또는 해석상의 오류에 대하여 어떠한 의무 또는 책임을 지지 아니한다. 또한 은행은 접수된 어떠한 지시의 명확성을 기하기 위한 필요성으로 소요되는 모든 지연에 대해 책임을 지지 아니한다.

(4) 불가항력

은행은 천재지변, 폭동, 소요, 반란, 전쟁, 또는 은행이 통제할 수 없는 그 이외의 원인 또는 동맹파업이나 직장폐쇄로 인한 은행입무의 중단으로부터 발생하는 결과에 대하여 아무런 의무 또는 책임을 지지 아니한다(URC 제15조).

[표 9-3] 송금방식과 추심방식의 비교

결제방식		종 류	은행	매도자(Seller)	매수자(Buyer)
송금방식	사전 (선적 전)	CWO	불개입	대금수령 후 물품을 선적하기 때문에 가장 안전한 결제방식	매도자가 물품을 선적하기 전에 대금을 송금하기 때문에 가장 불리한 결제방식 (상황에 따라서는 물품 인수 불가능)
	사후 (선적 후)	COD	불개입	물품선적 후에 대금을 영수하기 때문에, 상황에 따라서는 대금영수 및 물품회수 불가능, 가장 불리한 방식	수입물품 확인 후 결제할 수 있기 때문에 가장 안전한 결제방식
		CAD		COD와 유사하나 차이	COD 보다는 덜 유리하지만,

결제방식		종 류	은행	매도자(Seller)	매수자(Buyer)
				는 대금을 결제해야 서류를 인도하기 때문에 물품회수는 가능함	서류접수 후 대금결제: 안전한 결제방식(매수자 유리)
추심결제		D/P	선의개입 * 수입대금송금 및 수출대금 영수 * 서류발송 및 서류접수/전달	안전도 측면에서 CAD와 유사하나 은행의 선의의 개입으로 거래 편리성에서는 CAD 보다 유리	서류접수 후 대금결제하기 때문에 안전한 결제방식(매수자에게 유리)
		D/A		물품을 선적한 후 약정기간 경과한 후 대금영수하기 때문에 불리한 결제방식	거래은행의 기일관리를 받으나 매수자에게 유리한 결제방식

[표 9-4] 주요 결제방법별 비교

내 용	신용장방식	추심방식(D/A, D/P)	송금방식
지급방법	지급약정에 의해 수익자의 일치한 약정 서류의 제시로 개설은행이 지급보장	매수자로부터 대금을 추심하여 은행이 지급	매수자가 은행을 통하여 직접 지급(전신송금, 우편송금, 송금수표 등의 방법으로)
은행의 개입	* 지급보장(서류의 일치성 조건) * 은행을 통하여 서류 수·발송 및 기일관리	선의 개입 * 선적서류의 발송 및 대금추심 * 매수자에게 서류전달 및 대금추심/송금 * 기일관리(D/A)	은행 불개입 (거래당사자가 직접 관리)
방법선택의 주요 조건	매수자의 신용도	거래당사자 간 신뢰(추심방식에 동의)	거래당사자 간 신뢰(송금방식에 동의)
이용되는 거래	상대방 신용이 불안할 때(주로 최초 거래 시, 거액 거래 등)	본지사간 거래, 오랜 거래로 신뢰기반 구축된 거래당사자 간	본지자간 거래 소액거래
매수자	* 신용장의 조건 충족되면 기초 계약조건 위반 되더라도 지급의무(약정물품 입수가 반드시 보장되지 않는다) * 신용장의 개설수수료 지급 및 거래절차 복잡(매수자의 신용 없으면 불가)	신용장의 개설수수료가 없으며, 거래절차가 간편	선급조건이면 수입자 불리
매도자	대금회수 보장(제시서류가 일치할 경우) 무역금융 용이	대금회수 보장 안 됨. 거래 간편	사후송금의 경우 불리, 거래 가장 간편

제 4 절 국제팩토링(International Factoring)에 의한 결제

1. 개념 및 의의

국제팩토링이란 매도자가 매매계약서에 따라 매수자에게 약정물품을 매도한 후 발생되는 매출채권을 팩토링회사(factor)에게 일괄 양도하고 팩토링회사로부터 양도채권 금액범위 내에서의 전도금융, 매수자에 관한 신용조사 및 신용위험 인수, 매출채권의 관리 및 대금회수, 기타 비즈니스 대행 등의 서비스를 제공받는 금융기법을 의미한다.

국제팩토링은 우선 수출자와 수입자가 국제팩토링방식으로 매매계약을 체결하면, 수입자는 수입팩터에게 신용승낙(지급보증 성격)을 요청하게 되고, 이에 수입팩터는 수입자와 약정을 통해 일정한 한도(금액)을 신용승낙을 한다. 이를(신용승낙)을 수출팩터를 통하여 수출자에게 통지하면, 수출자는 그 신용승낙 범위 내에서 수출을 이행하고 대금을 회수하는 거래방식이다. 물론 여기에서 신용승낙은 수입자의 신용도 등을 고려하여 결정될 것이다.

국제팩토링은 전 세계 각국의 팩토링회사가 그룹을 결성하여 수출자 및 수입자에 대하여 공동으로 금융 서비스를 제공하는 것으로써 수출국 팩토링회사(export factor)는 수출자에게 선적 전 또는 선적 후 운전자금을 제공하고 수입국 팩토링회사(import factor)는 수입자에 대한 신용조사, 신용위험 인수, 수입채무의 관리 및 수입자로부터의 대금회수 서비스 등을 제공한다.[4] 수출팩터는 수출자와 거래약정을 체결하여 수출채권 매입한도를 약정하고 수입팩터는 수출팩터의 신용조사 의뢰에 따라 수입자의 신용조사를 하고 이를 근거로 신용위험을 인수(신용승낙)하게 된다. 따라서 수출자는 안전하게 물품을 선적할 수 있다.

특히 국제팩토링은 금융기관이 수출자의 수출채권을 상환청구권 없이 매입하여 전도금융을 제공함으로써 수출자가 조기에 물품대금을 회수할 수 있도록 하는 한편, 수입자에 대해서는 신용(외상)으로 물품을 수입할 수 있도록 함으로써 담보력이 약한 수입자에게 적합한 무역금융의 한 방법이다.

따라서 국제팩토링을 이용할 경우 수출 시에는 외상으로 인한 대금회수에 대한 불안을 제거하면서도 대금회수 전에 수출채권을 자금화 할 수 있으며, 수입 시에는 신용장 없이 국제팩토링회사의 신용으로 외상수입(기한부 수입)을 할 수 있는 무역거래방

4) S 한경 알기 쉬운 경제

식이다.

우리나라 외국환거래규정 제5-8조에서는 미화 5만불을 초과하는 수출대금을 회수하는 경우로, 외상수출채권매입방식에 의하여 결제기간이 물품의 선적 후 또는 수출환어음의 일람 후 3년을 초과하는 경우에는 한국은행에 신고를 하도록 하고 있다.

2. 국제팩토링 당사자

국제팩토링거래에 참여하게 되는 기본 당사자로는 수출자(공급업자), 수입자(매수자), 수출자와 팩토링계약을 체결하는 수출팩터(export factor), 수입자와 팩토링계약을 체결하는 수입팩터(import factor)로 4 당사자가 있다.

(1) 공급업자(수출자)

국제무역계약상의 공급자이며 수출자로서 물품을 신용으로 수출하는 조건으로 약정물품을 선적하고 송장을 포함한 선적서류를 수출팩터에게 양도하면서, 즉 외상채권을 수출팩터에게 양도하여 매입함으로써 전도금융을 제공받을 수 있다.

(2) 수입자(구매자)

국제무역계약상의 수입자로서 수입팩터의 신용승인 한도 내에서 외상으로 물품을 수입하는 자를 말한다. 이는 만기일에 물품대금을 지급해야 하며 채권의 양도·양수에 따라 지급의무를 부담하게 되므로 채무자(debtor)라고도 한다.

(3) 수출팩터

수출국가의 수출자와의 팩토링계약을 체결하고 이에 따라 수출자의 팩토링채권을 매입하여 전도금융을 제공함으로써 운전자금을 효율적으로 조달하며, 수입팩터와의 상호 약정에 따라 수입자의 신용조사와 신용승인(credit approval), 그리고 채권관리 및 대금회수 서비스를 제공하게 된다. 또한 회계업무를 지원함으로써 수출채권과 관련된 회계업무 서비스를 제공한다.

(4) 수입팩터

수입국가에서 수입자와의 국제팩토링 계약을 체결하고 수입자의 외상수입을 위하여 신용조사를 하고 신용승인 한도를 결정한다. 또한 수출채권을 회수하여 수출팩터에게 송금하며, 필요한 경우 수입자에게 회계업무 서비스를 제공하게 된다.

3. 국제팩토링의 이점

(1) 수출팩토링의 이점

(가) 수출대금의 안전한 회수

당해 거래물품에 대한 수입자의 클레임(claim)이 없는 경우 수입자의 파산 또는 지급불능 시 수입국의 팩토링회사가 수출채권 금액의 100%를 대신 지급한다. 따라서 수출자는 안전하게 물품대금을 회수할 수 있다. 물론 수입국의 팩토링회사가 지급불능인 상태로 되는 경우에는 대금회수는 보장이 안 된다.

(나) 수출채권의 조기 현금화

수출자는 물품선적후팩토링회사에서 수출채권을 매입하기 때문에 외상채권을 즉시 현금화가 가능하다.

(다) 채권관리의 효율화

수입국의 수입팩토링회사와 약정을 통해 수입자의 신용조사와 외상수출채권에 대한 관리하기 때문에 해외에 지사 또는 사무소를 설치한 것과 유사한 효과 누릴 수 있다.

(라) 새로운 시장의 개척에 용이

국제거래에서 팩토링회사의 개입으로 수출채권의 부실을 방지할 수 있고, 또한 절차가 다소 복잡하고 수수료의 부담이 되는 신용장의 개설이 필요 없기 때문에 수입자의 부담을 경감할 수 있다. 따라서 국제무역거래에서 보다 유리한 위치에서 상담과 무역계약의 체결이 가능하여 무역거래의 효율성을 높이고 새로운 시장개척에 도움이 된다.

(2) 수입팩토링 이점

(가) 외상구매 가능(연지급 효과)

신용상태가 양호한 수입자인 경우 수입팩터(팩토링회사)가 수입자의 수입에 대한 신용한도 범위 내에서 수입대금의 지급을 보장하기 때문에 수출자로부터 신용(외상)으로 물품을 용이하게 구입할 수 있다. 즉 수입자는 일정기간 경과 후에 대금을 결제하기 때문에 자금회전율을 높일 수 있다.

(나) 자금부담의 경감

약정물품을 수령한 후 일정 기간(약정기간) 이내에 수입대금을 결제하면 되기 때문에 수입자금의 부담을 경감할 수 있다.

(다) 부대비용 절감

국제팩토링 방식은 신용장의 개설절차에 따른 비용보다 저렴하고 간편한 것으로 생각된다. 그러나 국내에서는 더 복잡할 수도 있다. 특히 은행권이 아닌 팩토링회사의 신용조사 및 신용승인 절차에 있어서 많은 어려움도 있을 수 있다.

(라) 약정물품의 품질확인 가능

신용장방식의 서류거래와 달리 수입대금을 결제하기 전에 도착물품의 품질을 확인할 수 있다.

4. 국제팩토링 이용가능 국가

(1) 북미주 미국, 캐나다

미국, 캐나다

(2) 중남미

아르헨티나, 콜롬비아, 볼리비아, 온두라스, 브라질, 멕시코, 페루, 칠레

(3) 유럽

오스트리아, 룩셈부르그, 벨기에, 몰타, 보스니아헤르체고비나, 네덜란드, 불가리아, 노르웨이, 크로아티아, 폴란드, 사이프러스, 포루투갈, 체코, 루마니아, 덴마크, 러시아, 에스토니아, 세르비아, 핀란드, 슬로바키아, 프랑스, 슬로베니아, 독일, 스페인, 그리스, 스웨덴, 헝가리, 터키, 이태리, 우크라이나, 라트비아, 영국, 리투아니아

(4) 아프리카

이집트, 남아프리카, 모리셔스, 튀니지, 모로코

(5) 아시아/태평양

이스라엘, 카타르, 요르단, 레바논, 아랍에미리트, 아르메니아, 오스트레일리아, 말레이지아, 중국, 싱가포르, 홍콩, 대만, 인도, 태국, 일본, 베트남

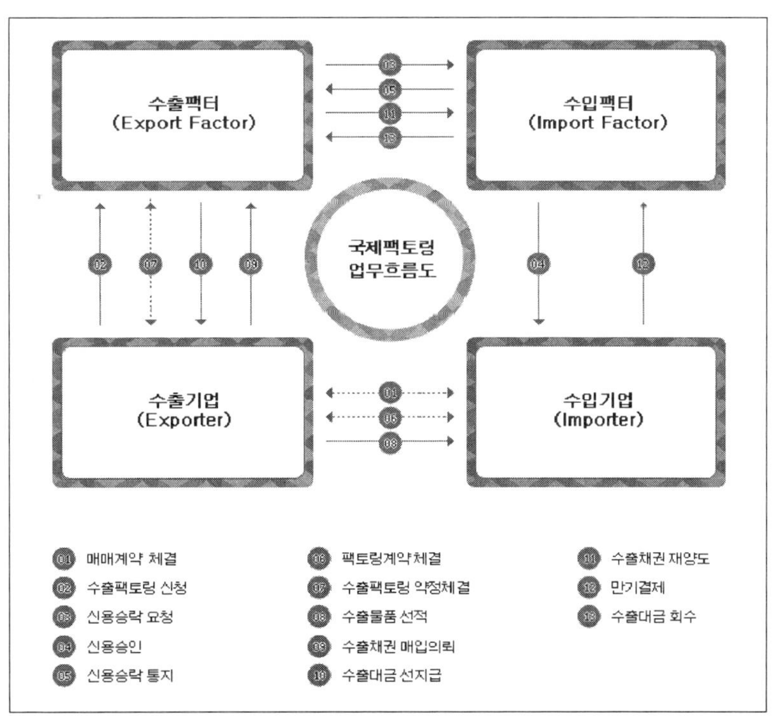

자료: 기업은행

[그림 9-4] 국제팩토링의 거래절차

[표 9-5] 국제팩토링과 신용장/무역어음 보험과 비교

구 분	국제팩토링	신용장	단기수출보험
담보금액	송장금액의 100%	송장금액의 100%	통상 수출금액의 100% (일반수출, 위탁가공무역, 중소기업). 중견: 97.5%, 대기업 95%
담보되는 위험	해외 팩토링회사(수입팩터)가 승인한 기업 및 금액	• 무역서류가 신용장조건과 일치할 경우 • 수입자의 지급불능, 비상위험, 시장위험, 통상적인 사소한 사유로도 부도 가능성도 있음	• 수출자가 자신의 책임이 없음을 입증 • 가능한 경우 수입자의 지급불능, 비상위험, 시장위험
거래 가능한 기업 및 금액	해외 팩토링회사가 승인한 기업 및 금액	신용장을 수령한 기업	무역보험공사가 신용등급에 따라 승인한 기업 및 금액
신용공여 결정. 소요기간	해외 팩토링회사는 늦어도 10일 이내에 회신	해외 수입자 소재국의 신용도에 따라 상이함	무역보험공사 정한 기간 내
수입자 부도 시 대금수령일	송장 만기일후 90일	신용장의 유효기일	무역보험공사의 보험금 지급 승인일
부도대금 청구절차	없음	없음	보험금 청구 수속

자료: 기업은행 재정리

제5절 포페이팅(Forfaiting) 방식에 의한 결제

1. 개념 및 의의

포페이팅이란 현금을 대가로 채권을 포기 또는 양도한다는 프랑스어의 'forfait'에서 유래된 용어로 포페이터가 수출거래에 따른 약속어음 또는 환어음을 소구권 없이 고정금리로 할인·매입하는 수출금융기법을 의미한다. 보통 해외 수입국가의 개설은행에서 개설된 신용장과 관련하여 수출자가 물품을 선적하고 발행한 환어음을 포페이터가[5] 무소구(without recourse) 조건으로 인수·할인하는 수출금융의 일종이다. 이때 해당 어음을 할인하고 금융을 제공하는 회사가 포페이터(forfaiter)이다.

포페이팅에서 수출자는 수출이행 즉시 포페이터로부터 수출환어음을 할인하는 방법으로 수출대금을 지급받고 포페이터는 환어음의 만기일에 수입국의 은행으로부터 대금을 회수한다. 환어음의 할인율은 지급보증 국가 및 은행별로 신용도에 따라 차등 적용된다.

따라서 수출자는 수출대금을 미리 수취하여 회사의 운용자금으로 이용하거나 또는 새로운 투자를 할 수 있으며, 그 이후에 발생할 수 있는 수입자의 지급거절이나 지연으로 발생할 수 있는 손해는 일체 부담하지 않아도 되는 장점이 있다. 그러나 포페이터로부터 환어음을 할인받기 위한 지급보증서 발급비용 등을 포함한 관련 수수료를 비교적 높게 부담해야 한다.

한편, 포페이터로서는 유통시장을 통해 할인한 어음을 매각할 수 있다는 장점이 있다. 그러나 수입자의 채무불이행에 따른 위험을 부담해야 하며, 관련 법률과 제도가 미흡하여 분쟁이 발생할 시 신속한 법적 해결이 곤란한 것은 단점이다.

그리고 포페이팅거래의 당사자는 수출자, 수입자, 포페이터, 보증은행(있는 경우)이다. 여기에서 보증은행은 수입자를 위해 지급보증(Aval)을 발행하는 은행이다.

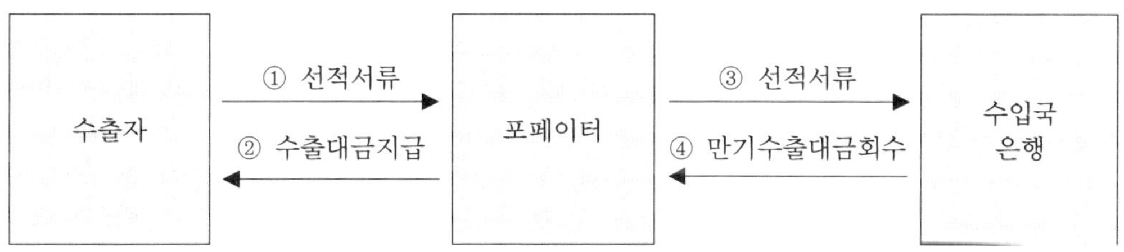

자료 : 수출입은행

2. 특징

우선, 포페이터는 소구권 없이 어음을 할인·매입한다. 포페이팅의 가장 큰 특징이다. 둘째, 할인대상 증권은 환어음과 약속어음에 국한된다. 셋째, 대상어음이 포페이터가 인정하는 일류 기업이 발행한 어음이 아닌 경우에는 은행의 지급보증 또는 aval(어음상의 지급보증)을 필요로 한다. 넷째, 대상 어음은 1~7년의 자본재 수출에 따른 연불수출어음이 대부분이다. 다섯째, 대상 어음이 고정금리에 의하여 할인된다. 그리고 현재로서는 대상 어음은 미 달러, 서독 마르크, 스위스 프랑으로 표시된 것에 한한다.[6]

---

5) 포페이팅은 우리나라에서는 주로 기업은행과 수출입은행에서 취급하고 있으며, 이 경우는 이들 은행이 포페이터가 된다.

6) http://www.ibk.co.kr

수출자는 서류를 포페이터에게 인도하고 포페이터는 서류를 심사하고 포페이터 계약에 따라 수출대금을 지급하게 된다. 이때 수출대금의 지급은 무소구 조건으로 이루어지는 것으로, 수출자는 더 이상 수출거래에 따른 위험을 부담하지 않고 수출거래의 모든 위험으로부터 벗어나게 된다. 추후에 수입자로부터 수출대금을 회수(추심)하는 것은 포페이터로, 포페이터는 모든 미지급 위험을 부담하는 당사자가 될 것이다.[7]

3. 절차별 설명[8]

(1) 수출입계약 체결 : 수출자는 수입자와 포페이팅 방식으로 수출입계약을 체결한다.

(2) 물품선적 : 수출자는 수입자에게 물품을 선적한다.

(3) 어음보증 : 수입자가 지급보증은행에 환어음을 제출하면 보증은행은 이 환어음에 대해서 보증을 한다.

(4) 지급보증서 발급 : 수입자의 어음에 대해 지급을 보증하는 보증은행은 별도의 지급보증서를 발급하거나 환어음 또는 어음의 유통증권보증(Aval)을 추가하여 이를 수출자에게 인도한다.

(5) 포페이팅 계약 : 보증은행으로부터 지급보증서를 수취한 수출자는 포페이터와 포페이팅계약을 체결한다. 이때 수출어음 금액이 확정되면 수출자는 포페이터에게 문의하여 확정 청약서를 받는다. 포페이터가 발송한 확정 청약서를 수출자가 접수하면 포페이팅 결제방식의 계약이 성립되는 것이다.

(6) 어음 인도 : 수출자는 보증은행으로부터 받은 어음을 포페이터에게 인도한다. 이때 포페이터는 어음을 일징률로 할인·매입할 것을 약정하고, 어음보증 또는 유통증권보증과 수입승인 및 기타의 허가사항을 확인하게 된다.

(7) 어음대금의 할인·지급 : 포페이터는 수출자에게 어음대금을 할인하여 지급하게 된다. 포페이팅의 금리기간은 선하증권의 일자로부터 시작하여 계산한다.

(8) 어음만기에 어음 제시 : 포페이터는 어음의 만기일이 되면 어음을 지급보증은행에 제시하게 된다.

(9) 어음 제시 : 포페이터가 지급보증은행에 제시한 어음을 지급보증은행은 수입자에게 제시하게 된다.

(10) 수입대금 결제 : 수입자는 지급보증은행으로부터 어음을 받은 후에 지급보증은행에 수입대금을 결제하게 된다.

---

7) IFA(임재욱), “포페이팅 통일규칙에 관한 연구”, 관세학회지, 제13권 제2호, p.215.

8) http://www.ibk.co.kr

(11) 어음대금 지급 : 수입대금을 수납한 지급보증은행은 포페이터에게 그 어음대금을 지급하게 된다. 이러한 결제과정이 이루어지게 되면 포페이팅에 의한 대금결제가 종료된다.

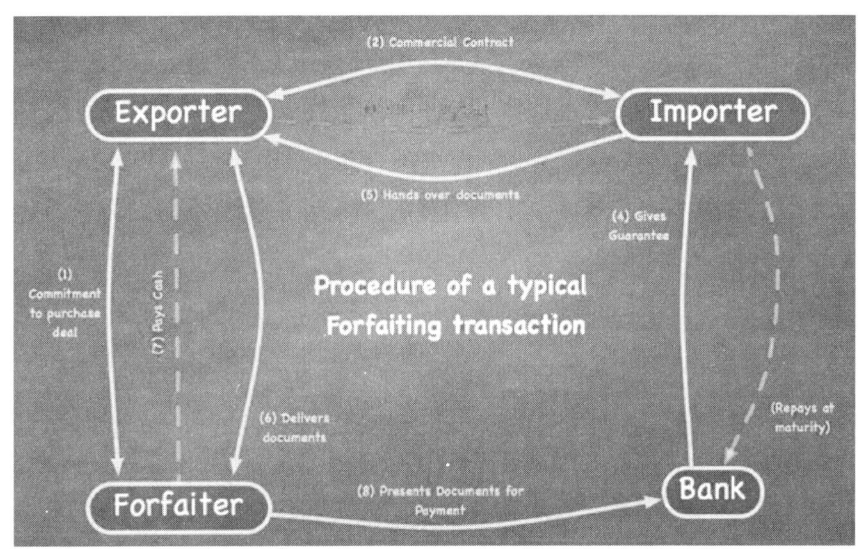

자료 : http://www.binding.com

[그림 9-5] 포페이팅 거래절차

4. 포페이팅의 이점

[표 9-6] 포페이팅의 이점

수출자의 입장	• 무소구권(상환청구에 대한 부담 없다). • 수출대금 조기 일시불로 회수 가능(신용위험, 환위험, 국가위험 등 회피) • 수출자의 신용에 대한 별도의 보험계약 또는 담보제공 불요(신용장 또는 지급보증(Aval)이 담보 • 대금회수 사후관리 등의 부담 없음 • 비교적 저렴한 할인료(환가료 등): libor + 가산요율(수출입은행) • 업무서류 간편함
수입자의 입장(신용장방식이 아닌 경우)	외상수입(수입대금 결제기간 확보) • 저렴한 수수료로 어음보증 * 신용장 개설수수료 : 기본요율 0.92% ~ 1.4%(신용등급에 따라), 원자재: 기본요율 - 0.2%(수출입은행) * 포페이팅 어음보증 수수료 : 0.1%~0.125%(기업은행)
취급 금융기관 (Forfaiter)	• 고 수익률 가능 • 유통시장에서 이를 재매각 가능

자료 : 기업은행 재정리

5. 국제팩토링과 포페이팅의 차이점

국제팩토링은 비교적 어음기간이 단기간이며 소액결제에 주로 이용된다. 그리고 상환청구 가능한 국제팩토링과 상환청구 불가능한(무소구) 국제팩토링이 존재하나. 주로 상환청구 가능한 국제팩토링이다. 반면 포페이팅은 결제기간이 비교적 장기이고 거액결제에 이용되며, 상환청구 불능한 무소구만 존재한다.

포페이팅의 가장 큰 특징은 무소구권인데, 일단 포페이터가 환어음을 포페이팅 방식으로 할인·매입하게 되면, 수출자에게 상환청구를 할 수 없다는 것이다. 포페이터가 상대국가의 개설은행 등으로부터 지급거절을 당하더라도 수출자는 지원받은 매입자금을 포페이터에게 반환할 필요가 없다는 것이다.

[표 9-7] 국제팩토링과 포페이팅의 비교

구 분	포페이팅	팩토링
정 의	신용장 거래에서 발생한 환어음/선적서류를 비소구 조건으로 매입하는 금융상품	O/A 사후송금거래에서 발생된 채권을 비소구 조건으로 매입하는 금융상품
대상채권	신용장 방식의 환어음	무신용장 방식의 수출채권
지 급 율	100%	80 ~ 100%
비 용	LIBOR + 가산율(0.4%~3%)	□ 할인료 : LIBOR + 0.5%~1% □ 수수료 : 수출채권의 0.4%~0.8%
운영기관	대부분 은행	전문 팩터 또는 은행
소 구 권	비소구권	(비소구조건) 없는 것이 보통이나 일부 존재
국제연맹체	IFA, AFTA (최근 설립)	FCI (1968년 설립)
부가서비스	없음	채권추심, 회계 서비스 등 일부 존재(특히 유럽)
거래의 비밀성	관련 당사자들에 대한 정보를 비밀로 하는 것이 관례	팩터가 매출채권의 매입을 수입상에게 통지하는 것이 일반적

※ 비용은 수시로 변할 수 있음
자료: http:www.kocw.net/

제 10 장

무역금융제도

제 1 절 무역금융제도

1. 무역금융의 개념과 범위

(1) 개념

무역금융이란 수출자가 수출이행, 즉 물품 및 용역 등의 수출증대에 기여할 목적으로 수출물품의 생산, 제조 또는 조달에 소요되는 자금을 지원하기 위한 선적 전 금융을 의미한다. 즉 수출에 공여하는 생산자금, 원자재 구매(수입) 자금, 및 완제품 구매에 필요한 자금을 원화로 지원하는 단기 무역금융제도이다.

따라서 물품의 수출에 공여하는 자금을 적기 지원함으로써 수출증대에 기여하고, 이는 또한 기업과 국가 경쟁력 향상에 기여하기 위한 제도이다.

무역금융을 취급한 외국환은행은 융자금액의 일정 비율을 한국은행으로부터 「한국은행 금융중개지원대출 관련 무역금융지원 제도」에 의해 다시 융자받을 수 있는 정책금융이다.

(2) 범위

무역금융지원 프로그램 한도 배정에 반영하는 금융기관의 무역금융은 이 세칙에서 정하는 바에 따라 금융기관이 취급한 원화대출을 말한다.[1] 그리고 무역금융은 「중소기업기본법」 제2조 및 같은 법 시행령 제3조에 따른 중소기업에 대한 대출로 한다. 다

1) 한국은행, 「한국은행 금융중개지원대출관련 무역금융지원 프로그램 운용세칙」 제2조, 2014.

만, 다음에 해당하는 무역금융 취급실적은 무역금융지원 프로그램별 한도 배정에 반영하지 아니한다. 즉 「은행업감독규정」 제79조 제1항에서 정하는 주채무계열 소속 기업체에 대한 무역관련대출, 「신용정보 관리규약」에 따라 최종 부도거래처로 분류된 기업체에 대한 무역관련대출, 폐업업체에 대한 무역관련 대출이다.

그리고 무역금융지원 프로그램 한도는 금융기관의 무역금융 취급실적 등을 고려하여 배정한다. 중소기업은행의 경우 무역금융지원 프로그램 한도 산정 시 무역금융 취급실적의 75%를 인정한다.

(3) 무역금융의 전자화

국제무역과 관련하여 가장 많이 발행되는 내국신용장을 비롯하여 구매확인서와 무역어음대출 등 무역금융 업무가 전자화되고 있으며, 특히 기업의 내국신용장의 개설신청과 이에 따른 외국환은행의 개설 및 통지 등 내국신용장의 전체 업무가 은행 방문없이 전자무역기반시설을 통해 전자방식으로 진행되고 있다(한국은행 무역금융 취급세칙 제12조, 제15조).

따라서 내국신용장 환어음의 매입/추심 결제를 위해 발행되는 환어음을 폐지하고 내국신용장을 통한 대금결제가 그 추심의뢰서를 통해 전자적으로만 처리하도록 하고 있다(2014년 2월 1일 한국은행 무역금융 취급세칙 제16조).

그리고 구매확인서 발급업무도 전자발급으로 전면 시행되고 있다. 은행을 방문하는 기존 오프라인 방식의 구매확인서 발급은 폐지되었다. 온라인 발급기관은 KTNET 또는 거래은행 중에서 자유롭게 선택하도록 하고 있다.

시스템 자체 및 그 절차에 대한 이해는 한국무역정보통신(KTNET) 또는 http://www.utradehub.or.kr/에 접속하면 될 것으로 본다.

2. 적정융자와 융자대상

(1) 적정 융자

이 세칙에 따른 무역금융 및 무역금융관련 지급보증은 각 외국환은행이 취급한다. 그리고 외국환은행은 무역금융 융자신청업체의 수출실적과 수출능력, 수출 또는 국내공급에 필요한 실제 소요금액과 기간 및 그 밖의 수출관련금융 융자현황 등을 종합적으로 심사하여 적정수준의 무역금융이 융자되도록 하여야 한다.[2)]

(2) 융자대상

우선 수출신용장 또는 지급인도(D/P)와 인수인도(D/A) 조건 및 그 밖의 수출관련계약서에 따라 물품(「대외무역법」에서 정하는 전자적 형태의 무체물을 포함), 건설 및 용역을 수출하거나 국내 공급하고자 하는 자, 제3장에서 정하는 바에 따라 개설된 내국신용장 또는 「대외무역법」에 따른 외화획득용원료·물품 등 구매확인서에 따라 수출용 완제품 또는 원자재를 공급(수탁가공 포함, 이하 같다)하고자 하는 자, 제1호 또는 제2호에서 정한 방식에 의한 수출 또는 공급실적(이하 "수출실적"이라 한다)이 있는 자로서 동 수출실적을 기준으로 융자를 받고자 하는 자, 그 밖에 외화획득, 수출증대 등을 위하여 한국은행 통화정책국장이 정한 자, 중계무역방식에 따른 수출은 융자대상에서 제외한다.[3)]

3. 융자금의 구분

(1) 생산자금

국내에서 수출용 완제품 또는 원자재를 제조·가공하거나 개발하는데 소요되는 자금이다. 융자대상은 신용장등의 금액(FOB 기준)에서 원자재 수입액(CIF 기준) 및 국산원자재 구매액을 차감한 가득액 부분이다.

신용장기준 금융은 소요 원자재의 확보가 확실한 경우 융자되며, 실석기준금융은 원자재 확보와 관계없이 거래 외국환은행이 과거 수출실적에 의하여 융자한도를 사정하면 15일 이내에 융자가 가능하다.

(2) 원자재자금과 완제품구매자금

원자재자금은 수출용 원자재를 해외로부터 수입하거나 내국신용장에 따라 구매하는데 소요되는 자금이며, 당해 수입대금을 결제할 때 지원한다.

그리고 완제품구매자금은 국내에서 생산된 수출용 완제품을 내국신용장에 따라 구매하는데 소요되는 자금이다.

---

2) 「한국은행 금융중개지원대출관련 무역금융지원 프로그램 운용세칙」 제3조, 제4조.
3) 「한국은행 금융중개지원대출관련 무역금융지원 프로그램 운용세칙」 제5조.

(3) 포괄금융

상대적으로 기업규모가 작은 중견·중소기업(전년도 수출실적 미화 2억 달러 미만)은 자금용도에 관계없이 수출신용장, 수출계약서 등의 수출관련 증빙 금액의 일정 비율 또는 과거 수출실적의 일정한 비율에 따라 일괄 융자 지원하는 무역금융제도이다.

[표 10-1] 무역금융의 종류

구 분	내 용
생산자금	수출용 완제품 또는 원자재를 제조(생산)·가공·개발하는데 소요되는 자금
원자재자금	수출용 원자재를 해외로부터 수입하거나 또는 내국신용장에 의하여 구매하는데 소요되는 자금
완제품 구매자금	국내에서 생산된 수출용 완제품을 구매하는데 소요되는 자금(내국신용장에 의하여)
포괄금융	연간 수출실적이 미화 5천만불 미만인 업체에 대해 자금용도의 구분 없이 일괄하여 지급

4. 융자방법과 융자한도

무역금융은 자금별(포괄금융의 경우에는 업체별)로 해당 업체가 보유한 수출신용장, 수출계약서, 내국신용장 및 구매확인서 등을 기준으로 취급(신용장기준금융)하거나 또

[표 10-2] 자금별 융자한도

구 분	융자한도	융자기간
신용장기준	수출신용장금액 범위 내	270일 이내(신용장 유효기일 이내)/완제품, 수출용 중고품 등의 경우에는 90일 이내
실적기준 생산자금	과거 1년간 수출실적 × 가득율	180일 이내
실적기준 원자재자금	과거 1년간 수출실적 × 원자재 의존율	180일 이내
실적기준 완제품구매자금	과거 6개월간 타사제품 수출실적 또는 과거 1년간 타사제품 수출실적 × 1/2	90일 이내
실적기준 포괄금융	과거 1년간 자사제품 수출실적	180일 이내

는 당해 업체의 과거 수출실적을 기준으로 취급(실적기준금융)할 수 있다.[4)]

한편 융자한도에 있어서 외국환은행은 실적기준금융을 이용하는 업체에 대하여 융자한도를 산정하여야 한다. 그리고 그 융자한도는 해당 업체의 과거 수출실적 등을 고려하여 산정하되, 용도별 금융은 자금별로 산정하고 포괄금융은 업체별로 산정하여야 한다.[5)]

5. 융자금액

신용장기준금융을 이용하는 업체에 대하여는 해당 업체가 보유한 수출신용장 등의 외화금액에 「외국환거래규정」에서 정하는 매매기준율의 융자취급일 전월 평균환율(평균매매기준율)을 곱한 금액 범위에서 융자한다.

[표 10-3] 자금별 융자금액

구 분	산 출 내 용
신용장기준	해당 업체가 보유한 수출신용장 등의 외화금액 × 전월 평균 매매기준율
생산자금	융자한도 외화금액(가득액) × 전월 평균 매매기준율
포괄금융	융자한도 금액(수출신용장 등의 금액) × 전월 평균 매매기준율
원자재자금	내국신용장에 따라 발행된 판매대금 추심의뢰서 또는 수입어음 및 수입대금(수입화물운임 포함)의 외화금액 × 전월 평균 매매기준율
완제품구매자금	

그리고 실적기준금융을 이용하는 업체에 대하여는 다음 금액 범위에서 융자한다. 우선 생산자금 및 포괄금융은 융자한도에 평균매매기준율을 곱한 금액이다. 원자재자금 및 완제품구매자금은 내국신용장에 따라 발행된 판매대금추심의뢰서, 수입어음 및 수입대금(수입화물운임을 포함)의 외화금액에 평균매매기준율을 곱한 금액이다. 다만, 판매대금추심의뢰서의 금액이 원화로만 표시되어 있는 경우에는 동 금액으로 한다.[6)]

4) 「한국은행 금융중개지원대출관련 무역금융지원 프로그램 운용세칙」 제7조.
5) 「한국은행 금융중개지원대출관련 무역금융지원 프로그램 운용세칙」 제8조.
6) 「한국은행 금융중개지원대출관련 무역금융지원 프로그램 운용세칙」 제9조.

6. 융자시기와 융자기간

융자는 다음과 같이 자금소요시기에 맞추어 취급하여야 한다. 우선 생산자금 및 포괄금융은 필요할 때 수시로 융자할 수 있다. 그리고 원자재자금은 선적서류나 물품의 인수와 동시에 수입어음을 결제하거나 수입대금을 지급할 때 또는 판매대금추심의뢰서를 결제할 때 융자한다. 다만, 수입화물운임을 따로 지급하는 경우 동 운임은 지급할 때 융자할 수 있다. 마지막으로 완제품구매자금은 판매대금추심의뢰서를 결제할 때 융자한다.

그렇지만 이에도 불구하고 내국신용장 및 수출용 원자재에 대한 일람급 수입신용장과 관련된 지급보증대지급금을 상환하기 위하여 원자재자금 및 완제품구매자금을 융자할 수 있다.

그리고 무역금융에 대한 융자기간은 자금소요기간 등을 고려하여 외국환은행이 정한다.[7)]

제2절 융자대상 수출실적

1. 수출실적 인정

「한국은행 금융중개지원대출관련 무역금융지원 프로그램 운용절차」 제7조에서는 융자대상 수출실적에 대해 다음과 같이 규정하고 있다. 즉 ① 본 세칙 제5조 제1항 및 세칙 제8조에서 정하는 수출실적은 본선인도(FOB)가격을 기준으로 한다. 다만, 전자적 형태의 무체물 수출실적은 「대외무역관리규정」에서 정하는 수출실적 인정금액을 기준으로 한다.[8)] ② 무역어음이 인수·취급된 수출신용장 등에 따른 수출실적은 해당 인수·취급 분을 제외한 부분만을 융자대상 수출실적에 포함한다. ③ 「대외무역관리규정」에서 정하는 위탁가공무역의 경우 융자대상 수출실적은 위탁가공무역에 소요되는 국산 원자재를 무상으로 수출한 실적으로 한다. 다만, 가공물품을 현지 또는 제3국으로 수출하는 경우만 해당하며, 국산 원자재를 구매하여 가공하지 않고 수출한 실적은 생산자금 및 포괄금융 융자한도의 산정대상이 되는 수출실적에서 제외한다. ④ 구매

7) 「한국은행 금융중개지원대출관련 무역금융지원 프로그램 운용세칙」 제10조-제11조.
8) 「대외무역관리규정」 제26조 제1항(6): 전자적 형태의 무체물의 수출의 경우에는 제30조에 따라 한국무역협회장 또는 한국소프트웨어산업협회장이 외국환은행을 통해 입금·확인한 금액.

확인서에 따른 수출실적은 융자한도관리 외국환은행이 해당 업체로부터 징구하는 구매확인서 및 세금계산서상의 금액을 기준으로 한다. ⑤ 제6조 제3호에 따른 국제기구 발급 구매주문서의 수출실적에 대해서는 제1항을 준용한다.

[표 10-4] 수출실적의 구분

구 분	내 용
자사제품 수출실적	해당 기업이 직접 제조·가공하여 수출 또는 국내 공급한 실적
타사제품 수출실적	국내에서 생성된 수출용 완제품을 내국신용장 또는 현금으로 구매하여 수출한 실적

2. 수출실적 인정 시점

「한국은행 금융중개지원대출관련 무역금융지원 프로그램 운용절차」 제10조에 따르면 인정시점에 대해 다음과 같이 정하고 있다. 수출실적의 수출방식별 인정 시점은 다음의 구분에 따른다.

(1) 수출신용장 및 내국신용장

해당 수출환어음 또는 내국신용상 판매대금추심의뢰시가 매입 또는 추심이 의뢰된 때이다.

(2) 수출계약서 및 외화표시물품공급계약서

해당 수출 또는 공급대금이 입금된 때. 다만, 선수금 영수방식 수출의 경우에는 동 수출이 이행된 때로 한다.

(3) 구매확인서

해당 물품관련 세금계산서가 발급된 때이다.

그리고 위 수출신용장 및 내국신용장에 따른 수출환어음 또는 내국신용장 판매대금 추심의뢰서의 매입금액 또는 추심의뢰금액 중 소정기일까지 미회수되어 부도처리한 부분은 부도발생월의 매입실적에서 차감하고, 부도처리 후 입금된 부분은 해당 입금월의 매입실적에 재산입하여야 한다.

3. 수출실적 관리

외국환은행은 거래업체별로 수출실적을 관리하여야 한다. 우선 포괄금융 이용업체의 부거래 외국환은행은 〈별지 제2호 서식〉에 따른 「수출실적관리카드」를 매년 1월 10일까지 주거래 외국환은행으로 송부하여야 한다.

그리고 주거래 외국환은행은 매년 1월중에 부거래외국환은행으로부터 송부받은 「수출실적관리카드」를 종합하여 해당 업체에 대한 「수출실적관리카드」를 작성하여야 하며, 해당 업체가 주거래외국환은행을 변경하는 경우에는 동 「관리카드」사본을 지체없이 새로이 지정된 주거래외국환은행에 송부하여야 한다.

제 3 절 내국신용장 제도

내국신용장 업무는 전면 전자화되었다. 2013년 2월 1일 내국신용장의 개설(통지), 2014년 2월 14일부터 매입·추심 관련 업무, 그리고 2014년 6월 12일부터는 전면 전자화되었다.

내국신용장의 주요 업무로는 개설의뢰자(구매자)의 경우 물품매도확약서 수신, 내국신용장 개설, 조건변경 신청, 물품수령증명서 발급 등이고, 수혜자(공급자)의 경우는 물품매도확약서 송신, 내국신용장 통지, 조건변경 통지, 세금계산서 발행, 물품수량증명서 수령, 그리고 매입추심의뢰 등이 있다.

본 절에서는 기술적인 절차보다는 내국신용장 업무에 대한 전반적인 업무 내용을 기술한다.

1. 내국신용장의 의의

(1) 개념

수출신용장, 수출계약서, 또는 외화표시 물품공급계약서 등을 수령하였거나 과거 일정한 수출실적이 있는 국내의 수출자가 해외 수출물품을 제조·가공하는 데 소요되는 원자재 또는 수출용 완제품을 국내에서 조달하기 위하여 국내의 제조업자 또는 공급업자를 수익자로 하여 개설하는 국내 신용장이다.

내국신용장은 과거 일정한 수출실적이 있는 경우에는 무역금융 한도를 산출하여 그 한도 내에서 개설할 수 있다. 그러나 과거 수출실적이 없거나, 또는 무역금융 한도가 있더라도 한도가 부족한 경우에는 신용장기준 즉, 수출신용장, 수출계약서 등을 근거로 하여 내국신용장을 개설할 수 있다. 이때 개설되는 내국신용장은 수출자가 개설의뢰자가 되고 국내의 제조업자 또는 공급업자(유통업자)가 수혜자가 된다.

여기에는 원자재 내국신용장, 임가공 내국신용장, 완제품 내국신용장으로 구분된다. 그리고 개설단계에 따라 1차, 2차, 3차 내국신용장으로 구분한다. 또 표시통화에 따라 원화표시 내국신용장과 외화표시 내국신용장, 그리고 순수 원화표시 내국신용장으로 구분한다.

그러나 내국신용장의 개설이전에 이미 물품공급이 완료된 분에 대해서는 당해 물품대금의 결제를 위해서는 내국신용장을 개설할 수 없다.

내국신용장은 원수출신용장과 마찬가지로 UCP 600이 적용된다.

(2) 개설 대상

내국신용장을 개설할 수 있는 대상은 해외로부터 수출용 원자재를 수입하거나 국내에서 생산(제조)된 수출용 원자재 또는 수출용 완제품을 구매(임가공 위착 포함)하고자 하는 업체이다.

(3) 내국신용장의 거래당사자

내국신용장의 당사자는 개설의뢰사, 개설은행, 수혜자, 매입은행이다.

(4) 내국신용장의 효용

효 용	내 용
수출실적 인정	해외 수출실적과 동일하게 인정
무역금융 수혜	수출신용장과 동일
자금부담 경감	국내 구매자금 없이도 물품조달 가능
은행의 지급확약	신용위험 회피(수혜자에 대금지급 보장)
세세 혜택	관세 환급, 부가가치세 영세율 적용 등

2. 내국신용장의 분류

(1) 공급대상별

구 분	내 용
원자재 내국신용장	수출용 원자재를 공급대상으로 하여 개설된 내국신용장
임가공 내국신용장	수출용 원자재 또는 수출용 완제품을 위탁·가공하기 위한 가공임을 대상으로 하여 개설된 내국신용장
완제품 내국신용장	수출용 완제품을 공급대상으로 하여 개설된 내국신용장

(2) 표시통화별

구 분	내 용
원화표시 내국신용장	내국신용장에 의한 물품대금이 부기 외화금액을 기준으로 환산된 원화자금으로 결제되는 내국신용장
외화표시 내국신용장	내국신용장에 의한 물품대금이 거주자계정 간 이체결제방식(USD 통화표시의 경우 외화차액 결제방식)에 의거 외화자금으로 결제되는 내국신용장
순수 원화표시 내국신용장	순수 원화금액을 기준으로 결제되는 내국신용장

(3) 금융이용 대상 여부

구 분	내 용
기한부 내국신용장	원자재 또는 완제품 내국신용장 개설한도 범위 내에서 개설 내국신용장 수혜자가 이를 근거로 생산자금/원자재자금 등의 이용 가능
일람급 내국신용장	개설의뢰자가 자체자금으로 결제할 조건으로 개설 개설의뢰자는 무역금융의 이용이 불가능함

3. 개설의뢰자 및 수혜자 적정자격 유무 판단기준

구 분	개설의뢰자의 자격	수혜자 자격
원자재 내국신용장	융자대상 증빙 보유자 과거 자사제품 수출실적 있는 자로 생산시설 보유자 생산시설 보유자와 임가공 계약을 체결한 자	생산시설 보유자 원자재공급업자
완제품 내국신용장	융자대상 증빙 보유자 과거 타사제품 수출실적 있는 자	생산시설 보유자 완제품공급업자

구 분	개설의뢰자의 자격	수혜자 자격
원자재임가공 내국신용장	융자대상증빙을 보유하고 있는 자 과거 자사제품 수출실적이 있는 자로서 생산시설 보유자	생산시설 보유자
완제품임가공 내국신용장	융자대상증빙을 보유하고 있는 자 과거 자사제품 수출실적 있는 자	생산시설 보유자

4. 내국신용장 개설 대상과 그 근거

(1) 개설 대상

수출용 수입원자재와 국내에서 생산(제조)된 수출용 원자재 또는 수출용 완제품을 구매(임가공 위탁 포함)하고자 하는 업자의 신청에 의하여 내국신용장을 개설할 수 있다. 그리고 내국신용장 수혜자는 당해 수출용 원자재 또는 완제품을 구매하기 위하여 또 다른 내국신용장을 개설을 의뢰할 수 있다.

(2) 개설 근거

구 분		내 용
신용장기준		수출신용장, 수출계약서(D/A, D/P), 외화표시 물품공급계약서, 내국신용장, 기타 수출관련 계약서
실적기준	원자재/포괄금융 이용업체	과거 자사제품 수출실적
	완제품 구매자금 이용업체	과거 자사제품 수출실적

(3) 개설한도

다음에 해당하는 내국신용장은 수출신용장 등의 금액 또는 제8조에 따라 외국환은행이 정하는 원자재자금 및 완제품구매자금의 융자범위에서 개설할 수 있다.[9)]

① 원자재내국신용장 : 원자재 구매를 위한 내국신용장

② 완제품내국신용장 : 완제품 구매를 위한 내국신용장

9) 「한국은행 금융중개지원대출관련 무역금융지원 프로그램 운용세칙」 제13조.

(4) 내국신용장의 조건

외국환은행은 내국신용장 개설의뢰자의 신청 내용이 다음 각 호의 조건에 일치하는 경우에 한정하여 내국신용장을 개설할 수 있다.[10)]

(a) 양도가 불가능한 취소불능신용장일 것,

(b) 표시통화는 ① 원화, ② 외화, 또는 ③ 원화로 하되 개설일 현재 매매기준율로 환산한 외화금액을 부기한다.

(c) 내국신용장의 금액은 물품대금 전액으로 하고, 원화표시 내국신용장의 경우(원화로 하되 외화금액을 부기)에는 금액은 부기외화금액을 판매대금 추심의뢰서의 매입일(추심 시는 추심의뢰일) 현재의 매매기준율로 환산한 금액으로 하는 것일 것

(d) 물품의 인도기일은 대응수출 또는 물품공급이 원활히 이행되는데 지장이 없도록 책정된 것일 것

(e) 유효기일은 물품의 인도기일에 최장 10일을 더한 기일 이내일 것. 다만, 원수출신용장 등을 근거로 하여 개설되는 내국신용장의 유효기일은 대응되는 원수출신용장 등의 선적 또는 인도기일 이전이어야 한다.

(f) 서류제시기간은 물품수령증명서 발급일자로부터 최장 5영업일 범위에서 책정된 것일 것

(g) 판매대금추심의뢰서의 형식은 개설의뢰자를 지급인으로 하고, 개설은행을 지급장소로 하며 일람출급식일 것

(h) 판매대금추심의뢰서의 대금결제방식은 다음 각 목의 어느 하나일 것

(i) 일람급 내국신용장 : 개설의뢰자가 자체자금으로 결제하는 방식

(j) 기한부 내국신용장 : 개설은행이 융자하여 결제하는 방식

(k) 판매대금추심의뢰서의 발행조건은 원수출신용장 매입조건부 결제 등 수혜자에게 불리한 조건이 아닐 것. 다만, 선박 또는 「대외무역법」에서 정하는 산업설비의 수출을 위하여 개설되는 완제품내국신용장의 경우에는 원수출신용장 등의 대금결제조건에 따른 제조공정별 분할지급조건으로 할 수 있다.

(l) 국제상업회의소(ICC) 제정 「화환신용장에 관한 통일규칙 및 관례」를 준용한다는 문언이 기재된 것일 것

그리고 이와 같이 개설된 내국신용장의 조건은 이들 규정을 위반하지 않는 범위에서 그 내국신용장의 관계당사자(개설의뢰자, 수혜자 및 개설은행) 전원의 합의에 의해서만 변경할 수 있다.

---

10) 「한국은행 금융중개지원대출관련 무역금융지원 프로그램 운용세칙」 제14조.

5. 내국신용장의 결제

전자문서교환방식 내국신용장을 개설한 은행은 다음 사항의 어느 하나에 해당하는 지급거절사유가 있는 경우를 제외하고는 지급제시를 받은 날부터 3영업일 이내에 판매대금추심의뢰서에 따라 결제하여야 한다.[11)]

ⓐ 판매대금추심의뢰서의 추심의뢰일이 전자문서교환방식 내국신용장의 유효기일을 경과한 경우

ⓑ 전자문서교환방식 물품수령증명서상의 물품명세가 전자문서교환방식 내국신용장상의 대표물품명세와 불일치한 경우

ⓒ 판매대금추심의뢰서와 전자문서교환방식 물품수령증명서가 전자문서교환방식 내국신용장상의 기타 조건 등과 불일치한 경우

그리고 개설은행은 본 세칙 제16조에 규정한 위에 열거한 지급거절 사유가 있는 경우라도 그 내국신용장의 관계당사자 전원이 동의하는 경우에는 그 판매대금추심의뢰서에 따라 결제할 수 있다.

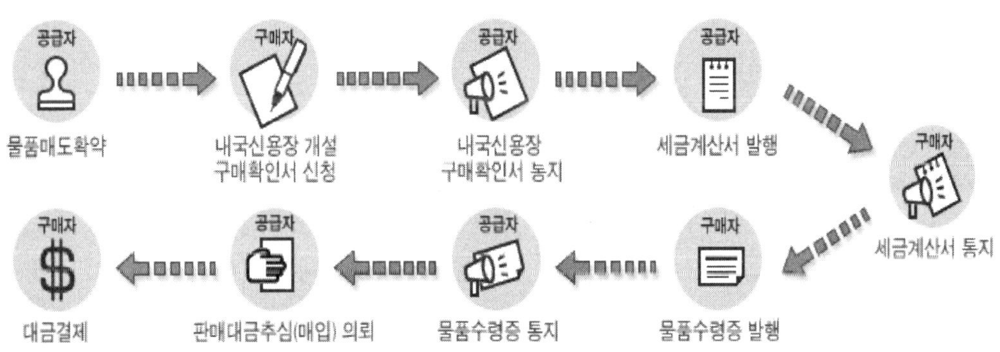

자료: https://www.utradehub.or.kr/

[그림 10-1] 국내 업무 흐름도

11) 「한국은행 금융중개지원대출관련 무역금융지원 프로그램 운용세칙」 제16조.

제 4 절 구매확인서에 의한 구매

1. 구매확인서의 개념

구매승인서는 무역금융한도 부족, 비금융대상 수출신용장 등으로 인하여 내국신용장의 개설이 어려운 상황에서 국내에서 외화획득용 원료 등의 구매를 위해 외국환은행장이 내국신용장 취급규정에 준하여 발급하는 증서이다.

「대외무역관리규정」 제2조(제17호)에서는 구매확인서에 대해 "외화획득용 원료·기재를 구매하려는 경우 또는 구매한 경우 외국환은행의 장 또는 「전자무역 촉진에 관한 법률」 제6조에 따라 산업통상자원부장관이 지정한 전자무역기반사업자가 내국신용장에 준하여 발급하는 증서(구매한 경우에는 구매확인서 신청인이 세금계산서를 발급받아 「부가가치세법 시행규칙」 제9조의2에서 정한 기한 내에 신청하여 발급받은 증서에 한한다)를 말한다."라고 정의하고 있다.

2. 구매확인서의 신청·발급

구매확인서가 발급되는 근거는 내국신용장 발급 근거와는 유사하며 매 건별의 발급근거를 전제로 발급되며 실적기준으로는 발급되지 않는다. 이와 함께 구매확인서가 내국신용장과 구별되는 가장 큰 차이점은 은행이 계약당사자 간의 거래사실을 확인하는데 그치고 대금지급에 대한 지급보증을 하지 않는다는 점이다.

「대외무역법」 제18조 제1항에서는 산업통상자원부장관은 외화획득용 원료·기재를 구매하려는 자가 「부가가치세법」 제24조에 따른 영(零)의 세율을 적용받기 위하여 확인을 신청하면 외화획득용 원료·기재를 구매하는 것임을 확인하는 서류, 즉 "구매확인서"를 발급할 수 있다고 규정하고 있다. 그리고 산업통상자원부장관은 구매확인서를 발급받은 자에 대하여는 외화획득용 원료·기재의 구매 여부에 대해 사후관리를 하여야 한다.

따라서 구매확인서를 발급받으려는 자는 구매확인신청서에 다음 서류를 첨부하여 산업통상자원부장관에게 제출하여야 한다.[12] 즉 구매자·공급자에 관한 서류, 외화획득용 원료·기재의 가격·수량 등에 관한 서류, 그리고 법 제16조 제1항에 따른 외화획

12) 대외무역법 시행령 제31조.

득용 원료·기재라는 사실을 증명하는 서류로써 산업통상자원부장관이 정하여 고시하는 서류를 제출해야 한다.

그리고 산업통상자원부장관은 구매확인서의 발급 신청을 받은 경우 신청인이 구매하려는 원료·기재가 제26조에 따른 외화획득의 범위에 해당하는지를 확인하여 발급 여부를 결정한 후 구매확인서를 발급하여야 한다.

구매확인서 발급신청에 필요한 서류는 구매확인서를 발급받으려는 자가 별지 제13호 서식에 의한 구매확인신청서를 「전자무역 촉진에 관한 법률」 제12조에서 정하는 바에 따른 전자무역문서로 작성하여 외국환은행의 장 또는 전자무역기반사업자에게 제출하는 경우 첨부한 것으로 본다.

여기에서 구매확인서의 발급신청 시 외화획득용 원료·기재라는 사실을 증명하는 서류란 수출신용장, 수출계약서(품목·수량·가격 등에 합의하여 서명한 수출계약 입증서류), 외화매입(예치)증명서(외화획득 이행 관련 대금임이 관계 서류에 의해 확인되는 경우만 해당), 내국신용장, 구매확인서, 수출신고필증(외화획득용 원료·기재를 구매한 자가 신청한 경우에만 해당), 「대외무역법 시행령」 제26조 각 호에[13] 따른 외화획득에 제공되는 물품 등을 생산하기 위한 경우임을 입증할 수 있는 서류이다.

구매확인서 발급 근거	수출신용장, 수출계약서(D/A, D/P), 외화매입(예치)증명서, 내국신용장, 구매확인서 등

3. 공급자의 자격

구 분	자 격
공급자	해당 품목의 제조·가공 시설을 가지고 있는 제조업자 또는 유통업자
공급물품	국내에서 제조·가공과정을 거친 물품 또는 수입된 외화획득용 원료·물품

13) 제26조(외화획득의 범위) ① 법 제16조 제4항에 따른 외화획득의 범위는 다음 각 호의 어느 하나에 해당하는 방법에 따라 외화를 획득하는 것으로 한다. 1. 수출, 2. 주한 국제연합군이나 그 밖의 외국군 기관에 대한 물품 등의 매도, 3. 관광, 4. 용역 및 건설의 해외 진출, 5. 국내에서 물품등을 매도하는 것으로서 산업통상자원부장관이 정하여 고시하는 기준에 해당하는 것, ② 무역거래자가 외국의 수입자로부터 수수료를 받고 행한 수출 알선은 제1항에 따른 외화획득행위에 준하는 행위로 본다.

4. 구매확인서의 혜택

혜 택
• 수출실적 인정 • 외화획득용 원료의 사후관리 시 공급이행으로 인정 • 관세환급, 부가가치세 영세율 적용

5. 구매승인서와 내국신용장의 비교

차 이 점	
내국신용장	구매확인서
은행이 대금지급을 보증	은행이 대금지급을 보증하지 않음
무역금융의 융자대상	융자대상이 되지 않음.
유사점	• 수출용원자재 또는 완제품의 국내 구매에 사용 • 공급자의 수출실적으로 인정 • 외화획득용 원료의 사후관리 실적으로 인정 • 부가가치세 영세율 인정

제 5 절 무역보험과 수출신용보증제도

1. 무역보험의 개념과 의의

금융기관에서 기업에 무역금융을 지원하는 데 있어서는 통상 담보를 확보하거나 또는 신용으로 지원한다. 그리고 그 담보에는 한국무역보험공사에서 제공하는 무역보험제도가 포함되는데, 담보력이 미약한 유망한 중소기업에서 간편한 방법으로 이용하고 있다.

무역보험제도는 담보력이 부족한 수출기업이 수출물품을 제조 또는 가공하거나 조달하는데 필요한 자금을 은행으로부터 지원받을 때 한국무역보험공사가 연대보증을 하는 제도이다. 많이 이용되는 무역보험의 한 제도인 수출신용보증의 경우 은행에서는 한국무역보험공사에서 발급한 그 보증서를 믿고 무역금융을 제공하고 있다.

그러나 은행은 무역금융을 제공할 시 수혜기업 앞으로 담보를 요구하기 때문에 중소기업의 경우 무역금융을 받기가 어려운 실정이다. 수출신용보증(선적 전)은 이와 같은 애로사항을 해결하고자 도입되었으며, 은행은 수출신용보증서(선적전)를 담보로 무역금융을 제공한 후 당해 기업으로부터 무역금융이 상환되지 아니할 경우에는 한국무역보험공사로부터 보상받을 수 있다.[14)]

수출보험은 수출거래에 수반되는 여러 가지 위험 가운데에서 해상보험과 같은 통상의 보험으로는 구제하기 곤란한 위험, 즉 수입자의 계약파기, 파산, 대금지급 지연 또는 거절 등의 신용위험(commercial risk)과 수입국에서의 전쟁, 내란, 또는 환거래 제한 등의 비상위험(political risk)으로 인하여 수출업자, 생산업자 또는 수출자금을 대출해 준 금융기관이 입게 되는 불의의 손실을 보상함으로써 궁극적으로 수출 진흥을 도모하기 위한 비영리 정책보험이다(K-SURE).

따라서 수출자는 수출대금을 받지 못하여 발생한 손실을 보상받을 수 있기 때문에 위험성이 있는 외상거래나 신규 수입자의 적극적인 발굴을 통한 신 시장 개척 및 시장 다변화를 도모할 수 있다. 한편 금융기관은 담보능력이 부족한 수출업체에 대해서 도 수출보험증권이나 수출신용보증서를 담보로 활용하여 무역 금융 지원 확대 및 위험도가 높은 수출거래에 대한 지원이 가능하다(K-SURE).

2. 무역금융담보로서의 수출신용보증제도[15)]

수출신용보증(선적 후 또는 NEGO)은 수출기업이 수출계약에 따라 물품을 선적한 후 금융기관이 환어음 등의 선적서류를 근거로 수출채권을 매입(NEGO)하는 경우 한국무역보험공사가 연대 보증하는 제도이다. 수출자가 외상으로 수출한 후에 선적서류를 근거로 외국환은행으로부터 매입대전을 미리 지급받으면 수출과 동시에 수출대금을 회수하는 효과를 누릴 수 있다.

그러나 외국환은행은 자기자금으로 매입대전을 지급하기 때문에 통상적으로 담보를 요구하게 되며, 한국무역보험공사의 수출신용보증서(선적후)가 이와 같은 담보역할을 하게 된다. 즉, 은행이 수출신용보증서(선적후)를 담보로 선적서류를 매입하여 매입대전을 선지급 하였으나 만기일에 수입자로부터 수출대금이 결제되지 않으면 한국무역보험공사로부터 보상을 받을 수 있다.

그 대상거래로는 우선 수출신용보증(선적 후)은 일반수출, 즉 국내에서 외국으로 수

---

14) 한국무역보험공사, 무역보험제도 해설, p.12 일부 수정함.
15) 한국무역보험공사, 무역보험제도 해설, pp.58-65.

출을 말하며, 국내에서 자체 생산하거나 국내 제조업체로부터 구매한 물품을 수출하는 방식이 있고, 위탁가공무역으로 해외에 진출한 국내기업의 현지법인이 생산·가공한 물품 또는 제3국 기업에 위탁하여 동국에서 가공한 물품을 제3국에서 수입국으로 직접 수출하는 거래이다. 그리고 수출신용보증(NEGO)의 대상거래로는 결제기간이 120일 이내인 무신용장(D/A), D/P 및 O/A)이다.

3. 무역보험의 수출신용보증의 절차와 그 보상

무역보험 금융성 상품은 수출업체가 수출채권을 은행에 매각해 조기에 현금화할 수 있도록 한국무역보험공사가 보증 또는 보험의 방식으로 은행에 담보를 제공하는 상품이다. 수출업체가 이를 상환하지 않을 경우 한국무역보험공사가 대신 변제하는 방식이다.[16)]

그 절차적으로 보면 우선 수출자는 한국무역보험공사를 통해 보증 가능 여부와 이용절차 등을 상담하고 신용평가 및 보증심사를 위해 보증 신청서류를 준비하여 제출한다. 한국무역보험공사의 신용조사가 완료되면 수출자는 한국무역보험공사에 수출신용보증 청약서 및 관련 서류를 제출한다. 한국무역보험공사는 제출된 서류를 근거로 거래 수입자의 신용도 및 수출자의 신용도를 반영하여 수출입자 별로 보증한도를 책정한다. 그 이용요건은 신용상 문제가 없는 수출기업에 한정하며, 최종 매입일로부터 1년간 추가 매입이 없는 경우 보증한도는 자동적으로 소멸하도록 하고 있다. 그리고 연간 보증료를 납부하면 한국무역보험공사와 수출자 간에 구상약정을 체결한 후에 한국무역보험공사 명의의 보증서를 은행 앞으로 발행하게 되고, 은행은 그 보증서를 담보로 수출자 앞으로 대출을 실행한다(K-SURE).

그러나 은행이 K-SURE의 보증서를 담보로 실행한 무역금융이 만기에 상환되지 아니할 경우에는 그 K-SURE를 상대로 보증이행 청구를 하게 되며, 이에 K-SURE를 일정한 심사를 거쳐 해당 은행에 보상한다.

16) 조선비즈(2015.09.13.).

제 11 장

대외보증과 은행보증제도

제 1 절 보증제도의 의의와 은행보증제도

1. 보증제도의 개념과 의의

(1) 보증제도의 도입과 발전

오늘날 보증제도는 주로 공신력 있는 제3의 기관의 보증을 통해 담보력이 부족한 기업의 자금조달을 원활하게 해주기 위한 제도로 이용되고 있다. 이 같은 관점에서 보았을 때, 그 원류는 19세기 스위스의 신용보증제도에서 찾아볼 수 있다. 당시 스위스에서의 보증제도는 길드제를[1] 바탕으로 한 혈연적 관계의 방식으로 시작하여 업종별 보증조합의 형태로 발전하였다. 이와 같은 스위스의 보증제도는 제2차 세계대전을 전후하여 독일을 통해 일본, 오스트리아, 네덜란드 등 유럽 각국으로 전파되어 각각 그 나라의 사정에 알맞은 제도로 정착되었다.[2]

보증제도는 대부분의 국가에서 중소기업의 금융보완을 위해 필요한 제도로 인식이 되고는 있지만 발전 역사에 따라 보증제도의 형태는 크게 차이가 난다. 보증제도는 크게 미국이나 캐나다의 융자보증제도, 독일의 상호보증제도, 그리고 일본과 한국의 공공기관 중심의 보증제도로 나누어 볼 수 있다.[3] 우리나라에서 보증제도는 권리담보로써의 기능을 하기 때문에 담보력 또는 신용이 미약한 기업에 은행의 신용을 제공함으로써 기업의 국내외 비즈니스 활동을 지원한다.

기업들이 금융기관에서 여신을 지원받을 때 신용보증기금이나 기술신용보증기금이

---

1) 길드: 중세 시대, 유럽의 도시에서 발달했던 상공업자들의 동업 조합
2) 홍순영·이종욱(2006), "신용보증의 국민경제적 효과에 관한 연구", 중소기업연구원, 2006, p.7.
3) 남주하(2005), "중소기업 신용보증제도 개선방안", 경실련 토론 자료.

보증을 서주는 것이다. 보통 은행들은 기업에 대출을 해줄 때 신용이 없으면 부동산 등의 담보를 요구한다. 따라서 신용이 확실치 않고 담보도 부족한 중소기업들은 대출이 어려울 수밖에 없다. 정부가 이런 중소기업을 지원하기 위해 만든 것이 신용보증기금과 기술신용보증기금이다. 이들 기관은 정부의 출연금을 바탕으로 중소기업에 일정 수수료를 받고 신용보증을 서 준다. 기업은 그 보증서를 갖고 은행에 가서 대출을 받는다. 만약 그 기업이 부도나면 신용보증기관이 대출금을 대신 갚아 주게 되는데, 그것을 대위변제라고 한다.[4)]

국내거래에서 은행보증은 채무자의 채무를 보증하는 담보수단으로 이용될 수 있으나, 담보력이 미약한 중소기업의 여신지원 수단으로 주로 이용되고 있다. 중소기업은 보증지원이 없이는 자금조달이 어렵기 때문에 국내 보증지원제도는 중소기업의 자금조달을 위해 매우 유용한 금융보완수단으로 작용해 왔다.[5)] 현재 우리나라는 이미 언급한 은행, 신용보증기금, 기술신용보증기금 이외에도 많은 보증기관이 있다.

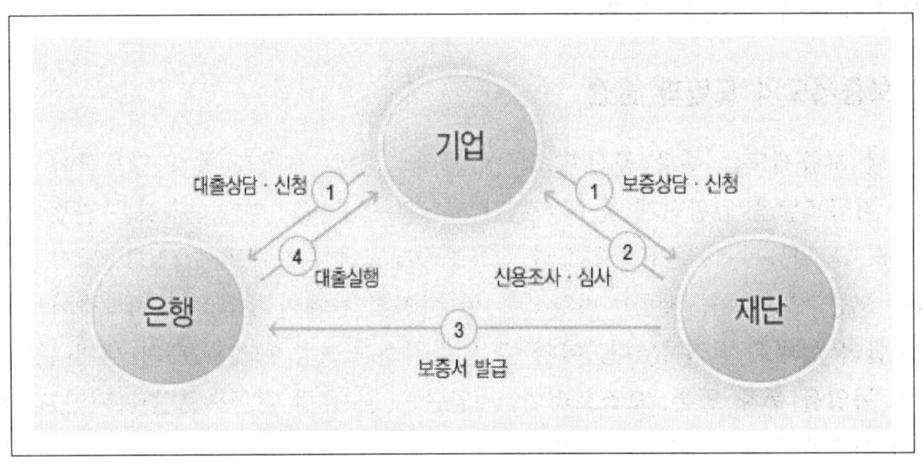

자료: 서울신용보증재단, 2010.

[그림 11-1] 보증지원 흐름도 사례

(2) 보증의 법적 성격

보증제도는 보증자(보증기관)가 법률상 타인의 채무불이행 등에 대하여 책임을 지는 것, 또는 채무불이행에 대비하여 채권자에게 제공되어 채무의 변제를 확보하는 데 사용되는 수단으로 이용된다. 민법상 보증채무란 채무자가 그 채무를 이행하지 않을 경

4) 남주하, 상게자료
5) 남주하, 상게자료

우에 대신하여 채무를 이행하기 위해 채무자 이외의 자(보증기관)가 부차적 채무(보증채무)를 부담하는 것이다. 이것은 채권자와 보증자와의 계약에 의하여 발생되며(보증계약), 주채무자와의 직접적인 관계는 없다. 한국의 현행 민법상으로는 주채무자의 의사에 반해서라도 보증을 할 수 있다.[6)]

그리고 보증의 법적 성격으로는 우선 보증채무는 주채무와는 별개의 독립된 채무(독립성)로서 주채무와 동일한 내용의 채무(동일성)를 부담하는 것이다. 둘째, 보증채무는 주채무에 부종(부종성)한다. 셋째, 주채무자에 대한 채권이 이전되는 때에는 보증자에 대한 채권도 원칙적으로 이전(수반성)한다. 넷째, 보증자는 주채무의 이행이 없는 경우에 그것을 이행할 책임(보충성)을 진다. 즉 채권자가 보증자에게 청구를 하면 보증자는 최고 · 검색의 항변을[7)] 할 수 있다.

국제거래에 있어서도 거래의 목적상 계약자유의 원칙에 의하여 이러한 보증의 성질을 일부 변형 · 완화시킨 보증계약이 유효하게 성립할 수 있다.

(3) 보증의 경제적 성격

은행의 지급보증은 재난이나 부도 등의 손실이 발생했을 때 그 위험을 담보한다는 면에서 보험 및 여신(대출) 등과 동일한 성격을 가지고 있으나 그 기능상에서는 많은 차이가 있다. 여기서 은행의 신용공여 행위를 여신이라고 칭하는데, 여신은 또 크게 대출과 지급보증으로 구분된다. 대출은 은행으로부터 현금을 직접 받는 행위이며, 지급보증은 예컨대 기업이 국내 또는 해외에서 자금차입 하는데 은행이 그 차입에 대한 상환(지급)을 보증함으로써 은행으로부터 대출받는 효과를 누릴 수 있는 것을 의미한다. 기업이 은행으로부터 대출을 포함한 여신을 지원받기 위해서는 여신용도의 적법 · 타당성은 물론 당해 기업의 재무상태를 포함하여 신용상태 등을 확인하게 된다. 따라

---

6) 박훤일(1999), "국제거래의 보증과 유사보증", 「발표논문」, 국제거래법학회.

7) 보증인의 최고, 검색의 항변: 채권자가 보증인에게 채무의 이행을 청구한 때에는 보증인은 주채무자의 변제자력이 있는 사실 및 그 집행이 용이할 것을 증명하여 먼저 주채무자에게 청구할 것과 그 재산에 대하여 집행할 것을 항변할 수 있다. 그러나 보증인이 주채무자와 연대하여 채무를 부담한 때에는 그러하지 아니하다(민법 제437조). 즉, 최고 검색의 항변권은 채권자가 채무보증인에게 채무이행을 요구하면, 그 채무보증인은 먼저 주채무자 앞으로 채무이행을 하도록 요구할 수 있는 권리를 의미한다. 예컨대 채권자가 채무자에 대한 청구를 소홀히 한채 연대보증인에게 상환독촉을 하면 그 연대보증인은 우선 왜 채무자에게 독촉을 확실하게 하지 않고 보증인에게만 독촉을 하는지 이의를 제기하고 원채무자에게 독촉할 것을 항변하는 것을 최고의 항변이라고 한다. 그리고 채권자는 연재보증인의 급여나 재산을 압류를 하려고 할 경우, 채무자의 재산(부동산)이 많이 있으니 그 재산을 먼저 집요하게 추적·찾아서 법적조치를 하라고 요청하는 것을 검색의 항변이라고 한다.

서 지급보증의 발급조건이나 과정은 대출을 받는 과정과 큰 차이가 없기 때문에 은행은 여신취급과 준하여 취급하고 있다.

이 경우의 신용상태는 원리금 지급능력(지급보증의 경우 지급보증 이행능력)을 말하는 것으로 각 기업의 신용등급으로 나타난다. 여기서 신용등급이 낮은 경우에는 채권회수의 보완수단인 담보가 필요할 것이다. 즉, 거래상대방이 부도상황이 발생하여 원리금 지급능력이 상실될 경우를 대비하여 담보 또는 보증이 필요하다. 따라서 기업이 국내외에서 경영활동을 수행하는 데 있어서 신용부족으로 제약을 받을 경우 통상 제3자인 은행이 개입하여 보증(담보) 형태로 신용을 공여함으로써 기업의 경영활동을 지원하고 있다. 이와 같은 오늘날의 보증제도는 주로 공신력 있는 제3의 기관보증을 통해 담보력이 부족한 기업의 자금조달을 원활하게 해주기 위한 제도로 많이 이용되고 있다.

지급보증의 경우 기금적립자와 수혜자가 반드시 동일하지 않다는 점에서 보험과 다르다고 할 수 있다. 물론 기금적립자에 한해서 지급보증의 수혜를 받도록 하는 방법도 있을 수 있으나 지급보증의 수혜자가 기금적립자와 큰 연관이 없는 것이 실제 관행으로서 이것은 보험의 상호 공제적인 성격이 지급보증에 있어서는 미흡하다는 것을 말해 주는 것이다. 지급보증을 대출과 비교해 보았을 때 대출계약에 지급보증이 포함되어 있는지 여부에 따라서 대출의 위험정도가 달라지는데 이는 지급보증이 대출계약의 보완적 성격이 강하다는 것을 나타내고 있다(홍순영·이종옥, 2006)

그리고 신용장거래와 마찬가지로 보증신용장도 개설은행이 기초계약상 채무자의 채무이행에 대한 담보를 제공하는 것으로 수익자가 보증신용장에 명시된 조건에 따라 단순히 지급청구를 하면 개설은행은 일정한 금액을 기초계약(underlying contract)과는 독립적으로 지급하는 확약이다. 독립적 은행보증이나 보증신용장이라는 형태의 보증은 주로 개설의뢰자(주채무자)가 계약상 채무를 이행할 능력이 부족한 때 보증은행이 보증처(주채무자 또는 개설의뢰자)를 대신하여 이를 이행하도록 하기 위해 필요로 하는 것으로 그 목적도 유사하다. 따라서 유사한 경제적 기능을 수행한다고 볼 수 있다.

(4) 일반 보증과 신용장의 차이

신용장이나 은행보증서는 각각 그 기초를 이루는 주계약, 즉 매매계약 또는 보증계약에 의하여 그 이행을 보장하기 위한 제3자의 지급채무이다.

우선 신용장은 그 근거가 되는 주계약과는 독립된 개설은행의 주채무인 반면, 보증은 주계약의 종속적 채무이다. 보증과 같은 종속채무는 주계약이 취소·무효 되는 경우에는 자동적으로 취소 또는 무효 되지만, 신용장은 그 근거가 되는 매매계약과는 독립되어 있기 때문에 그 매매계약이 무효 또는 취소되었다 하여 개설은행의 지급채무도 무효 또는 취소되지 않는다.

그리고 신용장은 그 거래과정에서 분쟁이 발생할 경우 신용장의 조건에 의해서만 결정되지만, 보증은 주계약의 부종적 계약이기 때문에 보증자와 채권자 간의 권리와 의무에 관한 분쟁이 발생한 경우에도 이는 주계약의 채무자와 채권자 간의 계약조건으로만 해결이 가능하다.

2. 은행보증제도

(1) 은행보증과 독립적 은행보증

은행보증은 국제거래에서 발생되는 권리를 담보할 목적으로 사용하며, 약정기한에 보증의뢰자가 보증수혜자에게 약정사항을 이행하지 않거나 또는 약정금액을 지급하지 않는 경우에 보증은행이 보증의뢰자를 대신하여 약정금액을 지급하기로 하는 제도이다. 대부분 은행보증은 비즈니스를 위한 기초계약상의 의무이행을 보장한다. 즉 은행보증은 기초계약의 위반 또는 의무불이행이 있는 경우에 지급을 보장하는 지급수단이다.[8]

국제거래에서는 계약상 채무이행(의무이행)을 보장받기 위한 안전장치 중의 한 방편으로 일반적으로 준거법과 현지 법제도가 허용하는 담보를 취득하게 되는데, 이행보증, 입찰보증, 현지금융 담보를 위한 지급보증, 선수금 환급보증, 하자보증 등에 대한 보장수단의 하나로 등장한 것이 보증제도이며, 주로 독립적 보증(independent guarantee) 또는 보증신용장(standby letter of credit)의 형태로 주로 이용되고 있다. 보증제도라 함은 일반적으로는 보증신용장을 포함하여 포괄적으로도 칭해지기도 한다.

여기에서 독립적 은행보증(independent bank guarantee)이라 함은 그 명칭에 관계없이 주채무를 보증하기 위하여 발행되지만 보증금의 지급이 주채무에 관계되지 아니하는, 즉 부종성이 없는 보증을 의미한다. 이와 관련하여 우리나라 대법원은 "주채무자에 대한 관계에 있어서 부종성을 지니는 통상의 보증이 아니라, 주채무자와 보증수혜자 사이의 원인관계와는 독립되어 그 원인관계에 기한 사유로서는 보증수혜자에게 대항하지 못하고 보증수혜자의 청구가 있기만 하면 보증자의 무조건적인 지급의무가 발생하게 되는 보증"이라고 판시하였다.[9] 그러므로 독립적 은행보증을 발행한 보증자의

---

8) George, N.D.(2009), "Should a 'statement of breach' be required in the URDG", *DCInsight*, Vol.15 No.2, April-June, p.10.

9) 1994. 12. 9 선고 93다 43873판결.

책임은 추상적으로 주채무자의 의무불이행이 전제되는 것일 뿐 실제적인 채무불이행이 있었는가를 따지지 않는 일차적(primary)인 것이라는 점에서 통상의 보증과 구별된다.[10] 즉 만일 보증수혜자가 보증조건을 충족시키면 지급하겠다는 보증자(보증은행; 개설은행)의 제1차적이고 독립적인 확약을 의미한다.

(2) 은행보증의 개설과 운용

은행보증의 거래는 우선 보증의뢰자가 보증담보를 위해 자신의 거래은행에 보증신청을 의뢰한다. 반면 보증은행은 그 의뢰인과 상담과정을 통하여 당해 보증내용에 대해 타당성이 있다고 판단되면 보증신청에 대한 요건심사에 필요한 제반 서류를 파악하여 보증신청서와 함께 제출하도록 요청한다. 그 다음 은행은 제출된 서류를 기초로 당해 신청의 타당성 등과 제반 요건을 심사하여 은행보증서의 개설여부를 판단하여 그 결과를 통보한다.

그 결과 은행보증서를 개설하기로 결정했다면 보증의뢰자의 상대방을 보증수혜자로 하는 은행보증서의 개설절차에 들어간다. 이때 보증의뢰자는 은행과 보증계약 절차에 따라 보증약정 및 여신거래약정 등에 서명하고, 필요시 담보계약 등을 체결한다. 그리고 그 보증서에는 보증수혜자가 지급청구 사유가 발생했을 시 제시해야 할 서류와 방법을 명시한다.

그리고 보증수혜자가 은행보증의 근거가 된 기초계약상의 의무 불이행을 알게 되는 경우에는 그 보증수혜자는 의무불이행에 대한 진술서와 약정서류를 보증은행에 제시하여 보증금액을 청구한다. 이에 보증은행은 그 지급청구에 대한 요건을 심사하여, 그 지급청구가 요건에 부합하는 경우에는 이의를 제기함이 없이 보증금액을 지급하여야 한다.[11]

그 후에는 보증은행은 보증의뢰자로부터 지급금액에 대한 구상권을 행사하여 상환을 받고, 당해 제시서류를 보증의뢰자에게 발송한다. 그런데 만약 보증의뢰자가 보증수혜자의 지급청구와 보증은행의 지급이 정당하지 않았다고 판단하는 경우에는, 그 계약조건에 따라 그 자금을 반환 청구할 수 있다.

(3) 은행보증의 법적지위

독립적 은행보증은 보증이라는 용어에도 불구하고 주채무의 존재를 전제로 하지 아

---

10) 김선국(2008), "독립적 은행보증의 법리", 「재산법연구」 제25권 제1호, 한국재산법학회, p.306.
11) 황민택, "국제지급보증 주요 조항 및 기타 법적인 사항 해설", 2002.12.

니하고 그에 대하여 부종성·보충성이 없다는 점에서 민법상 보증채무[12]와 구별된다.[13] 우리나라 민법 제428조에서는 보증채무를 "주채무자가 이행하지 아니하는 채무"라고 규정하고 있다. 이 조항은 보증자의 채무가 주채무자의 채무를 전제로 하고 있음을 보여준다. 따라서 일반적으로 주채무자의 채무가 존재하지 않거나, 소멸되면 보증자의 채무도 운명을 같이 하고, 보증자의 부담은 그 목적이나 형태에 있어 주채무보다 중할 수 없다고 한다(김기창, 2005).

우선 독립적 은행보증의 법적성질은 본래의 보증서가 가지는 부종성과 사실의 실질심사성이 배제되어 사실상 보증신용장이 가지는 법적성질과 동일하다.[14] 즉, 독립적 보증서도 일치한 서류의 제시를 조건으로 하기 때문에 신용장의 기본 원칙인 독립추상성 원칙과 서류의 엄격 일치성의 원칙을 공유한다.[15]

둘째, 보증신용장에서 기본계약상 항변권을 배제하는 것은 독립적 은행보증에서 일반 보증채무의 보충성과 부종성을 배제시킴으로써 은행이 보증채무를 기초계약과 독립시키는 것과 마찬가지이며 채권자인 보증수혜자의 진술서만으로 은행이 약정금액을 지급하도록 함으로써 채무 불이행에 따른 위험을 채무자인 보증의뢰자에게 전가시킨다는 점에서 양자는 동일한 기능을 가진다고 하겠다.[16]

셋째, 보증신용장과 독립적 보증은 법적 성질 또는 기능면에서 유사하지만 형식에 있어서 차이가 있다(이종원, 2007). 즉, 보증신용장은 신용장의 형식을 취하지만 독립적 보증은 보증의 형식을 취한다는 점이 상이하다. 또 보증신용장은 독립적 보증과 유사한 기능을 가지지만 그 이용범위에 있어서는 독립적 보증보다 더 광범위하다는 유용성을 갖고 있다(이종원, 2007).

3. 은행보증의 기능

은행보증은 관점에 따라 다양한 기능이 있다. 은행보증의 주 기능은 금융채무, 즉 약정금액의 대금지급 또는 비금융채무, 즉 손해배상의 지급에 대한 담보를 제공하는

12) 민법상 보증채무란 채무자가 그 채무를 이행하지 않을 경우에 대신하여 채무를 이행하기 위해 채무자 이외의 자(보증기관)가 부차적 채무(보증채무)를 부담하는 것이다. 이것은 채권자와 보증자와의 계약에 의하여 생기며(보증계약), 주채무자와의 직접적인 관계는 없다. 현행 민법상으로는 주채무자의 의사에 반해서라도 보증을 할 수 있다(김기창, 2005).

13) 석광현(2002), "국제적 보증의 제문제", 「무역상무연구」 제17권, 한국무역상무학회, pp.23-24.

14) 經濟法令硏究會 編(1994), 『外爲事故トラブル對策』, 經濟法令硏究會, p.270.

15) 이종원(2007), "독립보증 및 보증신용장에 관한 유엔협약상의 준거법과 사기규정에 관한 연구", 「국제상학」 제22권 제3호, 한국국제상학회, p.53.

16) 송상현(1980), "보증신용장의 독립성에 관한 소고", 「법학」 제26권, 서울대학교, pp.175-176.

것이다. 그 목적은 주채무자가 채무불이행 시에 채권자(보증수혜자)에게 금융보상을 보장함으로써 달성된다.

은행보증의 개설에 동의함으로써, 은행은 주채무자의 위험과 계산으로 보증수혜자에 대한 자신의 채무를 부담한다. 당해 은행이 지급의무를 이행하게 되면, 주채무자에 대해 즉시 구상권을 행사할 수 있다. 따라서 은행은 신용위험을 인수하며, 이는 상환담보를 요청함으로써 통상 제한된다. 그리고 보증자로 행동하지 않는다(Bertrams, 2004).

이와 같이 은행보증은 기업이 경영활동을 수행하는 과정에서 자금차입을 위한 담보수단으로 이용되거나, 각종 계약상 의무 불이행으로 입게 되는 손해를 담보하는 수단으로 이용된다. 예컨대 자금차입이 어려운 중소기업이 제도권 금융을 손쉽게 받을 수 있으며, 또 기업이 해외에서 기업활동을 하는데 필요한 자금을 포함한 금융을 현지 은행에서 손쉽게 받을 수 있다. 그리고 거래당사자 간 체결된 각종 계약의 불이행으로 발생되는 손해를 보상받을 수 있다. 따라서 기업의 국내외 각종 기업활동을 지원한다.

그리고 국제거래에서 은행의 지급보증은 용도에 따라 여신담보를 위한 지급보증, 차관지급보증, 상거래 관련 지급보증, 선수금환급보증, 입찰보증, 계약이행보증, 하자이행보증 등이 있다. 구체적으로 대외지급보증은 주로 해외 현지 신용장의 개설을 포함한 여신(대출)의 담보 및 물품대금의 회수를 위한 지급보증서의 발급, 그리고 건설공사 관련 입찰보증 등의 형태로 이용된다.

4. 은행보증의 구분과 보증형태

은행의 대외보증은 이미 언급된 대로 형식에 따라 독립적 은행보증과 보증신용장(Standby L/C)이 있으며, 그 보증 내용에 따라 계약보증과 기타 보증으로 구분된다.

(1) 입찰보증(Bid Bond)

건설 또는 공사 계약이 낙찰된 후에 그 계약대로 입찰자(보증의뢰자: applicant)가 그 계약체결을 보증하기 위하여 그 공사의 발주자(보증수혜자)에게 제공하는 보증을 말한다. 즉 보증의뢰자(입찰자)가 입찰참가의 채무를 이행하지 못하는 경우에 은행보증(보증신용장)에 약정된 금액을 지급하겠다는 약정을 의미한다. 따라서 이 보증으로 발주자는 낙찰 받은 자가 당해 계약을 이행하지 아니함으로써 발생할 수 있는 피해를 보상받을 수 있게 된다.

(2) 이행보증(Performance Bond)

재화와 용역을 공급하는 자 또는 기타 시공자(보증의뢰자)의 요청에 의하여 보증자(보증은행)가 보증수혜자(물품 수입자 또는 발주자)에게 보증의뢰자가 계약조건을 이행하지 아니하는 경우에 은행보증(보증신용장)에 약정된 금액을 지급하기로 하는 약정이다.

(3) 환급보증(Repayment Bond)

재화와 용역의 공급자 또는 기타 시공자(보증의뢰자)의 요청에 의하여 보증은행이 그 보증의뢰자가 계약조건을 이행하지 못함에 따라 보증수혜자가 이미 보증의뢰자에게 선급한 금액을 환급받아야 하나, 이를 받지 못하는 경우에 은행보증(보증신용장)에서 약정한 금액을 지급하겠다는 약정이다. 이 경우는 일반적으로 선박의 수·발주에 많이 이용되고 있다.

(4) 하자보증(Maintenance Bond)

발주자가 각종 공사가 완료된 후에 일정기간 동안에 그 공사에서 발생 가능한 하자에 대하여 또는 대형 기계장치 등이 수출된 후에 그 기계장치 등이 일정기간 동안 사용되는 중에 발생 가능한 하자에 대하여 보수를 보증하는 약정이다.

(5) 유보금 환급보증(Retention Bond)

해외 건설공사계약에서 기성고에 따라 공사대금이 지급되는 경우, 발주자는 계속적인 공사의 이행 및 하자보수의 목적으로 공사대금의 일부를 유보금으로 적립하도록 요구하는 경우가 있다. 이 경우에 이미 적립해 둔 유보금을 시공자가 하자보수기간 종료 전, 통상 공사 준공단계에서 미리 환급받기 위해 제공되는 보증으로 하자 발생 시 이행한다는 보증약정이다.

5. 은행보증의 독립추상성

보증은행은 그 서류가 관계할 수 있는 물품, 서비스 또는 이행이 아닌 서류로 거래한다. 즉 보증은행은 제시만을 기초로 그 제시가 문면상 일치하게 보이는지를 결정해야 한다.[17] 본 조항은 UCP 600 제5조 및 제14조 a항과 유사하다. 보증에 따른 보증은행의 의무는 지급청구서 및 보증서에 명시된 약정서류를 제시하여 그 보증조건과 문면상 일치하는 경우에 보증금액을 지급하는 것이다. 따라서 보증서에 명시된 지급청구서 및 기타 약정 서류의 일치성을 전제로 보증금액을 지급하는 것이다.

보증은행이 보증의뢰자의 의무 불이행 등과 같은 외부적 사실을 확인하도록 해서는 안 된다. 이에 대해 URDG 758 제5조 a항에서는 "보증은 본질적으로 그 기초계약 및 그 신청서로부터 독립되어 있다. 그리고 그 보증은행은 그러한 계약관계와는 결코 아무런 관계가 없으며, 또한 그에 구속되지 않는다. 그 기초계약을 확인하기 위한 보증서에서의 참조사항은 보증서의 독립적 성격을 변경시키지 않는다. 본 보증서상에서 보증은행의 지급확약은 보증은행과 보증수혜자 간의 관계 이외의 어떠한 관계로부터 발생하는 클레임이나 항변에 지배받지 않는다."라고 규정하고 있다. 한편 보증신용장은 기본적으로 은행보증서와 동일한 목적을 이행한다. 즉 보증의뢰자와 보증수혜자 간 기초거래를 근거로 항변 또는 이의 없이 요구불로 지급된다.[18] ISP98에서도 이와 같은 취지를 규정하고 있다(제1.06조 및 제1.07조).

은행보증에 따른 일종의 의무 불이행이 발생했다고 주장하는 서면 진술서를 보증수혜자가 제시하도록 요구했더라도, 보증은행(개설은행)은 결코 어떠한 프로젝트 또는 계약을 보증하는 것에 동의하거나 기초거래에 관한 진술사실을 확인할 의무는 없다. 다만 보증은행은 법적 확인의무는 없지만 부당청구 및 사기 등을 사전에 예방하기 위해서는 그 확인을 위해 신중한 주의와 노력을 기울여야 할 것이다. 그리고 은행의 책임과 의무는 금융에 한하며, 보증은행은 보증의뢰자가 제기하는 사기 또는 유효성에는 관계없이 지급하는 것이 원칙이다. 더욱이 보증의뢰자는 보증은행이 지급한 보증대금을 상환할 법적 의무가 있다. 보증의뢰자는 보증수혜자가 당해 은행보증 하에서 부당하게 환어음을 발행하지 않았을 것이라는 것을 신뢰해야 한다.[19]

보증거래에서 은행은 서류상의 심사만으로 보증수혜자의 지급청구에 즉각적으로 응하기 보다는 보증의뢰자와 협의하여 그 청구과정에서 부당청구 또는 사기와 같은 정황 등의 포착에 주의를 기울여야 할 것이다. 물론 보증이행청구 사유가 발생하여 일치하는 서류제시에 의한 보증청구에 응하는 것은 당연하지만 보증거래는 화환신용장거래보다 그 절차가 간편하여 부당청구 사례가 많다는 것을 간과해서는 안 된다.

---

17) URDG 758 Article 6 & URDG 758 Article 19(a)
18) http://www.creditmanagementworld.com/letterofcredit/lcstandby.html
19) ABM AMRO Bank, "Documentary Payments & Short-Terms Trade Finance", pp.43-44.

제2절 은행보증제도상의 지급청구와 제시서류의 심사

1. 지급청구와 그 제시

(1) 지급청구와 제시요건

보증제도는 주채무자의 채무이행에 대한 담보로 제공되는 것으로 보증수혜자가 은행보증에 명시된 조건에 따라 단순히 지급청구 하면 보증은행은 보증금액을 기초계약과는 독립적으로 지급하는 약정이다. 따라서 보증수혜자 입장에서는 보증이행청구 절차상으로는 큰 어려움 없이 지급 청구할 수 있지만, 보증조건을 이행해야 한다. 즉 은행보증에 약정된 절차를 준수해야 할 것이다.

은행보증거래에서 모든 청구는 그 은행보증 및 그 보증규칙에서 약정한 제시 형식과 방법으로 모든 서류를 첨부하여 제시되어야 한다. 그 제시는 유효기일 이전에 제시장소에 제시되어야 한다. 은행보증이 제시 형식에 관해 침묵하고 있는 경우에는 그 보증규칙을 따라야 한다(Affaki · Goode, 2011).

은행보증거래도 신용장거래와 마찬가지로 지급 또는 상환은 은행보증에 약정된 서류를 제시하여 지급청구를 한다(URDG 758 제15조). 그 제시는 유효기일 이전에 발행장소 또는 보증서에 명시된 다른 장소에 제시되어야 하며, 그 제시는 유효기일 이전에 완료되어야 한다. 그러나 그 제시가 추후에 완료된다는 명시가 있는 경우에는 그러하지 아니하다.

그리고 은행보증에 전자적인 방법으로 제시되어야 한다고 명시된 경우에는 그 은행보증서상에 그러한 제시를 위한 형식, 즉 데이터 송신시스템 및 전자주소를 명시해야 한다. 은행보증서에 이를 명시하지 않는 경우에는 서류는 인증이 가능한 어떠한 전자적 형식 또는 종이 형태로 제시될 수 있다. 인증될 수 없는 전자서류는 제시되지 아니한 것으로 간주한다(URDG 758 제14조(a)(b)(c)).

당해 보증서가 특별한 전달방식을 통한 서면형식으로 제시되도록 명시하고 있으나, 다른 방식의 이용을 명시적으로 배제하지 않는 경우에는 그 제시가 "보증서의 발행장소 또는 보증서에 명시된 기타 장소"에 유효기일 이내에 접수되었다면 그 제시자가 다른 전달방식을 이용하는 것은 유효하다.[20] 그리고 당해 보증서가 전자 또는 종이 중 어느 형식으로 제시되어야 하는지에 대한 방법을 명시하지 아니한 경우에는 모든 제

20) URDG 758 Article 14(d).

시는 종이형식으로 제시되어야 한다. 각 제시는 보증자의 보증서 참조번호를 명시하는 것과 같은 방법으로 그 제시가 이루어지는 보증서임을 확인한다.[21)]

그리고 보증서에서 달리 규정한 경우를 제외하고, 어떠한 지급청구나 보완진술을 포함하여 보증의뢰자나 보증수혜자에 의해 발행되었거나 또는 그들을 대신해서 발행된 서류는 보증서 언어로 작성되어야 한다. 그 이외의 여타의 자에 의하여 발행된 서류는 어떠한 언어로도 작성될 수 있다(URDG 758 제14조(g). 그 지급청구는 채무자의 기초계약에 대한 불이행 진술서와 청구용 환어음만 첨부하면 보증은행으로부터 보증금액을 지급받을 수 있다.

따라서 은행보증은 그 기초거래가 정상적이고 적법하게 이행된다면 그것으로 보증거래는 모두 종료되기 때문에 보증거래당사자 모두 그 목적을 달성하고 충족할 것이다.

(2) 지급청구 방법

URDG 758은 우선 지급청구는 보증전액 보다 적은 액수의 일부 청구(partial demand)로 할 수 있고, 1회 이상의 청구 즉, 수차례의 청구(multiple demand)도 가능하다. 여기에서 "수차청구 금지"(multiple demands prohibited) 또는 이와 유사한 표현은 청구가능한 금액의 전액 또는 일부이든 오직 1회에 한하여 지급청구가 가능하다는 것을 의미한다.

그리고 그 청구보증(요구불 보증)이 오직 1회만 청구할 수 있다고 규정하고 있는데, 그 지급청구가 거절되는 경우에는, 그 이상의 지급청구는 보증서 유효기일 이전에 청구해야 한다. 이는 ISP98 제3.08조(일부청구, 수차제시, 청구금액)의 취지를 수용하여 본 규정을 신설하였다고 볼 수 있다. 즉 ISP98 제3.08조에도 이와 유사한 규정을 두고 있는데, 다만 ISP98 제3.08조에서 "일부청구 금지(partial drawings prohibited) 또는 이와 유사한 표현", 즉 보증신용장금액 전액만 청구해야 한다는 취지의 규정은 URDG 758에서는 규정하고 있지 않다. 이는 조문으로 규정할 필요성이 없기 때문인 것으로 보인다.

2. 지급청구의 독립성

URDG 758에서는 '각 지급청구의 독립성'(separateness of each demand)에 관한 규정을 신설하였다. 본조에서는 일치하지 않는 지급청구를 하거나 또는 지급청구를 철회

---

21) URDG 758 Article 14(e)(f).

하였더라도 그 보증서가 일부 또는 수차의 지급청구에 대한 금지 여부에 관계없이 이는 적시의 또 다른 지급청구권의 권리포기를 하는 것이 아니고 또한 그러한 권리에 달리 영향을 미치지 아니한다. 즉 그 이후에 절차적 하자가 없다면 정당한 지급청구권을 행사할 수 있으며 또한 그러한 권리에 영향을 미치지 않는다. 그리고 불일치한 지급청구에 대해 지급하였더라도, 그 이후에 그 이외 지급청구의 일치성 요건을 포기하는 것이 아니기 때문에 그 요건을 준수해야 한다.[22] 이는 ISP98 제3.07조의 '제시의 독립성'에 상응하여 신설된 조항이다.

ISP98 제3.07조에서는 "(a) 불일치한 제시를 하거나 그 제시를 철회하거나 혹은 예정 또는 허용된 수차의 제시 중의 어느 하나를 하지 아니하는 것은 적시의 다른 제시나 적시의 재제시를 할 권리포기가 아니고 또한 그러한 권리에 영향을 주지 아니하며, 이는 그 보증신용장에서 일부 또는 수차의 청구 또는 제시를 금지하고 있는지를 불문한다. (b) 일치하는 제시에 대한 부당한 지급거절은 보증신용장상 여타의 제시에 대한 지급거절이나 보증신용장의 이행거절로 되지 아니한다. (c) 불일치한 제시에 대하여 결제하는 것은 그 불일치 통지를 하였는지를 불문하고 여타의 제시에 관하여 보증신용장의 조건의 포기로 되지 아니한다."라고 규정하고 있다.

3. 제시서류의 심사와 일치성

(1) 서류의 제시와 심사

제시서류의 제시와 심사는 보증은행(또는 구상보증은행)이 은행보증제도 하에서 제시가 일치하는 제시인 지를 어떻게 결정하는 가이다. URDG 758 제19조(심사)는 은행보증 하에서 서류의 심사기준을 규정하고 있다. 또한 본조는 서류제시가 그 문면상 일치하는 제시인지의 여부를 그 제시만을 기초로 하여 결정해야 한다고 분명히 명시하고 있다. 그리고 본 규칙 제20조에서는 보증은행은 그 지급청구가 일치하는지는 그 제시 다음날로부터 제5영업일 이내에 결정하여야 한다고 규정하고 있다. 그 결과 보증은행이 일치하는 제시라고 결정한 경우에는 보증에 약정된 금액을 보증수혜자에게 지급해야 한다(Burjaq, 2010). 이는 UCP 600의 심사기준과 동일한 접근을 취하고 있다는 것을 알 수 있다.

보증은행은 은행보증에 요구된 제시서류상의 모든 데이터를 심사한다. 우선 그 데이터는 보증조건과 일치해야 한다. 보증에서 요구된 서류상의 데이터는 그 서류, 보증

22) URDG 758 Article 18.

및 본 규칙에 따라 심사되어야 한다. 둘째, 약정된 서류상의 데이터는 그 서류상의 다른 데이터와 상충되지 않아야 한다. 더욱이 한 서류상의 데이터는 요구된 그 이외의 다른 서류상의 데이터와 상충되지 않아야 한다.[23] 그리고 요구된 제시서류상의 데이터는 무서류적 성격의 데이터를 포함하여 보증상의 어떠한 데이터와도 상충되지 않아야 한다.[24] 마지막으로 보증에서 요구하지 않았거나 또는 본 규칙에서 규정되지 아니한 서류가 제시된 경우에는 그 서류는 무시되며 제시자에게 반환될 수 있다. 본 심사기준의 중요성은 크다.[25]

(2) 전자제시

이와 같은 서면청구에는 전자적 형태의 전자서류도 포함한다. 보증거래에서 의무불이행에 대한 진술을 포함한 지급청구가 인증되었거나 또는 암호화된 경우에는 그러한 지급청구는 전자적 포맷(format)으로 제시될 수 있다(Affaki, 2001). 은행보증이 전자적 제시방법을 명시하고 있는 경우에는 그 보증서는 그 포맷, 데이터 전달시스템 및 그 제시를 위한 전자주소를 명시해야 한다. 만약 그 은행보증이 제시방법을 명시하지 않은 경우에는, 제시서류는 인증이 가능한 어떠한 전자적 형식 또는 서면 형태로 제시될 수 있다. 인증될 수 없는 전자서류는 제시된 것으로 간주하지 않는다(URDG Art. 14(c)).

예컨대 보증 또는 구상보증이 전통적인 서류 형식으로 발행된 경우에도 인증된 전신(cable), SWIFT(세계은행간금융통신망) 또는 암호화된 EDI(Electronic Data Interchange) 메시지를 이용할 수 있다. 그리고 경우에 따라서는 한 건의 지급청구에서 전자서류와 종이서류를 혼합하여 제시할 수 있다. 이에 대해 은행보증 또는 구상보증에 별도의 진술이 없는 한, 지급청구 및 의무불이행 진술서는 암호화된 텔렉스(종이서류 확인 없이)로 전송하면서, 동시에 세관통관 증명서와 같은 추가 서류를 전통적인 메일로 발송할 수 있다. 그 보증약정에 요구된 모든 서류가 그 약정 유효기일 이내에 전자 및/또는 우편으로 제시된다면 그 지급청구는 유효하게 제시된 것으로 본다(Affaki, 2001). 전자제시를 요구하고 있는데 그 형식, 데이터 전송시스템 및 그 제시를 위한 전자주소가 보증에서 누락된 경우에는 보증수혜자는 인증될 수 있는 전자제시 또는 종이 형식의 제시 중 선택할 수 있다(Affaki·Goode, 2011).

---

23) URDG 758 제19조(서류심사) 참조.

24) 구체적인 사항은 URDG 758 제7조(비서류적 조건) 참조.

25) Pavel Andrle(2010), "Two articles on the new URDG 758", *DCInsight*, Vol.16 No.4. October - December, p.15.

그리고 보증은행이 그의 보증에 따른 접수 당시 최초의 청구서류를 보관하도록 허용하는 한편, 사본을 구상보증은행에게 발송하는 것을 허용한다. 그 청구서류를 제시한 다음날로부터 제5영업일 이내에 그 보증지급을 이행하거나 또는 거절해야 한다 (Ransier, 2010).

(3) 일치하는 제시와 그 범위

은행보증거래에서도 화환신용거래에서와 마찬가지로 보증수혜자가 지급청구를 위해 제시되는 서류는 보증조건과의 일치성을 전제로 한다. 은행보증거래에서 제시의 일치성 여부를 결정하기 위하여 심사하는데 있어서, URDG 758 제2조에서 정의하고 있는 "일치하는 제시란" 우선 본 보증의 조건과 일치하여야 하며, 둘째 본 보증의 조건과 일치하는 한, 본 URDG 규정과 일치해야 한다. 그리고 마지막으로 은행보증에 관련 약정 또는 URDG에 관련 규정이 없는 경우에는 국제표준청구보증관행(international standard demand guarantee practice)과 일치해야 한다.

이 정의에 따르면 당해 보증문언은 URDG와 국제표준은행관행에 우선한다. 더욱이 본 정의에서 URDG의 조건은 URDG가 적용되고 있는 경우에만 보증서의 문언에 적용되어야 한다고 명백히 하고 있다. 보증서의 문언과 URDG 간에 불일치가 발생하지 않는다. 만약 불일치가 발생하면 보증서의 보증문언이 URDG에 우선(supersedes)한다. 이 정의를 고려하면 불이행 대신에 이행을 증명하는 서류를 기반으로 한 지급을 보장하는 URDG 758 보증을 이용하는 것은 정당하다(George, 2010). 이는 UCP 600 제2조에서 일치하는 제시에 대해 "신용장의 조건, 본 규칙 및 국제표준은행관행의 적용 가능한 규정에 따른 제시"라고 규정하여 UCP의 취지를 노입한 것으로 보인다. 이에 대해 ISP98 제3.1조(보증신용장상 일치하는 제시)에서 일치하는 제시에 대해 정의하고 있다.

그렇지만 은행보증에서는 그 중요성이 화환신용장에 비하면 크지 않다고 볼 수 있다. 그 이유는 보증거래에서는 보증거래의 기초가 되었던 기초계약의 불이행에 대한 진술(서)만으로 지급청구가 가능하기 때문에 서류제시가 간단하고 또 그 제시서류 수가 많지 않다. 따라서 서류심사가 간편하며, 통상적으로 제시서류의 불일치가 거의 발생하지 않는다.

(4) 제시의 일치성과 그 판단기준

은행은 신용장의 조건과 엄격하게 일치하지 않는 서류에 대해 거절할 권리가 있다는 법적 원칙을 전통적인 엄격 일치성의 원칙이라 칭하며, 그 원칙 하에서 제시되는 서류가 일치하지 않는 경우, 그 개설의뢰자가 동의하지 않는 한 지급할 수 없다. 은행보증거래도 보증수혜자의 지급청구를 위한 서류제시가 일치하지 않는 경우에는 당해 은행은 지급이행을 할 수 없다. 즉, 보증거래는 그 제시서류가 간편하지만 당해 서류가 일치하지 않는 경우에는 수리를 거절할 수 있다.[26] 그러나 제시서류의 일치성 문제는 독립적 은행보증이나 보증신용장에서는 실무적으로는 화환신용장거래에서보다 그 중요성이 덜 하다. 이는 상대적으로 제시서류가 간편하고 많지 않기 때문이다.

URDG 758 제2조에서도 은행보증 하에서 "일치하는 제시"에 대해 규정하고 있으며, 이어서 URDG 758 제19조 b항에서는 "보증서에 요구된 서류상의 자료는 그 서류, 보증서 및 이들 규칙의 맥락에서 심사되어야 한다. 그 서류나 명시된 기타 모든 서류 또는 은행보증서상의 자료와 동일할 필요는 없지만 이와 상충되어서는 아니 된다."라고 규정하고 있다. 이는 UCP 600 제14조 b항에서 "일치할 필요는 없지만 상충되어서는 안 된다."라고 규정한 새로운 심사원칙을 URDG 758에서도 그대로 도입했다고 볼 수 있어 실질 일치성의 원칙을 채택하고 있다고 볼 수 있다. 반면 UCC(1995) 제5-108조에서는 신용장의 조건과 "엄격하게 일치하게 보이는" 서류라고 규정하고 있다.[27]

이에 대해 ISP98 제4.01(b)조 에서는 "제시서류의 일치 여부는 보증신용장에 명시된 조건과 문면상 일치하는가를 심사함으로써 결정되며, 보증신용장은 보증신용장의 표준관행을 반영하고 있는 이들 규칙에 의해 해석되고 보완된다."고 규정하고 있다. 그리고 ISP98 제4.09조(동일 문구와 인용부호)에서는 "제시된 서류의 문언은 보증신용장이 요구하는 것과 동일한 의미를 전달하는 것이어야 한다."고 규정하고 있는데 그런 경우라면 엄격 일치성 원칙은 부적당할 것이다.

3. 의무불이행 진술서

(1) 관련 조항과 요건

URDG 758 제15조에서는 보증수혜자의 '의무불이행 진술서'(a statement of breach)의 제시를 의무화하고 있다. 은행보증은 화환신용장과 달리 많은 서류를 요구하지 아니하고, 또 기초계약상의 의무불이행 진술서 또는 채무가 약정대로 이행하지 않았다는 보증수혜자의 비교적 단순하고 간단한 진술서(simple statement)의 제시만으로 보증금

---

26) *Korea Exchange Bank v. Agricultural Bank of China*: Byrne, James E. Byrnes, Christopher S.(2008), p.287.

27) evancarmichael.com/Legal/2112/Strict-compliance-in-letters-of-credit-transactions.html

액에 대한 지급을 청구할 수 있도록 하고 있다. 따라서 은행보증서가 준거법원으로 URDG 758을 채택하고 있고, 또 본 요건을 명시적로 배제하지 않는 한 적용된다. 따라서 은행보증거래에서 지급청구는 의무불이행 진술이 그 청구서상에 기술되거나 또는 별도의 서류로 첨부되어야 하는 요건을 갖추어야 된다(George, 2010).

본 조항이 의도하는 바는 보증수혜자에게 그 불이행 진술서를 발행한 사유를 명시한 단순한 증명서를 보증수혜자가 제공하도록 요구함으로써 부당한 또는 사기적인 지급청구를 방지하고자 하는 것이다. 당해 조항은 의무불이행에 대한 최상의 관습을 제공하고 보증수혜자에게 곤란한 의무를 부과하기보다는 예측 불가능한 의외성(불확실성)에 대한 보호를 의미한다(George, 2010). 요구불 은행보증은 기초계약상 의무불이행 또는 계약위반 및 이와 유사한 취지의 문언이 있는 경우에 보증지급을 보장하기 위한 지급수단이라는 명확한 진술을 URDG 758 제1조에 명시하고 있다.

그러나 은행보증서에 이러한 의무불이행 진술서를 요구하지 아니한 경우에는 분쟁의 소지가 있다. 예컨대 은행보증서상에 규정되어 있지도 않고 또 보증수혜자가 이를 보증은행(개설은행)에 제시하지 아니한 경우, 보증의뢰자가 그 보증서에 약정된 보증금액을 지급할 의도가 없고, 당해 은행보증서의 구속으로부터 벗어나고자 하는데, 보증은행이 지급한 경우이다. 당해 보증은행은 그 서류제시가 일치했기 때문에 지급했다고 항변할 수 있으나, 그 보증의뢰자가 이를 수용하지 않는다면, 본 규칙 제15조를 근거로 보증은행의 지급행위를 당연히 인정하지 아니할 수도 있다(George, 2010).

그러나 은행보증거래에서 실무상 지급청구는 그 특성상 의무불이행을 전제로 이루어진다는 점에서 의무불이행에 대한 보증수혜자의 진술은 통상적으로 필요할 수밖에 없고 당연하다고 본다. 더욱이 의무불이행 진술은 별도의 서면으로 제시될 필요가 없으며 당해 청구서상에 진술로 가능하기 때문에 실제로 우려하는 바와 같은 문제는 없다. 다만 분쟁을 사전에 예방하기 위해서는 보증업무 담당자는 이 점에 유념해야 한다.

(2) 은행보증서상에 제시요구가 없는 경우

보증은행이 보증수혜자에게 "의무불이행 진술서가 제시되지 않았다."는 사유로 지급을 거절하는 내용의 하자통지를 한 경우에는 문제가 발생한다. 즉 유효기일에 임박하여 서류가 제시되었다고 가정하는 경우, 보증거래에 익숙하지 아니한 보증수혜자는 당황하여 은행보증서에 그 진술서를 요구하시 않았는데 왜 그 진술서가 필요한지 보증은행에 문의할 수도 있다. 그때 보증은행은 그 보증수혜자에게 URDG 758 제15조를 그 근거로 제시를 요구할 수 있다고 답할 것이다. 이에 보증수혜자는 그 진술서를 추가로 제시할 수 있으나, 그 의무불이행 진술서의 제시가 그 유효기간을 경과할 경우, 당해 '보증은행은 의무불이행 진술서가 유효기일 이후에 제시되었다'는 사유로 또 다시 지급거절 통지를 할 수 있다 (George, 2009).

본 규정은 처음부터 URDG에 규정되어 이어져 내려오고 있으며, 수년 동안 논의과정 끝에 1991년 완성되었다. 보증수혜자의 이익을 보호하는 것도 중요하지만 은행보증서의 부당한 요구에 대한 안전장치도 필요하다. 그러한 진술서를 제시하는 자는 보증수혜자 자신이며, 은행보증서를 발행하는 은행은 그 진술서의 진정성 또는 정확성을 확인할 의무가 있는 것이 아니고, 그 진술서가 제시되었다는 것을 확인하는 데만 관여할 뿐이다. 그리고 본 규칙 제15조를 포함한 URDG는 반대의견 없이 국제상관습위원회와 은행기술 및 관습에 관한 위원회 회의에서 승인되었다. 또한 각국 국내 위원회의 이에 대한 거의 이의 없는 회신은 의무불이행 진술서 요건을 널리 수용했다는 것을 의미한다. 따라서 이는 잘 확립된 규칙이다(George, 2009).

N.D. George 교수는 적법한 제시를 위한 모든 요건은 보증서 자체에 규정되어야 한다는 것을 주장하고 있으나 의무불이행 진술서는 적법한 제시를 위한 여러 요건 중의 하나에 불과하다. 은행이 그 발행에 관계한다면 그 보증서에 제15조의 요건을 규정해야 할 것이다(Goode, 2009).

4. 무서류 조건의 심사

(1) 무서류 조건의 개념

URDG 758 제7조는 "보증이 어떠한 서류를 명시하지 아니하고, 그 조건의 이행 여부가 보증인 자신의 기록이나 또는 은행보증에 명시된 인덱스(index)로부터 결정될 수 없는 경우에 한하여 보증인은 그러한 조건을 명시하지 아니한 것으로 간주하고 그 조건을 무시한다."라고 정의하고 있다. 보증서의 발행자로서 "보증인은 보증서의 발행자이다". 따라서 이들 규정에서는 두 가지 요건, 우선 어떤 서류도 명시하지 않았고, 그리고 당해 보증조건의 준수 여부를 보증은행 자신의 기록이나 통상적 업무범위 내에서 결정할 수 없는 상황이 모두 충족될 때 무서류적 조건으로 본다.

한편 ISP98 제4.11조에서는 무서류적 조건에 대해 "보증신용장이 당해 조건의 증명을 위한 서류의 제시를 요구하지 않는 조건으로서 개설은행(보증은행) 자신의 기록으로부터 또는 개설은행의 통상적인 업무 내에서 그 충족여부를 결정할 수 없는 조건"으로 정의되며 그러한 조건은 무시되어야 한다고 규정하고 있다.[28)]

여기에서 URDG 758과 ISP98은 거의 일치하나, UCP 600 제14조 h항과는 그 의미상 차이가 있다. 즉 URDG 758은 "보증인 자신의 기록이나 또는 은행보증에 명시된 인덱스(index)로부터 결정될 수 없는 경우"로 규정하고 있고, ISP98은 "개설은행 자신의 기록 또는 개설은행의 통상적 업무로부터 그 이행 여부를 결정할 수 없는 경우"로 규정되어 있어 UCP 600과는 결과가 다를 수 있다.

(2) 무서류적 조건의 적용

보증은행이 자신의 기록 또는 통상적 영업활동으로부터 확인할 수 있다면 무서류 조건으로 보지 않는다. 예컨대 "보증수혜자가 보증은행에 특정 금액을 예치하기로 한다."라는 문언으로 규정했다면, 본 조항은 UCP 하에서는 무서류 조건에 해당되기 때문에 무시되어야 하지만, ISP 또는 URDG에서는 그렇지 않다. 그 이유는 마찬가지로 보증은행은 자신의 기록으로부터 그 사실을 확인함으로써 그 금액이 예치되었는지 확인하여 보증조건을 이행했는지 결정할 수 있기 때문이다.[29]

화환신용장에서, 예컨대 "동맹선사 선박에 의한 선적"이라는 문언으로 규정되어 있다면 실제로 동맹선사의 선박에 선적되어 이행되었는지의 여부를 서류상이든 또는 실제상이든 확인할 필요도 없고 또한 본 조건은 무시된다. 그러나 "물품이 동맹선사 선박에 선적되었다는 것"을 진술하는 "선박회사의 증명서"를 요구하는 경우에는 서류상으로 이와 같은 조건을 이행했는지의 여부를 당해 증명서로 확인해야 한다(ICC, 2007) 따라서 서류가 위조되지 않은 한 선박회사의 증명서를 제시했다면 동맹선사의 선박으로 선적했다는 것이 증명될 것이다.

따라서 은행보증거래에서는 무서류적 조건에 대해 신중하게 취급해야 할 것이다. 그 이유는 은행보증서나 보증신용장에 구성되는 무서류 조건이 화환신용장에 비해 비교적 많고 또 그 중요성이 크기 때문이다.

---

28) http://www.eagletraders.com/advice/doc_standby_letters.htm

29) http://icc-commodities.com/files/Documentary_and_Standby_Letters_of_Credit.pdf

제 3 절 보증신용장제도

1. 보증신용장제도의 개념과 의의

보증신용장은 국제거래에서 보증제도로 가장 보편적으로 이용할 수 있는 제도이다. 보증신용장은 국제거래에서 발생되는 권리를 담보할 목적으로 사용되며, 약정기한에 보증의뢰자(개설의뢰자)가[30] 보증수혜자에게 약정사항을 이행하지 않거나 또는 지급하지 않는 경우에 보증은행이 보증의뢰자를 대신하여 약정금액을 기초계약과는 독립적으로 지급하기로 하는 약정이다. 즉 은행의 의무는 보증의뢰자와 보증수혜자 간 어떠한 분쟁과는 관계없이 지급하는 것이다.

국제상거래에서 물품매매를 위한 계약서 하에서 물품대금의 미결제 위험을 감소시키는데 기여하는 상업신용장의 이용은 이행을 요하는 계약 불이행의 위험을 감소시키데 기여하는 비물품거래 분야로까지 확장되었다. 일반적으로 비물품거래에서의 신용장은 보증신용장으로 알려지게 되었다. 국제거래에서 금전채무의 보증 또는 여신담보를 위하여 외국환은행이 채권자 또는 신용공여은행을 수익자로 하여 개설하는 무화환신용장(clean L/C)의 일종이다. 보증신용장 하에서 수혜자는 보통 보증신용장의 조건에 따라서 단순히 보증의뢰자가 그의 의무이행 또는 채무를 정히 이행하지 않았다는 단순한 진술서(simple statement) 또는 채무불이행 통지서(notice of default)의 제시만으로 보증신용장의 금액을 지급 청구할 수 있다.

일반적인 지급보증서를 발행하는 대신에 보증은행은 채무자의 요청에 따라 채권자에게 보증신용장을 개설하고 그에 따라 채권자는 관련 채권이 이행되지 않았다는 내용의 증빙 또는 진술서를 제시하여 그 보증은행에게 해당 보증금액을 청구할 수 있다. 상업신용장과 마찬가지로 보증신용장은 거래처인 보증의뢰자의 신용을 은행의 신용으로 대체하는 것이다.[31]

그리고 보증신용장은 미국에서 은행규제를 피하기 위해 제도화 되었으며, 당시 보증신용장은 화환신용장통일규칙을 근거로 했다. 그러나 1998년 국제상업회의소에서 ISP(International Standby Practice)98을 보증신용장을 규율하는 규칙으로 제정함에 따라 이 규칙이 채택되었다. 그런데 아직도 보증신용장거래에 화환신용장통일규칙(UCP)

---

30) 본 보증신용장제도에서는 개설의뢰자를 보증신용장의 성격상 “보증의뢰자”로 표현하며 개설의뢰자와 혼용한다.

31) http://www.creditmanagementworld.com/letterofcredit/lcstandby.html

이 이용되고 있은 경우가 있다.[32)]

2. UCP와 ISP의 운용상 주요 차이점

보증신용장은 그 기초계약인 매매계약과는 독립적이며, 서류상의 일치성을 전제로 지급된다는 점에서 화환신용장과 공통점을 갖는다. 그러나 상업신용장과 보증신용장은 운용상 중요한 차이점이 있다. 신용장은 수익자가 매매계약을 확실하게 이행했다는 것을 증명하는 수익자의 서류제시로 지급된다. 반면 보증신용장은 일방 당사자가 계약을 불이행했다는 증명서의 제시로 지급된다. 그리고 상업신용장의 개설은행은 통상 선적서류와 환어음의 제시로 대금지급을 이행하는 것이 원칙이다. 반면 보증신용장의 개설은행은 통상적인 지급을 생각하지 않는다. 즉 보증신용장 하에서의 환어음 또는 청구서의 제시는 어떤 문제가 있다는 것을 의미한다.

UCP는 그 주목적이 대금결제의 수단이며, 반면 ISP는 주목적이 신용보증을 제공하기 위한 것이다. 그리고 신용장에서 요구하는 서류는 상업적 가치를 가지고 있다는 것과 개설의뢰자는 매매물품상 하자가 있는 경우라도 사기거래를 사전에 인지하지 않는 한, 대금지급의 원칙을 전제로 한다. ISP는 서류가 단순한 진술서에 불과하다는 것과 환어음의 발행근거는 아마도 개설의뢰자와 수혜자 간 분쟁(의무불이행)이 있거나 또는 개설의뢰자가 파산했다는 것을 추정한다.

3. 보증신용장의 운용과 메커니즘

(1) 보증신용장의 개설과 절차

보증신용장의 개설과 운용절차를 살펴보면 우선 양 거래당사자는 일방의 당사자(보증의뢰자)가 그 거래상대방을 보증수혜자로 하는 보증신용장의 개설을 요청하는 계약을 체결한다.

둘째, 첫 거래당사자는 자신의 거래은행에 은행의 보증신용장 개설신청서 및 관련 약정서에 서명하여 보증신용장의 개설을 신청한다. 그리고 그 보증신용장에는 보증수혜자가 지급청구를 위해 제시해야 할 서류를 명시한다.

셋째, 그 보증신청시를 승인한 후에 개설은행은 보증신용장을 개설하여 그 보증신용장을 보증수혜자에게 발송한다.

32) http://www.creditmanagementworld.com/letterofcredit/lcstandby.html

넷째, 보증수혜자는 보증은행의 보증신용장을 접수한 후에 계약상 자신의 목적을 수행한다.

다섯째, 보증수혜자가 보증의뢰자(개설의뢰자)의 계약상 의무불이행을 알게 되는 경우에는, 그 보증수혜자는 보증신용장에서 요구한 서류를 준비하여 개설은행에 그 서류를 제시한다.

여섯째, 보증은행은 그 서류를 심사한다. 그 제시서류가 보증신용장의 조건과 일치하다고 결정한 경우에는 보증은행은 보증수혜자에게 약정금액을 지급한다. 서류의 진정성을 조사하지 않고 보증의뢰자로부터 지급승인을 받을 필요는 없다. 보증의뢰자는 보증은행이 지급하기를 원하지 않을 것이며 계약 불이행의 상태에 있지 않다고 주장할 것이다.

일곱 번째, 보증은행은 보증의뢰자로부터 지급금액에 대해 구상권을 행사하여 상환을 받고, 여덟째, 당해 서류를 보증의뢰자에게 발송한다. 아홉 번째, 보증의뢰자가 환어음의 발행(지급)이 정당하지 않았다고 판단하는 경우에는, 그 계약조건에 따라 그 자금을 반환 청구할 수 있다.[33)]

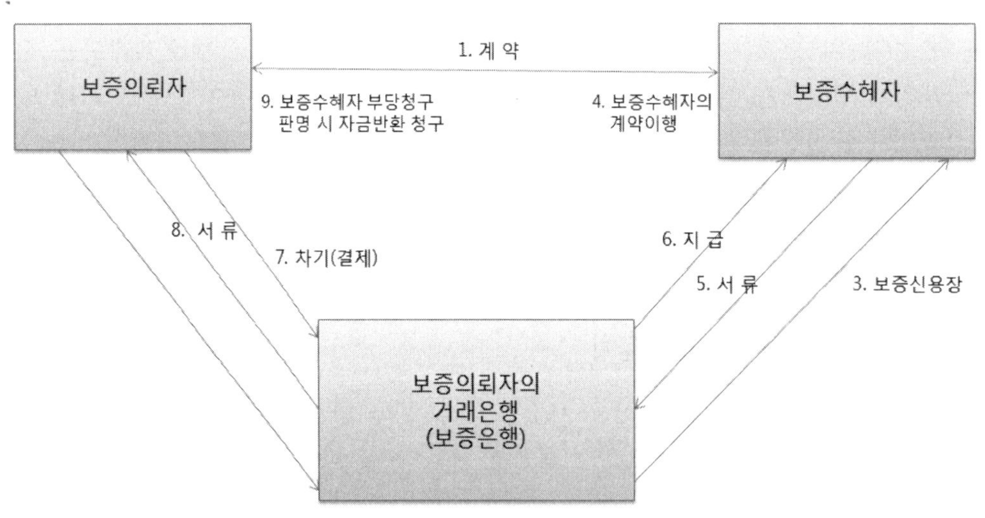

자료: ABN ARMO Bank

[그림 11-2] 보증신용장의 운용절차

33) ABN AMRO Bank, "Standby Letter of Credit"(buddy.baker@abnamro.com).

(2) 보증신용장의 운용 사례

(가) 현지금융 보증신용장

국내에서 보증신용장은 주로 기업의 해외 현지법인의 현지금융의 담보로 제공되고 있다. 여기에서 현지금융이란 국내 기업의 외국의 현지법인, 현지지점 등이 외국 현지에 있는 현지 금융기관(국내 외국환은행 해외지점 포함)으로부터 자금차입 또는 해외여신을 지원받기 위한 보증 등을 포함한 일체의 금융을 의미한다. 현지금융은 자금의 사용목적에 따라 운영자금, 자재 구입자금, 각종 지급보증 등으로 구분된다. 이를 위한 담보방법으로 금융기관의 보증신용장이 많이 이용되고 있다.

기업이 해외 현지법인을 위하여 거래은행을 통하여 보증신용장을 개설한 경우, 당해 현지법인이 현지금융 만기일에 그 자금을 상환하기 못하는 경우에는 보증신용장의 수익자인 현지 금융기관은 국내 보증신용장의 개설은행(보증은행) 앞으로 불이행에 대한 진술서를 첨부하여 지급청구를 한다. 이에 개설은행은 수익자의 지급청구가 보증신용장의 조건에 부합하면 보증신용장의 약정금액을 지급한다. 여기에는 현지 채무자의 자금차입은 물론이고 현지의 보증채무, 즉 보증서 또는 신용장의 개설 등을 보증하기 위한 용도로 보증신용장이 개설되기도 한다. 이와 같은 경우는 우리나라에서 흔히 이용되는 보증형태로 역보증신용장(counter standby credit)의 형태를 취한다.

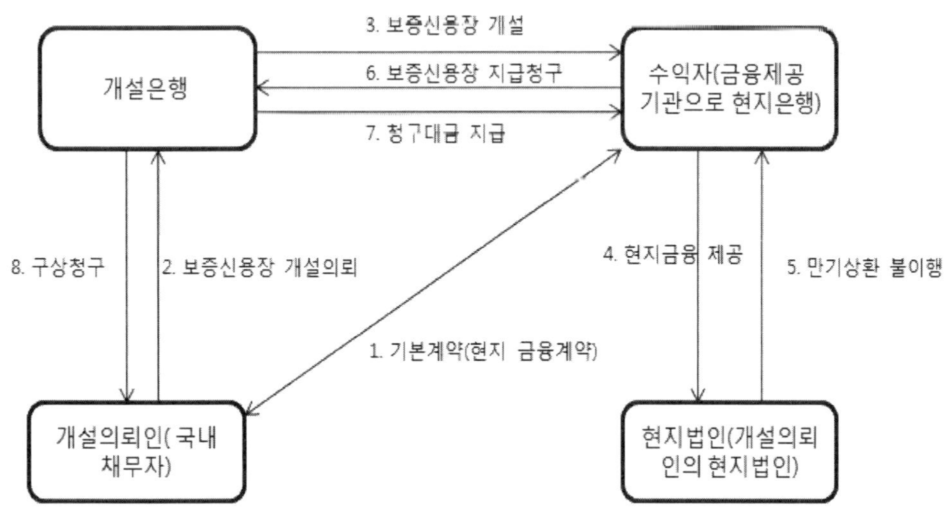

[그림 11-3] 국내 기업의 보증신용장(현지금융 담보)의 운용 사례

(나) 송장보증 거래

거래당사자인 매도자와 매수자는 정기적인 물품 또는 물품거래를 위해 보증신용장을 이용해 오고 있다. 이 약정을 통하여 매수자는 수시로 구매주문서를 발행하고, 매도자는 수수료 부담을 덜기 위해 신용거래인 오픈 어카운트 방식으로 선적한다. 매번 상업신용장을 개설하는 대신에, 매수자는 구매주문서를 발행하며, 이로 인해 매수자는 그의 거래은행에 보증신용장을 개설하게 된다. 그 보증신용장은 매도자의 송장과 그 지급기한이 경과했다는 증명서로 지급된다. 매수자가 정기적으로 결제한다면, 매도자는 환어음을 발행하지 아니하고, 그 보증신용장은 지급 없이 만기가 되거나, 또 다른 1년의 물품선적을 담보하기 위해 갱신된다. 만약 매수자가 지급의무를 불이행할 경우에는 매도자는 환어음을 발행하고, 개설은행은 기간경과 후 매도자가 청구한 금액을 지급할 것이다.34)

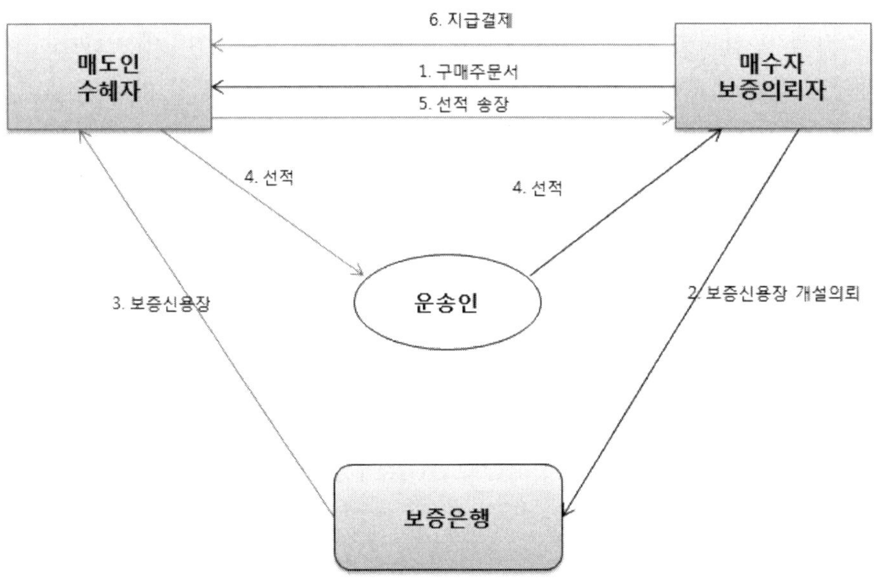

자료: Walter(Buddy) Baker & John F.

[그림 11-4] 송장보증거래 운용

---

34) Walter(Buddy) Baker & John F. Dolan, *User's Handbook for Documentary Credits under UCP 600*, ICC Publication No.694, 2008, p.94.

제 4 절 구상보증제도와 그 운용

1. 구상보증의 개념과 의의

국제보증거래에서 보증은행은 자신이 개설(발행)한 은행보증으로 인하여 그 근거가 되는 기초 계약상의 채무자가 그 계약상의 의무를 불이행할 경우에는 손해를 입게 된다. 이와 같은 경우를 대비하여 보증은행은 그 손해를 보상받거나 또는 그 위험을 회피하기 위하여 기초 계약상의 채무자인 보증의뢰자로 하여금 자신을 보증수혜자로 하는 은행보증의 개설(발행)을 요구할 수 있다. 이때 보증은행이 그 구상권을 청구할 수 있는 보증이 구상보증이다. 따라서 구상보증은행은 그 보증은행을 구상보증수혜자로 하는 구상보증을 개설하며, 그 후 보증사고 즉 기초 계약상 주채무자의 의무불이행이 발생할 경우, 그 구상보증수혜자(보증은행)로부터 보증수혜자의 지급청구를 접수했다는 진술과 그 보증은행의 지급청구에 의해 지급된다. 따라서 구상보증은 4 당사자(보증은행, 보증수혜자, 구상보증은행, 구상보증의뢰자) 간 거래형태를 지닌다.

국제보증거래에서 보증수혜를 입게 되는 거래당사자(구상보증을 담보로 은행보증이 개설되는 경우, 보증수혜자)는 외국에 있는 은행의 은행보증 보다는 자국 은행의 은행보증을 더 선호할 때 구상보증이 개설된다. 이 경우에 미래의 은행보증의 수혜자는 그 자신의 거래은행(보증은행)으로부터 자신을 보증수혜자로 하는 은행보증을 발급받기 위해 거래상대방(구상보증의뢰자)으로 하여금 자신의 거래은행(보증은행)을 보증수혜자로 하는 구상보증을 요구하게 된다. 이에 구상보증의뢰자는 자신의 거래은행(구상보증은행)에 그 상대방(은행보증수혜자)의 국가에 있는 그의 거래은행(보증은행)을 구상보증수혜자로 하는 구상은행보증의 개설을 요청할 것이다. 이 경우에, 구상보증은행은 구상보증을 제공함으로써 그 보증은행을 면책시키며 그 보증은행이 개설한 은행보증에 의거하여 청구되는 모든 지급에 대해 그 보증은행에게 완전 배상한다. 보증은행은 구상보증의 구체적인 조건, 특히 URDG 14조(제시) 및 15조(지급청구)를 포함한 구상보증의 조건과 URDG(청구보증통일규칙)상의 "일치하는 제시"(본 규칙 제2조에 정의)를 충족시키는 청구인 경우에만 수취할 권리가 있다.[35)]

예컨대 구상보증은 해외 공사에서 많이 이용될 수 있는데, 이 경우 통상적으로 공사수주 국가에서 수주자(공사를 받은 시공사)의 요청으로 그 수주자의 거래은행(보증은

---

35) Georges Affaki(2013), "Cleaning counter-undertakings: another view", *DCInsight*, Vol.19 No.4, pp.10-11.

행)이 상대 발주자를 수혜자로 하는 은행보증을 직접 발행(개설)하는 경우가 있고, 또 수주자의 요청으로 발주 국가에 있는 발주자의 거래은행을 포함하여 어느 한 은행(보증은행)에서 발주자를 보증수혜자로 하는 은행보증을 개설하기 위해 상대 국가에 있는 수주자의 거래은행(구상보증은행)이 그 발주 국가의 보증은행을 구상보증수혜자로 하는 은행보증을 발행하는 경우가 있다. 이때 후자가 이중보증 또는 구상보증 형태의 은행보증이 되는 것이다.[36] 구상보증은행은 보증은행이 구상보증의 조건과 일치하는 제시를 하면 구상보증금액의 지급을 약정한다(Affaki · Goode, 2011).

구상보증은 그 보증조건에 충족된다면 지급하겠다는 구상보증은행의 일차적이고 독립적인 지급약정을 의미한다. 국제보증거래에서 구상보증은행은 보증은행이 부담하고 있는 상환의무를 이행시키기 위해 구상보증을 발행한다.[37]

보증은행과 구상보증은행 간에는 두 가지 형태에 관계한다. 하나는 위임계약으로부터 발생한다. 그리고 다른 하나는 상황에 따라 있을 수 있는 구상보증계약 또는 손해배상계약으로부터 발생한다. 구상보증은행의 지시에 따라 은행보증을 발행하는데 있어서 보증은행은 이중 자격으로 행동한다. 즉 독립적인 보증은행으로 행동하면서 보증수혜자로 행동한다(Chung-Hsin).

2. 구상보증의 절차와 필요성

국제거래에서 보증은행이 보증수혜자 앞으로 은행보증을 발행할 때, 전통적인 은행보증이 이용된다. 만약 보증수혜자가 자신의 거래은행이 보증하는 은행보증서를 원한다면, 이는 구상보증을 이용하여 해결된다.[38] 예컨대 매수자의 거래은행(이후 보증은행)은 매수자로 하여금 자신을 보증수혜자로 하는 구상보증을 발행하도록 요청하며, 이에 매수자는 매도자에게 그의 거래은행으로 하여금 매수자의 거래은행을 보증수혜자로 하는 은행보증의 발행을 요청한다. 한편 매도자는 자신의 거래은행에 매수국가에 있는 매수자의 거래은행을 보증수혜자로 하는 구상보증의 발행을 요청하게 되고, 그 매도자의 거래은행(구상보증은행)은 매수국가에 있는 매수자의 거래은행(보증은행)에 그 매수자를 보증수혜자로 하는 은행보증을 발행하도록 요청 · 지시한다. 그리고 매도자의 거래은행(구상보증은행)은 매수자의 구상권을 확보하고 매수국가의 보증은행

36) Georges Affaki(2001), *A User's Handbook to the URDG*, ICC Pub. No.631, p.18 참고.

37) *I.E. Contractors*(1990) 2 LLOYD''S REP. at 500, 502.: Chung-Hsin Hsu(2012), "The Independence of Demand Guarantees, Performance Bonds and Standby Letters of Credit", *National Taiwan University Law Review*, Vol.1: 2, p.15.

38) Kim Sindberg(2012), "Guarantee versus standby letter of credits", *DCInsight*, Vol.18 No.1. p.9.

을 보증수혜자로 하는 구상은행보증서를 발행하게 된다.

즉, 그 지시은행(구상보증은행)은 보증의뢰자의 위험과 비용으로 자기 자신의 명의로 구상보증을 발행한다. 따라서 지시은행은 구상보증의 조건에 따라서 보증은행에 지급할 의무를 부담하는 경우, 그 지시은행은 보증의뢰자로부터 구상 청구할 권리가 있다(Bertrams, 2004). 이 경우 보증사고가 발생하면, 즉 매도자가 계약상 의무를 이행하지 아니하면 보증수혜자인 매수자는 자신의 보증은행 앞으로 보증이행을 청구하게 되고, 그 보증은행은 이를 근거로 매도자 국가의 구상보증은행에 보증이행을 청구하게 된다. 이에 구상보증은행은 구상보증의 조건과 일치하는 지급청구가 제시되면 보증금액을 지급해야 한다(Affaki · Goode, 2011). 그리고 구상보증은행도 매도자(구상보증의뢰자)에게 구상권을 행사할 것이다.

따라서 구상보증은 확인신용장의 용도와 같이 보증은행의 신용이 불확실하여 이를 해소할 목적으로 이용될 수 있으며, 또한 복잡한 국제보증을 자국의 은행을 이용함으로써 편리성을 추구할 수 있다. 즉 현실적으로 국제거래에서 보증의뢰자가 외국에 있는 경우에는 보증은행이나 보증의뢰자 모두 많은 불편을 느낄 것이며, 또한 상대방의 신용상태를 확인하는데 어려움이 따를 것이다. 따라서 누구보다도 잘 아는 당사자 국가의 은행을 통해 보증절차를 이행함으로써 어려움과 불편을 해소할 수 있을 것이다. 그리고 보증은행도 자신의 보증으로 인해 입을 수 있는 손해를 구상보증을 통해서 보상받을 것이다(Affaki · Goode, 2011).

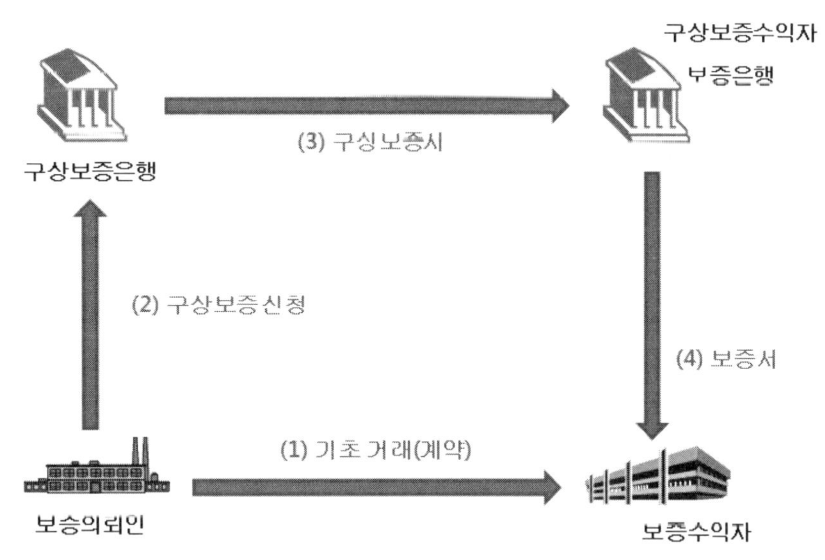

자료: ICC Pub. No. 702E.

[그림 11–5] 구상보증의 발행절차

3. 구상보증의 독립성

은행보증은 그 보증에 관련되는 기초계약 관계, 그 보증신청 또는 다른 구상보증과는 독립되어 있다. 예컨대 구상보증은 보증은행이 자신의 보증에 따른 일치하는 청구에 의해 지급했으나, 불가항력인 사유로 구상보증은행의 영업이 중단되어, 보증은행이 그 구상보증은행의 영업중단으로 구상보증의 유효기간 이내에 일치하는 청구를 제시할 수 없는 상황에도 불구하고 보증은행은 구상보증의 유효기간과 관계없이 구상보증에 일치하는 청구를 제시할 권리가 있다.[39)]

이에 대해 URDG 758 제5조 b항에서 "구상보증은 그 특성상 보증, 그 기초계약 관계, 그 구상보증의 신청 및 그 구상보증과 관련된 다른 구상보증으로부터 독립되며, 그 구상보증자는 어떠한 경우에도 그러한 관계에 관련되거나 또는 구속받지 아니한다. 구상보증을 확인할 목적으로 그 구상보증에 그 기초계약에 관련한 어떠한 참조사항이 있다하더라도 그 구상보증의 독립성은 영향을 받지 않는다. 구상보증상에 구상보증은행의 지급약정은 그 구상보증은행과 구상보증을 발행받는 보증은행이나 또는 다른 구상보증은행 간의 관계 이외의 어떠한 관계로부터 발생하는 주장이나 또는 항변에 영향을 받지 않는다."라고 규정하고 있다.

URDG는 은행보증과 구상보증의 독립적 성격과 이들 약정의 서류적 성격을 분명하게 확인한다. 이는 은행보증과 구상보증 모두 기초 관계로부터 분리시키고 보증은행과 구상보증은행은 서류를 확인하는 역할에 제한된다. 이들 은행은 보증수혜자의 의무불이행 진술서의 정확성 또는 진정성을 확인할 필요도 없고, 또 사실 또는 법적 문제를 해결할 필요도 없다(Affaki·Goode, 2011).

따라서 은행보증과 마찬가지로 구상보증은 성격상 서류적이며, 그 자체의 조건에 따라 효력이 발생하여야 한다는 점에서 약정이다.[40)] 구상보증은 보증수혜자와 보증의뢰자 간의 기초계약과 독립적이며, 또한 구상보증은행과 보증의뢰자 간의 관계와 독립적이다. 구상보증은 또한 은행보증과 독립적이다(Bertrams, 2004).

그러나 종래 전통적으로 영미법계에서는 이른바 사기규칙(fraud rule)으로써, 그리고 대륙법계에서는 권리남용(abuse of right)의 법리로 수익자의 사기 또는 권리 남용적 지급청구 시에 은행보증의 독립성에 대한 예외를 인정해 오고 있다.[41)] 또한 사기는 일

---

39) Mohammad M. Burjaq(2010), "Guarantee and the URDG in the Arab world", *DCInsight*, Vol.16 No.2, p.14.

40) *Gulf Bank v. Mitsubishi*(1994) 2 LLOYD'S REP. 145 at 150-151.

41) 석광현(2002), pp.26-27: 오원석·허해관(2010), "국제거래에서 구상보증의 독립성의 제한", 「무역상무연구」 제47권, 한국무역상무학회, 2010, p.167.

치하는 제시의 지급의무에 대한 가장 일반적인 예외이지만, 그것이 유일한 것은 아니다. 준거법, 보증거래에서의 원시적 위법성(initial illegality), 그리고 불가항력에 의한 지급중단이 항변(defences)을 구성할 수도 있다(Goode, 1992).

4. 구상보증과 관계당사자 간의 독립성

(1) 보증은행과 보증의뢰자와의 독립성

구상보증은 보증수혜자와 보증의뢰자 간의 그 기초계약으로부터의 독립은 물론이고, 보증은행과 보증의뢰자와의 관계로부터 독립적이다. 결과적으로 보증의뢰자로부터 위임거절 또는 보증의뢰자의 보증은행에 대한 지급불능의 상태는 보증은행이 그 자신의 독립적 보증약정에 대한 지급거절의 변명 또는 구실의 근거가 될 수 없다. 가장 중요한 것은 보증의뢰자의 지불불능은 통상적으로 보증의 독립적 성격과 위험분담 기능에 따라 보증에 영향을 미치지 않는 것으로 받아들여지고 있다(Bertrams, 2004),

(2) 구상보증과 은행보증 간의 독립성

구상보증은 은행보증과 독립되어 있는 독립적인 약정이며, 일반 독립적 보증과 동일한 방법으로 운용되며, 구상보증과 은행보증은 상호 독립적인 별개의 두 은행보증이다(Sindberg, 2012). 따라서 구상보증은행과 은행보증의 보증수혜자 간에는 직접적인 관계가 없다. 구상보증은행이 보증은행으로 하여금 보증수혜자 앞으로 그 자신의 요구불(청구) 은행보증을 발행하도록 요청하기 때문에 구상보증은행의 지시를 이행한 보증은행의 재정적 결과를 보호한다. 그 결과 보증은행이 그의 보증약정에 따른 부당한 지급거절에도 불구하고, 보증수혜자는 구상보증은행에 직접 제시할 수 없고 또 구상보증은행으로부터 직접 지급청구를 할 수도 없다. 즉 보증수혜자가 구상보증은행과 직접적인 계약관계가 없으면, 구상보증은행은 보증수혜자에 지급할 의무도 없다(Affaki · Goode, 2011).

그러나 그 준거법이 허용하는 경우, 구상보증은행이 보증수혜자에 대한 불법적 행위책임이 발생되는 경우에는 보증수혜자는 구상보증은행에 손해배상을 청구할 수는 있다(Affaki · Goode, 2011).

구상보증의 은행보증과의 독립성에 대해 여러 판례에서[42] 프랑스 파기법원은 명시

42) Bertrams(2004), pp.168-169.

적으로 판시하고 있다. 프랑스 파기법원은 구상보증상의 조건은 은행보증상의 조건과 일치할 필요는 없다는 것을 확인했다. 이와 같은 독립성의 결과는 ① 은행보증과 구상보증의 유효기일은 다를 수 있다. 즉, 보증서의 유효기일은 자동적으로 구상보증서의 유효기일이 되지 않는다. ② 은행보증은 구상보증에서 약정하지 아니한 감액조항을 포함할 수 있다. ③ 은행보증은 보증수혜자에게 위반 진술서(의무불이행 진술서)를 요구할 수 있지만, 구상보증은 그 조건을 언급하지 아니할 수 있다. ④ 더욱이 보증은행의 은행보증 하에서 보증수혜자의 사기는 그 자체로는 그 구상보증 하에서 보증은행의 청구가 또한 사기로 성립되지 않는다(Bertrams, 2004). 즉 은행보증 하에서 보증수혜자의 사기는 그 자체로 구상보증 하에서 보증은행의 권리를 박탈(훼손)하지는 않는다. 따라서 보증은행이 그 사기에 개입하여 보증수혜자를 도와 그 사기를 조장했다는 사실, 또는 사건의 정황을 고려할 때 보증은행이 그 사기를 인지하지 못하고 간과했을 리가 없다는 사실이 구상보증이 지급되기 전에 입증되지 않는 한, 구상보증은행은 보증은행의 일치하는 청구에 지급할 의무가 있다. ⑤ 구상보증이 지급을 요구하지 않는 한, 보증은행은 구상보증에 의거하여 지급청구의 제시가 수권되기 전에는 자신의 은행보증을 실제로 지급할 필요가 없다(Affaki · Goode, 2011).

5. 은행보증과 구상보증의 지급청구

보증거래에서 지급청구는 이미 기술한 바와 같이 서면청구이어야 하며 또한 은행보증서에 약정된 기타 서류에 의해 보완된다. 그리고 보증은행으로 하여금 보증의뢰자의 의무 불이행과 같은 외부적 사실(external fact)을 확인하도록 해서는 안 된다. 은행보증 제도에서 보증수혜자는 단순히 보증의뢰자가 그의 의무이행 또는 채무를 정히 이행하지 않았다는 단순한 진술서 또는 의무불이행 통지만으로 보증금액을 지급 청구할 수 있다.

여기에서 은행보증 하에서 보증수혜자의 의무 불이행에 대한 진술이든 또는 보증은행이 보증수혜자의 지급청구를 접수했다는 사실이든 간에 그 지급청구서상에 그러한 진술이 명시되어 있든지 또는 그 지급청구서에 첨부되거나 또는 그 지급청구를 확인하는 별도로 제시되는 서명된 서류에 명시되어 있는 지를 불문한다(URDG Art. 15). 즉, 의무 불이행 사실이 진술되었다면 지급청구의 접수 사실은 별도로 기술될 필요는 없다.

한편 구상보증에서는 그 청구 방법에 있어서는 그 성격상 약간의 차이가 있다. 즉 은행보증의 경우, 계약상 채무자의 의무불이행 진술서의[43] 제시와 함께 보증수혜자의 지급청구에 의하여 지급된다. 반면 구상보증상의 지급청구는 어떠한 경우에도 은행보증에 일치하는 지급청구를 접수했다는 보증은행 그 자신의 진술이 제시되어야 하며, 또 그 진술의 제시로 지급청구 및 지급된다. 구상보증에서는 의무불이행에 대한 진술이 요구되지 않는 것은 은행보증의 지급청구 요건에서 그 보증수혜자의 불이행 진술을 어떤 형태로든 요구하고 있기 때문에 별 의미가 없기 때문이다. 즉 보증은행은 자신의 은행보증상 보증수혜자의 의무불이행 진술서를 갖춘 지급청구에 의하여 지급해야 하기 때문이다(Chung-Hsin, 2006).

이러한 진술을 보완하는 요건은 당해 은행보증 또는 구상보증에서 본 요건을 명시적으로 배제하지 아니하는 범위 내에서 적용된다. 지급청구와 그 보완진술은 당해 보증수혜자가 제시할 권리가 있는 지급청구의 제시일자 이전 일자가 될 수 없다. 그 이외 모든 서류는 그 전의 일자로 일부될 수 있다. 그리고 지급청구서와 그 보완진술 및 기타 모든 서류상의 일자는 그 청구서의 제시일자보다 늦어서는 안 된다(URDG Art. 15(c)(d)).

6. 구상보증의 유효기간과 취소

(1) 유효기간

URDG 제25조는 은행보증 또는 구상보증에 URDG를 명시하는 경우에는 다음과 같은 사유가 발생되면 그 보증은 종료된다. 즉 ① 유효기일, ② 그 보증에 지급할 금액이 남아 있지 않을 때(제13조에 규정된 감액의 결과를 포함하여), 또는 ③ 보증수혜자가 서명한 보증상의 의무해제 진술서를 보증은행에 제시한 때이다. 더욱이 은행보증이나 또는 구상보증이 유효기일이 도래하지도 않고 또는 종료사안도 없는 경우에는 그 보증서는 발행일로부터 3년이 되면 종료되고, 구상보증은 그 은행보증의 종료 후 30일에 종료된다(Affaki · Goode, 2011).

(2) 구상보증의 취소

구상보증이 발행되면 은행보증(first-tier guarantee)의 취소로 인하여 자동적으로 그

43) 여기에서 "의무불이행 진술서"는 URDG 제2조에 "보완 진술서" 하에 정의된다. 보증자는 구상보증에 의거한 그 청구서를 진술로 보완해야 한다. 그리고 그 진술서는 의무불이행 진술서가 아니기 때문에, 보증수혜자에게 요구되는 그 진술서와 보증은행에게 요구되는 진술서 대해 중립적인 일반 용어를 선택해야 한다. 따라서 "위반진술서"가 아닌 "보완진술서"를 선택한 이유이다(G Affaki(2010), "The early days of URDG 758", *DCInsight*, Vol.16 No.3, p.7).

구상보증이 취소되지 않는다. 보증은행이 구상보증을 취소하는 경우, 구상보증의 독립성에 근거하여 지시당사자는 보증은행에 대한 그의 책임이 해제될 수 있을 뿐이다. 보증은행은 지시당사자에게 구상보증서를 반환하거나 또는 URDG 제23조에 규정된 서면으로 된 의무해제 진술서를 그 지시당사자에게 제시함으로써 취소할 수 있다(Affaki, 2001).

제 12 장

전자무역결제시스템

제 1 절 SWIFTNet 전자무역시스템[1)]

1. SWIFTNet과 TSU

(1) SWIFT의 도입배경과 그 의의

1950년대 들어 국제간 무역과 외환 및 지급결제 업무 등이 급속하게 증가함에 따라 종래 은행들의 호환성이 없는 후진적 시스템으로는 이와 같은 업무를 처리하기에 한계가 이르게 되자, 보다 안전하고 신속한 국제간 업무처리에 필요한 메시지 교환을 위해 은행 간 통신시스템을 표준화할 필요성이 대두되었다.

이에 따라 1973년 벨기에 법(Belgium Law)에 의하여 북미 및 유럽 15개국 239개 은행이 연합하여 세계적으로 통용되는 금융기관 간의 메시지 통신망으로 SWIFT(Society for Worldwide Interbank Financial Telecommunication: 세계은행간 금융통신기관)이 창설되었다.

SWIFT는 벨기에에 본사를 두고 있으며, 전 세계 주요 금융 중심지와 개발도상국 시장에 지사를 두고 있다. 현재 전 세계 212개국 이상에서 10,000여개 이상의 은행, 증권사 및 기업에게 메시지 교환을 위한 SWIFT 인터페이스(interface)를 제공하고 있다.[2)]

SWIFT는 전 세계의 은행을 포함한 금융기관 간 업무처리를 위한 메시징 시스템을 제공한다. 따라서 SWIFT의 가장 중요한 업무는 메시지 전달이다. 그러나 메시지 전송 중에 있는 금융정보를 저장하지는 않는다. 즉 데이터 전송매개로써 SWIFT는 두 금융

1) 글로벌 전자무역시스템은 채진익(2014), 전자무역론(청목출판사) 참조
2) http://www.swift.com(2014.1.26).

기관 사이의 메시지를 전달하며, 고객 데이터는 안전하게 교환되고 데이터의 기밀성과 무결성이 보장된다. 주요 메시지의 처리 내용으로는 국제간 지급결제, 송금, 자금이체, 신용장의 개설 및 조건변경 등의 통지, 외국환의 추심, 이외 각종 국제간 업무처리를 위한 메시지 송수신 등 국제관련 모든 메시지 업무를 지원하고 있다.

그리고 SWIFT는 전자무역 솔루션의 개발에도 많은 노력을 하고 있다. 즉, 전자무역 서비스솔루션(Trade Service Utility: TSU) 및 BPO(Bank Payment Obligations)를 개발하여 서비스하고 있다.

SWIFT는 현재 bolero.net의 주주이며 벤처 파트너이다. 또한 코어 메시징 플랫폼(Core Messaging Platform : 중앙 메시징 처리시스템)의 제공자이자 운영자이며, 볼레로 선하증권 권리등록기관(Title Registry)의 운영자이다.

우리나라의 경우 1982년 전국은행연합회에서 SWIFT 가입을 승인함에 따라 1990년 8월 SWIFT와 금융결제원 간의 이용약정 조인을 마쳤다. 그리고 1991년 3월 SWIFT 이사회에서 한국 금융기관의 SWIFT 가입승인으로 1992년 3월부터 본 서비스가 개시되었다.

국내 기업 중 최초로 삼성전자가 2007년 SWIFT에 가입하여 전 세계 금융기관과 직접적으로 금융 메시지를 교환할 수 있게 되었다. 그리고 2009년 2월에는 SWIFT가 한국 지사를 설립하고, 한국이 동북아 지역의 금융허브로 성장해 나가는데 필요한 지원을 강화하기로 했다.[3)]

(2) SWIFT TSU의 도입

SWIFT TSU는 전 세계적으로 지원되는 표준적인 시스템이며, 일반 메시징시스템을 이용하여 무역관련 정보교환을 위한 효율적인 서비스를 은행에게 제공하고 있다. 2002년 TSU는 JPMorgan Chase Bank, N.A를 포함한 13개국의 세계 일류 은행의 대표자로 구성된 SWIFT의 무역서비스 자문그룹(TSAG)에 의해 개발되었다. TSAG는 오픈 어카운트 무역방식의 증가 추세에 은행이 대응할 수 있는 방안으로 SWIFT TSU의 개발을 SWIFT 측에 제안했다.

SWIFT TSU는 무역서류상 데이터의 일치성 여부를 대조하며, 그 매칭업무 프로세스를 위한 워크플로우를 제공한다. 그리고 본 시스템은 금융기관의 업무를 위해 지원한다. 따라서 SWIFT TSU의 목적은 금융기관이 그의 기업 거래처에 지원하는 금융, 위험완화(축소) 및 정보 서비스 등이 보완된 새로운 서비스를 제공하는데 필요한 은행 간

---

3) http://www.comas.co.kr/Comas_read.asp.

매칭업무 인프라를 제공하는 것이다.

(3) SWIFT TSU의 개념과 의의

SWIFT TSU는 둘 이상의 금융기관이 제출한 무역서류상 데이터의 일치성 여부를 결정하는 매칭엔진을 제공하고 있다. TSU는 은행이 공급체인의 문제 해결을 지원하기 위해 고안된 협업적 중앙 매칭 유틸리티(utility)이다. 즉 TSU는 SWIFT 네트워크(network)에 장치된 매칭(matching) 및 워크플로우(work-flow) 애플리케이션(application)이다. TSU는 신용장에서 오픈 어카운트로 변화하는 시장의 욕구를 해결하기 위한 솔루션이다. 오픈 어카운트 환경에서 비용 효과적이고 신뢰성 있는 솔루션이다.

따라서 SWIFT TSU는 상업송장, 운송서류 및 보험서류와 같은 기초 매매약정관련 서류상의 데이터(data)를 적기에 정확하게 대조하는 무역거래 데이터의 중앙 매칭엔진이며 워크플로우 엔진이다. 즉, 금융기관이 제출받은 무역서류상 데이터의 일치성 여부를 결정하는 데이터 매칭시스템(matching engine)을 제공하고 있다(SWIFT, 2013). 데이터의 일치성 여부를 결정하는 엔진의 프로세스는 은행이 금융서비스 지원 여부를 결정할 수 있도록 한다(Hennah, 2010).

더욱이 SWIFT TSU는 은행 간 안전하고 정확한 정보교환을 보장하기 위해 선진화된 통신 프레임워크(framework)를 갖춘 단일화된 전자무역서비스 플랫폼을 제공한다. 초기에는 오픈 어카운트 방식을 위해 고안되었으나 은행의 지급약정이 부가된 BPO를 도입함으로써 완전한 공급체인금융(전자무역결제) 솔루션을 제공한다(Bolrero, 2004).

따라서 SWIFT의 TSU는 다른 은행 간 안전하고 정확한 정보교환을 보장하기 위해 선진화된 통신 프레임워크를 갖춘 단일의 전자무역 플랫폼을 제공한다.[4)]

2. BPO 솔루션

(1) BPO의 도입과 개념

TSU는 원칙적으로 오픈 어카운트 방식을 위해 고안되었으며, 또한 이를 위한 매칭 및 워크플로우 솔루션이다. 그 이후 오픈 어카운트 기반의 TSU에 옵션(option)으로 은행의 지급약정을 추가한 BPO가 개발되었다. BPO는 설정된 TSU 베이스라인의 조건에 일치하는 조건으로 수취은행(recipient)에 대한 채무은행(obligor bank)의 취소불능의

4) http://www.swift.com

지급약정이다. 이는 BPO가 TSU의 베이스라인(baseline)과 데이터의 성공적인 매칭, 즉 데이터의 매칭을 조건으로 그 지급이 보장된다는 것을 의미한다.[5] BPO는 ICC URBPO (BPO 통일규칙)에 의거 규율되기 때문에 은행은 기본 메시징 표준은 물론 URBPO를 준수해야 한다.

BPO는 신용장의 지급보장은 물론 오픈 어카운트의 이점과 편리성을 제공하는 종이 없는 전자무역금융결제의 대안으로 도입되었다. BPO는 은행의 지급약정을 기본으로 하기 때문에 결국 기본 메커니즘은 전통적인 신용장의 메커니즘과 유사하다고 볼 수 있다. 다만 전통적인 거래에서와는 달리 거래방식이 처음부터 구분되어 별도의 약정에 의한 것이 아니다. 즉 처음부터 TSU에서 오픈 어카운트와 신용장방식을 통합한 은행의 지급약정이 부여된 BPO를 약정할 수도 있지만, 일단 TSU(오픈 어카운트)로 약정하고, 그 이후에 거래당사자의 합의로 조건변경에 의해 자유롭게 BPO를 추가할 수도 있다. 따라서 결제방식의 구분이 큰 의미가 없고 거래조건의 선택과 합의가 중요하다는 것을 알 수 있다. 또 거래절차상의 편리성과 효율성, 그리고 자동화 등에 있어서 상당한 변화가 있다는 것을 알 수 있다.

URBPO 제3조에서는 BPO에 대해 본 규칙 제10조 c항에[6] 따라 설정된 베이스라인에서 요구된 모든 데이터 셋이 접수된 후, 그 데이터가 매치되거나 또는 데이터 미스매치가 승인되는 경우 수취은행에 약정금액을 지급하거나 또는 연지급약정을 부담하고 만기에 지급하기로 하는 채무은행의 독립적인 취소불능의 지급약정을 의미한다고 규정하고 있다.

BPO는 전통적인 신용장방식에서 수익자가 은행을 통하여 신용장의 조건에 일치한 서류제시를 조건으로 대금결제가 이행되는 것과 마찬가지로, TMA(Transaction Matching Application: 거래매칭 애플리케이션)의 베이스라인에 일치하는 데이터를 제시하는 조건으로 무역결제가 이행된다(Hennah, 2012). BPO는 물리적 서류가 아닌 전자제시를 기반으로 하기 때문에 전통적인 신용장방식보다 더 편리하고 안전하다. 즉 BPO는 한편으로 금융기관이 공여하는 지급보장으로 신용장을 통해 확보되는 비즈니스의 편익과 안전성을 제공하며, 다른 한편으로는 디지털화된 데이터 프로세스와 전자매칭에 이르는 일관처리 프로세싱(STP)의 효율성으로 오픈 어카운트의 신속성과 편리

---

5) Robert Marchal(2010), "The Trade Services Utility: latest developments", *DCInsight*, Vol.16 No.1, January-March, p.22.

6) "채무은행은 설정된 베이스라인의 지급약정 세그먼트에 명시된 지급조건에 따라 수취은행에게 약정금액을 지급하거나 또는 연지급약정을 부담하고 만기일에 지급해야 한다. 단, 설정된 베이스라인에 명시된 BPO의 유효기일 이전에 설정된 베이스라인에서 요구된 모든 데이터 셋을 제출하여, 그 데이터를 대조한 후에 다음의 경우에 한한다. ⋯."(URBPO 제10조 c항).

성을 제공한다.7) 따라서 BPO는 21세기의 공급체인금융의 새로운 솔루션이며, 국제무역에서 대안적인 무역결제수단이다.8)

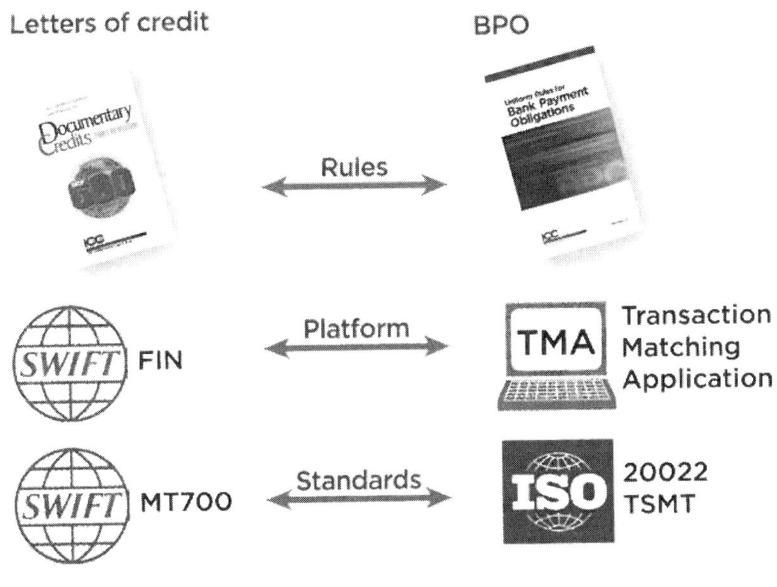

자료: ICC Guide 751E.

[그림 12-1] BPO의 프레임워크(표준, 프로세스 및 규칙)

(2) BPO 베이스라인

URBPO상 BPO의 정의를 이해하기 위해서는 "베이스라인"이 무엇인지 그리고 그 베이스라인이 어떻게 설정되는지를 이해해야 한다. URBPO 제3조에서는 "베이스라인"은 매수자의 거래은행 또는 매도자의 거래은행이 TMA에 제출한 기초 무역거래에 관한 데이터를 의미한다. 그리고 "설정된 베이스라인"은 TMA가 제로(zero) 미스매치를 포함하고 있는 '설정된' 상태의 베이스라인 매치 보고서를 발송하는 때부터 베이스라인을 의미한다고 정의하고 있다.

베이스라인은 은행 간에만 설정될 수 있다. 그들 은행 모두는 "TMA로 칭해지는 동일한 메시징 플랫폼에 연결되어야 한다. 그 TMA를 통하여 구조화된 메시지를 교환함

7) ICC(2013), *THE ICC GUIDE to the Uniform Rules for Bank Payment Obligation*, Pub. No.751E, pp.27-28.

8) ICC(2011), "A Banking Commission Supply Chain Finance Project : "Bank Payment Obligation", p.2; 채진익(2013.9), p.179.

으로써 매수자의 거래은행과 매도자의 거래은행은 특정 거래에 대한 베이스라인을 어떻게 설정할 것인지에 관해 합의할 수 있다. 양 거래은행의 최초 베이스라인 제출(Initial Baseline Submission)이 동일하다면(즉 그 제시가 일치한다면), 그 때 베이스라인이 설정된다. 그 베이스라인이 옵션인 BPO를 규정하고 있다면, 또한 BPO가 설정(개설)되며(ICC 751), 그 BPO는 TMA를 통하여 설정된다(ICC 750E).

따라서 설정된 베이스라인에서 BPO가 최종적으로 지급되기 위해서는 그 이후에 매도자의 거래은행(수취은행)이 제시해야 하는 데이터 요소를 규정한다. BPO는 완전히 자동화된 환경에서 금융공급체인 서비스의 제공을 지원하기 위한 표준, 프로세스(플랫폼) 및 규칙의 완전한 프레임워크를 구성한다. 이들 원칙은 익숙해져 있는 화환신용장의 프레임워크에 적용되는 원칙과 유사하다. 즉 BPO 거래를 이행하는데 필요한 필수요소는 우선, ISO 20022 TSMT 메시지 표준, TMA의 프로세스 및 워크플로우, 그리고 URBPO가 있다(ICC 751E).

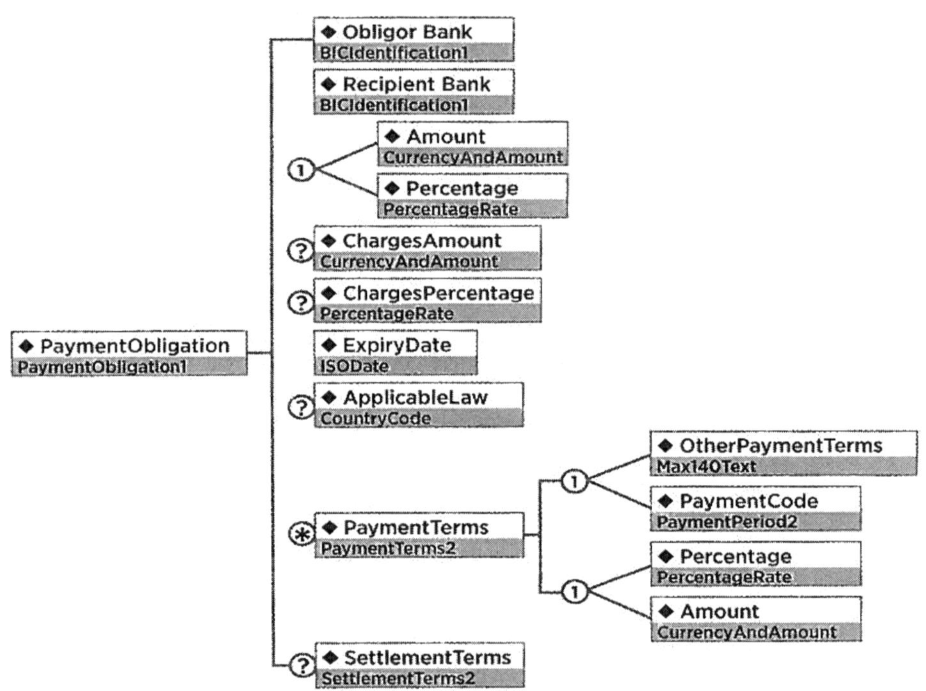

자료: ICC Guide 751E.

[그림 12-2] 베이스라인(baseline)

[그림 12-3] BPO는 TMA 베이스라인의 옵션

(3) 채무은행의 지급약정

BPO는 채무은행의 취소불능이며 독립적인 지급약정이다. BPO는 준거법에 의하여 법적으로 유효하고 구속·강제력 있는 채무은행의 지급약정을 구성한다(ICC 750E). URBPO 제10조에서는 채무은행의 지급약정에 관해 규정하고 있다. 즉, 본 규칙 제10조 a항에서 "채무은행은 다음의 경우에 BPO에 따라서 취소불능으로 구속된다. ① 베이스라인이 설정될 당시 BPO가 설정된 베이스라인에 편입되는 때이다. TMA는 본 규칙 제9조 d항에 의거하여 제로 미스매치의 베이스라인 매치 보고서 또는 "설정된" 상태의 역할 및 베이스라인 승인통지 중 어느 하나를 각 참여은행에 발송한 때이다. ② 또는 BPO가 설정된 베이스라인의 조건변경으로 편입되는 때이다, TMA는 본 규칙 제11조 c항에 따라 조건변경 승인통지 또는 역할 및 베이스라인 승인통지 중 어느 하나를 각 참여은행에 발송한 때"라고 규정하고 있다.

BPO의 지급보장은 만기일에 지급하기로 하는 채무은행(또는 은행)의 강제력 있는 약정이다. 단, 수취은행(매도자의 거래은행)이 제출한 데이터가 약정된 조건에 일치해야 한다.(ICC 751E). 본 규칙 제10조 c항은 "채무은행은 설정된 베이스라인의 지급약정 세그먼트에 명시된 지급조건에 따라 수취은행에게 약정금액을 지급하거나 또는 연지급약정을 부담하고 만기일에 지급해야 한다. 단, 설정된 베이스라인에 명시된 BPO의 유효기일 이전에 설정된 베이스라인에서 요구한 모든 데이터 셋(Data Set)을 제출하여, 그 데이터를 대조한 후에 다음 경우에 한한다. ① 데이터가 매치되는 경우; 또는 ② 데이터 미스매치가 있고 매수자 은행이 유일한 채무은행인 경우: TMA가 수취은행에 미스매치 승인 통지를 발송함으로써 매수자 은행의 그 미스매치 승인을 인정하는 때; 또는 …"라고 규정하고 있다.

그리고 BPO는 항상 단일의 설정된 베이스라인에 관계한다. 설정된 베이스라인은 하나 이상의 BPO를 포함할 수 있으며, 각 BPO는 한(one) 채무은행의 지급약정이다(URBPO 10(b)). BPO에 대한 채무은행의 지급약정은 당해 BPO의 금액을 초과할 수 없다. 그리고 채무은행은 그 자신에 관련되는 BPO의 금액만큼 구속되며, 동일하게 설정된 베이스라인상에서 다른 채무은행의 대금지급 여부에 관계없다. 본 약정의 해제는 설정된 베이스라인에 명시된 조건에 따라서 해제해야 한다(ICC 751E).

3. BPO의 운용 프로세스

BPO는 TMA(거래매칭 애플리케이션)를 통하여 설정된다. BPO 시스템의 기본 메커니즘을 요약하면 우선 매수자와 매도자는 데이터의 매칭을 목적으로 구매주문서 또는 매도주문서를 그들 자신의 은행을 통하여 TMA에 제출하여 베이스라인을 설정한다. 그리고 TMA는 그 베이스라인의 매치 결과를 관련 당사자에게 통보한다.

그 이후 BPO를 추가하기를 원하는 경우, 매수자의 거래은행은 TMA에 BPO 설정을 요청함으로써 TMA는 BPO를 설정하고 매도자의 거래은행(수취은행)에 그 설정을 통보한다.

그 다음 매도자는 물품을 선적하고 자신의 은행을 통하여 대금지급을 요청하면서 데이터 대조를 위해 관련 데이터 셋을 TMA에 제출하면, TMA는 그 데이터를 대조하여 매치가 되는 경우에는 그 매치결과 보고서를 채무은행(매수자의 거래은행)에 발송한다. 그 채무은행은 TMA로부터 그 데이터의 매치보고서를 접수하면 수취은행에 그 대금을 이체·지급한다. 그러나 데이터 미스매치의 경우, 매수자의 거래은행은 권리포기를 위해 매수자와 교섭하거나 또는 매수자의 권리포기를 거절하고 지급거절 통지를 할 수 있다.[9)]

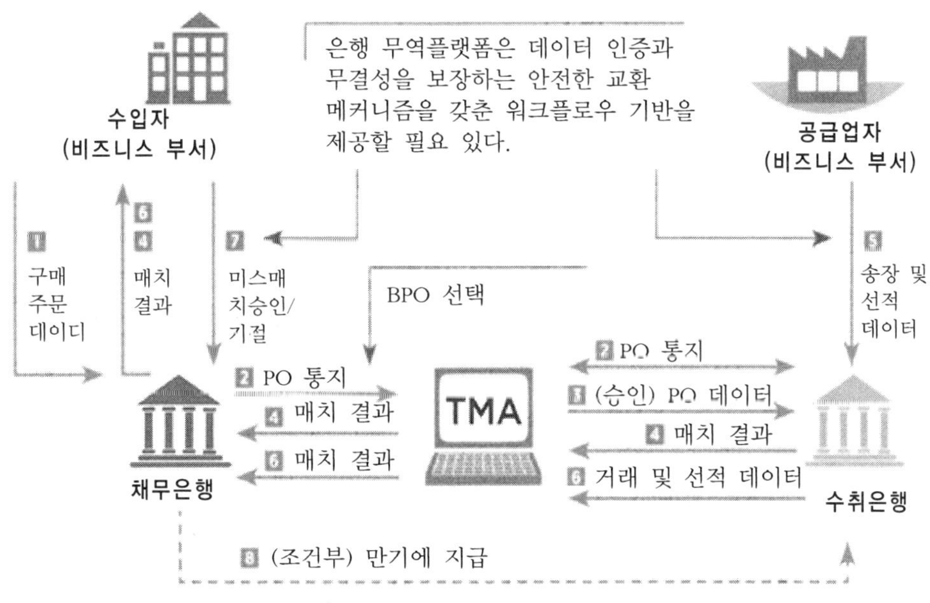

자료 : ICC, 751E

[그림 12-4] TMA를 통한 BPO의 흐름도

9) T.O.Lee Consultants Ltd.(2011), "Introduction to and Comments on Bank Payment Obligation (BPO)", p.4.

4. TSU BPO의 유용성과 이점

은행은 금융시스템을 이용하여 선적 전부터 선적 후까지의 융통성 있는 금융업무(financing propositions)가 가능하다. 무역금융 비즈니스 허브, B2B 전자상거래 및 전자송장 플랫폼의 출현으로 조달, 협상, 견적, 주문, 선적, 송장 작성 등과 같은 B2B 프로세스의 전자화가 크게 개선되었다(Casteman, 2012).

TSU BPO는 신용장거래의 장점인 지급보장은 물론 오픈 어카운트(OA)의 이점인 편리성을 제공하는 종이 없는 전자무역금융의 대안이다. TSU BPO는 은행이 전자적 환경에서 전통적인 신용장과 오픈 어카운트의 서비스를 제공할 수 있도록 한다. 더욱이 다양한 데이터(data points)를 통하여 투명성을 높이고 거래고객을 위한 선적 전 또는 선적 후 금융의 지원기반을 제공한다. 이는 은행과 그들의 거래고객 간 더 긴밀한 관계로 유도할 것이며, 새로운 교차 및 상향 판매(cross and up sell)가 가능하도록 할 것이다(Goparaju/Meyer/Chiu 2013).

TSU BPO는 은행에게 글로벌 무역금융을 추진할 수 있는 시스템을 제공하고 또한 위험을 해소하기 위해 거래명세와 금융거래에 대한 투명성을 향상시킨다(Casteman, 2012).

그리고 매수자는 증가하는 운전자본 비용을 개선시키고 선적후 금융 프로그램을 이용할 수 있다. 매도자는 그들의 수취채권(receivables)을 매수자의 거래은행에게 매각함으로써 조기에 대금을 회수할 수 있다. 또한 지급결제의 투명성을 향상시키고 금융비용을 감소시킨다(SWIFT, 2011).

[표 12-1] ICC/SWIFT BPO의 수혜

매수자의 수혜	공급업자/매도자 수혜
• 편리성 향상 및 비용 감소 • 무역/운송 서류가 공급자로부터 매수자에게 직접 이동 시, 당해 서류에 신속한 접속 • 매수자를 위한 융통성 있는 금융 • 매수자와 매도자 간 관계강화로 공급체인 확보 • 사업기회 및 경쟁력 강화 • 매수자-매도자 관계의 이용으로 매도자와 더 유리한 결제조건 협상능력 • 분쟁관리 강화	• 지급보장 • 신속한 지급, 결제 및 금융의 보장 • 매도자의 이해관계에 따른 인도일정 관리 • 유통성 있는 선적 전/선적 후 금융 이용 • 매수자의 신용위험 채무은행 앞으로 이전 • 매수자의 주문취소 또는 변경 위험 감소 • 복잡성, 지연, 불일치 감소 및 자동화된 데이터 매칭을 통한 신뢰성 증가 • 모든 거래단계에서 BPO 약정 융통성 • 분쟁관리 강화

자료: Vinod Madhavan, BPO - a Step toward electronification in SCF

5. 전통적 무역방식과 BPO

BPO는 물리적 서류의 제시가 아닌 전자제시를 기반으로 하기 때문에 전통적인 신용장방식 보다는 더 간편하다. 즉, BPO는 필요한 은행 서비스에 초점을 두기 때문에 신용장보다 더 효율적이다(SWIFT, 2011). BPO는 그 베이스라인과 전자 데이터의 매칭을 조건으로 수취은행에 대한 채무은행의 법적 지급약정을 부여하고 있다. 따라서 BPO는 거래당사자가 상업신용장을 통하여 확보되는 비즈니스 수혜에 상응하는 안전성을 제공한다. 동시에 매도자는 자동화된 전자거래시스템의 이점을 누릴 수 있다. 이와 같은 시스템의 무역 데이터 처리역량은 산업의 효율성 관점에서 중요한 진전이다(T.O.Lee Consultants Ltd, 2011).

BPO는 이와 같은 자동화된 전자 데이터 매칭시스템의 도입으로 전통적인 신용장보다 더 비용 효과적이다. 예컨대 TSU TMA(매칭 애플리케이션)을 통하여, BPO는 인수한 물품가액이 다른 경우에는 거래기간(life cycle) 동안에는 언제라도 추가·보완할 수 있기 때문에 전통적인 신용장보다 더 융통성 있다(SWIFT, 2011).

또한 BPO는 은행을 통하여 수출자에게 위험해소 및 지급보장을 제공하기 때문에 오픈 어카운트(OA)보다 더 안전성 있다. 또한 BPO는 금융담보로 이용될 수 있기 때문에 OA보다 그 활용도가 더 크다. 그리고 신용장 및 OA와 함께 BPO는 현재 다양한 비즈니스 욕구를 충족시킬 수 있도록 은행이 다양한 혁신적인 솔루션을 개발할 수 있도록 하고 있다(SWIFT, 2011).

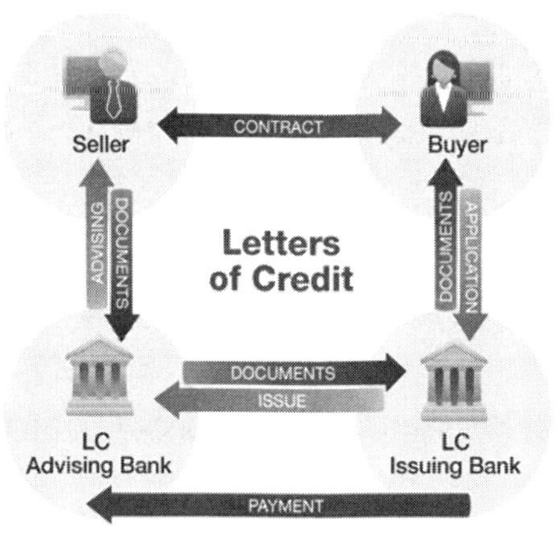

자료: SWIFT

[그림 12-5] L/C와 BPO

BPO의 지급약정은 융통성 있는 금융의 형태로 용이하게 이용할 수 있을 뿐만 아니라, 운전자본 관리를 더 효과적으로 지원한다. 반면 은행은 조건부 지급보증 또는 보증신용장의 제공을 통하여, 은행 간 조건부 지급약정으로 모든 무역상대방에게 포괄적으로 비용 효과적인 위험 해소 및 금융수단을 제공한다(Casteman, 2012b).

그리고 BPO의 경우, 전통적인 거래방식과 달리 그 거래방식이 처음부터 구분되어 별도의 약정에 의한 것이 아니다. 즉 오픈 어카운트와 신용장방식을 통합한 TSU에서 처음부터 은행의 지급약정이 추가된 BPO를 약정할 수도 있지만, 일단 TSU(오픈 어카운트)로 약정하고, 후에 거래당사자의 합의 하에 조건을 변경하는 방법으로 자유로이 은행의 지급약정(BPO)을 추가할 수 있다. 따라서 결제방식의 구분이 큰 의미가 없고 거래조건의 선택과 합의가 중요하다는 것을 알 수 있다.

6. URBPO의 제정과 운용

(1) URBPO의 제정

ICC와 SWIFT는 제휴를 통하여 BPO를 국제무역시스템의 무역결제방법으로 정착·발전시키기 위해 2011년 9월 토론토(Toronto), Sibos(SWIFT 국제세미나)에서 협력약정에 서명했다. 이에 따라 ICC 은행위원회는 선진 금융메시징시스템의 제공업자인 SWIFT와 제휴하여 URBPO(BPO 통일규칙)를 사상 최초로 공표했다(ICC 750E).

URBPO는 2011년 10월 베이징 회의에서 그 초안이 ICC 은행위원회에 제출되었으며, 그 이후 구체적인 진행보고서는 2012년 도하(Doha) 회의에 제출되었다(Meynell, 2012). 2012년 6월에는 ICC 국내 위원회에 초안과 안내문이 공개되었으며, 동 년 7월에는 21개 ICC 국내 위원회로부터 상세한 의견서가가 접수되었다. 그리고 2012년 12월에는 2차 초안이 ICC 국내 위원회에 공개되었다.

그 이후 본 규칙은 상황 변화를 반영하여 조항문언이 보완되어 2013년 4월 17일 리스본(Lisbon) 회의에서 승인되었으며, ICC 은행위원회에서 만장일치로 채택되었다. ICC는 이와 같은 협업적 노력으로 은행업자, 그 이용자 및 공급체인금융의 모든 구성원들 간 광범위한 합의를 반영하여 본 규칙을 공표했다. 그리고 URBPO는 2013년 7월 1일자로 발효되었다(CC 750E).

(2) URBPO의 범위

URBPO는 참여은행과 TMA(Transaction Matching Application) 간의[10] 상호작용(데

이터 교환)에만 제한된다. URBPO는 약정된 거래를 위해 금융기관(URBPO에서 참여은행으로 알려진)이 채택한 소위 TMA와 같은 '협업적' 공간에서 적용하기 위해 고안되었다(ICC 750E).

은행 간 상호작용은 은행이 데이터 매칭을 위해 공동의 TMA를 이용하는 협업적 공간범위 이내가 되어야 하며, 이 목적을 위해 본 규칙은 분명한 지침을 제공한다. 은행은 BPO의 설정에 있어서 공유기반의 TMA를 통하여 약정된 데이터 내용의 매칭을 조건으로 은행 간 협업을 한다. 따라서 모든 은행은 동일한 TMA에 참여하거나 또는 가입하도록 하고 있다(ICC 750E).

매도자와 매수자 간 계약 및/또는 서류의 교환에 적용되는 의무적인 규칙이나 표준은 없다. 마찬가지로 기업과 은행 간의 데이터 교환에 적용되는 의무적인 규칙이나 표준도 없다. 이들 데이터는 어떠한 표준과 포맷을 이용하여 관련 당사자 간에 합의 가능한 선호되는 채널(channel)을 통하여 교환될 수 있다(ICC 751E).

본 규칙 제1조 a항에서는"URBPO는 BPO의 프레임워크를 규정하고 있다. BPO는 참여은행이[11] 동일한 거래매칭 애플리케이션(TMA)을 이용하여 설정된 베이스라인에 참여하기로 합의한 것에 대해 매수자와 매도자 간의 기초 무역거래에 관계한다."고 규정하고 있다. 그리고 본조 b항에서는 "URBPO는 데이터의 매치 또는 미스매치 여부를 결정하기 위한 기준을 규정하지 않으며, 그 일치 여부는 그 TMA의 기능과 각 참여은행이 약정한 TMA에 적용되는 조건에 의해 결정된다."라고 규정하고 있다.

여기에서 "기초 무역거래에 관계"라는 의미는 기초계약과의 어떠한 관계를 유추하거나 URBPO 제6조(은행 지급약정 vs. 계약) 및 제7조(데이터 vs. 서류, 물품, 서비스 또는 이행)와 상충되는 것으로 보지 않는다(ICC 751E).

본 조항의 정의에서 BPO와 화환신용장과의 중요한 차이점이 있다. BPO의 수익자 또는 수취인은 항상 매도자의 거래은행이 된다. 동 은행은 매도자를 위해서 대금을 수취할 권리가 있다. BPO의 버전 1.0 하에서는 매도자는 결코 BPO의 직접적인 수익자 또는 수취인이 될 수 없다. 그러므로 본 제도에서는 궁극적으로 매도자의 거래은행은 매도자에게 대금(value)을 전달하기로 하는 조건은 이들 두 당사자 간에 존재하게 되는 서비스 약정에 규정되어야 할 것이다. URBPO의 향후 버전에서는 BPO의 수취인이

---

10) "거래매칭 애플리케이션" 또는 "TMA"는 참여은행의 소유여부에 관계없이 중앙처리 데이터 매칭 및 워크플로우 애플리케이션을 의미한다. 그 TMA는 참여은행으로부터 접수한 TSMT 메시지를 처리하는 서비스를 제공한다. 즉 그 메시지에서 있는 데이터를 자동적으로 내조한 다음에 관련 모든 TSMT 메시지를 각 참여은행에 전송한다(URBPO Art. 3).

11) "참여은행"은 매도자의 거래은행 또는 수취은행(어떤 약정된 기간에 그의 역할에 달려 있는), 매수자 은행, 채무은행 또는 제출은행을 의미한다.

되는데 매도자의 거래은행 이외의 당사자(예컨대 다른 은행 또는 궁극적으로 매도자 자신)를 허용하기 위해 개정될 수 있는 여지는 남아있다(ICC 751E).

(3) URBPO의 적용과 해석

URBPO 제2조 a항에서는 "설정된 베이스라인 내에 BPO 세그먼트(segment)에서 URBPO가 적용된다는 것을 명시적으로 진술하고 있는 경우 또는 참여은행이 BPO는 이들 규칙이 적용된다는 것을 개별약정에 합의한 경우, URBPO는 BPO에 적용되는 규칙이다. URBPO는 설정된 베이스라인 또는 개별약정에 의해 명시적으로 변경하거나 또는 배제하기로 하지 않는 한, 각 참여은행을 구속한다."라고 규정하고 있다.

BPO에 관한 명세는 설정된 '베이스라인'의 일부를 구성하는 지급약정 세그먼트에만 명시되어야 한다. BPO의 발행(약정)자는 채무은행이며, 그 채무은행은 매수자의 거래은행이 될 수도 있고 그렇지 않을 수도 있다. 베이스라인은 BPO의 약정 여부와 관계없이 설정될 수 있다. 초기에 베이스라인이 BPO의 약정 없이 설정된 경우에는 BPO는 그 후에 채무은행과 수취은행의 상호 합의에 의하여 언제든지 설정된 베이스라인에 추가될 수 있다. 이미 언급했듯이 BPO의 수익자는 수취은행으로 알려진 은행이다. 현 규칙 하에서 수취은행은 항상 매도자 은행이 된다.

한편 UCP 및 URDG와 같은 ICC의 다른 규칙과 마찬가지로 URBPO는 모든 참여은행의 합의에 의해 수정되거나 또는 배제될 수 있다. 따라서 은행은 URBPO를 적용하거나, 본 규칙을 수정 또는 배제할 것인지를 거래당사자 간에 합의할 필요가 있다.[12)]

그리고 본조 b항에서는 "설정된 베이스라인 또는 개별약정이 URBPO의 적용 가능한 버전을 명시하지 아니한 경우, 당해 베이스라인이 본 규칙 제9조 d항에 따라서 설정된 경우, BPO는 시행 중인 최근 버전이 적용된다. 본 규칙은 URBPO 1.0 버전이다."라고 규정하고 있다.

eUCP와 마찬가지로, URBPO는 전자솔루션이 전통적인 종이버전보다 더 신속하게 진화··발전된다는 사실을 인정하여 버전 번호가 부여된다. 즉 URBPO는 완전하게 개정할 필요 없이 그 조항이 업계 관습의 변화를 반영하여 업그레이드 및 추가·보완할 수 있도록 eUCP와 마찬가지로 버전 번호로 공표된다(ICC 751E).

URBPO 제2조 c항은 "URBPO는 국제표준화기구(ISO)[13)]에 등록된 적법한 ISO 20022 무역서비스관리(TSMT)[14)] 메시지의 사용을 요구한다. 그 이외 다른 형태의 메시지의

12) ICC, 751E, pp.79~80.

13) ISO는 국제표준화기구이며, 160개 이상의 국가표준단체(national standard bodies) 회원과 함께 세계에서 가장 큰 국제표준의 개발자이며 공표기관이다(ICC, 750E).

이용은 본 규칙의 범위를 벗어난 것을 의미한다. BPO에 적용되는 TSMT 메시지만이 이들 규칙에 적용된다."라고 규정하고 있다. ICC URBPO 규칙은 은행과 중앙 매칭 애플리케이션인 TMA 간 공동의 메시징 표준을 이용하도록 강제하고 있다.[15] 따라서 URBPO와 ISO 20022 TSMT 메시징 표준의 채택은 필수적이다(ICC 751E).

그리고 본 규칙에서 적용할 수 있는 경우에는 단수형의 단어는 복수형을 포함하고 복수형의 단어는 단수형을 포함한다. 다른 국가에서의 어떤 참여은행의 지점은 별개의 독립된 은행으로 본다(URBPO Art. 5). 본조는 UCP 600 제3조와 유사한 입장을 취하고 있다.

[표 12-2] URBPO의 조문구성

조 문	내 용	조 문	내 용
제1조	범위	제9조	참여은행의 역할
제2조	적용	제10조	채무은행의 약정
제3조	일반 정의	제11조	조건변경
제4조	메시지 정의	제12조	데이터의 효력에 대한 면책
제5조	해석	제13조	불가항력
제6조	BPO v. 계약	제14조	거래매칭 애플리케이션의 이용불가능
제7조	데이터 v. 서류, 물품, 서비스 또는 이행	제15조	준거법
제8조	BPO 유효기일	제16조	대금양도

14) "Trade Services Management(TSMT) 메시지" 또는 "TSMT 메시지"는 국제표준화기구(ISO)가 무역서비스 관리 비즈니스 부문으로 발행한 ISO 20022 메시지 유형을 의미한다(URBPO Art. 3).

15) Andre Casterman(2013), "The future of Bank Payment Obligation(BPO), *DCInsight*, Vol.19 No.3, p.3.

제 2 절 볼레로 전자무역시스템

1. 볼레로시스템의 도입과 개념

(1) 볼레로 프로젝트

볼레로 프로젝트는 1994년 6월 은행, 운송업자, 무역업자, 통신회사 등이 컨소시엄(consortium) 형태로 선화증권의 전자화를 위해 선화증권 전자등록기구인 볼레로(Bolero: Bill of Lading Electronic Registry Organization)를 조직하고, 선화증권의 전자적 유통 가능성을 검증하기 위해 볼레로 프로젝트를 위한 사전실험(pilot test)을 실시하였다. 그 후 1995년 볼레로 프로젝트에 관심 있는 기업을 중심으로 한 볼레로협회(Bolero Association)를 창설하였으며, 1996년에는 볼레로 프로젝트를 실시하였다. 즉 전통적인 선하증권에 있어서 권리증권의 전자적 유통구현에 중점을 두었으며, 이는 또한 전자선하증권의 상업적 출현을 의미했다.

1998년 4월 SWIFT와 TT Club의 공동출자로 볼레로인터내셔널(Bolero International Ltd)을 설립하여 bolero.net을 구축하면서 선화증권의 전자화를 포함하여 모든 무역서류를 전자화함으로써 궁극적으로는 서류 없는 무역거래를 실현할 수 있는 글로벌한 전자무역 네트워크를 구축하였으며, 또한 이를 위한 보안문제를 해결하기 위해 전자서명과 전자인증 시스템을 보완하여 1999년 법적·기술적 타당성 검증을 위한 테스트를 완료하였고, 그 해 9월부터 상용 서비스를 개시하였다.

(2) 볼레로시스템의 개념

볼레로시스템은 웹(web)을 기반으로 한 개방적이고 중립적인 시스템이다. 전자수단을 통하여 무역거래를 촉진하기 위한 기술적·법적인 기반으로, 전자메시지를 전달하고 정보를 안전하게 저장하기 위한 디지털 정보기술을 의미한다. 즉 메시지 및 서류의 전달과 비즈니스 거래를 촉진하기 위하여 볼레로인터내셔널(bolero International Ltd; bolero.net 솔루션)에 의하여 제공되는 디지털 정보시스템이며, 비즈니스의 과정 및 방법이다. 본 시스템은 볼레로 규약집(Bolero Rulebook) 및 그 운영규칙에 의하여 규율된다.[16)]

16) bolero.net, Bolero Rulebook, 1999, Part 1.1(16).

따라서 볼레로시스템은 무역서류의 전자화를 통해 국제무역에 관련된 모든 기업 간의 B2B 전자상거래를 지원하는 웹 기반의 글로벌 전자무역시스템이다. 모든 이용자를 구속하는 범세계적으로 인정된 법적기반을 이용하여 온라인상에서 무역서류의 교환과 권리이전이 가능하도록 하는 개방적이고 중립적인 시스템을 제공함으로써, 수입자, 수출자, 운송인, 운송주선인 및 은행 등 모든 무역관계 당사자는 bolero.net을 통한 동일한 통신수단과 연결하여 비즈니스를 할 수 있도록 한다.

(3) 주요 특징[17]

(가) 전통적 선화증권의 기능구현

온라인상에서 전통적인 선하증권의 기능을 구현, 즉 권리등록기관(Title Registry : TR)과 코어 메시징 플랫폼(Core Messaging Platform : CMP)을 통하여 전자선하증권의 발급, 유통 및 권리이전이 가능하고 계약의 증빙 등의 기능이 가능하다.

(나) 글로벌 전자무역의 실현

모든 이용자를 구속하는 범세계적으로 인정된 법적기반을 이용하여 온라인상에서 무역서류의 교환과 권리이전이 가능한 개방적이고 중립적인 시스템을 제공한다. 글로벌 무역거래 네트워크를 이용하여 신용장, 선하증권, 보험업무 등의 전자무역을 국경없이 실현할 수 있다.

(다) 보장된 법적기반

공통의 법정 재판관할권, 개별 및 모든 볼레로 이용자 등 다자간에 발생되는 어떠한 분쟁도 해결이 가능한 분쟁해결 체계를 갖추고 있다. 이용자는 디지털서명과 볼레로 메시지를 수용하기로 동의하여야 하며, 그 분쟁해결은 볼레로협회를 통한다.

(라) 국제 비즈니스의 효율성 향상

볼레로시스템은 국제무역의 모든 관계당사자가 안전하고 표준화된 방법으로 서류와 자료를 교환할 수 있게 됨으로써, 국제무역의 이행기간의 단축과 이행비용을 절감시킨다.

---

17) http://www.bolero.net

(마) 안전한 정보보안

상업적으로 이용할 수 있는 최신의 높은 수준의 보안을 제공하기 위하여 공개키 기반구조(Public Key Infrustructure : PKI)와 공개키 암호화(Rivest, Shamir, Adleman : RSA) 알고리즘(algorithm)을 이용한다. 따라서 전자무역서류의 안전한 송수신 체계를 확보하며, 또한 전자서류의 위·변조가 불가능하고 사기거래가 축소될 것이다.

2. 볼레로시스템의 운용기반[18)]

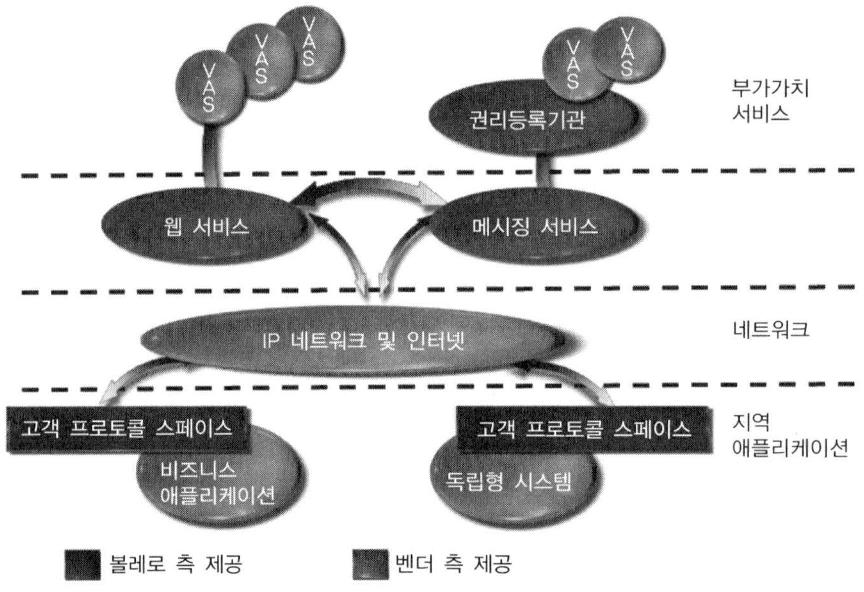

(1) 코어 메시징 플랫폼(Core Messaging Platform)

볼레로시스템(bolero.net)의 핵심기반으로, 이용자 간 및 이용자와 부가가치 서비스 업자간 모든 통상적인 기능을 책임진다. 국제무역거래에서 모든 메시지의 송수신 및 그 승인과 그에 대한 감시·추적 서비스를 제공하며, 이들 정보를 권리등록기관에 송신하여 저장한다. 즉 웹을 통하여 전자서류를 안전하게 교환할 수 있도록 하는 중앙 메시징 관리시스템이다.

18) http://www.bolero.net

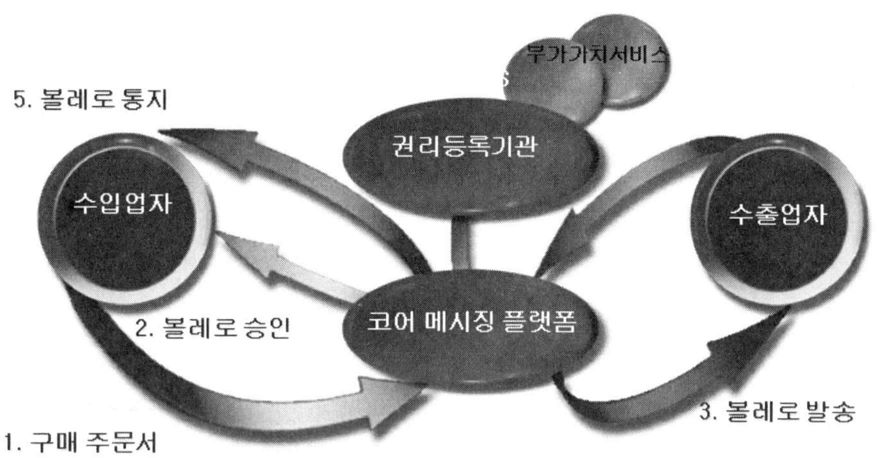

(2) 권리등록기관(Title Registry)

볼레로 등록기관은 유통 가능한 서류의 작성 및 이전을 위한 저장 공간 및 워크플로우(workflow)를 제공한다. 권리등록기관은 전자선하증권의 완전한 유통을 가능하게 하는 세계 유일의 서비스 이행을 의미한다. 코어 메시징 플랫폼(Core Messaging Platform ; CMP)과 연결되어 있는 부가가치 서비스로 볼레로 선하증권의 권리와 의무를 기록하고 이전하기 위한 애플리케이션이다.

볼레로 선하증권의 소유권과 그 이전에 관한 기능을 수행하기 위한 상치로, 볼레로 선하증권의 현재 상황을 기록하고 거래과정을 감시·추적하는 서비스를 제공한다.

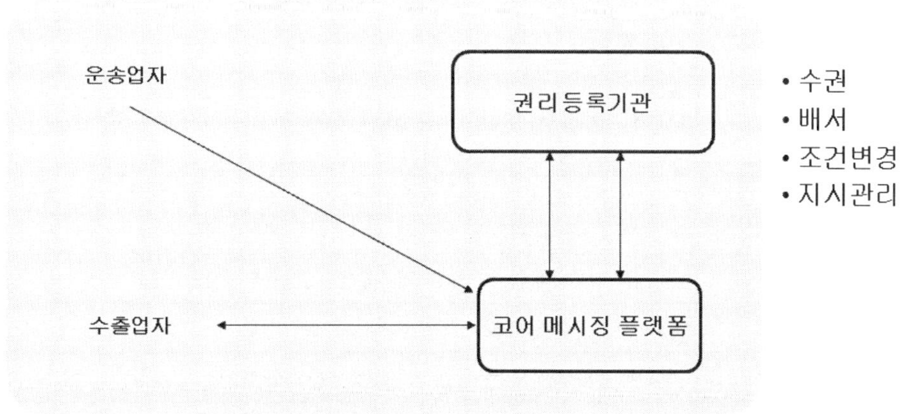

(3) 법적 기반

볼레로에서 제공하는 서비스거래는 볼레로 규약집이 적용된다. 볼레로 규약집은 볼레로 넷(bolero.net) 서비스의 이용자를 구속하는 다면계약이다. 따라서 공통의 법정 재판관할권, 개별 및 모든 볼레로 이용자 등의 다자간에 발생되는 어떤 분쟁도 해결이 가능한 분쟁해결시스템을 갖추고 있다. 그리고 분쟁해결은 볼레로협회를 통한다.

3. 금융지원체인 솔루션과 전자무역플랫폼(TTP)

무역거래 프로세스를 간소화·자동화하기 위해 볼레로에서는 '금융지원체인관리(Financial Supply Chain Management) 솔루션'을 개발하여 전 세계의 무역관련 당사자에게 서비스를 제공하고 있다. 여기에서 금융공급체인관리란 무역거래의 전 프로세스와 기업의 현금, 계정 및 운전자금을 관리하는 정보를 의미한다. 매수자의 관점에서는 조달에서 결제까지 전 과정을 말하며, 매도자에게는 주문에서 대금회수에 이르기까지의 전 사이클이다.

따라서 이러한 절차를 전자무역플랫폼에서 체계적이고 전자적으로 관리하기 위해 지급채무와 수취채권(Accounts payable and receivable)관리, 자금관리(Cash management), 운전자금(Working capital)관리, 위험관리(Risk Management), 행정절차(Administration)관리, 거래비용(Transaction costs) 등 금융지원관리의 자동화·통합화를 통하여 무역거래 프로세스의 최적화를 목표로 애플리케이션(application)을 개발하고 있다(bolero.net).

기 능	서비스 내용
서류 저장	서류전송의 보장과 분쟁에 대비한 추적기록을 제공하기 위해 메시지 허브에 모든 서류의 저장
결제시스템	단일의 일관성 있는 무역플랫폼상에서 Documentary Credit와 Open account의 자동화 및 최적화
안전한 서류보안	플랫폼상에서 운용되는 서류의 인증성, 부인방지, 무결성 및 기밀성을 보장하기 위해 디지털서명과 암호화로 서류보안 완비
서류의 법적 구속력	계약은 전 세계의 주요 무역 재판관할권에 적용 가능
호환성 확보	boleroXML과 인터넷 규약의 채용으로 이종 시스템 간 호환성 보장
거래서류 제공	거래에 필요한 모든 종류의 거래서류 제공(100종 이상)
광범위한 산업에서 이용	광범위한 산업에 종사하는 수출입업자가 이용(섬유, 자동차, 전자 등)
안전한 업무공간	SWIFT에 의해 운영되며, 전 세계 대형은행의 80% 이상이 지원

제 3 절 아이덴트러스트(IdenTrust)

1. 아이덴트러스트의 개념과 의의

IdenTrust는 신원인증 솔루션 분야에서 전 세계의 글로벌 금융기관, 정부기관 및 기업들이 인정하고 있는 신뢰성 있는 글로벌 리더이다. 아이덴트러스트는 기밀성, 인증성, 무변조성 및 거부방지 환경의 솔루션을 제공하기 위해 선진 은행그룹에 의해 1999년 4월 창설된 글로벌 전자상거래 인프라를 제공하는 기업으로, 미국의 뉴욕에 본부를 두고 있다.[19)]

IdenTrust는 디지털거래 환경에서 공개키 기반구조(PKI)상의 최상위 인증기관으로, 기업 등 거래당사자들의 신원을 인증하는 최종 책임을 맡고 있다. 그리고 IdenTrust의 공인인증기관으로 지정된 은행은 인증기관으로서 인증서 발급 및 확인 서비스 등을 제공하고 회원은행 이외의 은행에게도 디지털 인증서를 발행한다. IdenTrust 플랫폼은 금융기관과 그의 거래고객이 디지털 거래에 있어서 신원인증과 연계하여 위험을 효율적으로 관리할 수 있도록 법적 · 기술적 기반을 제공한다. IdenTrust 인증서는 국내외의 거래는 물론 기업 수준의 애플리케이션(application)을 지원하는데 신용을 평가할 수 있고 상호 이용할 수 있다. IdenTrust와 함께 은행은 온라인상에서 비즈니스 프로세스의 이행에 관련된 운영위험의 주요 요소를 효과적으로 관리할 수 있다. 또한 IdenTrust는 산업계 표준의 전자결제 솔루션인 Eleanor를 통하여 향상된 전자결제 서비스를 제공한다.[20)]

따라서 IdenTrust는 신원인증을 위한 글로벌 표준과 모든 측면의 안전한 전자거래를 위한 안전한 법적 · 기술적 기반과 서비스를 지원한다. 또 저렴한 비용과 신원인증, 기밀성, 무변조성 및 온라인 약정의 부인방지를 위해 보다 단축된 시간으로 인터넷 기반의 글로벌 파트너(global partener)와 자유롭게 거래할 수 있는 비즈니스 수단이다. 그리고 IdenTrust는 안전한 거래를 위한 신원인증을 위해 수용되는 표준 공개키 기반(PKI) 기술을 이용한다. 그러나 IdenTrust는 더 많은 기술적 솔루션이 있다. 따라서 IdenTrust는 기업이 기존 거래파트너 및 신규 거래파트너와 경제· 정치적인 차원을 넘어 인터넷상에서 유효하고 안전하게 거래할 수 있도록 지원하는 완전한 거래기반이다.[21)]

---

19) http://www.identrust.com
20) Identrust, "Piot Program", 2003.

2. IdenTrust P.L.O.T

IdenTrust P.L.O.T(Policies, Legal Framework, Operations Hosting, and Technology)는 글로벌 금융기관이 제정한 신원인증을 위한 신뢰성 있는 규약집(rule set)이다. PLOT 규약집은 신원인증서가 발행되어 확인되고, 금융기관 내/외부, 국가적 및 국제적으로 표준화된 방법으로 이용된다는 것을 보장한다. 결과적으로 IdenTrust 신원인증서는 175개국 이상에서 인정된 통일된 수의계약(private contracts) 하에서 글로벌적으로 그리고 상호 작용적으로 운영된다.[22)]

IdenTrust는 PLOT 규약집에 의거한 서버 기반 신원인증 인프라를 제공한다. IdenTrust 신뢰 인프라로 기업과 고객(이용자)은 그들 자신의 신뢰성 있는 신원인증 프레임워크와 제도를 창안하고 유지하는 데 투자할 필요 없이 온라인 사기와 명의도용(identity theft)을 최소화할 수 있다.

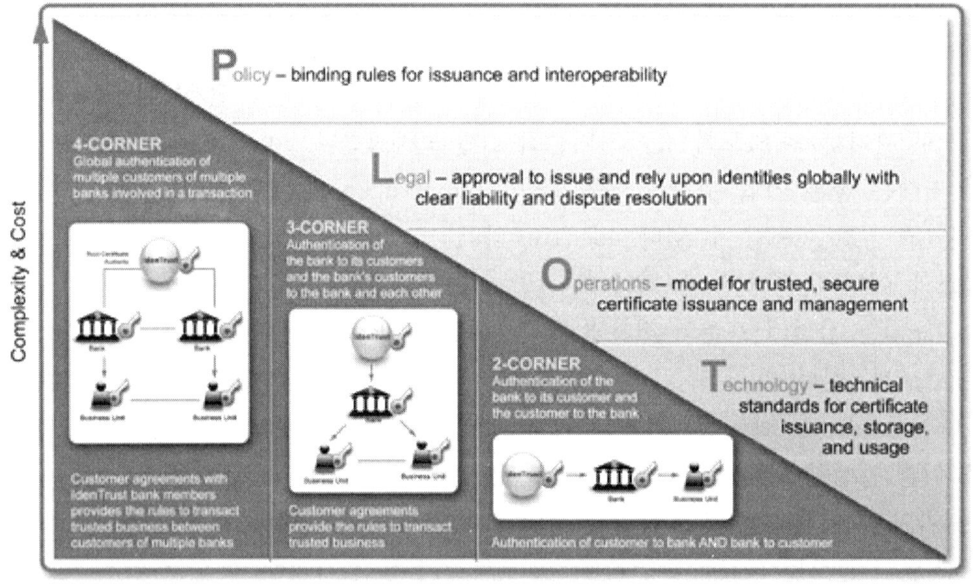

[그림 12-6] IdenTrust PLOT

21) http://www.identrust.com/story_02xml
22) http://www.identrust.com/solutions/plot.html

(1) PLOT 운용

The PLOT는 접속인증을 위한 기술로 시작한 인증을 확장한다. IdenTrust를 창립한 컨소시엄이 합의한 정책, 절차 및 법적 프레임워크를 기반으로 하여, 모든 회원기관은 지속적으로 인증서를 발행하고 동 규칙 하에서 인증서의 취소 및 삭제를 할 수 있다. IdenTrust의 신뢰기반은 공개키 기반구조이다. 따라서 그 절차에서 참여자는 공개키와 개인키 쌍을 발행한다. 이것은 더 강한 인증을 제공하는 접근인증 기술과 함께 이용된다.

4-코너 모델을 위반하는 해커 또는 사기 자를 위해, 다수의 기관이 관여하는 경우에는 이들은 각 거래당사자를 위한 PIN/패스워드에 추가하여 10쌍의 키를 확보해야 한다. 3-코너 모델에서는 거래의 개시자 및 수신자는 모두 동일한 금융기관을 이용한다. 그러나 여전히 그들의 신원인증이 필요하다. 2-코너 배치 모델에서 조차도, 한 이용자가 한 금융기관과 거래하는 경우, 해커는 이용자의 PIN/패스워드, 즉 당해 이용자의 공개키 및 개인키인 은행의 공개/개인키와 IdenTrust의 공개/개인키를 확보해야 한다. 수학적으로 이와 동일할 가능성은 매우 낮다. 배치된 신원인증서 모델에 의존하는 것은 이행되는 거래를 위해 적합한 X키 쌍이 요구된다. 즉 2-코너 모델은 6쌍의 키, 3-코너 모델은 8쌍의 키, 그리고 4-코너 모델은 10쌍의 키가 필요하다.[23]

(2) PLOT 수혜

IdenTrust는 PLOT 구성 요소 즉 제도, 법체계, 운영 호스팅, 및 기술의 완전한 콤비네이션을 갖춘 유일한 솔루션을 제공한다. 그리고 디지털 거래에서 위험관리를 위한 종합적인 솔루션을 제공한다. 제도와 절차는 신원을 인증하는 포괄적인 접근법을 제공하는 전 세계의 금융기관에 의해 개발되고 합의되었다.

IdenTrust 인증서는 전 세계 국가에서 인정되는 통일된 수의계약 하에서 글로벌적으로 상호 작용적이다. 기타 시스템은 디지털 서명의 효력을 위한 유효한 법이 필요하다. 93개 이상의 국가와 약정, 유효, 구속 및 강제력이 있다.

그리고 IdenTrust는 신뢰성 있는 신원인증 서비스를 제공하기 위한 완전한 호스트 환경을 제공한다.

---

23) http://www.identrust.com/solutions/plot.html

3. IdenTrust의 기능과 서비스

IdenTrust는 국제전자상거래를 가능케 하는 전자인증 인프라이며, 기업 간 국제 전자상거래에서 기본적인 인증서 발급 및 확인 서비스 이외에 인증서발급 은행이 인증서 보유회사를 보증(warranty)하는 서비스를 제공한다. IdenTrust가 제공하는 인증서비스를 이용할 경우 거래 기업체들은 거래상대방의 신원확인(authentication), 부인방지(non-reputation), 무결성(integrity), 비밀성(confidentiality) 등 전자무역에서 제기되고 있는 제반 문제점들을 해결하게 된다.

이 밖에도 IdenTrust는 메시지 변조를 예방하는 보안기술과 함께 전자상거래를 위한 은행 업무를 상호 신뢰할 수 있는 법적·기술적 "프레임워크"를 제공한다. 이로써 국제 B2B 거래업체들은 글로벌 금융기관의 개방형의 시스템 활용이 가능하게 되고 공개키 기반구조(PKI)로 무역거래가 이루어지기 때문에 구매, 협상, 운송, 지급 등 일련의 과정에서 보안 및 신뢰성이 보장되도록 해준다.

한편 IdenTrust가 제공하는 서비스는 ㉠ 서명보증(signature guarantee), ㉡ 지급보증(payment guarantee), ㉢ 이행보증(performance guarantee), ㉣ 전자지불(ePayment), ㉤ 거래보험(transaction insurance)이 있다. IdenTrust는 디지털 인증서를 발급하며 B2B 커뮤니케이션과 거래를 위해 고객들에게 e-패스포트를 제공한다. 이외에도 IdenTrust는 고객들에게 e-Biz에 필요한 각종의 다양한 금융 서비스를 제공하고 있다. 즉 통합 전자고지 및 납부서비스(EBPP), 지급결제 처리, 전자신용장, 그리고 외환 결제 등의 다양한 서비스를 제공한다.

IdenTrust 국제신용 시스템은 B2B 전자상거래의 국제 보안기술 표준으로써 50대 금융기관이 참여하고 있다. 이 시스템은 스마트카드, 공개키 기반구조(PKI), 디지털 서명 및 이 외 다른 암호 기술을 모두 망라한다. IdenTrust 국제 신용 시스템 내에서 사용된 애플리케이션에는 온라인 공유, 안전한 전자메일 교환 및 전자지급 등이 포함된다.

이처럼 IdenTrust는 전자적인 무역계약의 체결과 선적서류의 전자적인 유통을 지원하고, 선적서류 등의 교환에 있어 발생할 수 있는 분쟁의 해결을 위한 법적 프레임워크의 제공 및 국제적인 상호 연동성(글로벌 상호 작용성) 확보를 가능하게 해준다는 점에서 큰 강점이 있다.

4. IdenTrust의 가입요건과 4 코너모델(Corner Model) 사례

(1) 회원은행 가입 요건

IdenTrust의 가입요건에서 "레벨(level) 1" 수준의 인증기관(CA)의 역할을 수행하기 위해 자격요건은 엄격하였다. 즉, "레벨 1" 은행은 IdenTrust로부터 1차 인증서 발급기관의 자격을 얻어 실제 인증서 확인 및 발급을 할 수 있는 은행으로 BBB+ 신용등급을 유지해야 하고, 또 자산규모도 10억 달러 이상이어야 했다. 그러나 이러한 기준은 2003년 3월 기존의 신용등급 기준과 준비금 10억 달러를 보유해야 하는 의무조항이 삭제됨에 따라 신용등급 및 자산규모에 관계없이 은행, 보험, 증권 등 모든 금융기관이 가입할 수 있게 되었다.

(2) IdenTrust의 4-Corner Model 사례

국제간 B2B 전자상거래(전자무역)에서 각 거래당사자를 보증하는 금융기관의 인증기관(매수자의 금융기관 CA, 매도자의 금융기관 CA)이 4 코너를 형성하여 신뢰기반을 구축하는 것이다. 이때 각 금융기관이 운영하고 있는 CA는 IdenTrust의 루트(root) 인증기관(CA)이 보증하므로 신뢰기반이 연결 · 구축된다. 이에 따라 IdenTrust의 비즈니스 프로세스는 회원은행이 거래당사자에게 전자인증서를 발급해 주면 그 은행은 B2B 거래에서 CA의 역할을 하며, 이를 기반으로 각 기업이 제출한 인증서의 진위 여부를 판별한다. 이후 상대방의 거래은행이 IdenTrust에 가입한 것을 확인하고 IdenTrust의 신용을 기반으로 거래하게 되는 것이 "4-Corner Model"이다.

좀 더 구체적으로 4-코너(Corner)모델은 국제간 B2B 거래에서 전자무역거래를 위해서 양 거래당사자의 거래은행에서 각각의 신용을 제공해 주며, 그리고 그 두 은행에 대한 신용은 IdenTrust에서 보장해 주는 모델이다. 이러한 일련의 거래과정에서 IdenTrust는 인증서 발행, 인증서의 적법성 확인 등 업무처리 과정에서의 과실에 대한 보상 및 암호화 전자메일 서비스를 제공한다. IdenTrust 레벨1 회원사는 최상위 인증기관을 연결하는 상위 인증기관으로 사실상 모든 개인 · 기업 고객을 대상으로 전자무역 · B2B · 전자문서교환(EDI) 등 다양한 응용 분야에 국가간 인증서비스를 제공할 수 있다. 또한 하위 등록기관(RA)을 거느릴 수 있는 등 공개키 기반구조의 '허브' 역할을 담당할 수 있다. IdenTrust의 결제기반인 '일레노'(Eleanor) 전자결제솔루션의 경우에도 기본적으로 IdenTrust 4-코너 모델의 프로세스에 따르고 있다.[24)]

---

24) http://www.Identrust.com/

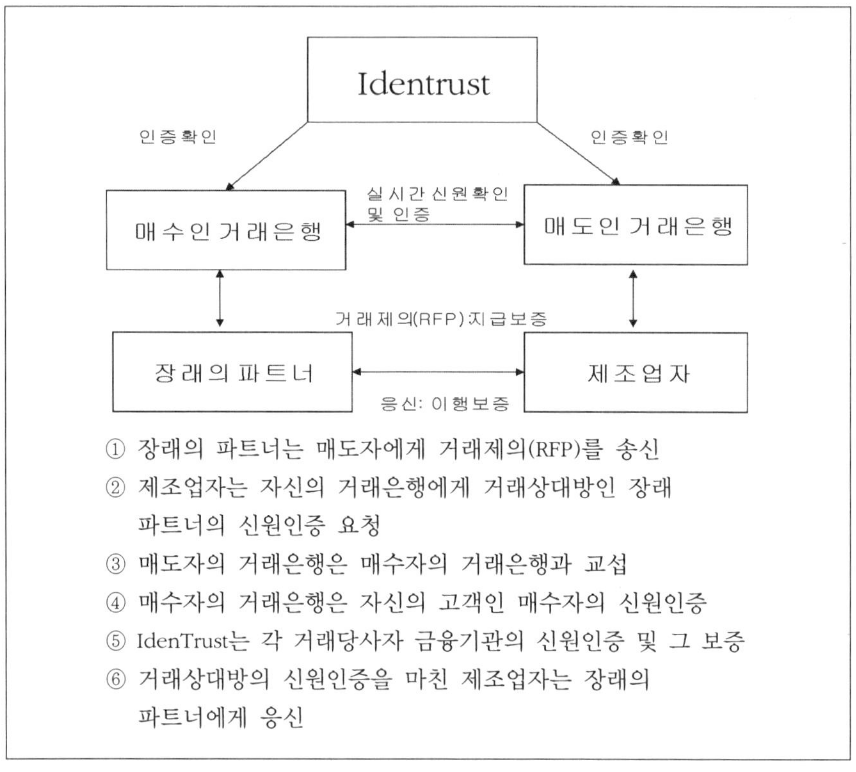

자료 : http://www.Identrus.com/knowledge_center/pub/Overview_Brochure.pdf.

[그림 12-7] 4-corner Model에 의한 신원인증 절차

제4절 GT Nexus

1. GT Nexus의 개념과 의의

(1) GT Nexus의 개념

GT NEXUS는 거의 모든 부문의 선도업자들(leaders)이 전 무역 커뮤니티에 걸쳐서 글로벌적으로 수백의 공급체인(supply chain) 프로세스를 필요로 하는 클라우드(cloud) 기반의 협업 플랫폼을 제공한다. 모든 기업은 동일한 전 산업계 플랫폼 상에서 다양한 파트너 네트워크 전반에 걸쳐 협업하고 거래하기 위해 GT Nexus에 연결한다.

GT Nexus는 물류공급체인과 금융공급체인의 융합이다. GT Nexus 상의 애플리케이션은 주문 시점(order point)로부터 최종 지급결제에 이르기까지 물품과 무역정보의 흐름을 최적화하기 위한 기반(capabilities)을 제공한다.[25]

(2) 글로벌 커뮤니티

민첩한 비즈니스 네트워크가 가능하도록 하는 데는 우수한 기술 플랫폼이 전부가 아니다. 오늘날 플랫폼상에서 작업하고 있는 파트너 커뮤니티가 적소에 잘 준비되어 있다. Facebook 또는 Linkedin과 같은 소셜 네트워크(SNS) 플랫폼을 위한 소프트웨어가 그 자체로 얼마나 유용한가? 커뮤니티 없이는 가치가 없다. 커뮤니티 없는 플랫폼은 솔루션이 아니다. 그것은 단지 소프트웨어일 뿐이다.

모든 기업이 비즈니스 규칙대로 일단 동일한 산업계 전반(industry-wide) 플랫폼상에서 멀티 파트너 네트워크를 통하여 협력하기 위해 GT Nexus에 연결하면, 하나의 커뮤니티, 한 공간, 한 플랫폼으로 연결된다.

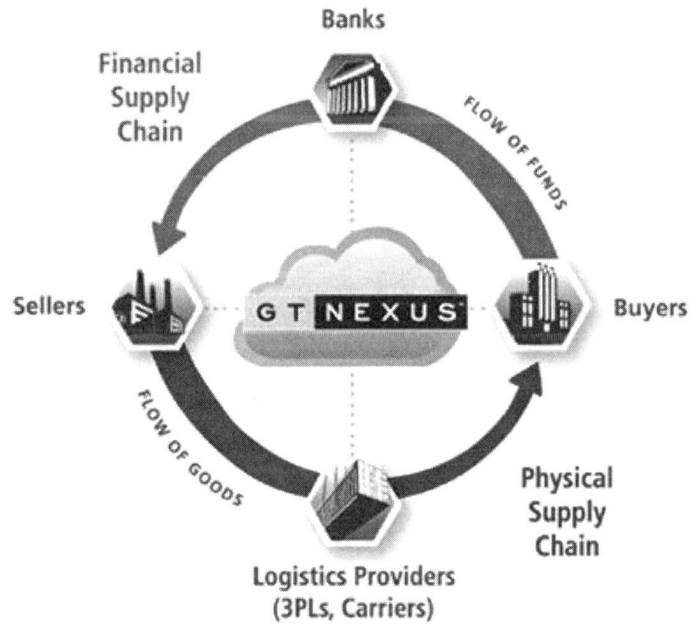

[그림 12-8] GT Nexus 솔루션

25) GT Nexus는 http://www.gtnexus.com/global-supply-chain/2014.02.18 인용함.

(3) 금융 및 물리적 공급체인의 융합

GT Nexus는 단일의 장소에서 금융 및 물적 공급체인을 융합한다. GT Nexus는 한 공간에서 금융 및 물적 공급체인 프로세스를 융합하는 일종의 유일한 B2B 네트워크 플랫폼이다. 이들 네트워크 플랫폼은 실제 현장의 상거래 및 공급체인 관리와 연동되어 있다.

구입에서 지급결제 프로세스는 그 체인상에서 물적 공급체인 이벤트 모두와 교차되고 통지된다. 그 서류는 주문에 이용되며, 송장은 또한 수령을 확인하고 세관을 통과하기 위해 물류담당자에 의해 이용되는 서류이다. 그리고 운송 중에 제품을 다시 발송하거나 또는 재 할당된다.

2. GT Nexus 솔루션

GT의 특유한 다양한 기업(multi-enterprise), 멀티 테넌트(multi-tenant) 클라우드 플랫폼을 지렛대로 하여, GT Nexus는 이미 채용되고 있는 수많은 ERP(전사적자원관리), WMS(창고관리시스템), 그리고 TMS(수송이동계획) 내부 중심 시스템과 연동하여 운용하기 위해 완전히 통합된 물류 및 금융 공급체인관리 솔루션을 제공한다.

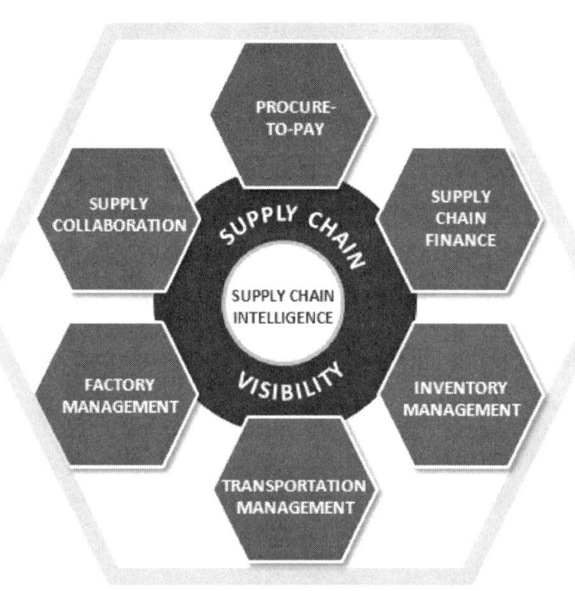

[그림 12-9] GT Nexsus의 공급체인 인텔리전스

(1) 공급체인(사슬) 인텔리전스

공급사슬 인텔리전스는 확장된 전체의 공급사슬을 통하여 경영진에게 실시간성과 퍼포먼스 인사이트(performance insights)를 제공하며, 지속적인 KPI(성과지표) 기반 공급사슬의 개선을 가능하게 한다.

여기에는 공급사슬 분석, 재고관리 분석, 운송관리 분석, 구매에서 결제 분석, 공급사슬 금융 분석, 공급관리 분석 등이 있다.

(2) 공급체인 가시성

공급체인은 가시성, 통제성 및 명민함(민첩성)을 확보한다. 공급체인 가시성은 민첩한 글로벌 공급체인을 창출하는 확실한 재고 예측과 공급체인 활동을 한다. 가시성은 효율적인 전(end-to-end) 공급체인을 운영하기 위해 필요한 도구이다.

(3) 공급체인 협업

이용자 및 공급업자와 수요와 공급 전망(supply forecasts)을 공유한다. 공급협업은 다중 영역을 통하여 이용자 및 공급업자와 수요 및 공급 예측을 공유함으로써 공급체인 가변성을 감소시킨다.

(4) 조달에서 지급

가시성과 민첩성을 확보하기 위해 자동화 및 협업을 한다. 무역 파트너들 간 조달에서부터 지급은 협업, 가시성 및 운송 자동화를 위해 허용한다. 여기에는 주문 협업, 송장관리, 지급관리, 공제관리(deductions management) 등이 있다.

(5) 공급체인 금융

운전자본 규제 해소, 위험 감소, 그리고 증가된 주문이행이 있다. GT Nexus가 제공한 것은 매수자와 매도자의 단절 없는 상호 작용적 비즈니스 플랫폼이다. 이것은 조기지급 프로그램, 수출금융, 지급보장으로 구성된다.

(6) 공장관리

공급업자 효율성 극대화하는 한편 비용 최소화한다. 공장관리는 외주제작(outsourced

production)을 현실화하고, 공급 확실성을 향상시키기 위해 공장 이행을 높인다. 그리고 원료 공급자에서 최종 소비자에 이르기까지 직접적으로 선진화된 제품 흐름을 가능하게 한다.

(7) 운송 관리

협업, 통제, 선적 및 분석한다. 운송관리는 운송비용을 축소시키고 모든 형태의 제공업자에 걸쳐 협업을 통하여 배송 신뢰성을 증가시킨다. GT Nexus 운송관리에는 소싱(sourcing), 평가(ratings), 계획, 입찰, 운임지급 및 감시 등이 있다.

(8) 재고관리

재고관리는 재고가 가장 필요한 곳에 재고를 역동적으로 공급함으로써 공급을 수요에 매치시킨다. GT Nexus는 글로벌 공급체인을 통하여 재고를 관리한다. 중앙 클라우드 네트워크에 데이터를 저장한다. 기업은 정확한 시점에서 이용 가능한 물품을 확보하기 위해 그것을 이용한다.

부 록

The Uniform Customs and Practice for Documentary Credits, 2007 Revision, ICC Publication no. 600

Article 1 Application of UCP 600

The Uniform Customs and Practice for Documentary Credits, 2007 Revision, ICC Publication no. 600 ("UCP") are rules that apply to any documentary credit("credit") (including, to the extent to which they may be applicable, any standby letter of credit) when the text of the credit expressly indicates that it is subject to these rules. They are binding on all parties thereto unless expressly modified or excluded by the credit.

제1조 신용장통일규칙의 적용

화환신용장에 관한 통일규칙 및 관례, 2007년 개정, ICC 발간번호, 제 600 호("UCP")는 신용장의 본문에서 본 규칙을 적용한다고 명시적으로 규정하고 있는 경우, 모든 화환신용장("신용장") (적용 가능한 범위에서 모든 보증신용장을 포함한다)에 적용되는 규칙이다. 신용장에서 명시적으로 수정되거나 또는 배제되지 아니 하는 한, 본 규칙은 모든 관계당사자를 구속한다.

Article 2 Definitions
제2조 정의

For the purpose of these rules:
본 규칙의 목적을 위해

Advising bank means the bank that advises the credit at the request of the issuing bank.
통지은행이라 함은 개설은행의 요청에 따라 신용장을 통지하는 은행을 의미한다.

Applicant means the party on whose request the credit is issued.
개설의뢰자라 함은 신용장의 개설을 요청하는 당사자를 말한다.

Banking day means a day on which a bank is regularly open at the place at which an act subject to these rules is to be performed.
은행영업일이라 함은 본 규칙에 따라 영업행위가 이행되는 장소에서 은행이 정상적으로 영업을 하는 일자를 의미한다.

Beneficiary means the party in whose favour a credit is issued.
수익자라 함은 그 자신을 수혜자로 하여 개설되는 신용장의 당사자를 의미한다.

Complying presentation means a presentation that is in accordance with the terms and conditions of the credit, the applicable provisions of these rules and international standard banking practice.
"일치하는 제시"라 함은 "신용장의 조건, 본 규칙의 적용 가능한 조항 및 국제표준은행관행에 따른 제시"를 의미한다.

Confirmation means a definite undertaking of the confirming bank, in addition to that of the issuing bank, to honour or negotiate a complying presentation.
확인이라 함은 개설은행의 확약에 추가하여 일치하는 제시를 지급결제 또는 매입하기로 하는 확인은행의 확정적 약정을 의미한다.

Confirming bank means the bank that adds its confirmation to a credit upon the issuing bank's authorization or request.
확인은행이라 함은 개설은행의 수권 또는 요청에 따라 신용장에 그의 확인을 추가하는 은행을 의미한다.

Credit means any arrangement, however named or described, that is irrevocable and thereby constitutes a definite undertaking of the issuing bank to honour a complying presentation.
신용장이라 함은 그 명칭이나 기술에 관계없이 취소불능이며 따라서 일치하는 제시를 지급이행할 개설은행의 확약을 구성하는 모든 약정을 말한다.

Honour means:
지급이행이라 함은 다음을 말한다.

a. to pay at sight if the credit is available by sight payment.
b. to incur a deferred payment undertaking and pay at maturity if the credit is available by deferred payment.
c. to accept a bill of exchange ("draft") drawn by the beneficiary and pay at maturity if the credit is available by acceptance.

a. 신용장이 일람지급에 의하여 이용되는 경우 일람 후 지급하는 것.
b. 신용장이 연지급에 의하여 이용되는 경우 연지급 확약의무를 부담하고 만기일에 지급하는 것.
c. 신용장이 인수에 의하여 이용되는 경우 수익자가 발행된 환어음("어음")을 인수하고 만기일에 지급하는 것.

Issuing bank means the bank the issues a credit at the request of an applicant or on its own behalf.
개설은행이라 함은 개설의뢰자의 요청으로 또는 그 자신을 위하여 신용장을 개설하는 은행을 말한다.

Negotiation means the purchase by the nominated bank of drafts (drawn on a bank other than the nominated bank) and/or documents under a complying presentation, by advancing or agreeing to advance funds to the beneficiary on or before the banking day on which

reimbursement is due to the nominated bank.
매입이라 함은 지정은행에 상환이 예정된 은행영업일 이전에 수익자에게 자금을 선지급하거나 또는 선지급하기로 약정함으로써, 지정은행이 일치하는 제시를 조건으로 환어음(지정은행이 아닌 은행을 지급인으로 발행된) 및/또는 서류를 구매하는 것을 의미한다.

Nominated bank means the bank with which the credit is available or any bank in the case of a credit available with any bank.
지정은행이라 함은 신용장이 이용되는 은행 또는 모든 은행에서 이용할 수 있는 신용장의 경우에는 모든 은행을 의미한다.

Presentation means either the delivery of documents under a credit to the issuing bank or nominated bank or the documents so delivered.
제시라 함은 개설은행 또는 지정은행에게 신용장에 의거하여 서류를 인도하는 행위 또는 그렇게 인도된 서류를 의미한다.

Presenter means a beneficiary, bank or other party that makes a presentation.
제시자라 함은 제시를 이행하는 수익자, 은행 또는 기타 당사자를 의미한다.

Article 3 Interpretations
제3조 해석

For the purpose of these rules:
본 규칙의 목적상

Where applicable, words in the singular include the plural and in the plural include the singular.
적용할 수 있는 경우에는, 단수형의 단어는 복수형을 포함하고 복수형의 단어는 단수형을 포함한다.

A credit is irrevocable even if there is no indication to that effect.
신용장은 취소 불능 취지의 명시가 없는 경우에도 취소불능이다.

A document may be signed by handwriting, facsimile signature, perforated signature, stamp, symbol or any other mechanical or electronic method of authentication.
서류는 수기, 모사서명, 천공서명, 스탬프, 상징 또는 기타 모든 기계적 또는 전자적 인증방법에 의하여 서명될 수 있다.

A requirement for a document to be legalized, visaed, certified or similar will be satisfied by any signature, mark, stamp or label on the document which appears to satisfy that requirement.
공인, 사증, 증명된 또는 이와 유사한 서류요건은 그러한 요건을 충족하는 것으로 보이는 서류상의 모든 서명, 표기, 스탬프 또는 라벨에 의하여 충족된다.

Branches of a bank in different countries are considered to be separate banks.
다른 국가에 있는 어떤 은행의 지점은 독립된 은행으로 본다.

Terms such as "first class", "well known", "qualified", "independent", "official", "competent" or

"local" used to describe the issuer of a document allow any issuer except the beneficiary to issue that document.
서류의 발행인을 기술하기 위하여 이용되는 "일류"(first class), "저명한"(well known), "자격 있는"(qualified), "독립적인"(independent), "공식적인"(official), "유능한"(competent) 또는 "국내의"(local)와 같은 용어는 수익자 이외의 모든 서류발행자에게 서류의 발행을 허용한다.

Unless required to be used in a document, words such as "prompt", "immediately" or "as soon as possible" will be disregarded.
서류에서 이용하도록 요구하지 아니하는 한, "신속한"(prompt), "즉시"(immediately) 또는 "가능한 한 신속하게"(as soon as possible)와 같은 단어는 무시된다.

The expression "on or about" or similar will be interpreted as a stipulation that an event is to occur during a period of five calendar days before until five calendar days after the specified date, both start and end dates included.
"경"(on or about) 또는 이와 유사한 표현은 사건이 명시된 일자 이전의 5일부터 그 이후의 5일까지의 기간 동안에 발생하는 약정으로써 초일 및 종료일을 포함하는 것으로 해석된다.

The words "to", "until", "till", "from" and "between" when used to determine a period of shipment include the date or dates mentioned, and the words "before" and "after" exclude the date mentioned.
"까지"(to), "까지"(until), "까지"(till), "부터"(from) 및 "사이"(between)라는 단어는 선적기간을 결정하기 위하여 이용되는 경우에는 언급된 당해 일자 또는 일자들을 포함하며, "이전"(before) 및 "이후"(after)라는 단어는 언급된 당해 일자를 제외된다.

The words "from" and "after" when used to determine a maturity date exclude the date mentioned.
"부터"(from) 및 "이후"(after)라는 단어는 만기일을 결정하기 위하여 사용된 경우에는 언급된 당해 일자를 제외한다.

The terms "first half" and "second half" of a month shall be construed respectively as the 1st to the 15th and the 16th to the last day of the month, all dates inclusive.
어느 월(月)의 "전반"(first half), "후반"(second half)이라는 용어는 각각 해당 월의 1일부터 15일까지, 그리고 16일부터 말일까지로 하고, 양단의 일자를 포함하는 것으로 해석한다.

The terms "beginning", "middle" and "end" of a month shall be construed respectively as the 1st to the 10th, the 11th to the 20th and the 21st to the last day of the month, all dates inclusive.
어느 월의 "초순"(beginning), "중순"(middle) 및 "하순"(end)이라는 용어는 각각 당해 월의 1일부터 10일까지, 11일부터 20일까지, 그리고 21일부터 말일까지로 하고, 양단의 일자를 포함하는 것으로 해석한다.

Article 4 Credits v. Contracts
제4조 신용장과 계약

a. A credit by its nature is a separate transaction from the sale or other contract on which it may be based. Banks are in no way concerned with or bound by such contract, even if any reference whatsoever to it is included in the credit. Consequently, the undertaking of a bank to honour, to negotiate or to fulfil any other obligation under the credit is not subject to claims or defences by the applicant resulting from its relationships with the issuing bank or the beneficiary.

A beneficiary can in no case avail itself of the contractual relationships existing between banks or between the applicant and the issuing bank.

a. 신용장은 그 성질상 그 근거가 되는 매매계약 또는 기타 계약과는 독립된 별개의 거래이다. 은행은 그러한 계약에 관한 어떠한 참조사항이 신용장에 포함되어있다 하더라도 그러한 계약과는 아무런 관계가 없으며 또한 이에 구속되지 아니한다. 결과적으로 신용장에 의하여 지급결제를 하거나, 매입하거나 또는 기타 모든 의무를 이행한다는 은행의 약정은 개설은행 또는 수익자와 개설의뢰자와의 관계로부터 발생되는 개설의뢰자에 의한 클레임 또는 항변에 지배받지 아니한다.

수익자는 어떠한 경우에도 은행 상호간 또는 개설의뢰자와 개설은행 간에 존재하는 계약관계를 원용할 수 없다.

b. An issuing bank should discourage any attempt by the applicant to include, as an integral part of the credit, copies of the underlying contract, proforma invoice and the like.

b. 개설은행은 신용장의 중요한 부분으로, 기초계약의 사본, 견적송장 등을 포함시키고자 하는 개설의뢰자의 어떠한 시도도 저지하여야 한다.

Article 5 Documents v. Goods, Services or Performance
제5조 서류와 물품 용역 이행

Banks deal with documents and not with goods, services or performance to which the documents may relate.

은행은 서류를 거래하는 것이지 그러한 서류들이 관련 될 수도 있는 물품, 용역 또는 계약이행을 거래하는 것이 아니다.

Article 6 Availability, Expiry Date and Place for Presentation
제6조 이용 가능성, 유효기일 및 장소

a. A credit must state the bank with which it is available or whether it is available with any bank. A credit available with a nominated bank is also available with the issuing bank.

a. 신용장에는 그 신용장이 이용되는 은행 또는 그 신용장이 모든 은행에서 이용되는지를 명시해야 한다. 지정은행에서 이용되는 신용장은 개설은행에서도 이용될 수 있다.

b. A credit must state whether it is available by sight payment, deferred payment, acceptance or negotiation.

b. 신용장은 그것이 일람지급, 연지급, 인수 또는 매입 중 어느 방법에 의하여 이용할 수 있는지를 명시하여야 한다.

c. A credit must not be issued available by a draft drawn on the applicant.

c. 개설의뢰자를 지급인으로 발행된 환어음에 의하여 이용할 수 있는 신용장은 개설되어서는 아니 된다.

d. i. A credit must state an expiry date for presentation. An expiry date stated for honour or negotiation will be deemed to be an expiry date for presentation.

ii. The place of the bank with which the credit is available is the place for presentation. The place for presentation under a credit available with any bank is that of any bank. A place for presentation other than that of the issuing bank is in addition to the place of the issuing bank.

d. i. 신용장은 제시를 위한 유효기일을 명시하여야 한다. 지급이행 또는 매입을 위하여 명시된 유효기일은 제시를 위한 유효기일로 본다.

ii. 신용장을 이용할 수 있는 은행의 장소는 제시장소이다. 모든 은행에서 이용할 수 있는 신용장의 제시장소는 모든 은행의 장소이다. 개설은행의 장소가 아닌 제시장소는 개설은행의 장소에 추가된다.

e. Except as provided in sub-article 29 (a), a presentation by or on behalf of the beneficiary must be made on or before the expiry date.

e. 제29조 a항에서 규정된 경우를 제외하고는, 수익자가 제시하거나 또는 수익자를 대신하는 제시는 유효기일에 이전에 이행되어야 한다.

Article 7 Issuing Bank Undertaking
제7조 개설은행의 약정

a. Provided that the stipulated documents are presented to the nominated bank or to the issuing bank and that they constitute a complying presentation, the issuing bank must honour if the credit is available by:

a. 규정된 서류가 지정은행 또는 개설은행에 제시되고, 그 서류가 일치하는 제시를 성립하는 한, 신용장이 다음에 의하여 이용되는 경우에는, 개설은행은 지급을 이행하여야 한다:

i. sight payment, deferred payment or acceptance with the issuing bank;

i. 개설은행에서 일람지급, 연지급 또는 인수에 의하여 이용되는 경우;

ii. sight payment with a nominate bank and that nominated bank does not pay;

ii. 지정은행에서 일람지급에 의하여 이용되고 그 지정은행이 지급하지 아니하는 경우;

iii. deferred payment with a nominated bank and that nominated bank does not incur its deferred payment undertaking or, having incurred its deferred payment undertaking, does not pay at maturity;

iii. 지정은행에서 연지급에 의하여 이용될 수 있고 그 지정은행이 연지급약정을 부담하지 아니하는 경우 또는, 그 지정은행이 연지급약정을 부담하였지만 만기일에 지급하지 아니하는 경우;

iv. acceptance with a nominated bank and that nominated bank does not accept a draft drawn on it or, having accepted a draft drawn on it, does not pay at maturity;

iv. 지정은행에서 인수에 의하여 이용될 수 있고 그 지정은행이 자행을 지급인으로 하여 발행된 환어음을 인수하지 아니하는 경우 또는, 그 지정은행이 자행을 지급인으로 하여 발행된 환어음을 인수하였지만 만기일에 지급하지 아니하는 경우;

v. negotiation with a nominated bank and that nominated bank does not negotiate.
v. 지정은행에서 매입에 의하여 이용될 수 있고 그 지정은행이 매입하지 아니하는 경우.

b. An issuing bank is irrevocably bound to honour as of the time it issues the credit.
b. 개설은행은 신용장을 발행하는 시점부터 지급을 이행할 취소 불능의 의무를 부담한다.

c. An issuing bank undertaking to reimburse a nominated bank that has honoured or negotiated a complying presentation and forwarded the documents to the issuing bank. Reimbursement for the amount of a complying presentation under a credit available by acceptance or deferred payment is due at maturity, whether or not the nominated bank prepaid or purchased before maturity. An issuing bank's undertaking to reimburse a nominated bank is independent of the issuing bank's undertaking to the beneficiary.
c. 개설은행은 일치하는 제시를 지급결제 또는 매입하고 그 서류를 개설은행에 발송하는 지정은행에게 상환할 것을 약정한다. 인수 또는 연지급에 의하여 이용되는 신용장에 따른 일치하는 제시금액에 대한 상환은 지정은행이 만기일 전에 선지급 또는 구매하였는지의 여부와 관계없이 만기일에 이행되어야 한다. 지정은행에 상환할 개설은행의 약정은 수익자에 대한 개설은행의 약정으로부터 독립한다.

Article 8 Confirming Bank Undertaking
제8조 확인은행의 확약

a. Provided that the stipulated documents are presented to the confirming bank or to any other nominated bank and that they constitute a complying presentation, the confirming bank must:
a. 규정된 서류가 확인은행 또는 그 이외의 다른 지정은행에 제시되고, 그 서류가 일치하는 제시를 구성하는 한, 확인은행은:

i. honour, if the credit is available by
i. 신용장이 나음 중의 어느 것에 의하여 이용되는 경우에는, 지급결제 하여야 한다:

a) sight payment, deferred payment or acceptance with the confirming bank;
a) 확인은행에서 일람지급, 연지급 또는 인수에 의하여 이용되는 경우;

b) sight payment with another nominated bank and that nominated bank does not pay;
b) 다른 지정은행에서 일람지급에 의하여 이용되는데, 그 지정은행이 지급하지 아니하는 경우;

c) deferred payment with another nominated bank and that nominated bank does not incur its deferred payment undertaking or, having incurred its deferred payment undertaking, does not pay at maturity;
c) 다른 지정은행에서 연지급에 의하여 이용되는데, 그 지정은행이 연지급약정을 부담하지 아니하는 경우 또는, 그 지정은행이 연지급약정을 부담하였지만 만기일에 지급하지 아니하는 경우;

d) acceptance with another nominated bank and that nominated bank does not accept a draft drawn on it or, having accepted a draft drawn on it, does not pay at maturity;

d) 다른 지정은행에서 인수에 의하여 이용되는데, 그 지정은행이 그 자행을 지급인으로 하여 발행된 환어음을 인수하지 아니하는 경우 또는, 그 지정은행이 그 자행을 지급인으로 하여 발행된 환어음을 인수하였지만 만기일에 지급하지 아니하는 경우;

e) negotiation with another nominated bank and that nominated bank does not negotiate.

e) 다른 지정은행에서 매입에 의하여 이용되는데, 그 지정은행이 매입하지 아니하는 경우.

ii. negotiate, without recourse, if the credit is available by negotiation with the confirming bank.

ii. 신용장이 확인은행에서 매입에 의하여 이용되는 경우에는, 상환청구권 없이, 매입하여야 한다.

b. A confirming bank is irrevocably bound to honour or negotiate as of the time it adds its confirmation to the credit.

b. 확인은행은 신용장에 자신의 확인을 추가하는 시점부터 지급결제 또는 매입할 취소 불능의 의무를 부담한다.

c. A confirming bank undertakes to reimburse another nominated bank that has honoured or negotiated a complying presentation and forwarded the documents to the confirming bank. Reimbursement for the amount of a complying presentation under a credit available by acceptance or deferred payment is due at maturity, whether or not another nominated bank prepaid or purchased before maturity. A confirming bank's undertaking to reimburse another nominated bank is independent of the confirming bank's undertaking to the beneficiary.

c. 확인은행은 일치하는 제시를 지급결제 또는 매입하고 그 서류를 확인은행에 송부하는 다른 지정은행에게 상환할 것을 약정한다. 인수 또는 연지급에 의하여 이용되는 신용장에 따른 일치하는 제시금액에 대한 상환은 다른 지정은행이 만기일 전에 선지급 또는 구매하였는지의 여부와 관계없이 만기일에 이행되어야 한다. 다른 지정은행에 상환할 확인은행의 약정은 수익자에 대한 확인은행의 약정으로부터 독립한다.

d. If a bank is authorized or requested by the issuing bank to confirm a credit but is not prepared to do so, it must inform the issuing bank without delay and may advise the credit without confirmation.

d. 어떤 은행이 개설은행으로부터 신용장의 확인을 수권 또는 요청받았으나 이를 행할 의사가 없는 경우, 동 은행은 지체 없이 개설은행에 통지하여야 하고 확인 없이 신용장을 통지할 수 있다.

Article 9 Advising of Credits and Amendments
제9조 신용장 및 조건변경의 통지

a. A credit and any amendment may be advised to a beneficiary through an advising bank. An advising bank that is not a confirming bank advises the credit and any amendment without any undertaking to honour or negotiate.

a. 신용장 및 모든 조건변경은 통지은행을 통하여 수익자에게 통지된다. 확인은행이 아닌 통지은행은 지급결제 또는 매입할 어떠한 약정 없이 신용장 및 모든 조건변경을 통지한다.

b. By advising the credit or amendment, the advising bank signifies that it has satisfied itself as to the apparent authenticity of the credit or amendment and that the advice accurately reflects the terms and conditions of the credit or amendment received.

b. 신용장 또는 조건변경을 통지함으로써, 통지은행은 신용장 또는 조건변경의 외관상 진정성에 관하여 그 자신이 확인하다는 것을 의미하며, 또 그 통지가 접수된 신용장 또는 조건변경의 제 조건을 정확히 반영하고 있다는 것을 의미한다.

c. An advising bank may utilize the services of another bank ("second advising bank") to advise the credit and any amendment to the beneficiary. By advising the credit or amendment, the second advising bank signifies that it has satisfied itself as to the apparent authenticity of the advice it has received and that the advice accurately reflects the terms and conditions of the credit or amendment received.

c. 통지은행은 수익자에게 신용장 및 모든 조건변경을 통지하기 위하여 또 다른 은행("제2의 통지은행")의 서비스를 이용할 수 있다. 신용장 또는 조건변경을 통지함으로써 제2의 통지은행은 자신이 수령한 그 통지의 외관상의 진정성에 관하여 그 자신이 확인하였다는 것과 그 통지가 수령된 신용장 또는 조건변경의 조건을 정확히 반영하고 있다는 것을 의미한다.

d. A bank utilizing the services of an advising bank or second advising bank to advise a credit must use the same bank to advise any amendment thereto.

d. 신용장을 통지하기 위하여 통지은행 또는 제2의 통지은행의 서비스를 이용하는 은행은 본 신용장의 모든 조건변경을 통지하기 위하여 동일한 은행을 이용하여야 한다.

e. If a bank is requested to advise a credit or amendment but elects not to do so, it must so inform, without delay, the bank from which the credit, amendment or advice has been received.

e. 어떤 은행이 신용장 또는 조건변경을 통지하도록 요청받았지만 통지하지 않기로 결정하는 경우에는, 그 은행은 신용장, 조건변경 또는 통지를 발송한 은행에게 이를 지체 없이 통보하여야 한다.

f. If a bank is requested to advise a credit or amendment but cannot satisfy itself as to the apparent authenticity of the credit, the amendment or the advice, it must so inform, without delay, the bank from which the instructions appear to have been received. If the advising bank or second advising bank elects nonetheless to advise the credit or amendment, it must inform the beneficiary or second advising bank that it has not been able to satisfy itself as to the apparent authenticity of the credit, the amendment or the advice.

f. 어떤 은행이 신용장 또는 조건변경을 통지하도록 요청받았지만 신용장, 조건변경 또는 통지의 외관상의 신성성에 관하여 자신이 확인할 수 없는 경우에는, 그 통지은행은 그 지시를 발송한 것으로 보이는 은행에게 이를 지체 없이 통보하여야 한다. 그럼에도 불구하고 통지은행 또는 제2의 통지은행이 그 신용장 또는 조건변경을 통지하기로 결정한 경우에는, 그 통지은행은

수익자 또는 제2의 통지은행에게 신용장, 조건변경 또는 통지의 외관상 진정성에 관하여 자신이 확인할 수 없었다는 것을 통보하여야 한다.

Article 10 Amendment
제10조 조건변경

a. Except as otherwise provided by article 38, a credit can neither be amended nor cancelled without the agreement of the issuing bank, the confirming bank, if any, and the beneficiary.

a. 제38조에 의하여 별도로 규정된 경우를 제외하고, 신용장은 개설은행, 확인은행(있는 경우) 및 수익자의 합의 없이는 변경 또는 취소될 수 없다.

b. An issuing bank is irrevocably bound by an amendment as of the time it issues the amendment. A confirming bank may extend its confirmation to an amendment and will be irrevocably bound as of the time it advises the amendment. A confirming bank may, however, choose to advise an amendment without extending its confirmation and, if so, it must inform the issuing bank without delay and inform the beneficiary in its advice.

b. 개설은행은 그 자신이 조건 변경(서)을 발행한 시점부터 그 조건변경(서)에 의하여 취소불능의 의무를 부담한다. 확인은행은 그 자신의 확인을 조건변경에까지 확대할 수 있으며 그 변경을 통지한 시점부터 취소불능의 의무를 부담한다. 그러나 확인은행은 그 자신의 확인을 확대함이 없이 조건변경을 통지하기로 결정할 수 있으며, 그렇게 이행하기로 한 경우에는 개설은행에게 지체 없이 통보하고 그 자신의 통지로 수익자에게 통보하여야 한다.

c. The terms and conditions of the original credit (or a credit incorporating previously accepted amendments) will remain in force for the beneficiary until the beneficiary communicates its acceptance of the amendment to the bank that advised such amendment. The beneficiary should give notification of acceptance or rejection of an amendment. If the beneficiary fails to give such notification, a presentation that complies with the credit and to any not yet accepted amendment will be deemed to be notification of acceptance by the beneficiary of such amendment. As of that moment the credit will be amended.

c. 원본 신용장(또는 이전에 수락된 조건변경을 포함하고 있는 신용장)의 조건은 수익자가 그러한 조건변경을 통지한 은행에게 그 조건변경에 대한 그 자신의 조건변경 수락을 전달할 때까지는 수익자에게는 여전히 유효하다. 수익자는 조건변경에 대해 수락 또는 거절의 통보를 해야 한다. 수익자가 그러한 통보를 하지 아니한 경우, 그 신용장과 아직 수락되지 아니한 조건변경에 일치하는 제시는 수익자가 그러한 조건변경에 대하여 자신의 수락통보를 행한 것으로 간주한다. 그 순간부터 신용장은 조건 변경된다.

d. A bank that advises an amendment should inform the bank from which it received the amendment of any notification of acceptance or rejection.

d. 조건변경을 통지하는 은행은 조건변경을 송부해 준 은행에게 승낙 또는 거절의 통고를 통지하여야 한다.

e. Partial acceptance of an amendment is not allowed and will be deemed to be notification of rejection of the amendment.

e. 조건변경의 부분 승낙은 허용되지 아니하며 그 조건변경의 거절통지로 본다.

f. A provision in an amendment to the effect that the amendment shall enter into force unless rejected by the beneficiary within a certain time shall be disregarded.

f. 수익자가 특정 기한 내에 조건변경을 거절하지 아니하는 한, 유효하다는 취지의 조건변경서상의 규정은 무시된다.

Article 11 Teletransmitted and Pre-Advised Credits and Amendments
제11조 전송 및 사전통지 신용장과 조건변경

a. An authenticated teletransmission of a credit or amendment will be deemed to be the operative credit or amendment, and any subsequent mail confirmation shall be disregarded. If a teletransmission states "full details to follow"(or words of similar effect), or states that the mail confirmation is to be the operative credit or amendment, then the teletransmission will not be deemed to be the operative credit or amendment. The issuing bank must then issue the operative credit or amendment without delay in terms not inconsistent with the teletransmission.

a. 인증된 신용장 또는 조건변경의 전송은 유효한 신용장 또는 조건변경으로 간주하며, 추후의 모든 우편 확인서는 무시된다.
전송이 "완전한 명세는 추후 통지함"(full details to follow)(또는 이와 유사한 추지의 표현)이라고 기술하고 있거나 또는 우편 확인서를 유효한 신용장 또는 조건변경으로 한다고 기술하고 있는 경우에는, 그 전송은 유효한 신용장 또는 조건변경으로 보지 아니한다. 이러한 경우에 개설은행은 전송과 모순되지 아니한 조건으로 지체 없이 유효한 신용장을 개설하거나 또는 조건변경을 발행하여야 한다.

b. A preliminary advice of the issuance of a credit or amendment ("pre-advice") shall only be sent if the issuing bank is prepared to issue the operative credit or amendment. An issuing bank that sends a pre-advice is irrevocably committed to issue the operative credit or amendment, without delay, in terms not inconsistent with the pre-advice.

b. 신용장의 개설 또는 조건변경의 예비 통지(사전 통지)는 개설은행이 유효한 신용장을 개설하거나 또는 조건변경을 이행할 계획(준비)이 있는 경우에만 송부해야 한다. 사전 통지를 송부하는 개설은행은 지체 없이 사전 통지와 모순되지 아니한 조건으로 유효한 신용장을 개설하거나 또는 조건변경을 발행할 것을 취소불능으로 약정한다.

Article 12 Nomination
제12조 지정

a. Unless a nominated bank is the confirming bank, an authorization to honour or negotiate does not impose any obligation on that nominated bank to honour or negotiate, except when expressly agreed to by that nominated bank and so communicated to the beneficiary.

a. 지정은행이 확인은행이 아닌 한, 지급 또는 매입할 수권은 그 지정은행이 명시적으로 동의하고 이를 수익자에게 통지하는 경우를 제외하고는, 그 지정은행에게 어떠한 의무도 부과되지

아니한다.

b. By nominating a bank to accept a draft or incur a deferred payment undertaking, an issuing bank authorizes that nominated bank to prepay or purchase a draft accepted or a deferred payment undertaking incurred by that nominated bank.

b. 환어음을 인수하거나 또는 연지급약정을 부담하는 은행을 지정함으로써 개설은행은 지정은행이 인수한 환어음 또는 부담한 연지급약정을 선지급 또는 구매하도록 그 지정은행에게 수권해야 한다.

c. Receipt or examination and forwarding of documents by a nominated bank that is not a confirming bank does not make that nominated bank liable to honour or negotiate, nor does it constitute honour or negotiation.

c. 확인은행이 아닌 지정은행에 의한 서류의 접수 또는 심사 및 송부는 지급이행 또는 매입하는 의무를 그 지정은행에게 부담시키도록 하는 것은 아니며, 그것은 지급이행 또는 매입을 성립하지 아니한다.

Article 13 Bank-to-Bank Reimbursement Arrangements
제13조 은행 간 상환약정

a. If a credit states that reimbursement is to be obtained by a nominated bank ("claiming bank") claiming on another party ("reimbursing bank"), the credit must state if the reimbursement is subject to the ICC rules for bank-to-bank reimbursements in effect on the date of issuance of the credit.

a. 신용장에서 지정은행("청구은행")이 상환을 또 다른 당사자("상환은행")에게 청구하여 대금상환을 받도록 명시하고 있는 경우에는, 그 신용장은 그 상환이 신용장의 개설일자에 유효한 은행 간 대금상환에 관한 ICC 규칙이 적용되는지를 명시하여야 한다.

b. If a credit does not state that reimbursement is subject to the ICC rules for bank-to- bank reimbursements, the following apply:

b. 신용장에서 대금상환은 은행 간 대금상환에 관한 ICC 규칙에 따른다는 것을 명시하고 있지 아니한 경우에는, 다음이 적용된다:

i. An issuing bank must provide a reimbursing bank with a reimbursement authorization that conforms with the availability stated in the credit. The reimbursement authorization should not be subject to an expiry date.

i. 개설은행은 상환은행에 신용장에 기술된 유효성을 따르는 상환수권을 부여하여야 한다. 상환수권은 유효기일을 적용하지 아니하여야 한다.

ii. A claiming bank shall not be required to supply a reimbursing bank with a certificate of compliance with the terms and conditions of the credit.

ii. 청구은행은 상환은행에게 신용장의 조건과의 일치성 증명을 제공하도록 요구하지 않는다.

iii. An issuing bank will be responsible for any loss of interest, together with any expenses incurred, if reimbursement is not provided on first demand by a reimbursing bank in accordance with the terms and conditions of the credit.

iii. 상환은행이 최초의 청구 시에 신용장의 조건에 따라 상환을 이행하지 아니하는 경우, 개설은행은 발생되는 모든 비용과 함께 이자손실을 부담하여야 한다.

iv. A reimbursing bank's charges are for the account of the issuing bank. However, if the charges are for the account of the beneficiary, it is the responsibility of ann issuing bank to so indicate in the credit and in the reimbursement authorization. If a reimbursing bank's charges are for the account of the beneficiary, they shall be deducted from the amount due to a claiming bank when reimbursement is made. If no reimbursement is made, the reimbursing bank's charges remain the obligation of the issuing bank.

iv. 상환은행의 비용은 개설은행의 부담으로 한다. 그러나 그 비용을 수익자의 부담으로 하는 경우에는, 개설은행은 신용장 및 상환수권서에 그와 같이 규정할 책임이 있다. 상환은행의 비용을 수익자의 부담으로 하는 경우에는, 그 비용은 상환이 이행될 때 청구은행에 지급해야 하는 금액으로부터 공제되어야 한다. 상환이 이행되지 아니하는 경우에는 상환은행의 비용은 개설은행의 의무로 남는다.

c. An issuing bank is not relieved of any of its obligations to provide reimbursement if reimbursement is not made by a reimbursing bank on first demand.

c. 개설은행은 최초의 청구 시에 상환은행이 상환을 이행하지 아니하는 경우에는 상환을 이행해야할 자신의 의무로부터 면제되지 아니한다.

Article 14 Standard for Examination of Documents
제14조 서류심사의 기준

a. A nominated bank acting on its nomination, a confirming bank, if any, and the issuing bank must examine a presentation to determine, on the basis of the documents alone, whether or not the documents appear on their face to constitute a complying presentation.

a. 지정에 따라 행동하는 지정은행, 확인은행(있는 경우) 및 개설은행은 서류가 문면상 일치하는 제시인지 여부를 결정하기 위하여 서류만을 근거로 하여 그 제시를 심사하여야 한다

b. A nominated bank acting on its nomination, a confirming bank, if any, and the issuing bank shall each have a maximum of five banking days following the day of presentation to determine if a presentation is complying. This period is not curtailed or otherwise affected by the occurrence on or after the date of presentation of any expiry date or last day for presentation.

b. 지정에 따라 행동하는 지정은행, 확인은행(있는 경우) 및 개설은행은 제시가 일치하는지 여부를 결정하기 위하여 그 제시일 다음날부터 최대 제5은행영업일을 각각 가진다. 이 기간은 제시를 위한 모든 유효기일 또는 제시를 위한 최종기일 이후의 사건 발생으로 인하여 단축되거나 또는 별도로 영향을 받지 아니한다.

c. A presentation including one or more original transport documents subject to articles 19, 20, 21, 22, 23, 24 or 25 must be made by or on behalf of the beneficiary not later than 21 calendar days after the date of shipment as described in these rules, but in any event not later than the expiry date of the credit.

c. 제19조, 제20조, 제21조, 제22조, 제23조, 제24조 또는 제25조에 따른 하나 또는 그 이상의 운송서류의 원본을 포함하는 제시는 본 규칙에 규정된 대로 선적일 이후 21일 이내에 수익자에 의하여 또는 그 수익자를 대신하여 이행되어야 한다. 그러나 어떠한 경우에도, 신용장의 유효기일 이내에 제시되어야 한다.

d. Data in a document, when read in context with the credit, the document itself and international standard banking practice, need not be identical to, but must not conflict with, data in that document, any other stipulated document or the credit.

d. 서류상의 자료는 신용장, 서류 그 자체 및 국제표준은행관행에 따라 심사하는 경우, 그 서류, 그 이외의 규정된 다른 서류 또는 신용장상의 자료와 동일할 필요는 없지만 이와 상충되어서는 아니 된다.

e. In documents other than the commercial invoice, the description of the goods, services or performance, if stated, may be in general terms not conflicting with their description in the credit.

e. 상업송장 이외의 서류에 있어서, 물품, 용역 또는 이행의 명세는 기술된 경우 신용장상의 이들 명세와 상충되지 아니하는 일반용어로 기재될 수 있다.

f. If a credit requires presentation of a document other than a transport document, insurance document or commercial invoice, without stipulating by whom the document is to be issued or its data content, banks will accept the document as presented if its content appears to fulfil the function of the required document and otherwise complies with sub-article 14 (d).

f. 신용장에서 서류가 누구에 의하여 발행되는 것인가 또는 서류의 자료내용을 명시하지 않고, 운송서류, 보험서류 또는 상업송장 이외의 서류의 제시를 요구하는 경우에는, 그 서류의 내용이 요구된 서류의 기능을 충족하는 것으로 보이고 기타의 방법으로 제14조 d항과 일치한다면, 은행은 그 서류를 제시된 대로 수리한다.

g. A document presented but not required by the credit will be disregarded and may be returned to the presenter.

g. 제시되었지만 신용장에서 요구되지 않은 서류는 무시되고 그 제시자에게 반송될 수 있다.

h. If a credit contains a condition without stipulating the document to indicate compliance with the condition, banks bill deem such condition as not stated and will disregard it.

h. 신용장이 그 조건과의 일치성을 확인하기 위해서 서류를 명시하지 않고 조건만을 규정하고 있는 경우에는, 은행은 그러한 조건이 진술되지 아니한 것으로 간주하고 이를 무시하여야 한다.

i. A document may be dated prior to the issuance date of the credit, but must not be dated later than its date of presentation.

i. 서류는 신용장의 개설일자보다 이전의 일자가 기재될 수 있으나 그 서류의 제시일보다 늦은 일자가 기재 되어서는 아니 된다.

j. When the addresses of the beneficiary and the applicant appear in any stipulated document, they need not be the same as those stated in the credit or in any other stipulated documents, but must be within the same country as the respective addresses mentioned in the credit. Contact details(telefax, telephone, email and the like) stated as part of the beneficiary's and the applicant's address will be disregarded. However, when the address and contact details of the applicant appear as part of the consignee or notify party details on a transport document subject to articles 19, 20, 21, 22, 23, 24, or 25, they must be as stated in the credit.

j. 수익자 및 개설의뢰자의 주소가 모든 규정된 서류상에 명시되어 있는 경우에는, 이들 주소는 신용장 또는 그 이외 다른 모든 명시된 서류에 명시된 내용과 동일할 필요는 없으나, 신용장에 언급된 각각의 주소와 동일한 국가 내에 있어야 한다. 수익자 및 개설의뢰자의 주소의 일부로 기술된 연락처 명세(모사전송, 전화, 전자우편 등)는 무시된다. 그러나 개설의뢰자의 모든 주소와 연락처 명세가 제19조, 제20조, 제21조, 제22조, 제23조, 제24조 또는 제25조에 따라 운송서류상의 수하인 또는 착하통지처 명세의 일부로써 명시된 경우에는, 이러한 주소 및 연락처 명세는 신용장에 기술된 대로 이어야 한다.

k. The shipper or consignor of the goods indicated on any document need not be the beneficiary of the credit.

k. 모든 서류상에 기술된 물품의 송하인 또는 탁송자는 신용장의 수익자가 될 필요는 없다.

l. A transport document may be issued by any party other than a carrier, owner, master or charterer provided that the transport document meets the requirements of articles 19, 20, 21, 22, 23, or 24 of these rules.

l. 운송서류가 본 규칙 제19조, 제20조, 제21조, 제22조, 제23조 또는 제24조의 요건을 충족하는 한, 그 운송서류는 운송인, 선주, 선장 또는 용선자 이외의 모든 당사자에 의하여 발행될 수 있다.

Article 15 Complying Presentation
제15조 일치하는 제시

a. When an issuing bank determines that a presentation is complying, it must honour.

a. 개설은행이 제시가 일치한다고 결정하는 경우에는, 그 개설은행은 지급결제를 해야 한다.

b. When a confirming bank determines that a presentation is complying, it must honour or negotiate and forward the documents to the issuing bank.

b. 확인은행이 제시가 일치한다고 결정하는 경우에는, 그 확인은행은 그 서류를 지급결제 또는 매입하고 개설은행에게 발송하여야 한다.

c. When a nominated bank determines that a presentation is complying and honours or negotiates, it must forward the documents to the confirming bank or issuing bank.

c. 지정은행이 제시가 일치한다고 결정하고 지급결제 또는 매입하는 경우에는, 그 지정은행은 그 서류를 확인은행 또는 개설은행에게 발송하여야 한다.

Article 16 Discrepant Documents, Waiver and Notice
제16조 불일치 서류, 권리포기 및 통지

a. When a nominated bank acting on its nomination, a confirming bank, if any, or the issuing bank determines that a presentation does not comply, it may refuse to honour or negotiate.
a. 지정을 받아 행동하는 지정은행, 확인은행(있는 경우) 또는 개설은행은 제시가 일치하지 아니한 것으로 결정하는 경우에는, 지급결제 또는 매입을 거절할 수 있다.

b. When an issuing bank determines that a presentation does not comply, it may in its sole judgement approach the applicant for a waiver of the discrepancies. This does not, however, extend the period mentioned in sub-article 14 (b).
b. 개설은행은 제시가 일치하지 않다고 결정하는 경우에는, 독자적인 판단으로 불일치의 권리포기 여부를 개설의뢰자와 교섭할 수 있다. 그러나 이는 제14조 b항에서 언급된 기간이 연장되지 아니한다.

c. When a nominated bank acting on its nomination, a confirming bank, if any, or the issuing bank decides to refuse to honour or negotiate, it must give a single notice to the effect to the presenter.
c. 지정을 받아 행동하는 지정은행, 확인은행(있는 경우) 또는 개설은행은 지급결제 또는 매입을 거절하기로 결정한 경우에는, 서류 제시자에게 그러한 취지로 단 1회만 통지하여야 한다.

The notice must state:
그 통지는 다음 사항을 기술하여야 한다:

i. that the bank is refusing to honour or negotiate; and
i. 은행이 지급결제 또는 매입을 거절하고 있다는 것; 그리고

ii. each discrepancy in respect of which the bank refuses to honour or negotiate; and
ii. 은행이 지급결제 또는 매입을 거절한다는데 있어서 각각의 불일치 사유; 그리고

iii. a) that the bank is holding the documents pending further instructions from the presenter; or
a) 은행이 그 서류제시자로부터 별도(추후) 지시를 받을 때까지 서류를 보관하고 있다는 것; 또는

b) that the issuing bank is holding the documents until it receives a waiver from the applicant and agrees to accept it, or receives further instructions from the presenter prior to agreeing to accept a waiver; or
b) 개설은행이 개설의뢰자로부터 권리포기를 접수하고 서류를 수리하기로 합의할 때까지, 또는 권리포기를 수락하기 전에 서류제시자로부터 추후 지시를 받을 때까지 개설은행이 서류를 보관하고 있다는 것; 또는

c) that the bank is returning the documents; or
c) 은행이 서류를 반송하고 있다는 것; 또는

d) that the bank is acting in accordance with instructions previously received from the presenter.

d) 은행이 서류제시자로부터 이전에 받은 지시에 따라 행동하고 있다는 것.

d. The notice required in sub-article 16 (c) must be given by telecommunication or, if that is not possible, by other expeditious means no later than the close of the fifth banking day following the day of presentation.

d. 제16조 c항에서 요구된 통지는 전기통신(telecommunication)으로 또는 그 이용이 불가능한 때에는 기타 신속한 수단으로 제시일 익일로부터 제5은행영업일의 마감시간 이내에 이행되어야 한다.

e. A nominated bank acting on its nomination, a confirming bank, if any, or the issuing bank may, after providing notice required by sub-article 16 (c) (iii) (a) or (b), return the documents to the presenter at any time.

e. 지정을 받아 행동하는 지정은행, 확인은행(있는 경우) 또는 개설은행은 제16조 c항 (iii호) (a) 또는 (b)에 의하여 요구된 통지를 이행한 후에, 언제든 서류제시자에게 그 서류를 반송할 수 있다.

f. If an issuing bank or a confirming bank fails to act in accordance with the provisions of this article, it shall be precluded from claiming that the documents do not constitute a complying presentation.

f. 개설은행 또는 확인은행이 본 조항의 규정에 따라 행동하지 아니한 경우에는, 그 은행은 서류가 일치하는 제시를 성립하지 아니한다고 주장할 수 없다.

g. When an issuing bank refuses to honour or a confirming bank refuses to honour or negotiate and has given notice to that effect in accordance with this article, it shall then be entitled to claim a refund, with interest, of any reimbursement made.

g. 개설은행이 지급결제를 거절하거나 또는 확인은행이 지급결제 또는 매입을 거절하고 본조에 따라 그러한 취지를 통지한 경우에는, 당해 은행은 이미 이행된 상환자금에 그 이자를 추가하여 반환을 청구할 권리가 있다.

Article 17 Original Documents and Copies
제17조 원본서류 및 사본

a. At least on original of each document stipulated in the credit must be presented.

a. 적어도 신용장에 규정된 각 서류의 원본 1통은 제시되어야 한다.

b. A bank shall treat as an original any document bearing an apparently original signature, mark, stamp, or label of the issuer of the document, unless the document itself indicates that it is not an original.

b. 서류 그 자체가 원본이 아니라고 표기하고 있지 아니하는 한, 명백히 서류발행자의 원본 서명, 표기, 스탬프, 또는 라벨을 표기하고 있는 서류를 원본으로 취급한다.

c. Unless a document indicates otherwise, a bank will also accept a document as original if it:

c. 서류가 별도로 표기하지 아니하는 한, 또한 서류가 다음에 해당하는 경우에는, 은행은 서류를

원본으로 수리한다:

i. appears to be written, typed, perforated or stamped by the document issuer's hand; or
i. 서류발행자에 의하여 수기, 타자, 천공 또는 스탬프된 것으로 보이는 경우; 또는

ii. appears to be on the document issuer's original stationery; or
ii. 서류발행자의 원본 용지상에 표기된 것으로 보이는 경우; 또는

iii. states that it is original, unless the statement appears not to apply to the document presented.
iii. 그 진술이 제시된 서류에 적용되지 아니하는 것으로 보이지 않은 한, 원본이라는 기술이 있는 경우.

d. If a credit requires presentation of copies of documents, presentation of either originals or copies is permitted.
d. 신용장이 사본 서류의 제시를 요구하는 경우에는 원본 또는 사본의 제시는 허용된다.

e. If a credit requires presentation of multiple documents by using terms such as "in duplicate", "in two fold" or "in two copies", this will be satisfied by the presentation of at least one original and the remaining number in copies, except when the document itself indicates otherwise.
e. 신용장이 "2부"(in duplicate), "2부"(in two fold), "2부"(in two copies) 와 같은 용어를 이용함으로써 여러 부수의 서류의 제시를 요구하는 경우에는, 이것은 서류 자체에 별도의 표기가 있는 경우를 제외하고는 적어도 원본 1부와 사본으로 된 나머지 부수의 제시에 의하여 충족된다.

Article 18 Commercial Invoice
제18조 상업송장

a. A commercial invoice:
a. 상업송장은:

i. must appear to have been issued by the beneficiary (except as provided in article 38);
i. 수익자에 의하여 발행된 것으로 표기되어야 하며(제38조에 규정된 경우 제외);

ii. must be made out in the name of the applicant (except as provided in sub-article 38 (g));
ii. 개설의뢰자의 명의로 작성되어야 하며(제38조 g항에 규정된 경우 제외);

iii. must be made out in the same currency as the credit; and
iii. 신용장과 동일한 통화로 작성되어야 하며; 그리고

iv. need not be signed.
iv. 서명될 필요가 없다.

b. A nominated bank acting on its nomination, a confirming bank, if any, or the issuing bank may accept a commercial invoice issued for an amount in excess or the amount permitted by the credit, and its decision will be binding upon all parties, provided the bank in question has not honoured or negotiated for an amount in excess of that permitted by the credit.

b. 지정을 받아 행동하는 지정은행, 확인은행(있는 경우) 또는 개설은행은 신용장에 의하여 허용된 금액을 초과한 금액으로 발행된 상업송장을 수리할 수 있으며, 그러한 결정은 모든 당사자를 구속한다. 다만 당해 은행은 신용장에 의하여 허용된 금액을 초과한 금액으로 지급결제 또는 매입하지 아니하여야 한다.

c. The description of the goods, service or performance in a commercial invoice must correspond with that appearing in the credit.

c. 상업송장상의 물품, 용역 또는 이행의 명세는 신용장에 명시되어 있는 것과 일치하여야 한다.

Article 19 Transport Document Covering at Least Two Different Modes of Transport
第19조 적어도 두 가지 다른 운송방식을 표기하는 운송서류

a. A transport document covering at least two different modes of transport (multimodal or combined transport document), however named, must appear to:

a. 적어도 두 가지의 다른 운송방식을 커버하는 운송서류(복합운송서류)는 그 명칭에 관계없이 다음과 같이 명시되어야 한다:

i. indicate the name of the carrier and be signed by:

i. 운송인의 명칭을 표기하고 다음의 당사자에 의하여 서명되어 있는 것:

- the carrier or a named agent for or on behalf of the carrier, or
  운송인 또는 운송인을 위해 대리하는 지정대리인, 또는
- the master or a named agent for or on behalf of the master.
  선장 또는 선장을 위해 대리하는 지정대리인.

Any signature by the carrier, master or agent must be identified as that of the carrier, master or agent.

운송인, 선장 또는 대리인에 의한 모든 서명은 그 운송인, 선장 또는 대리인의 서명인 것으로 확인되어야 한다.

Any signature by an agent must indicate whether the agent has signed for or on behalf of the carrier or for or on behalf of the master.

대리인에 의한 모든 서명을 그 대리인이 운송인의 대리인으로서 서명하였는지, 또는 선장의 대리인으로서 서명하였는지를 표기하여야 한다.

ii. indicate that the goods have been dispatched, taken in charge or shipped on board at the place stated in the credit, by:

ii. 다음에 의하여, 물품이 신용장에 기술된 장소에서 발송, 수탁 또는 본선에 선적되었다는 것을 표기하고 있는 것:

- pre-printed wording, or
  사전 인쇄된 문언, 또는
- a stamp or notation indicating the date on which the goods have been dispatched,

taken in charge or shipped on board.
물품이 발송, 수탁 또는 본선 적재된 일자를 표기하고 있는 스탬프 또는 부기

The date of issuance of the transport document will be deemed to be the date of dispatch, taking in charge or shipped on board, and the date of shipment. However, if the transport document indicates, by stamp or notation, a date of dispatch, taking in charge of shipped on board, this date will be deemed to be the date of shipment.
운송서류의 발행일은 발송, 수탁 또는 본선 적재일, 및 선적일로 본다. 그러나 운송서류가 스탬프 또는 부기로 발송, 수탁 또는 본선 적재일자를 표기하고 있는 경우에는 이러한 일자를 선적일자로 본다.

iii. indicate the place of dispatch, taking in charge or shipment and the place of final destination stated in the credit, even if:
iii. 비록 다음과 같은 경우에도 신용장에 기술된 발송, 수탁 또는 선적지 및 최종 목적지를 표시하고 있는 것:

a) the transport document states, in addition, a different place of dispatch, taking in charge or shipment or place of final destination, or
a) 운송서류가 부가적으로 다른 발송지, 수탁지 또는 선적지 또는 최종 목적지를 표기하고 있더라도, 또는

b) the transport document contains the indication "intended" or similar qualification in relation to the vessel, port of loading or port of discharge.
b) 운송서류가 선박, 적재항 또는 양륙항에 관하여 "예정된" 또는 이와 유사한 단서 표기를 포함하고 있더라도,

iv. be the sole original transport document or, if issued in more than one original, be the full set as indicated on the transport document.
iv. 단일의 원본 운송서류 또는, 2통 이상의 원본으로 발행된 경우에는, 운송서류상에 표기된 전통인 것.

v. contain terms and conditions of carriage or make reference to another source containing the terms and conditions of carriage (short form or blank back transport document). Contents of terms and conditions of carriage will not be examined.
v. 운송조건을 포함하고 있거나 또는 운송조건을 포함하는 또 다른 자료를 참조하고 있는 것(약식 또는 이면 백지식 운송서류). 운송조건의 내용은 심사하지 않는다.

vi. contain no indication that it is subject to a charter party.
vi. 용선계약에 따른다는 어떠한 표기도 포함하고 있지 아니한 것

b. For the purpose of this article, transhipment means unloading from one means of conveyance and reloading to another means of conveyance (whether or not in different modes of transport) during the carriage from the place of dispatch, taking in charge or shipment to the place of final destination stated in the credit.
b. 본조에서, 환적이란 신용장에 기술된 발송, 수탁 또는 선적지로부터 최종 목적지까지의 운송

과정 중에 한 운송수단으로부터의 양하 및 또 다른 운송수단(다른 운송방법과는 관계없이)으로의 재 적재를 의미한다.

c. i. A transport document may indicate that the goods will or may be transhipped provided that the entire carriage is covered by one and the same transport document.

c. i. 운송서류는 물품이 환적될 것이라거나 또는 될 수 있다고 표기할 수 있다. 단, 전 운송은 하나의 동일한 운송서류에 의하여 커버되어야 한다.

ii. A transport document indicating that transhipment will or may take place is acceptable, even if the credit prohibits transhipment.

ii. 신용장이 환적을 금지하고 있는 경우에도, 환적이 이행될 것이라거나 또는 이행될 수 있다고 표기하고 있는 운송서류는 수리될 수 있다.

Article 20 Bill of Lading
제20조 선하증권

a. A bill of lading, however named, must appear to:

a. 선하증권은 그 명칭에 관계없이 다음과 같이 명시되어야 한다.

i. indicate the name of the carrier and be signed by:

i. 운송인의 명칭을 표기하고 다음의 자에 의하여 서명되어 있는 것:

- the carrier or a named agent for or on behalf of the carrier, or
- 운송인 또는 운송인을 위해 지정대리인, 또는
- the master or a named agent for or on behalf of the master.
- 선장 또는 선장을 위해 대리하는 지정대리인.

Any signature by the carrier, master or agent must be identified as that of the carrier, master or agent.

운송인, 선장 또는 내리인에 의한 모든 서명은 운송인, 선장 또는 내리인의 것이라는 것이 확인되어야 한다.

Any signature by the agent must indicate whether the agent has signed for or on behalf of the carrier or for or on behalf of the master.

대리인에 의한 모든 서명은 그 대리인이 운송인의 대리인으로 서명하였는지 또는 선장의 대리인으로 서명하였는지를 표기되어야 한다.

ii. indicate that the goods have been shipped on board a named vessel at the port of loading stated in the credit by:

ii. 물품이 다음에 의하여 신용장에 기술된 적재항에서 지정된 선박에 본선 선적되었다는 것을 표기하고 있는 것:

- pre-printed wording, or
  사전 인쇄된 문언, 또는
- an on board notation indicating the date on which the goods have been shipped on board.

물품이 본선에 적재된 일자를 표기하고 있는 본선적재 부기

The date of issuance of the bill of lading will be deemed to be the date of shipment unless the bill of lading contains an on board notation indicating the date of shipment, in which case the date stated in the on board notation will be deemed to be the date of shipment.
선하증권의 발행일자는 선적일자로 본다. 단, 선하증권이 선적일자를 표시하고 있는 본선적재 부기가 표기되어 있는 경우에는 그러하지 아니하며, 이 경우, 본선적재 부기상에 명기된 일자는 선적일자로 본다.

If the bill of lading contains the indication "intended vessel" or similar qualification in relation to the name of the vessel, an on board notation indicating the date of shipment and the name of the actual vessel is required.
선하증권이 선박의 명칭에 관하여 "예정된 선박" 또는 이와 유사한 단서의 표기를 포함하고 있는 경우에는 선적일자 및 실제 선박의 명칭을 표시하고 있는 본선적재 부기가 요구된다.

iii. indicate shipment from port of loading to the port of discharge stated in the credit.
iii. 신용장에 명시된 적재항으로부터 양륙항까지의 선적을 표시하고 있는 것.

If the bill of lading does not indicate the port of loading stated in the credit as the port of loading, or if it contains the indication "intended" or similar qualification in relation to the port of loading, an on board notation indicating the port of loading as stated in the credit, the date of shipment and the name of the vessel is required. This provision applies even when loading on board or shipment on a named vessel is indicated by pre-printed wording on the bill of lading.
선하증권이 적재항으로서 신용장에 기술된 적재항을 표기하고 있지 아니한 경우, 또는 적재항에 관하여 "예정된" 또는 이와 유사한 단서 표기를 포함하고 있는 경우에는, 신용장에 기술된 대로 적재항, 선적일자 및 선박의 명칭을 표시하고 있는 본선적재 부기가 요구된다. 이 규정은 비록 지정된 선박에의 본선적재 또는 선적이 선하증권상에 사전에 인쇄된 문언에 의하여 표시되어 있더라도 적용된다.

iv. be the sole original bill of lading or, if issued in more than one original, be the full set as indicated on the bill of lading.
iv. 단일의 선하증권 원본 또는, 2통 이상의 원본으로 발행된 경우에는, 선하증권상에 표기된 전통인 것.

v. contain terms and conditions of carriage or make reference to another source containing the terms and conditions of carriage (short form or blank bill of lading). Contents of terms and conditions of carriage will not be examined.
v. 운송의 조건을 포함하고 있거나, 또는 운송의 조건을 포함하는 또 다른 자료를 참조하고 있는 것(약식 또는 이면 백지식 선하증권). 운송의 조건에 대한 내용은 심사되지 아니 한다.

vi. contain no indication that it is subject to a charter party.
vi. 용선계약에 따른다는 어떠한 표기도 포함하고 있지 아니한 것

b. For the purpose of this article, transhipment means unloading from one vessel and reloading to another vessel during the carriage from the port of loading to the port of discharge stated in the credit.

b. 본조에서, 환적이란 신용장에 기술된 적재항으로부터 양륙항까지의 운송과정 중에 한 선박으로부터의 하역하여 다른 선박으로의 재 적재를 의미한다.

c. i. A bill of lading may indicate that the goods will or may be transhipped provided that the entire carriage is covered by one and the same bill of lading.

c. i. 선하증권은 물품이 환적이 될 것이라거나 또는 될 수 있다고 표기될 수 있다. 단, 전 운송이 하나의 동일한 선하증권에 의하여 커버되어야 한다.

ii. A bill of lading indicating that transhipment will or may take place is acceptable, even if the credit prohibits transhipment, if the goods have been shipped in a container, trailer or LASH barge as evidenced by the bill of lading.

ii. 신용장이 환적을 금지하고 있는 경우에도, 물품이 선하증권에 의하여 입증된 대로 컨테이너, 트레일러 또는 래쉬선에 선적되어 있는 경우에는 환적이 이행될 것이라거나 또는 이행될 수 있다고 표기하고 있는 선하증권은 수리될 수 있다.

d. Clauses in a bill of lading stating that the carrier reserves the right to tranship will be disregarded.

d. 운송인이 환적할 권리를 유보한다고 기술하고 있는 선하증권상의 조항은 무시된다.

Article 21 Non-Negotiable Sea Waybill
제21조 비유통성 해상화물운송장

a. A non-negotiable sea waybill, however named, must appear to:

a. 비유통성 해상화물운송장은 그 명칭에 관계없이 다음과 같이 명시되어 있어야 한다.

i. indicate the name of the carrier and be signed by:

i. 운송인의 명칭을 표기하고 다음의 자에 의하여 서명되어 있는 것:

- the carrier or a named agent for or on behalf of the carrier, or
- 운송인 또는 운송인을 대리하는 지정대리인, 또는

- the master or a named agent for or on behalf of the master.
- 선장 또는 선장을 대리하는 지정대리인.

Any signature by the carrier, master or agent must be identified as that of the carrier, master or agent.

운송인, 선장 또는 대리인의 모든 서명은 운송인, 선장 또는 대리인의 서명이라는 것이 확인되어야 한다.

Any signature by an agent must indicate whether the agent has signed for or on behalf of the carrier or for or on behalf of the master.

대리인의 모든 서명은 그 대리인이 운송인을 대리하여 서명하였는지, 또는 선장을 대리하여 서명하였는지를 명시하여야 한다.

ii. indicate that the goods have been shipped on board a named vessel at the port of loading stated in the credit by:

ii. 다음에 의하여 물품이 신용장에 기술된 적재항에서 지정선박에 본선에 선적되었다는 것을 명시하고 있는 것:

- pre-printed wording, or
- 사전 인쇄된 문언, 또는
- an on board notation indicating the date on which the goods have been shipped on board.
- 물품이 본선 선적된 일자를 표기하고 있는 본선적재 부기

The date of issuance of the non-negotiable sea waybill will be deemed to be the date of shipment unless the non-negotiable sea waybill contains an on board notation indicating the date of shipment, in which case the date stated in the on board notation will be deemed to be the date of shipment.

비유통성 해상화물운송장의 발행일자는 선적일자로 본다. 단, 비유통성 해상화물운송장이 선적일자를 표기하고 있는 본선적재 부기를 포함하고 있는 경우에는 그러하지 아니하며, 이 경우 본선적재 부기상에 표기된 일자는 선적일자로 본다.

If the non-negotiable sea waybill contains the indication "intended vessel" or similar qualification in relation to the name of the vessel, an on board notation indicating the date of shipment and the name of the actual vessel is required.

비유통성 해상화물운송장이 선박의 명칭에 관하여 "예정된 선박" 또는 이와 유사한 단서 표기를 포함하고 있는 경우에는, 선적일자 및 실제 선박의 명칭을 표기하고 있는 본선적재 부기가 요구된다.

iii. indicate shipment from the port of loading to the port of discharge stated in the credit. If the non-negotiable sea waybill does not indicate the port of loading stated in the credit as the port of loading, or if it contains the indication "intended" or similar qualification in relation to the port of loading, an on board notation indicating the port of loading as stated in the credit, the date of shipment and the name of the vessel is required. This provision applies even when loading on board or shipment on a named vessel is indicated by pre-printed wording on the non-negotiable sea waybill.

iii. 신용장에 명시된 적재항으로부터 양륙항까지의 선적을 표기하고 있는 것.
비유통성 해상화물운송장이 적재항으로 신용장에 기술된 적재항을 표기하고 있지 아니한 경우, 또는 적재항에 관하여 "예정된" 또는 이와 유사한 단서 표기를 포함하고 있는 경우에는 신용장에 기술된 대로 적재항, 선적일자 및 선박의 명칭을 표기하고 있는 본선적재 부기가 요구된다. 본 규정은 비록 지정된 선박에의 본선적재 또는 선적이 비유통성 해상화물운송장에 사전에 인쇄된 문언에 의하여 표시되어 있더라도 적용된다.

iv. be the sole original non-negotiable sea waybill or, if issued in more than one original, be the full set as indicated on the non-negotiable sea waybill.

iv. 단일의 비유통성 해상화물운송장 원본 또는, 2통 이상의 원본으로 발행된 경우에는 비유

통성 해상화물운송장상에 표기된 대로 전통인 것.

v. contain terms and conditions of carriage or make reference to another source containing the terms and conditions of carriage(short form or blank back non-negotiable sea waybill). Contents of terms and conditions of carriage will not be examined.

v. 운송의 조건을 포함하고 있거나 또는 운송의 조건을 포함하는 다른 자료를 참조하고 있는 것(약식 또는 이면 백지식 비유통성 해상화물운송장). 운송조건의 내용은 심사하지 아니한다.

vi. contain no indication that it is subject to a charter party.

vi. 용선계약에 따른다는 어떠한 표기도 포함하고 있지 아니한 것.

b. For the purpose of this article, transhipment means unloading from one vessel and reloading to another vessel during the carriage from the port of loading to the port of discharge stated in the credit.

b. 본조에서 환적이란 신용장에 명시된 적재항으로부터 양륙항까지의 운송과정 중에 한 선박으로부터의 양화 및 또 다른 선박으로의 재적재를 의미한다.

c. i. A non-negotiable sea waybill may indicate that the goods will or may be transhipped provided that the entire carriage is covered by one and the same non-negotiable sea waybill.

c. i. 비유통성 해상화물운송장은 물품이 환적이 예정되어 있거나 또는 될 수 있다고 표기할 수 있다. 단, 전 운송이 하나의 동일한 비유통성 해상화물운송장에 의하여 커버되어야 한다.

ii. A non-negotiable sea waybill indicating that transhipment will or may take place is acceptable, even if the credit prohibits transhipment, if the goods have been shipped in a container, trailer or LASH barge as evidenced by the non-negotiable sea waybill.

ii. 신용장이 환적을 금지하고 있는 경우에도 물품이 비유통성 해상화물운송장에 의하여 입증된 대로 컨테이너, 트레일러 또는 래쉬선에 선적되어 있는 경우에는 환적이 예정되어 있다거나 또는 이행될 수 있다고 표기하고 있는 비유통성 해상화물운송장은 수리될 수 있다.

d. Clauses in a non-negotiable sea waybill stating that the carrier reserves the right to tranship will be disregarded.

d. 운송인이 환적할 권리를 유보한다는 것을 명시하고 있는 비유통성 해상화물운송장상의 조항은 무시된다.

Article 22 Charter Party Bill of Lading
제22조 용선계약 선하증권

a. A bill of lading, however named, containing an indication that it is subject to a charter party (charter party bill of lading), must appear to:

a. 용선계약에 따른다는 표기를 포함하고 있는 선하증권(용선계약 선하증권)은 그 명칭에 관계

없이 다음과 같이 명시되어야 한다.

i. be signed by:
i. 다음의 자에 의하여 서명되어 있는 것:

- the master or a named agent for or on behalf of the master, or
- 선장 또는 그 선장을 대리하는 지정대리인, 또는

- the owner or a named agent for or on behalf of the owner, or
- 선주 또는 그 선주를 대리하는 지정대리인, 또는

- the charterer or a named agent for or on behalf of the charterer.
- 용선자 또는 그 용선자를 대리하는 지정대리인

Any signature by the master, owner, charter or agent must be identified as that of the master, owner, charterer or agent.
선장, 선주, 용선자 또는 대리인의 모든 서명은 선장, 선주, 용선자 또는 대리인의 서명이라는 것이 확인되어 있어야 한다.

Any signature by an agent must indicate whether the agent has signed for or on behalf of the master, owner or charterer.
대리인의 모든 서명은 그 대리인이 선장, 선주 또는 용선자 중 어느 당사자를 위해 대리하여 서명하였는지를 표기하여야 한다.

An agent signing for or on behalf of the owner or charterer must indicate the name of the owner or charterer.
선주 또는 용선자를 위해 서명하는 대리인은 선주 또는 용선자의 명칭을 표기하여야 한다.

ii. indicate that the goods have been shipped on board a named vessel at the port of loading stated in the credit by:
ii. 다음에 의하여 물품이 신용장에 명시된 적재항에서 지정선박에 본선 선적되었다는 것을 표기하고 있는 것:

- pre-printed wording, or
- 사전 인쇄된 문언, 또는

- an on board notation indicating the date on which the goods have been shipped on board.
- 물품이 본선에 선적된 일자를 표기하고 있는 본선적재 부기

The date of issuance of the charter party bill of lading will be deemed to be the date of shipment unless the charter party bill of lading contains an on board notation indicating the date of shipment, in which case the date stated in the on board notation will be deemed to be the date of shipment.
용선계약 선하증권의 발행일자는 선적일자로 본다. 단, 용선계약 선하증권이 선적일자를 표기하고 있는 본선적재 부기를 포함하고 있는 경우에는 그러하지 아니하다. 이 경우, 그 본선 적재부기상에 표기된 일자를 선적일자로 본다.

iii. indicate shipment from the port of loading to the port of discharge stated in the credit. The port of discharge may also be shown as a range of ports or a geographical area, as stated in the credit.

iii. 신용장에 명시된 적재항으로부터 양륙항까지의 선적을 표시하고 있는 것. 또한 양륙항은 신용장에 명시된 대로 항구의 구간 또는 지리적 지역으로 명시될 수 있다.

iv. be the sole original charter party bill of lading or, if issued in more than one original, be the full set as indicated on the charter party bill of lading.

iv. 단일의 용선계약 선하증권의 원본 또는, 2부 이상의 원본으로 발행된 경우에는 용선계약 선하증권상에 표기된 전통인 것.

b. A bank will not examine charter party contracts, even if they are required to be presented by the terms of the credit.

b. 용선계약서를 신용장의 조건에 따라 제시하도록 요구하더라도 은행은 그 용선계약서를 심사하지 아니한다.

Article 23 Air Transport Document
제23조 항공운송서류

a. An air transport document, however named, must appear to:

a. 항공운송서류는 그 명칭에 관계없이 다음과 같이 명시되어야 한다.

i. indicate the name of the carrier and be signed by:

i. 운송인의 명칭을 표기하고 다음의 자에 의하여 서명되어 있는 것:

- the carrier, or
- 운송인, 또는

- a named agent for or on behalf of the carrier.
- 운송인을 대리하는 지정대리인.

Any signature by the carrier or agent must be identified as that of the carrier or agent.

운송인 또는 대리인의 모든 서명은 운송인 또는 대리인의 서명이라는 것이 확인되어야 한다.

Any signature by an agent must indicate that the agent has signed for or on behalf of the carrier.

대리인의 모든 서명은 그 대리인이 운송인을 위해 대리하여 서명하였다는 것을 표기하야 한다.

ii. indicate that the goods have been accepted for carriage.

ii. 물품이 운송을 위하여 수취되었다는 것을 표기하고 있는 것.

iii. indicate the date of issuance. This date will be deemed to be the date of shipment unless the air transport document contains a specific notation of the actual date of shipment, in which case the date stated in the notation will be deemed to be the date of shipment.

iii. 발행일자를 표기하고 있는 것. 항공운송서류가 실제 선적일자에 관한 특정 부기를 포함하고 있지 않는 한, 이 일자는 선적일자로 본다. 이 경우 그 부기에 명시된 일자는 선적일자로 본다.

Any other information appearing on the air transport document relative to the flight number and date will not be considered in determining the date of shipment.
항공편 번호 및 일자에 관하여 항공운송서류상에 명시되어 있는 기타 모든 정보는 선적일자를 결정하는데 고려되지 아니한다.

iv. indicate the airport of departure and the airport of destination stated in the credit.
iv. 신용장에 기술된 출발공항과 목적공항을 표기하고 있는 것.

v. be the original for consignor or shipper, even if the credit stipulates a full set of originals.
v. 신용장이 전통의 원본을 규정하고 있는 경우에도, 탁송인 또는 송하인용 원본인 것.

vi. contain terms and conditions of carriage or make reference to another source containing the terms and conditions of carriage. Contents of terms and conditions of carriage will not be examined.
vi. 운송의 조건을 포함하고 있거나 또는 운송조건을 포함하는 또 다른 자료를 참조하고 있는 것. 운송조건의 내용은 심사하지 않는다.

b. For the purpose of this article, transhipment means unloading from one aircraft and reloading to another aircraft during the carriage from the airport of departure to the airport of destination stated in the credit.
b. 본조에서, 환적이란 신용장에 명시된 출발공항으로부터 목적공항까지의 운송과정 중에 한 항공기로부터 양화 및 다른 항공기로의 재적재를 의미한다.

c. i. An air transport document may indicate that the goods will or may be transhipped, provided that the entire carriage is covered by one and the same air transport document.
i. 항공운송서류는 물품이 환적이 예정되어 있다거나 또는 될 수 있다고 표기할 수 있다. 단, 전 운송은 하나의 동일한 항공운송서류에 의하여 커버되어야 한다.

ii. An air transport document indicating that transhipment will or may take place is acceptable, even if the credit prohibits transhipment.
ii. 신용장이 환적을 금지하고 있는 경우에도, 환적이 이행될 것이라거나 또는 이행될 수 있다고 표기하고 있는 항공운송서류는 수리될 수 있다.

Article 24 Road, Rail or Inland Waterway Transport Documents
제24조 도로, 철도 또는 내수로 운송서류

a. A road, rail or inland waterway transport document, however named, must appear to:
a. 도로, 철도 또는 내수로 운송서류는 그 명칭에 관계없이 다음과 같이 명시되어야 한다.

i. indicate the name of the carrier and: ·
i. 운송인의 명칭을 표기하고 있는 것 그리고:

- be signed by the carrier or a named agent for or on behalf of the carrier, or
- 운송인 또는 운송인을 대리하는 지정 대리인이 서명한 것, 또는
- indicate receipt of the goods by signature, stamp or notation by the carrier or a named agent for or on behalf of the carrier.
- 운송인 또는 운송인을 대리하는 지정 대리인의 서명, 스탬프 또는 부기에 의하여 물품의 수령을 표기하고 있는 것.

Any signature, stamp or notation of receipt of the goods by the carrier or agent must be identified as that of the carrier or agent.
물품의 수령에 관한 운송인 또는 대리인에 의한 모든 서명, 스탬프 또는 부기는 그 운송인 또는 대리인의 서명이라는 것이 확인되어야 한다.

Any signature, stamp or notation of receipt of the goods by the agent must indicate that the agent has signed or acted for or on behalf of the carrier.
물품의 수령에 관한 대리인의 모든 서명, 스탬프 또는 부기는 그 대리인이 운송인을 위해 서명 또는 행동하였다는 것을 표기하여야 한다.

If a rail transport document does not identify the carrier, any signature or stamp of the railway company will be accepted as evidence of the document being signed by the carrier.
철도 운송서류가 운송인을 확인하지 아니한 경우에는 철도회사의 모든 서명 또는 스탬프는 운송인이 서명한 서류의 증거로써 수리되어야 한다.

ii. indicate the date of shipment or the date the goods have been received for shipment, dispatch or carriage at the place stated in the credit. Unless the transport document contains a dated reception stamp, an indication of the date of receipt or a date of shipment, the date of issuance of the transport document will be deemed to be the date of shipment.
ii. 선적일자 또는 물품이 신용장에 명시된 장소에서 선적, 발송 또는 운송을 위하여 수령된 일자를 표기하고 있는 것. 운송서류가 일자가 기재된 수령 스탬프, 수령일자의 표기 또는 선적일자를 포함하고 있지 아니하는 한, 운송서류의 발행일자는 선적일자로 본다.

iii. indicate the place of shipment and the place of destination stated in the credit.
iii. 신용장에 명시된 선적지 및 목적지를 표기하고 있는 것.

b. i. A road transport document must appear to be the original for consignor or shipper or bear no marking indicating for whom the document has been prepared.
i. 도로운송서류는 탁송인 또는 송하인용 원본인 것으로 표기되거나 또는 그 서류가 누구를 위하여 작성되었는지를 명시하는 어떠한 표기도 기재하지 아니한 것으로 명시해야 한다.

ii. A rail transport document marked “duplicate” will be accepted as an original.
ii. “부본(duplicate)”으로 표기된 철도운송서류는 원본으로 수리된다.

iii. A rail or inland waterway transport document will be accepted as an original whether marked as an original or not.

iii. 철도 또는 내수로 운송서류는 원본이라는 표기의 유무에 관계없이 원본으로 수리된다.

c. In the absence of an indication on the transport document as to the number of originals issued, the number presented will be deemed to constitute a full set.

c. 발행된 원본의 통수에 관하여 운송서류상에 표기가 없는 경우에는 제시된 통수는 전통을 구성하는 것으로 본다.

d. For the purpose of this article, transhipment means unloading from one means of conveyance and reloading to another means of conveyance, within the same mode of transport, during the carriage from the place of shipment, dispatch or carriage to the place of destination stated in the credit.

d. 본조에서 환적이란 신용장에 명시된 선적, 발송 또는 운송지로부터 목적지까지의 운송과정 중에, 동일한 운송방식 내에서, 한 운송수단으로부터의 양화 및 다른 운송수단으로의 재적재를 의미한다.

e. i. A road, rail or inland waterway transport document may indicate that the goods will or may be transhipped provided that the entire carriage is covered by one and the same transport document.

i. 도로, 철도 또는 내수로 운송서류는 물품이 환적이 예정되어 있다거나 또는 될 수 있다고 표기할 수 있다. 단, 전 운송은 하나의 동일한 운송서류에 의하여 커버되어야 한다.

ii. A road, rail or inland waterway transport document indicating that transhipment will or may take place is acceptable, even if the credit prohibits transhipment.

ii. 신용장이 환적을 금지하고 있는 경우에도 환적이 이행될 것이라거나 또는 이행될 수 있다고 표기하고 있는 도로, 철도 또는 내수로 운송서류는 수리될 수 있다.

Article 25 Courier Receipt, Post Receipt of Certificate of Posting
제25조 특사수령증, 우편수령증 또는 우송증명서

a. A courier receipt, however named, evidencing receipt of goods for transport, must appear to:

a. 운송물품의 수령을 입증하는 특사수령증은 그 명칭에 관계없이 다음과 같이 명시되어야 한다:

i. indicate the name of the courier service and be stamped or signed by the named courier service at the place from which the credit states the goods are to be shipped; and

i. 특송업자의 명칭을 표기하고, 신용장에서 물품이 선적되어야 한다고 명시하고 있는 장소에서 지정된 특송 업자가 스탬프 또는 서명한 것; 그리고

ii. indicate a date of pick-up or of receipt or wording to this effect. This date will be deemed to be the date of shipment.

ii. 접수일자 또는 수령일자 또는 이러한 취지의 문언을 표기하고 있는 것. 이 일자는 선적일자로 본다.

b. A requirement that courier charges are to be paid or prepaid may be satisfied by a transport document issued by a courier service evidencing that courier charges are for the account of a party other than the consignee.

b. 특송 요금이 지급 또는 선 지급되어야 한다는 요건은 특송 요금이 수하인 이외의 당사자의 부담이라는 것을 증명하는 특송 업자가 발행한 운송서류에 의하여 충족될 수 있다.

c. A post receipt or certificate of posting, however named, evidencing receipt of goods for transport, must appear to be stamped or signed and dated at the place from which the credit states the goods are to be shipped. This date will be deemed to be the date of shipment.

c. 운송물품의 수령을 입증하는 우편수령증 또는 우송증명서는 그 명칭에 관계없이 신용장에서 물품이 선적되어야 한다고 명시하고 있는 장소에서 스탬프 또는 서명되고 일자가 기재된 것으로 명시되어야 한다. 이 일자는 선적일자로 본다.

Article 26 "On Deck", "Shipper's Load and Count", "Said by Shipper to Contain" and Charges Additional to Freight

제26조 "갑판적", "송하인의 적재 및 수량 확인", "송하인의 신고에 따름" 및 운임의 추가비용

a. A transport document must not indicate that the goods are or will be loaded on deck. A clause on a transport document stating that the goods may be loaded on deck is acceptable.

a. 운송서류는 물품이 갑판에 적재되었다거나 또는 될 것이라고 표기해서는 아니 된다. 물품이 갑판에 적재될 수 있다고 명시하고 있는 운송서류상의 조항은 수리가능하다.

b. A transport document bearing a clause such as "shipper's load and count" and "said by shipper to contain" is acceptable.

b. "송하인의 적재 및 수량 확인"(shipper's load and count) 및 "송하인의 신고내용에 따름"(said by shipper to contain)과 같은 조항을 기재하고 있는 운송서류는 수리 가능하다.

c. A transport document may bear a reference, by stamp or otherwise, to charges additional to thc frcight.

c. 운송서류는 스탬프 또는 별도의 방법으로 운임에 추가적인 비용에 대한 참조를 기재할 수 있다.

Article 27 Clean Transport Document

제27조 무고장 운송서류

A bank will only accept a clean transport document. A clean transport document is one bearing no clause or notation expressly declaring a defective condition of the goods or their packaging. The word "clean" need not appear on a transport document, even if a credit has a requirement for that transport document to be "clean on board."

은행은 무고장 운송서류만을 수리한다. 무고장 운송서류는 물품 또는 그 포장에 하자있는 상태를 명시적으로 표기하는 조항 또는 부기를 기재하고 있지 아니한 것을 의미한다. 신용장에서 그 운송서류가 "무고장 본선적재(clean on board)" 이어야 한다는 요선을 기술한 경우에도 "무고장(clean)" 이라는 단어는 운송서류상에 표기될 필요가 없다.

Article 28 Insurance Document and Coverage
제28조 보험서류 및 담보

a. An insurance document, such as an insurance policy, an insurance certificate or a declaration under an open cover, must appear to be issued and signed by an insurance company, an underwriter or their agents or their proxies.

a. 보험증권, 포괄예정보험에 의한 보험증명서 또는 확정통지서와 같은 보험서류는 보험회사, 보험업자 또는 이들 에이전트 또는 이들 대리업자에 의하여 발행되고 서명된 것으로 명시되어야 한다.

Any signature by an agent or proxy must indicate whether the agent or proxy has signed for or on behalf of the insurance company or underwriter.

대리자 또는 대리업자의 모든 서명은 그 대리자 또는 대리업자가 보험회사를 위해 서명하였는지 또는 보험업자를 위해 서명하였는지를 표기하여야 한다.

b. When the insurance document indicates that it has been issued in more than one original, all originals must be presented.

b. 보험서류가 2통 이상의 원본으로 발행되었다고 표기하고 있는 경우에는 모든 원본이 제시되어야 한다.

c. Cover notes will not be accepted.

c. 보험 인수증은 수리되지 아니한다.

d. An insurance policy is acceptable in lieu of an insurance certificate or a declaration under an open cover.

d. 보험증권은 포괄예정보험에 의한 보험증명서 또는 확정통지서를 대신하여 수리가 가능하다.

e. The date of the insurance document must be no later than the date of shipment, unless it appears from the insurance document that the cover is effective from a date not later than the date of shipment.

e. 보험서류에서 담보가 선적일로부터 유효하다고 명시되지 아니하는 한, 보험서류의 일자는 선적일자보다 늦어서는 아니 된다.

f. i. The insurance document must indicate the amount of insurance coverage and be in the same currency as the credit.

i. 보험서류는 보험 담보금액을 표기하여야 하고 신용장과 동일한 통화이어야 한다.

ii. A requirement in the credit for insurance coverage to be for a percentage of the value of the goods, of the invoice value or similar is deemed to be the minimum amount of coverage required.

ii. 보험담보가 물품가액, 송장가액 또는 이와 유사한 가격의 비율이어야 한다는 신용장상의 요건은 최소한의 담보금액이 요구된 것으로 본다.

If there is no indication in the credit of the insurance coverage required, the amount of insurance coverage must be at least 110% of the CIF or CIP value of the goods.

부보금액에 대해 신용장에 아무런 언급이 없는 경우, 보험서류상의 최저 부보금액은 적어도

CIF(운임 및 보험료 포함 가격: 해상운송) 또는 CIP(운임 및 운송비 포함가격: 복합운송) 가액의 110%가 되어야 한다.

When the CIF or CIP value cannot be determined from the documents, the amount of insurance coverage must be calculated on the basis of the amount for which honour or negotiation is requested or the gross value of the goods as shown on the invoice, whichever is greater.
CIF 또는 CIP 가격이 보험서류로부터 결정될 수 없는 경우에는, 보험담보 금액은 지급 또는 매입이 요청되는 금액 또는 송장에 명시된 물품 총 가액 중에서 더 큰 금액을 기초로 하여 산정되어야 한다.

iii. The insurance document must indicate that risks are covered at least between the place of taking in charge or shipment and the place of discharge or final destination as stated in the credit.
iii. 보험서류는 위험이 적어도 신용장에 명시된 대로 수탁 또는 선적지와 양륙 또는 최종 목적지 구간이 담보되었다는 것을 표기하여야 한다.

g. A credit should state the type of insurance required and, if any, the additional risks to be covered. An insurance document will be accepted without regard to any risks that are not covered if the credit uses imprecise terms such as "usual risks" or "customary risks."
g. 신용장은 요구된 보험의 종류를 명시하여야 하고, 담보되어야 하는 부가위험이 있다면 그 부가위험도 명시해야 한다. 신용장에 "통상적 위험"(usual risks) 또는 "관례적 위험"(customary risks)과 같은 부정확한 용어를 사용하는 경우에는, 보험서류는 어떠한 위험의 부보 여부와 관계없이 수리되어야 한다.

h. When a credit requires insurance against "all risks" and an insurance document is presented containing any "all risks" notation or clause, whether or not bearing the heading "all risks", the insurance document will be accepted without regard to any risks stated to be excluded.
h. 신용장에서 "전 위험" 조건의 보험을 요구하고 있고 "전 위험" 이라는 표제가 명시되어 있는지의 여부와 관계없이 "전 위험" 표기 또는 조항을 규정하고 있는 보험서류가 제시된 경우에는 그 보험서류는 제외되어야 한다고 기술된 어떠한 위험에 관계없이 수리되어야 한다.

i. An insurance document may contain reference to any exclusion clause.
i. 보험서류는 모든 면책조항(exclusion clause)의 참조를 포함할 수 있다.

j. An insurance document may indicate that the cover is subject to a franchise or excess (deductible).
j. 보험서류는 담보가 소손해면책률 또는 초과공제면책률을 적용한다고 표기할 수 있다.

Article 29 Extension of Expiry Date or Last Day for Presentation
제29조 유효기일의 연장 또는 제시를 위한 최종일자

a. If the expiry date of a credit or the last day for presentation falls on a day when the bank to which presentation is to be made is closed for reasons other than those referred to in article 36, the expiry date or the last day for presentation, as the case may be, will be extended to the first following banking day.

a. 제36조(불가항력)에 규정한 사유 이외의 사유로 신용장의 유효기일 또는 최종 제시기일이 제시되는 은행이 휴업일에 해당하는 경우에는, 그 유효기일 또는 최종 제시기일은 경우에 따라서는 다음 최초의 은행영업일까지 연장된다.

b. If presentation is made on the first following banking day, a nominated bank must provide the issuing bank or confirming bank with a statement on its covering schedule that the presentation was made within the time limits extended in accordance with sub-article 29 (a).

b. 제시가 다음 최초 은행영업일에 이루어지는 경우에는, 지정은행은 개설은행 또는 확인은행에 제시가 제29조 a항에 따라서 연장된 기간 이내에 제시되었다는 진술을 제시서류의 표지(covering schedule) 상에 제공하여야 한다.

c. The latest date for shipment will not be extended as a result of sub-article 29

c. 최종 선적일은 제29조 a항의 결과로써 연장되지 아니한다.

Article 30 Tolerance in Credit Amount, Quantity and Unit Prices
제30조 신용장금액 수량단가의 과부족

a. The words "about" or "approximately" used in connection with the amount of the credit or the quantity or the unit price stated in the credit are to be construed as allowing a tolerance not to exceed 10% more or 10% less than the amount, the quantity or the unit price to which they refer.

a. 신용장에 명시된 신용장의 금액 또는 수량 또는 단가와 관련하여 사용된 단어 "약" 또는 "대략"은 이에 언급된 금액, 수량 또는 단가의 10%를 초과하지 아니하는 과부족을 허용하는 것으로 해석된다.

b. A tolerance not to exceed 5% more or 5% less than the quantity of the goods is allowed, provided the credit does not state the quantity in terms of a stipulated number of packing units or individual items and the total amount of the drawings does not exceed the amount of the credit.

b. 물품의 수량이 5%를 초과하지 아니하는 과부족은 허용되지 않는다. 단, 신용장이 기술된 포장단위 또는 개개의 품목의 개수로 수량을 명시하지 아니하고 어음발행의 총액이 신용장의 금액을 초과하지 아니하는 경우에 한한다.

c. Even when partial shipments are not allowed, a tolerance not to exceed 5% less than the amount of the credit is allowed, provided that the quantity of the goods, if stated in the credit, is shipped in full and a unit price, if stated in the credit, is not reduced or that sub-article 30 (b) is not applicable. This tolerance does not apply when the credit stipulates a specific tolerance or uses the expressions referred to in sub-article 30 (a).

c. 분할선적이 허용되지 아니하는 경우에도 신용장금액의 5%를 초과하지 아니하는 부족은 허용된다. 단, 물품의 수량은 신용장에 명시된 경우, 전부 선적되고 단가는 신용장에 명시된 경우 감액되어서는 아니 되거나 또는 제30조 b항이 적용 불가능해야 한다. 이 부족은 신용장이 특

정 과부족을 명시하거나 또는 제30조 a항에 규정된 표현을 사용하는 경우에는 적용되지 아니한다.

Article 31 Partial Drawings or Shipments
제31조 분할어음 발행 또는 선적

a. Partial drawings or shipments are allowed.

a. 분할어음 발행 또는 분할선적은 허용된다.

b. A presentation consisting of more than one set of transport documents evidencing shipment commencing on the same means of conveyance and for the same journey, provided they indicate the same destination, will not be regarded as covering a partial shipment, even if they indicate different dates of shipment or different ports of loading, places of taking in charge or dispatch. If the presentation consists of more than one set of transport documents, the latest date of shipment as evidenced on any of the sets of transport documents will be regarded as the date of shipment.

b. 동일한 운송수단에 그리고 동일한 운송을 위하여 출발하는 선적을 증명하는 2세트 이상의 운송서류를 구성하는 제시는 이들 서류가 동일한 목적지를 표기하고 있는 한, 이들 서류가 상이한 선적일자 또는 상이한 적재항, 수탁지 또는 발송지를 표기하고 있더라도, 분할선적으로 보지 아니한다. 그 제시가 2세트 이상의 운송서류를 구성하는 경우에는 운송서류의 어느 한 세트에 증명된 대로 최종 선적일자는 선적일자로 본다.

A presentation consisting of one or more sets of transport documents evidencing shipment on more than one means of conveyance within the same mode of transport will be regarded as covering a partial shipment, even if the means of conveyance leave on the same day for the same destination.

동일한 운송방식에서 두 가지 이상의 운송수단상에 선적을 증명하는 두 세트 이상의 운송서류를 구성하는 제시는 그 운송수단이 동일한 목적지를 향하여 동일한 일자에 출발하는 경우에도 분할선적으로 본다.

c. A presentation consisting of more than one courier receipt, post receiptor certificate of posting will not be regarded as a partial shipment if the courier receipts, post receipts or certificates of posting appear to have been stamped or signed by the same courier or postal service at the same place and date and for the same destination.

c. 둘 이상의 특송화물수령증, 우편수령증 또는 우송증명서를 구성하는 제시는 그 특송화물수령증, 우편수령증 또는 우송증명서가 동일한 장소 및 일자 그리고 동일한 목적지를 위하여 동일한 특송업자 또는 우편 서비스에 의하여 스탬프 또는 서명된 것으로 보이는 경우에는 분할선적으로 보지 아니한다.

Article 32 Instalment Drawings or Shipments
제32조 할부어음 발행 또는 선적

If a drawing or shipment by instalments within given periods is stipulated in the credit and any

instalment is not drawn or shipped within the period allowed for that instalment, the credit ceases to be available for that and any subsequent instalment.
일정기간 내에 할부로 환어음 발행 또는 선적이 신용장에 명시되어 있고 어떠한 할부분이 그 할부분을 위하여 허용된 기간 내에 어음발행 또는 선적되지 아니한 경우에는 그 신용장은 그 할부분과 그 이후의 모든 할부분에 대하여 효력을 상실한다.

Article 33 Hours of Presentation
제33조 제시시간

A bank has no obligation to accept a presentation outside of its banking hours.
은행은 그 은행영업시간 이외의 제시를 수리할 의무는 없다.

Article 34 Disclaimer on Effectiveness of Documents
제34조 서류효력에 관한 면책

A bank assumes no liability or responsibility for the form, sufficiency, accuracy, genuineness, falsification or legal effect of any document, or for the general or particular conditions stipulated in a document or superimposed thereon; nor does it assume any liability or responsibility for the description, quantity, weight, quality, condition, packing, delivery, value or existence of the goods, services or other performance represented by any document, or for the goods faith or acts or omissions, solvency, performance or standing of the consignor, the carrier, the forwarder, the consignee or the insurer of the goods or any other person.
은행은 모든 서류의 형식, 충분성, 정확성, 진정성, 위조성 또는 법적효력에 대하여 또는 서류에 명시되거나 또는 이에 부가된 일반조건(general conditions) 또는 특별조건(particular conditions)에 대하여 어떠한 의무 또는 책임도 부담하지 아니하며, 또한 은행은 모든 서류에 명시되어 있는 물품, 서비스 또는 기타 이행의 명세, 수량, 중량, 품질, 상태, 포장, 인도, 가치 또는 실존 여부에 대하여, 또는 물품의 송하인, 운송인, 운송주선인, 수하인 또는 보험자, 또는 기타 당사자의 성실성이나 작위 또는 부작위, 지급능력, 이행능력 또는 신용상태에 대하여 어떠한 의무 또는 책임도 부담하지 아니한다.

Article 35 Disclaimer on Transmission and Translation
제35조 송달 및 번역에 관한 면책

A bank assumes no liability or responsibility for the consequences arising out of delay, loss in transit, mutilation or other errors arising in the transmission of any messages or delivery of letters or documents, when such messages, letters or documents are transmitted or sent according to the requirements stated in the credit, or when the bank may have taken the initiative in the choice of the delivery
service in the absence of such instructions in the credit.
모든 메시지, 서신 또는 서류가 신용장에 명시된 요건에 따라 송달 또는 발송된 경우, 또는 은행이 신용장에 그러한 지시가 없기 때문에 인도 서비스의 선정에 있어서 주도적으로 행사하였을 경우, 은행은 그러한 메시지의 송신 또는 서신이나 서류의 인도 중에 발생하는 지연, 분실, 훼손 또는 기타 오류로 인하여 발생하는 결과에 대하여 어떠한 의무 또는 책임도 부담하지 아니한다.

If a nominated bank determines that a presentation is complying and forwards the documents to the issuing bank or confirming bank, whether or not the nominated bank has honoured or negotiated, and issuing bank or confirming bank must honour or negotiate, or reimburse that nominated bank, even when the documents have been lost in transit between the nominated bank and the issuing bank or confirming bank, or between the confirming bank and the issuing bank.
지정은행이 제시가 일치한다고 결정하여 그 서류를 개설은행 또는 확인은행에 발송하는 경우에는, 서류가 지정은행과 개설은행 또는 확인은행 간에, 또는 확인은행과 개설은행 간에 송달 중에 분실된 경우라 하더라도, 지정은행이 지급 또는 매입하였는지의 여부에 관계없이, 개설은행 또는 확인은행은 지급 또는 매입하거나, 또는 그 지정은행에 상환하여야 한다.

A bank assumes no liability or responsibility for errors in translation or interpretation of technical terms and may transmit credit terms without translating them.
은행은 전문 용어의 번역 또는 해석상의 오류에 대해 어떠한 의무 또는 책임도 부담하지 아니하며 신용장의 용어를 번역함이 없이 이를 송달할 수 있다.

Article 36 Force Majeure
제36조 불가항력

A bank assumes no liability or responsibility for the consequences arising out of the interruption of its business by Acts of God, riots, civil commotions, insurrections, wars, acts of terrorism, or by any strikes or lockouts or any other causes beyond its control.
은행은 천재지변, 폭동, 소요, 내란, 전쟁, 테러 행위에 의하거나 또는 동맹파업 또는 직장폐쇄에 의하거나 또는 은행이 통제할 수 없는 그 이외의 사유로 인한 은행업무의 중단으로 인하여 발생하는 결과에 대하여 어떠한 의무 또는 책임도 부담하지 아니한다.

A bank will not, upon resumption of its business, honour or negotiate under a credit that expired during such interruption of its business.
은행은 그 업무를 재개하더라도 그러한 업무의 중단 동안에 유효기일이 경과한 신용장에 의거한 지급결제 또는 매입을 이행하지 아니한다.

Article 37 Disclaimer for Acts of an Instructed Party
제37조 피지시인의 행위에 대한 면책

a. A bank utilizing the services of another bank for the purpose of giving effect to the instructions of the applicant does so for the account and at the risk of the applicant.

a. 개설의뢰자의 지시를 이행하기 위하여 또 다른 은행의 서비스를 이용하는 은행은 그 개설의뢰자의 비용과 위험으로 이를 이행한다.

b. An issuing bank or advising bank assumes no liability or responsibility should the instructions it transmits to another bank not be carried out, even if it has taken the initiative in the choice of that other bank.

b. 개설은행 또는 통지은행이 또 다른 은행의 선정에 있어서 주도적으로 행한 경우라 하더라도 그 은행이 또 다른 은행에게 전달한 지시가 수행되지 아니한 경우에는, 개설은행 또는 통지은행은 어떠한 의무 또는 책임도 부담하지 아니한다.

c. A bank instructing another bank to perform services is liable for any commissions, fees, costs or expenses ("charges") incurred by that bank in connection with its instruction.

c. 다른 은행으로 하여금 서비스를 이행하도록 지시하는 은행은 그의 지시와 관련하여 그러한 타은행에 의하여 부담되는 모든 수수료, 요금, 비용 또는 소요 경비("취급 비용")를 부담한다.

If a credit states that charges are for the account of the beneficiary and charges cannot be collected or deducted from proceed, the issuing bank remains liable for payment of charges.
신용장에 취급비용(charges)이 수익자의 부담이라고 명시되어 있고, 취급비용은 대금으로부터 징수 또는 공제될 수 없는 경우, 개설은행은 취급비용의 지급에 대하여 책임을 부담한다.

A credit or amendment should not stipulate that the advising to a beneficiary is conditional upon the receipt by the advising bank or second advising bank of its charges.
신용장 또는 조건변경은 수익자에 대한 통지가 통지은행 또는 제2의 통지은행의 통지비용의 수령을 조건으로 한다고 규정하여서는 아니 된다.

d. The applicant shall be bound by and liable to indemnify a bank against all obligations and responsibilities imposed by foreign laws and usages.

d. 개설의뢰자는 외국의 법률과 관행에 의하여 부여되는 모든 의무와 책임에 구속되며 또 이에 대하여 은행에게 보상할 책임이 있다.

Article 38 Transferable Credits
제38조 양도가능신용장

a. A bank is under no obligation to transfer a credit except to the extent and in the manner expressly consented to by that bank.

a. 은행은 동 은행이 명시적으로 동의한 범위와 방법에 의한 경우를 제외하고 신용장의 양도의무를 부담하지 않는다.

b. For the purpose of this article:

b. 본조에서

Transferable credit means a credit that specifically states it is "transferable", A transferable credit may be made available in whole or in part to another beneficiary ("second beneficiary") at the request of the beneficiary ("first beneficiary").
양도가능신용장은 "양도가능"(transferable)이라고 특별히 명시하고 있는 신용장을 의미한다. 양도가능신용장은 수익자("제1수익자")의 요청으로 또 다른 수익자("제2수익자")가 그 신용장의 전부 또는 일부를 이용할 수 있다

Transferring bank means a nominated bank that transfers the credit or, in a credit available

with any bank, a bank that is specifically authorized by the issuing bank to transfer and that transfers the credit. An issuing bank may be a transferring bank.
양도은행은 신용장을 양도하는 지정은행 또는, 모든 은행에서 이용할 수 있는 신용장에서 개설은행이 양도를 특별히 수권함으로써 그 신용장을 양도하는 은행을 말한다. 개설은행은 양도은행이 될 수 있다.

Transferred credit means a credit that has been made available by the transferring bank to a second beneficiary.
양도된 신용장은 양도은행이 제2수익자가 이용 가능하도록 한 신용장을 의미한다.

c. Unless otherwise agreed at the time of transfer, all charges (such as commissions, fees, costs or expenses) incurred in respect of a transfer must be paid by the first beneficiary.
c. 양도 시에 별도로 합의하지 않는 한, 양도와 관련하여 발생되는 모든 비용 예컨대 수수료, 처리요금, 비용 또는 경비는 제1수익자가 지급하여야 한다.

d. A credit may be transferred in part to more than one second beneficiary provided partial drawings or shipments are allowed. A transferred credit cannot be transferred at the request of a second beneficiary to any subsequent beneficiary. The first beneficiary is not considered to be a subsequent beneficiary.
d. 분할어음 발행 또는 분할선적이 허용되는 경우에는 신용장은 둘 이상의 제2수익자에게 분할하여 양도될 수 있다. 양도된 신용장은 제2수익자의 요청으로 그 이후의 어떠한 수익자에게도 양도될 수 없다. 제1수익자는 그 이후의 수익자로 보지 않는다.

e. Any request for transfer must indicate if and under what conditions amendments may be advised to the second beneficiary. The transferred credit must clearly indicate those conditions.
e. 모든 양도요청은 조건변경을 제2수익자에게 통지해도 되는지 및 어떤 조건으로 제2수익자에게 통지해야 하는지를 기술해야 한다. 양도된 신용장은 이들 조건을 명백히 명시하고 있어야 한다.

f. If a credit is transferred to more than one second beneficiary, rejection of an amendment by one or more second beneficiary does not invalidate the acceptance by any other second beneficiary, with respect to which the transferred credit will be amended accordingly. For any second beneficiary that rejected the amendment, the transferred credit will remain unamended.
f. 신용장이 둘 이상의 제2수익자에게 양도된 경우, 적법하게 조건변경이 되는 양도신용장에 대해서는 하나 이상의 제2수익자가 조건변경을 거절하는 것은 그러한 거절의 결과로, 그 이외의 다른 모든 제2수익자가 승낙한 조건변경은 무효화되지 아니한다. 그 조건변경을 거절한 제2수익자에 대해서는 양도된 신용장은 조건변경이 변경되지 아니한 상태로 존속한다.

g. The transferred credit must accurately reflect the terms and conditions of the credit, including confirmation, if any, with the exception of:
g. 양도된 신용장은 다음의 경우를 제외하고는 신용장의 확인(있는 경우)을 포함하여 신용장의 조건을 정확히 반영하여야 한다:

- the amount of the credit,
- any unit price stated therein,
- the expiry date,
- the period for presentation, or
- the latest shipment date or given period for shipment,
- 신용장의 금액,
- 신용장에 명시된 단가,
- 유효기일,
- 제시기간, 또는
- 최종 선적기일 또는 약정된 선적기간,

any or all of which may be reduced or curtailed.
이들 중의 일부 또는 전부는 감액 또는 단축 가능하다.

The percentage for which insurance cover must be effected may be increased to provide the amount of cover stipulated in the credit or these articles.
보험부보 비율은 본 규칙 또는 신용장에 규정된 부보금액을 충족시키기 위해 증대될 수 있다.

The name of the first beneficiary may be substituted for that of the applicant in the credit.
신용장상의 개설의뢰자의 명의는 제1수익자의 명의로 대체될 수 있다.

If the name of the applicant is specifically required by the credit to appear in any document other than the invoice, such requirement must be reflected in the transferred credit.
개설의뢰자의 명의가 송장 이외의 모든 서류에 명시되도록 신용장에서 특별히 요구하는 경우, 그러한 요구는 양도된 신용장에 반영되어야 한다.

h. The first beneficiary has the right to substitute its own invoice and draft, if any, for those of a second beneficiary for an amount not in excess of that stipulated in the credit, and upon such substitution the first beneficiary can draw under the credit for the difference, if any, between its invoice and the invoice of a second beneficiary

h. 제1수익자는 신용장에 규정된 금액을 초과하지 아니하는 금액에 대하여 자신의 송장 및 환어음이 있다면 제2수익자의 송장 및 환어음을 자신의 송장 및 환어음으로 대체할 권리가 있으며, 그러한 송장 및 환어음을 대체할 때, 제1수익자는 자신의 송장과 제2수익자의 송장 간의 차액이 있다면, 그 차액에 대하여 신용장에 따라 환어음을 발행할 수 있다.

i. If the first beneficiary is to present its own invoice and draft, if any, but fails to do so on first demand, or if the invoices presented by the first beneficiary create discrepancies that did not exist in the presentation made by the second beneficiary and the first beneficiary fails to correct them on first demand, the transferring bank has the right to present the documents as received from the second beneficiary to the issuing bank, without further responsibility to the first beneficiary.

i. 제1수익자가 그 자신의 송장 및 환어음이 있는 경우, 이들 서류를 제시하여야 하지만, 최초의 요구 시에 제시하지 아니하거나, 또는 제1수익자가 제시한 송장에서 제2수익자가 제시한 서류에서는 존재하지 아니한 불일치를 발견하여 이를 정정하도록 제1수익자에게 첫 요

구 시에 이를 정정하지 아니하는 경우, 양도은행은 제1수익자에 대한 더 이상의 책임 없이 제2수익자로부터 접수한 서류를 개설은행에 제시할 권리를 가진다.

j. The first beneficiary may, in its request for transfer, indicate that honour or negotiation is to be effected to a second beneficiary at the place to which the credit has been transferred, up to and including the expiry date of the credit. This is without prejudice to the right of the first beneficiary in accordance with sub-article 38 (h).

j. 제1수익자는 그 자신의 양도 요청에서 지급이행 또는 매입은 신용장의 유효기일을 포함한 그 유효기일까지 신용장이 양도된 장소에서 제2수익자에게 이행되어야 한다는 것을 명시할 수 있다. 이것은 제38조 h항에 따른 제1수익자의 권리를 침해하지 아니한다.

k. Presentation of documents by or on behalf of a second beneficiary must be made to the transferring bank.

k. 제2수익자의 서류제시 또는 그를 대신한 서류의 제시는 양도은행에 해야 한다.

Article 39 Assignment of Proceeds
제39조 대금의 양도

The fact that a credit is not stated to be transferable shall not effect the right of the beneficiary to assign any proceeds to which it may be or may become entitled under the credit, in accordance with the provisions of applicable law. This article relates only to the assignment of proceeds and not to the assignment of the right to perform under the credit.

신용장에서 양도 가능한 신용장으로 기술되어 있지 않다는 사실은 적용되는 법(준거법)의 규정에 따라 그 신용장에 의하여 부여되거나, 또는 부여될 수 있는 모든 대금을 양도할 수 있는 수익자의 권리에는 영향을 미치지 아니한다. 본조는 대금의 양도에만 관련되며 신용장에 따른 이행권리의 양도에는 관계하지는 아니한다.

SUPPLEMENT TO UCP 600 FOR ELECTRONIC PRESENTATION−VERSION 1.1
전자제시를 위한 UCP 600의 보칙−버전 1.1

Article e1 Scope of the eUCP

a. The Supplement to the Uniform Customs and Practice for Documentary Credits for Electronic Presentation ("eUCP") supplements the Uniform Customs and Practice for Documentary Credits(2007 Revision ICC Publication No. 600,) ("UCP") in order to accommodate presentation of electronic records alone or in combination with paper documents.

b. The eUCP shall apply as a supplement to the UCP where the Credit indicates that is subject to eUCP.

c. This version is Version 1.1. A Credit must indicate the applicable version of the eUCP. If it does not do so, it is subject to the version in effect on the date the Credit is issued or, if made subject to eUCP by an amendment accepted by the Beneficiary, on the date of that amendment.

제1조 eUCP의 적용범위

a. 전자제시를 위한 화환신용장통일규칙 및 관례의 보칙("eUCP")은 전자기록만의 제시 또는 종이서류를 동반한 전자기록의 제시를 수용하기 위하여 화환신용장통일규칙 및 관례(2007년 개정 국제상업회의소 간행물 600)("UCP")를 보완한다.

b. eUCP는 신용장이 eUCP을 적용한다는 명시가 있는 경우 UCP의 보칙으로 적용된다.

c. 본 버전은 1.1이다. 신용장은 적용되는 eUCP 버전을 명시하여야 한다. 신용장에 버전을 명시하지 않는 경우, 신용장이 개설된 일자에 시행되는 버전을 적용하고, 또는 수익자가 승인한 조건변경이 eUCP을 적용하도록 되어 있는 경우, 조건 변경한 일자에 시행되는 버전이 적용된다.

Article e2 Relationship of the eUCP to the UCP

a. A Credit subject to the eUCP("eUCP Credit") is also subject to the UCP without express incorporation of the UCP.

b. Where the eUCP applies, its provision shall prevail to the extent that they would produce a result different from application of the UCP.

c. If an eUCP Credit allows the Beneficiary to choose between presentation of paper documents or electronic records and it chooses to present only paper documents, the UCP alone shall apply to that presentation. If only paper documents are permitted under an eUCP Credit, the UCP alone shall apply.

제2조 UCP와 eUCP의 관계

a. eUCP을 적용하는 신용장("eUCP 신용장")은 또한 화환신용장통일규칙 및 관례(UCP)의 명시적인 삽입 없이도 화환신용장통일규칙 및 관례(UCP)와 함께 적용된다.
b. eUCP가 적용되는 경우, 본 조항은 UCP의 적용으로 다른 결과가 발생되는 범위 내에서는 우선한다.
c. eUCP 신용장이 수익자에게 종이서류 또는 전자기록 중 자유롭게 제시할 수 있도록 선택을 허용하였으나, 수익자가 종이서류만의 제시를 선택하는 경우에 UCP만이 그 제시에 적용된다. eUCP 신용장에서 종이서류만을 허용하는 경우에도 UCP만이 적용된다.

Article e3 Definitions

a. Where the following terms are used in the UCP, for the purposes of applying the UCP to an electronic record presented under an eUCP credit, the term:
   i. "appears on its face" and the like shall apply to examination of the data content of an electronic record.
   ii. "document" shall include an electronic record.
   iii. "place for presentation"of electronic records means an electronic address.
   iv. "sign" and the like shall include an electronic signature.
   v. "superimposed", "notation" or "stamped" means data content whose supplementary character is apparent in an electronic record.
b. The following terms used in the eUCP shall have the following meanings:
   i. "electronic record" means
      • data created, generated, sent, communicated, received, or stored by electronic means
      • that is capable of being authenticated as to the apparent identity of a sender and the apparent source of the data contained in it, and as to whether it has remained complete and unaltered, and
      • is capable of being examined for compliance with the terms and conditions of the eUCP Credit.
   ii. "electronic signature" means a data process attached to or logically associated with an electronic record and executed or adopted by a person in order to identify that person and to indicate that person's authentication of the electronic record.
   iii. "format" means the data organisation in which the electronic record is expressed or to which it refers.
   iv. "paper document" means a document in a traditional paper form.
   v. "received" means the time when an electronic record enters the information system of the applicable recipient in a form capable of being accepted by that system. Any acknowledgement of receipt does not imply acceptance or refusal of the electronic record under an eUCP Credit.

제3조 용어의 정의

a. UCP에서 규정하고 있는 다음 용어가 eUCP 신용장에 의거하여 제시되는 전자기록에 이용되는 경우, 이에 UCP를 적용하기 위한 용어, 즉:
   i. "문면상" 및 이와 유사한 표현은 전자기록 자료내용의 심사에 적용된다.
   ii. "서류"는 전자기록을 포함한다.
   iii. 전자기록의 "제시장소"는 전자주소를 의미한다.
   iv. "서명" 및 이와 유사한 표현은 전자서명을 포함한다.
   v. "부기된", "표기" 또는 "스탬프로 표기된"이란 전자기록에서 그의 부가적인 성격이 분명한 자료내용을 의미한다.

b. eUCP에 이용된 다음 용어는 다음과 같은 의미를 갖는다.
   i. "전자기록"이란
      • 전자수단에 의하여 작성, 생성, 송부, 통신, 수신, 또는 저장된 자료로
      • 송부자의 확실한 신원과 전자기록에 포함된 자료의 확실한 출처 및 그 전자기록이 변경되지 아니한 완전한 상태로 남아 있는지의 여부에 관해 인증될 수 있는 것, 그리고
      • eUCP 신용장의 조건과의 일치성 여부를 심사 가능한 것을 의미한다.
   ii. "전자서명"이라 함은 전자기록에 첨부되거나 또는 전자기록과 논리적으로 연관되고, 또한 특정인의 신원을 확인하고 그의 전자기록의 인증을 표시하기 위하여 특정인에 의해 실행되거나 채택된 자료처리를 의미한다.
   iii. "형식"이란 전자기록이 명시되거나 또는 그것을 언급하는 자료구성을 의미한다.
   iv. "종이서류"라 함은 전통적인 종이형식의 서류를 의미한다.
   v. "수신된"이란 전자기록이 정보시스템에 의해 수용 가능한 형식으로 수신가능한 수신자의 정보시스템에 입력되는 시점을 의미한다. 어떠한 접수확인은 eUCP 신용장하에서 전자기록의 수리나 또는 거절을 의미하지 않는다.

Article e4 Format

An eUCP Credit must specify the formats in which electronic records are to be presented. If the format of the electronic record is not so specified, it may be presented in any format.

제4조 형식

eUCP 신용장은 전자기록이 제시되는 형식을 명시하여야 한다. 전자기록이 제시되는 형식을 명시하지 않는 경우에는 어떠한 형식으로도 제시될 수 있다.

Article e5 Presentation

a. An eUCP Credit allowing presentation of:
   i. electronic records must state a place for presentation of the electronic records.
   ii. both electronic records and paper documents must also state a place for presentation of the paper documents.

b. Electronic records may be presented separately and need not be presented at the same time.

c. If an eUCP Credit allows for presentation of one or more electronic records, the Beneficiary is responsible for providing a notice to the Bank to which presentation is made signifying when the presentation is complete. The notice of completeness may be given as an electronic record or paper document and must identify the eUCP Credit to which it relates. Presentation is deemed not to have been made if the Beneficiary's notice is not received

d. i. Each presentation of an electronic record and the presentation of paper documents under an eUCP Credit must identify the eUCP Credit under which it is presented.

ii. A presentation not so identified may be treated as not received.

e. If the Bank to which presentation is to be made is open but its system is unable to receive a transmitted electronic record on the stipulated expiry date and/or the last day of the period of time after the date of shipment for presentation, as the case may be, the Bank will be deemed to be closed and the date for presentation and/or the expiry date shall be extended to the first following banking day on which such Bank is able to receive an electronic record. If the only electronic record remaining to be presented is the notice of completeness, it may be given by telecommunications or by paper document and will be deemed timely, provided that it is sent before the bank is able to receive an electronic record.

f. An electronic record that cannot be authenticated is deemed not to have been presented.

제5조 제시

a. eUCP 신용장은 다음의 제시를 허용한다.

i. 전자기록의 제시를 허용하는 경우 전자기록의 제시장소를 명시하여야 한다.

ii. 전자기록과 종이서류의 제시를 모두 허용하는 경우에는 또한 종이서류의 제시장소를 명시하여야 한다.

b. 전자기록은 종이서류와 별도로 제시될 수 있으며, 그와 동시에 제시될 필요는 없다.

c. eUCP 신용장이 하나 이상의 전자기록의 제시를 허용하는 경우, 수익자는 그 제시가 완료되었을 때는, 제시은행에게 그 제시가 완료되었냐는 사실을 통지할 책임이 있다. 완료통지는 전자기록 또는 종이문서로 할 수 있으며, 그 통지에는 그와 관계있는 eUCP 신용장임을 확인하여야 한다. 수익자의 이러한 통지가 접수되지 아니한 경우에는 제시되지 않은 것으로 간주한다.

d. i. eUCP 신용장 하에 전자기록의 각 제시와 종이서류의 제시는 그러한 제시와 관계있는 eUCP 신용장임을 확인하여야 한다.

ii. 이와 같이 확인되지 아니한 제시는 접수되지 않은 것으로 간주한다.

e. 제시받는 은행이 영업을 하고 있으나, 동 은행의 시스템이 약정된 유효기일 및/또는 선적후 최종 제시기일에 송부된 전자기록을 접수할 수 없을 경우, 경우에 따라서는 은행의 영업을 종료한 것으로 간주하고, 제시기일 및/또는 유효기일은 동 은행이 전자기록을 접수할 수 있는 다음 첫 은행영업일까지 연장된다.

그리고 이 경우 그 전자기록의 제시완료 통지만 남아있는 경우에는 그 완료통지는 일반 통신수단이나 또는 종이문서로 할 수 있으며, 또한 은행의 시스템이 수신할 수 없었던 기간동안 내에 송부되었다면 적기에 통지된 것으로 간주한다.

f. 인증될 수 없는 전자기록은 제시되지 아니한 것으로 간주된다.

Article e6 Examination

a. If an electronic record contains a hyperlink to an external system or a presentation indicates that the electronic record may be examined by reference to an external system, the electronic record at the hyperlink or the referenced system shall be deemed to be the electronic record to be examined. The failure of the indicated system to provide access to the required electronic record at the time of examination shall constitute a discrepancy.

b. The forwarding of electronic record by a Nominated Bank pursuant to its nomination signifies that it has checked the apparent authenticity of the electronic records.

c. The inability of the Issuing Bank, or Confirming Bank, if any, to examine an electronic record in a format required by the eUCP Credit or, if no format is required, to examine it in the format presented is not a basis for refusal.

제6조 심사

a. 전자기록이 외부시스템과의 하이퍼링크(hyperlink)를 포함하거나 또는 전자기록이 외부시스템을 참조하여 심사될 수 있다고 명시된 제시인 경우, 하이퍼링크 또는 관계시스템에서의 전자기록은 심사되어야 하는 전자기록으로 간주된다. 심사 시에 요구된 전자기록이 지시된 시스템에 접속할 수 없는 경우에는 불일치로 간주한다.

b. 지정은행의 전자기록의 송부는 그 지정은행이 외관상 전자기록의 진정성을 확인하였다는 것을 의미한다.

c. 개설은행 또는 확인은행(있는 경우)이 eUCP 신용장에 의해 요구된 형식으로 전자기록을 심사하지 못하거나, 또는 형식을 요구하지 않은 경우 제시된 형식으로 전자기록을 심사하지 못하는 것은 거절사유가 되지 못한다.

Article e7 Notice of Refusal

a. i. The time period for the examination of documents commences on the banking day following the banking day on which the Beneficiary's notice of completeness is received.

   ii. If the time for presentation of documents or the notice of completeness is extended, the time for the examination of documents commences on the first following banking day on which the bank to which presentation is to be made is able to receive the notice of completeness.

b. If an Issuing Bank, the Confirming Bank, if any, or a Nominated Bank acting on their behalf, provides a notice of refusal of a presentation which includes electronic records and does not receive instructions from the party to which notice of refusal is given within 30 calendar days from the date the notice of refusal is given for the disposition of electronic records, the Bank shall return any paper documents not previously returned to the presenter but may dispose of the electronic records in any manner deemed appropriate without any responsibility.

제7조 거절통지

a. i. 서류의 심사를 위한 기간은 수익자의 완료통지가 접수된 은행영업일의 다음 첫 은행영업일에 개시된다.
   ii. 서류의 제시 또는 완료의 통지를 위한 기간이 연장되는 경우, 서류의 심사기간은 제시받는 은행이 완료의 통지를 접수할 수 있는 다음 첫 은행영업일에 개시된다.

b. 개설은행, 확인은행(있는 경우) 또는 그들을 대신하여 행동하는 지정은행이 전자기록을 포함한 제시의 거절통지를 하였으나, 거절통지일로부터 30일 이내에 거절통지를 한 당사자로부터 전자기록의 처분에 대한 지시를 받지 못한 경우에는 은행은 이전에 반송되지 아니한 모든 종이서류는 제시자에게 반송하여야 하나, 그 전자기록은 아무런 책임 없이 적절한 방법으로 처분할 수 있다.

Article e8 Originals and Copies

Any requirement of the UCP or an eUCP Credit for presentation of one or more originals or copies of an electronic record is satisfied by the presentation of one electronic record.

제8조 원본 및 사본

하나 이상의 전자기록의 원본 또는 사본의 제시를 위한 UCP 또는 eUCP 신용장의 요건은 하나의 전자기록을 제시함으로써 충족된다.

Article e9 Date of Issuance

Unless an electronic record contains a specific date of issuance, the date on which it appears to have been sent by the issuer is deemed to be the date of issuance. The date of receipt will be deemed to be the date it was sent if no other date is apparent.

제9조 발행일자

전자기록상 특정한 발행일자가 없는 한, 그 발행인에 의해 송신이 완료된 일자를 발행일자로 간주한다. 수신일자도 명확하지 않은 경우에는 전자기록이 송신된 일자로 한다.

Article e10 Transport

If an electronic record evidencing transport does not indicate a date of shipment or dispatch, the date of issuance of the electronic record will be deemed to be the date of shipment or dispatch. However, if the electronic record bears a notation that evidences the date of shipment or dispatch, the date of the notation will be deemed to be the date of shipment or dispatch. A notation showing additional date content need not be separately signed or otherwise authenticated.

제10조 운송

운송을 증명하는 전자기록이 선적일자 또는 발송일자를 명시하고 있지 않은 경우에는 전자기록의 발행일자를 선적일자 또는 발송일자로 간주한다. 그러나 전자기록이 선적 또는 발송일자를 증명하는 부기가 있는 경우에는 그 부기일자를 선적 또는 발송일자로 간주한다. 부가적인 자료 내용을 명시하고 있는 부기는 별도로 서명되거나 또는 인증될 필요는 없다.

Article e11 Corruption of an Electronic Record after Presentation

a. If an electronic record that has been received by the Issuing Bank, Confirming Bank, or another Nominated Bank appears to have been corrupted, the Bank may inform the presenter and may request that the electronic record be re-presented.

b. If the Bank requests that an electronic record be re-presented:

  i. the time for examination is suspended and resumes when the presenter re-presents the electronic record; and

  ii. if the Nominated Bank is not the Confirming Bank, it must provide the Issuing Bank and any Confirming Bank with notice of the request for re-presentation and inform it of the suspension. but

  iii. if the same electronic record is not re-presented within thirty(30) calender days, the Bank may treat the electronic record as not presented, and

  iv. any deadlines are not extended.

제11조 제시 이후 전자기록의 훼손/변질

a. 개설은행, 확인은행, 또는 다른 지정은행이 수신한 전자기록이 변질된 것으로 보이는 경우에, 은행은 제시자에게 통지하고 전자기록의 재제시를 요구할 수 있다.

b. 은행이 전자기록의 재제시를 요구하는 경우:

  i. 심사기간은 정지되며 제시인 전자기록을 재제시할 때 재개된다. 그리고

  ii. 지정은행이 확인은행이 아닌 경우, 그 지정은행은 반드시 개설은행과 확인은행(있는 경우)에게 재제시를 요청한 사실과 심사기간의 중지에 대해 통지하여야 한다. 그러나

  iii. 동일한 전자기록이 30일 이내에 다시 제시되지 않는 경우 은행은 전자기록이 제시되지 않은 것으로 간주한다.

  iv. 어떠한 최종 기간도 연장되지 아니한다.

Article e12

Additional Disclaimer of Liability for Presentation of Electronic Records under eUCP

By satisfying itself as to the apparent authenticity of an electronic record, Banks assume no liability for the identity of the sender, source of the information, or its complete and unaltered character other than that which is apparent in the electronic record received by the use of a commercially acceptable data process for the receipt, authentication, and identification of electronic records.

제12조 eUCP 하의 전자기록의 제시를 위한 추가적인 면책

전자기록의 외관상 진정성에 관해서는 그 자체를 충족시킴으로써, 은행은 전자기록의 접수, 인증 및 출처확인을 위해 상업적으로 수용될 수 있는 데이터 프로세스를 이용하여 접수된 전자기록에서 명백한 경우를 제외하고 송신자의 신원, 정보의 출처, 또는 그 완전성과 무변조성에 대한 책임을 부담하지 않는다.

Uniform Rules for Bank Payment Obligations
BPO통일규칙

Article 1 Scope

a. The ICC Uniform Rules for Bank Payment Obligations(URBPO) provide a framework for a Bank Payment Obligation(BPO). A BPO relates to an underlying trade transaction between a buyer and seller with respect to which Involved Banks have agreed to participate in an Established Baseline through the use of the same Transaction Matching Application(TMA).
b. The URBPO do not provide the basis for determining whether a Data Match or Data Mismatch has occurred. This is determined by the functionality of the applicable TMA and the terms and conditions applying to that TMA as subscribed to by each Involved Bank.

제1조 범위

a. URBPO는 BPO의 프레임워크를 규정하고 있다. BPO는 매수자와 매도자 간의 기초 무역거래에 관한 것이며, 그리고 참여은행들이 동일한 TMA을 이용하여 설정된 베이스라인에 참여하기로 합의 한 것에 관계한다.
b. URBPO는 데이터의 매치 또는 미스매치 여부를 결정하기 위한 기준을 규정하지 않으며, 그 일치 여부는 적용되는 TMA의 기능과 각 참여은행이 약정한 TMA에 적용되는 조건에 의해 결정된다.

Article 2 Application

a. The URBPO are rules that apply to a BPO when the Payment Obligation Segment within an Established Baseline expressly states that it is subject to these rules or when each Involved Bank agrees in a separate agreement that a BPO is subject to these rules. They are binding on each Involved Bank unless expressly modified or excluded by the Established Baseline or by the separate agreement.
b. i) If an Established Baseline or separate agreement does not indicate the applicable version of URBPO, the BPO will be subject to the latest version in effect when the Baseline is established in accordance with sub-article 9(d).
   ii) This is URBPO Version 1.0.
c. i) The URBPO require use of the appropriate ISO 20022 Trade Services Management (TSMT) messages registered with the International Standards Organization (ISO). Use of any other message type means that the transaction is out of scope of these rules.
   ii) Only those TSMT messages that are applicable to a BPO are referred to in these rules.

제2조 적용

a. 설정된 베이스라인 내에 BPO 세그먼트(segment)에서 URBPO가 적용된다는 것을 명시적으로

진술하고 있는 경우 또는 참여은행이 BPO는 이들 규칙이 적용된다는 것을 개별약정에 합의한 경우, URBPO는 BPO에 적용되는 규칙이다. URBPO는 설정된 베이스라인 또는 개별약정에 의해 명시적으로 변경하거나 또는 배제하기로 하지 않는 한, 각 참여은행을 구속한다.

b. i) 설정된 베이스라인 또는 개별약정이 URBPO의 적용 가능한 버전을 명시하지 아니한 경우, 당해 베이스라인이 본 규칙 제9조 d항에 따라서 설정된 경우, BPO는 시행 중인 최근 버전이 적용된다.

ii) 본 규칙은 URBPO 1.0 버전이다.

c. i) URBPO는 국제표준화기구(ISO)에 등록된 적법한 ISO 20022 무역서비스관리(TSMT) 메시지의 사용을 요구한다. 그 이외 다른 형태의 메시지의 이용은 거래가 본 규칙의 범위를 벗어난 것을 의미한다.

ii) BPO에 적용되는 TSMT 메시지만이 이들 규칙에 적용된다.

Article 3 General Definitions

For the purpose of these rules:

"Bank Payment Obligation" or "BPO" means an irrevocable and independent undertaking of an Obligor Bank to pay or incur a deferred payment obligation and pay at maturity a specified amount to a Recipient Bank following Submission of all Data Sets required by an Established Baseline resulting in a Data Match or an acceptance of a Data Mismatch pursuant to sub-article 10(c).

"Banking Day" means a day on which an Involved Bank is regularly open at the place at which an act subject to these rules is to be performed by such Involved Bank.

"Baseline" means data in respect of an underlying trade transaction submitted to a Transaction Matching Application by a Buyer's Bank or a Seller's Bank.

"Buyer's Bank" means the bank of the buyer. The Buyer's Bank may also be an Obligor Bank.

"Data Match" means a comparison of all required Data Sets with an Established Baseline resulting in Zero Mismatches as specified in a Data Set Match Report.

"Data Mismatch" means a comparison of all required Data Sets with an Established Baseline resulting in one or more mismatches as specified in a Data Set Match Report.

"Data Set" means any of the categories (for example, 'commercial', 'transport', 'insurance', 'certificate' or 'other certificate') included in a Data Set Submission sent to a Transaction Matching Application by an Involved Bank for comparison with an Established Baseline.

"Established Baseline" means a Baseline from the time when a Transaction Matching Application sends a Baseline Match Report containing Zero Mismatches and with the status 'established'.

"Involved Bank" means a Seller's Bank or Recipient Bank (depending upon its role at any given time), a Buyer's Bank, an Obligor Bank or a Submitting Bank.

"Obligor Bank" means the bank that issues a BPO.

"Payment Obligation Segment" means the part of a Baseline designated as 'payment obligation' that incorporates the terms of the BPO including the terms on which payment is to be made.

"Recipient Bank" means the bank that is the beneficiary of a BPO. The Recipient Bank is always the Seller's Bank.

"Seller's Bank" means the bank of the seller. The Seller's Bank will be indicated as the Recipient Bank in the Payment Obligation Segment of an Established Baseline.

"Submission" means (i) the act of a Buyer's Bank or Seller's Bank presenting data by submitting a Baseline to a Transaction Matching Application, or the Baseline so submitted, as the context requires, or (ii) the act of an Involved Bank presenting data to an Obligor Bank by means of submitting one or more Data Sets to a Transaction Matching Application, or the Data Sets so submitted, as the context requires.

"Submitting Bank" means an Involved Bank whose only role is to submit one or more Data Sets required by an Established Baseline.

"Trade Services Management (TSMT) messages" or "TSMT messages" means ISO 20022 message types as published under the trade services management business area by the International Standards Organisation (ISO).

"Transaction Matching Application" or "TMA" means any centralised data matching and workflow application, whether or not proprietary to an Involved Bank, which provides the service of processing TSMT messages received from Involved Banks, the automatic comparison of the data contained in such messages, and the subsequent sending of all related TSMT messages to each Involved Bank.

"Universal Time Coordinated" or "UTC" means the international time scale defined by the International Telecommunications Union used by electronic computing and data management equipment, and the technical equivalent of GMT, Greenwich Mean Time, and is the applicable time scale for a BPO.

"Zero Mismatches" means that the data represented in one Baseline match the data represented in a corresponding Baseline or, as the context may indicate, that all required Data Sets match the data required by an Established Baseline.

제3조 일반 정의

본 규칙의 목적을 위해

"Bank Payment Obligation" or "BPO"는 본 규칙 제10조 c항에 따라서 설정된 베이스라인에서 요구한 모든 데이터 셋이 제출되어, 그 데이터가 매치되거나 또는 그 데이터의 미스매치가 승인되는 경우 수취은행에 약정금액을 지급하거나 또는 연지급약정을 부담하고 만기에 지급하기로 하는 채무은행의 취소 불가능한 독립적인 약정을 의미한다.

"은행 영업일"은 본 규칙에 따라 업무가 수행되는 장소에서 참여은행이 정상적으로 영업을 하는 날을 의미한다.

"베이스라인"은 매수자의 거래은행 또는 매도자의 거래은행이 TMA에 제출한 기초 무역거래에 관한 데이터를 의미한다.

"매수자의 거래은행"은 매수자의 거래은행을 의미한다. 매수자의 거래은행은 또한 채무은행이 될 수 있다.

"데이터 매치"는 요구된 모든 데이터 셋을 설정된 베이스라인과 대조한 결과 데이터 셋 매치 보고서에 제로 미스매치로 명시되어 있는 것을 의미한다.

"데이터 미스매치"는 요구된 모든 데이터 셋을 설정된 베이스라인과 대조한 결과 데이터 셋 매치 보고서에 하나 이상의 미스매치로 명시되어 있는 것을 의미한다.
"데이터 셋"은 설정된 베이스라인과 대조를 위해 참여은행이 TMA에 발송한 데이터 셋 제시에 포함된 모든 종류의 데이터 카테고리(예컨대 '송장', '운송', '보험', '증명서' 또는 '기타 증명서')를 의미한다.
"설정된 베이스라인"은 TMA가 제로(zero) 미스매치로 '설정된' 상태의 베이스라인 매치 보고서를 발송하는 때부터의 베이스라인을 의미한다.
"참여은행"은 매도자의 거래은행 또는 수취은행(어떤 약정된 기간에 그의 역할에 달려 있는), 매수자의 거래은행, 채무은행 또는 제출은행을 의미한다.
"채무은행"(Obligor)은 BPO를 발행하는 은행을 의미한다.
"지급약정 세그먼트"는 지급의무에 관한 조건을 포함한 BPO의 조건을 명시하는 '지급약정'으로 지정된 베이스라인의 일부 공간을 의미한다.
"수취은행"은 BPO의 수익자 은행을 의미한다. 그 수취은행은 항상 매도자의 거래은행이다.
"매도자의 거래은행"은 매도자의 거래은행을 의미한다. 그 매도자의 거래은행은 설정된 베이스라인의 지급약정 세그먼트에 수취은행으로 표기된다.
"제출"은 (i) TMA에 베이스라인을 제출함으로써 데이터를 제시하는 매수자의 거래은행 또는 매도자의 거래은행의 행위, 또는 조건에 따라 그와 같이 제출된 베이스라인, 또는 (ii) TMA에 하나 이상의 데이터 셋을 제시함으로써 채무은행에 데이터를 제시하는 참여은행의 행위, 또는 조건에 따라 그와 같이 제출된 데이터 셋을 의미한다.
"제출은행"은 은행의 유일한 역할이 설정된 베이스라인에서 요구한 하나 이상의 데이터 셋을 제출해야 하는 참여은행을 의미한다.
"무역서비스관리(TSMT) 메시지" 또는 "TSMT 메시지"는 국제표준화기구(ISO)가 무역서비스관리 비즈니스 부문으로 발행된 ISO 20022 메시지 유형을 의미한다.
"거래매칭 애플리케이션" 또는 "TMA"는 참여은행의 소유 여부에 관계없이 중앙처리 데이터 매칭 및 워크플로우 애플리케이션을 의미한다. TMA는 참여은행으로부터 접수한 TSMT 메시지를 처리하는 서비스를 제공한다. 즉 그 메시지에서 있는 데이터를 자동적으로 대조한 다음에 관련 모든 TSMT 메시지를 각 참여은행에 전송한다.
"협정 세계시" 또는 "UTC"는 전기 컴퓨팅 및 데이터 관리 장치에 사용된 국제전기통신연합에 의해 정의된 국제적인 시간척도(국제표준시)를 의미한다. 기술적으로 GMT(그리니치 표준시)에 상응하고, BPO를 위해 적용되는 표준시이다.
"제로 미스매치"는 하나의 베이스라인에 제시된 데이터가 그에 대응되는 베이스라인에 제시된 데이터와 매치되거나 또는, 그 조건에 따라, 요구된 모든 데이터 셋이 설정된 베이스라인에서 요구한 데이터와 매치된다는 것을 의미한다.

Article 4 Message Definitions

"Amendment Acceptance" means a TSMT message sent to a TMA by a Buyer's Bank, a Seller's Bank or a Recipient Bank(as applicable) accepting a Baseline Amendment Request.
"Amendment Acceptance Notification" means a TSMT message sent by a TMA to a Buyer's Bank, a Seller's Bank or a Recipient Bank(as applicable) notifying it of the acceptance of a Baseline Amendment Request.
"Amendment Rejection" means a TSMT message sent to a TMA by a Buyer's Bank, a Seller's

Bank or a Recipient Bank(as applicable) rejecting a Baseline Amendment Request.

"Amendment Rejection Notification" means a TSMT message sent by a TMA to a Buyer's Bank, a Seller's Bank or a Recipient Bank(as applicable) notifying it of the rejection of a Baseline Amendment Request.

"Baseline Amendment Request" means a TSMT message sent to a TMA by a Buyer's Bank, a Seller's Bank or a Recipient Bank(as applicable) requesting an amendment to an Established Baseline.

"Baseline Match Report" means a TSMT message sent by a TMA to each Involved Bank (except an Obligor Bank other than a Buyer's Bank), after Submission of a Baseline, indicating an Established Baseline or that mismatches have been found between two Baselines.

"Data Set Match Report" means a TSMT message sent by a TMA to each Involved Bank after Submission of all Data Sets required by an Established Baseline and the automatic comparison of such Data Sets with that Established Baseline, advising it of either a Data Match or a Data Mismatch.

"Data Set Submission" means a TSMT message sent to a TMA by an Involved Bank that contains one or more categories of Data Set for data comparison.

"Full Push Through Report" means a TSMT message sent by a TMA to each Involved Bank advising of a proposed Baseline, an Established Baseline or a proposed amendment to an Established Baseline.

"Mismatch Acceptance" means a TSMT message sent to a TMA by a Buyer's Bank accepting a Data Mismatch.

"Mismatch Acceptance Notification" means a TSMT message sent by a TMA to each Involved Bank notifying it of the acceptance of a Data Mismatch by a Buyer's Bank.

"Mismatch Rejection" means a TSMT message sent to a TMA by a Buyer's Bank rejecting a Data Mismatch.

"Mismatch Rejection Notification" means a TSMT message sent by a TMA to each Involved Bank notifying it of the rejection of a Data Mismatch by a Buyer's Bank.

"Role and Baseline Acceptance" means a TSMT message sent to a TMA by a Submitting Bank, or an Obligor Bank other than the Buyer's Bank, accepting such bank's role as specified in the Baseline contained in a Full Push Through Report.

"Role and Baseline Acceptance Notification" means a TSMT message sent by a TMA informing each other Involved Bank that a Submitting Bank, or an Obligor Bank other than the Buyer's Bank, has sent a Role and Baseline Acceptance in response to a Full Push Through Report.

"Role and Baseline Rejection" means a TSMT message sent to a TMA by a Submitting Bank, or an Obligor Bank other than the Buyer's Bank, rejecting such bank's role as specified in the Baseline contained in a Full Push Through Report.

"Role and Baseline Rejection Notification" means a TSMT message sent by a TMA informing each Involved Bank that a Submitting Bank, or an Obligor Bank other than the Buyer's Bank, has sent a Role and Baseline Rejection in response to a Full Push Through Report.

"Special Notification" means a TSMT message sent by a TMA to an Involved Bank notifying it

of a Special Request made by another Involved Bank.
"Special Request" means a TSMT message sent to a TMA by (i) a Submitting Bank advising a reason that prevents it from being able to submit a Data Set, or (ii) an Involved Bank withdrawing from its role in an Established Baseline due to force majeure (subject to article 13).

제4조 메시지의 정의

"조건변경 승인"은 매수자의 거래은행, 매도자의 거래은행 또는 수취은행(해당되는 경우)이 베이스라인 조건변경 요청을 승인하는 내용으로 TMA에 발송한 TSMT 메시지를 의미한다.
"조건변경 승인 통지"는 TMA가 베이스라인의 조건변경 요청을 승인하는 내용의 통지를 매수자의 거래은행, 매도자의 거래은행 또는 수취은행(해당되는 경우)에게 발송한 TSMT 메시지를 의미한다.
"조건변경 거절"은 매수자의 거래은행, 매도자의 거래은행 또는 수취은행(해당되는 경우)이 베이스라인 조건변경 요청을 거절하는 내용으로 TMA에 발송한 TSMT 메시지를 의미한다.
"조건변경 거절통지"는 TMA가 베이스라인의 조건변경 요청을 거절하는 내용의 통지를 매수자의 거래은행, 매도자의 거래은행 또는 수취은행(해당되는 경우)에게 발송한 TSMT 메시지를 의미한다.
"베이스라인 조건변경 요청"은 매수자의 거래은행, 매도자의 거래은행 또는 수취은행(해당되는 경우)이 설정된 베이스라인의 조건변경을 요청하는 내용으로 TMA에 발송한 TSMT 메시지를 의미한다.
"베이스라인 매치 보고서"는 베이스라인이 제출된 후에 TMA가 설정된 상태의 베이스라인 또는 두 베이스라인 간에서 미스매치가 발견되었다는 것을 통지하는 내용으로 각 참여은행(매수자의 거래은행이 아닌 채무은행 제외)에게 발송한 TSMT 메시지를 의미한다.
"데이터 셋 매치보고서"는 TMA가 설정된 베이스라인에서 요구한 모든 데이터 셋의 제시를 그 설정된 베이스라인과 자동적으로 대조한 결과 그 데이터의 매치 여부, 즉 데이터의 매치 또는 데이터의 미스매치 중 어느 하나를 통지하는 내용으로 각 참여은행에게 발송한 TSMT 메시지를 의미한다.
"데이터 셋 제출"은 참여은행이 데이터 대조를 위해 하나 또는 그 이상 종류(categories)의 데이터 셋을 포함하고 있다는 내용으로 TMA에 발송한 TSMT 메시지를 의미한다.
"처리완료 보고서(Full Push Through Report)"는 TMA가 베이스라인의 제시, 베이스라인의 설정 또는 설정된 베이스라인에 대한 조건변경을 통지하는 내용으로 각 참여은행에게 발송한 TSMT 메시지를 의미한다.
"미스매치 승인"은 매수자의 거래은행이 데이터 미스매치를 승인한다는 내용으로 TMA에 발송한 TSMT 메시지를 의미한다.
"미스매치 승인통지"는 TMA가 매수자의 거래은행이 데이터 미스매치를 승인했다는 내용의 통지를 각 참여은행에 발송한 TSMT 메시지를 의미한다.
"미스매치 거절"은 매수자의 거래은행이 데이터 미스매치를 거절한다는 내용으로 TMA에 발송한 TSMT 메시지를 의미한다.
"미스매치 거절 통보"는 TMA가 매수자가 미스매치를 거절했다는 내용의 통지를 각 참여은행에 발송한 TSMT 메시지를 의미한다.
"역할 및 베이스라인 승인"은 제출은행, 또는 매수자의 거래은행이 아닌 채무은행이 처리완료 보고서에 있는 베이스라인에 명시된 은행의 역할을 승인한다는 내용으로 TMA에 발송한 TSMT 메시지를 의미한다.

"역할 및 베이스라인 승인 통지"는 제출은행 또는 매수자의 거래은행이 아닌 채무은행이 처리완료 보고서에 대한 회신으로 역할 및 베이스라인 승인을 발송했다는 사실을 각 다른 참여은행에게 통지하는 내용으로 TMA가 발송한 TSMT 메시지를 의미한다.

"역할 및 베이스라인 거절"은 제출은행 또는 매수자의 거래은행이 아닌 채무은행이 처리완료 보고서에 포함된 베이스라인에 명시된 은행의 역할을 거절한다는 내용으로 TMA에 전송한 TSMT 메시지를 의미한다.

"역할 및 베이스라인 거절통지"는 제출은행 또는 매수자의 거래은행이 아닌 채무은행이 처리완료 보고서에 대한 회신으로 역할 및 베이스라인 거절을 발송했다는 사실을 각 참여은행에 통지하는 내용으로 TMA가 발송한 TSMT 메시지를 의미한다.

"특별 통지"는 TMA가 다른 참여은행이 요구한 특별 요청의 통지를 참여은행에 발송한 TSMT 메시지를 의미한다.

"특별 요청"은 (본 규칙 13조에 따라) 제출은행이 불가항력적 사유로 (ⅰ) 데이터 셋을 제출할 수 없는 사유의 통지, 또는 (ⅱ) 참여은행이 설정된 베이스라인에 있는 그의 역할을 철회한다는 통지를 내용으로 하는 TMA에 발송한 TSMT 메시지를 의미한다.

Article 5 Interpretations

For the purpose of these rules:

Where applicable, words in the singular include the plural and in the plural include the singular.

Branches of an Involved Bank in different countries are considered separate banks.

제5조 해석

이들 규칙의 목적을 위해:

본 규칙에서 적용할 수 있는 경우에는 단수형의 단어는 복수형을 포함하고 복수형의 단어는 단수형을 포함한다.

다른 국가에서의 어떤 참여은행의 지점은 별개의 독립된 은행으로 본다.

Article 6 Bank Payment Obligations v. Contracts

a. A BPO is separate and independent from the sale or other contract on which the underlying trade transaction may be based. An Involved Bank is in no way concerned with or bound by such contract, even if any reference whatsoever to it is included in an Established Baseline. Consequently, the undertaking of an Obligor Bank is not subject to claims or defences by the buyer resulting from its relationship with an Involved Bank or the seller.

b. A Recipient Bank can in no case avail itself of the contractual relationship existing between the buyer and the Buyer's Bank or an Obligor Bank other than the Buyer's Bank.

제6조 BPO v. 계약

a. BPO는 그 기반 무역거래의 근거가 되는 매매 또는 기타 계약과는 별개이며 독립적이다. 참여은행은 그러한 계약에 관한 어떠한 참조사항이 설정된 베이스라인에 포함되어 있다 하더라도 그러한 계약과는 아무런 관계가 없거나 또는 이에 구속되지 아니한다. 결과적으로 채무은행의 지급약정은 참여은행 또는 매도자와의 관계로부터 발생하는 매수자의 클레임 또는 항변에 지배받지 아니한다.
b. 수취은행은 어떠한 경우에도 매수자와 그 매수자의 거래은행 또는 그 매수자의 거래은행 이외의 채무은행 간에 존재하는 계약관계를 원용할 수 없다.

Article 7 Data v. Documents, Goods, Services or Performance

An Involved Bank deals with data and not with documents, or the goods, services or performance to which the data or documents may relate.

제7조 데이터 v. 서류, 물품, 서비스 또는 이행

참여은행은 데이터를 취급하는 것이며 그 서류, 또는 데이터 또는 서류가 관련될 수 있는 물품, 서비스 또는 이행을 취급하는 것이 아니다.

Article 8 Expiry Date of a BPO

a. An Established Baseline must state an expiry date for the Submission of Data Sets.
b. All Data Sets required by an Established Baseline must be received by a TMA no later than 23:59:59 UTC on such expiry date.
c. A data comparison will only occur after the Submission of all Data Sets required by an Established Baseline. A TMA will then send a Data Set Match Report to each Involved Bank advising it of either a Data Match or Data Mismatch.

제8조 BPO의 유효기일

a. 설정된 베이스라인은 데이터 셋의 제출을 위한 유효기일을 명시해야 한다.
b. 설정된 베이스라인이 요구한 모든 데이터 셋은 그 유효기일의 협정 세계시(UTC) 23시 59분 59초 이내에 TMA에 접수되어야 한다.
c. 데이터 대조는 설정된 베이스라인이 요구한 모든 데이터 셋이 제시된 후에 이행된다. 그 다음에 TMA는 데이터가 매치되는지 또는 데이터가 미스매치되는지 그 결과를 통지하는 데이터 셋 매치 보고서를 각 참여은행에게 발송한다.

Article 9 Role of an Involved Bank

a. When a TSMT message is received by an Involved Bank on a day that it is closed for reasons other than those referred to in article 13, the TSMT message will be deemed to have been received on the first following Banking Day.

b. When an Involved Bank is required to act upon a message sent by a TMA it must do so without delay.
c. An Involved Bank is required to ensure that any data submitted by it to a TMA accurately reflects the data it has received from a buyer or seller of goods, services or performance in connection with an underlying trade transaction.
d. A Baseline incorporating a BPO will only become an Established Baseline after each Involved Bank has accepted is role:
  i) When the Buyer's Bank is the only Obligor Bank: when a TMA sends a Baseline Match Report with Zero Mismatches confirming that the Baseline submitted by a Buyer's Bank matches the Baseline submitted by a Seller's Bank or Recipient Bank (as applicable); or
  ii) When an Obligor Bank, other than the Buyer's Bank, is the only Obligor Bank: when a TMA sends a Role and Baseline Acceptance Notification confirming that such Obligor Bank and, if applicable, a Submitting Bank, has accepted its role as specified in the Baseline Submission of both the Buyer's Bank and the Seller's Bank or Recipient Bank(as applicable). The sending of such a notification will follow a TMA sending a Baseline Match Report with Zero Mismatches; or
  iii) When there is more than one Obligor Bank that may include the Buyer's Bank: when a TMA sends a Role and Baseline Acceptance Notification confirming that each Obligor Bank and, if applicable, a Submitting Bank, has accepted its role as specified in the Baseline Submission of both the Buyer's Bank and the Seller's Bank or Recipient Bank(as applicable). The sending of such a notification will follow a TMA sending a Baseline Match Report with Zero Mismatches.

제9조 참여은행의 역할

a. 참여은행이 본 규칙 제13조에 규정된 사항 이외의 사유로 휴업일에 TSMT 메시지를 접수한 때에는 그 TSMT 메시지는 그 다음 첫 은행 영업일에 접수된 것으로 간주한다.
b. 참여은행이 TMA가 발송한 메시지에 따라 행동하도록 요구받은 때에는, 그 참여은행은 지체 없이 그렇게 해야 한다.
c. 참여은행이 TMA에 제출한 모든 데이터는 기초 무역거래와 관련한 물품, 서비스 또는 이행의 매수자 또는 매도자로부터 접수한 데이터를 정확히 반영하고 있다는 것을 그 참여은행은 보장해야 한다.
d. BPO를 편입하는 베이스라인은 다음의 경우 각 참여은행이 그의 역할을 승낙한 후에만 설정된 베이스라인이 된다:
  i) 매수자의 거래은행이 유일한 채무은행일 경우: 매수자의 거래은행이 제출한 베이스라인이 매도자의 거래은행 또는 수취은행(해당되는 경우)이 제출한 베이스라인과 매치된다는 것을 확인하는 '제로 미스매치'(Zero Mismatch)의 베이스라인 매치 보고서를 TMA가 발송할 때; 또는
  ii) 매수자의 거래은행이 아닌 채무은행이 유일한 채무은행일 경우: TMA가 그 채무은행과 해당되는 경우, 제출은행이 매수자의 거래은행과 매도자의 거래은행 또는 수취은행(해당되는 경우)의 모든 당사자가 제출한 베이스라인에 명시된 대로 그의 역할을 수락했다는

것을 확인하는 역할 및 베이스라인 승인 통지를 발송한 때이다. 그러한 통지의 발송은 TMA가 제로 미스매치의 베이스라인 매치 보고서를 발송한 다음에 한다; 또는

iii) 매수자의 거래은행도 해당될 수 있으며 하나 이상의 채무은행이 있는 경우: 각 채무은행과 해당되는 경우, 제출은행이 매수자의 거래은행과 매도자의 거래은행 또는 수취은행(해당되는 경우)의 모든 당사자가 제출한 베이스라인에 명시된 그의 역할을 수락했다는 것을 확인하는 역할 및 베이스라인 승인 통지를 TMA가 발송한 때이다. 그러한 통지의 발송은 TMA가 제로 미스매치의 베이스라인 매치 보고서를 발송한 다음에 한다.

Article 10 Undertaking of an Obligor Bank

a. An Obligor Bank is irrevocably bound in accordance with a BPO:
   i) when a BPO is incorporated in an Established Baseline at the time of its establishment: as of the time a TMA has sent either a Baseline Match Report with Zero Mismatches or a Role and Baseline Acceptance Notification with the status 'established' to each Involved Bank pursuant to sub-article 9(d); or
   ii) when a BPO is incorporated by an amendment to an Established Baseline: as of the time a TMA has sent either an Amendment Acceptance Notification or a Role and Baseline Acceptance Notification to each Involved Bank pursuant to sub-article 11(c).

b. A BPO always relates to a single Established Baseline. An Established Baseline may contain more than one BPO and each BPO is the obligation of one Obligor Bank.

c. An Obligor Bank must pay or incur a deferred payment obligation and pay at maturity a specified amount to a Recipient Bank in accordance with the payment terms specified in the Payment Obligation Segment of an Established Baseline if, following the Submission of all Data Sets required by an Established Baseline on or before the expiry date of the BPO specified in the Established Baseline and following a data comparison:
   i) there is a Data Match; or
   ii) there is a Data Mismatch and the Buyer's Bank is the only Obligor Bank: when a TMA acknowledges the Mismatch Acceptance of the Buyer's Bank by sending a Mismatch Acceptance Notification to a Recipient Bank; or
   iii) there is a Data Mismatch and an Obligor Bank, other than the Buyer's Bank, is the only Obligor Bank: when the Obligor Bank and, if applicable, a Submitting Bank has affirmed its role by sending a Role and Baseline Acceptance to a TMA and a TMA acknowledges it by sending a Role and Baseline Acceptance Notification to each Involved Bank. The sending of such a notification will follow a TMA acknowledging the Mismatch Acceptance of the Buyer's Bank by sending a Mismatch Acceptance Notification to each Involved Bank; or
   iv) there is a Data Mismatch and there is more than one Obligor Bank that may include the Buyer's Bank: when
      a) a TMA acknowledges the Mismatch Acceptance of the Buyer's Bank by sending a Mismatch Accept ance Notification to each Involved Bank; and
      b) the Obligor Bank and, if applicable, a Submitting Bank, has affirmed its role by

sending a Role and Baseline Acceptance to a TMA and a TMA acknowledges it by sending a Role and Baseline Acceptance Notification to each Involved Bank.

d. i) The total amount due by an Obligor Bank to a Recipient Bank shall not exceed the amount of its BPO.

ii) When a Submission relates to a partial shipment or partial provision of services or performance, the amount due under a BPO by an Obligor Bank to a Recipient Bank in respect of such Submission shall be proportional, subject to sub-article 10(d)(iii), to the value of such Submission in relation to the total value reflected in the Established Baseline. In no event shall the amount due exceed the remaining amount of the BPO.

iii) When an Established Baseline incorporates more than one BPO, the amount due by each Obligor Bank to a Recipient Bank in respect of a Submission shall be proportional to the amount of its BPO in relation to the total value reflected in the Established Baseline.

iv) When an Established Baseline incorporates more than one BPO, no joint and several obligations are created between Obligor Banks.

e. Performance of an Obligor Bank's obligations under a BPO does not depend on its right or ability to obtain reimbursement from any other party.

f. A BPO remains in effect until the earliest to occur of the following:

i) the BPO expires prior to the Submission of all Data Sets required by an Established Baseline resulting in a Data Match or a Mismatch Acceptance pursuant to sub-article 10(c), or

ii) the Established Baseline is amended to release the Obligor Bank from its undertaking, or

iii) the BPO has been fully paid in accordance with its terms.

g. An Obligor Bank is not required to pay or incur a deferred payment obligation to pay at maturity if a data comparison results in a Data Mismatch that is rejected by the Buyer's Bank or another Obligor Bank other than the Buyer's Bank.

제10조 참여은행의 지급약정

a. 채무은행은 다음의 경우에 BPO에 따라서 취소 불능으로 구속된다.

i) 베이스라인이 설정될 당시 BPO가 설정된 베이스라인에 편입되는 때: TMA는 본 규칙 제9조 d항에 따라 제로 미스매치의 베이스라인 매치 보고서 또는 "설정된" 상태의 역할 및 베이스라인 승인 통지 중 어느 하나를 각 참여은행에 발송한 때; 또는

ii) BPO가 설정된 베이스라인의 조건 변경으로 편입되는 때: TMA는 본 규칙 제11조 c항에 따라 조건변경 승인 통지 또는 역할 및 베이스라인 승인 통지 중 어느 하나를 각 참여은행에 발송한 때.

b. BPO는 항상 단일의 설정된 베이스라인에 관계한다. 설정된 베이스라인은 하나 이상의 BPO를 포함할 수 있으며, 각 BPO는 한(one) 채무은행의 지급약정이다.

c. 채무은행은 설정된 베이스라인의 지급약정 세그먼트에 명시된 지급조건에 따라 수취은행에게 약정금액을 지급하거나 또는 연지급약정을 부담하고 만기일에 지급해야 한다. 단, 설정된 베이스라인에 명시된 BPO의 유효기일 이전에 설정된 베이스라인에서 요구한 모든 데이터 셋을 제출하여, 그 데이터를 대조한 후에 다음의 경우에 한한다:

i) 데이터가 매치되는 경우; 또는
ii) 데이터 미스매치가 있고 매수자의 거래은행이 유일한 채무은행인 경우: TMA가 수취은행에 미스매치 승인 통지를 발송함으로써 매수자의 거래은행의 그 미스매치 승인을 인정하는 때; 또는
iii) 데이터 미스매치가 있고 매수자의 거래은행이 아닌 채무은행이 유일한 채무은행인 경우: 채무은행과 해당되는 경우, 제출은행이 TMA에 역할 및 베이스라인 승인을 발송함으로써 그의 역할을 확인하고, TMA가 각 참여은행에 역할 및 베이스라인 승인 통지를 발송함으로써 그 승인을 인정하는 때. 그러한 통지의 발송은 TMA가 각 참여은행에 미스매치 승인 통지를 발송함으로써 매수자의 거래은행의 미스매치 승인을 인정한 후에 한다; 또는
iv) 데이터 미스매치가 있으며 매수자의 거래은행도 해당될 수 있는 하나 이상의 채무은행이 존재하는 경우:
a) TMA가 각 참여은행에 미스매치 승인 통지를 발송함으로써 매수자의 거래은행의 미스매치 승인을 인정하는 때; 그리고
b) 채무은행과 해당되는 경우, 제출은행이 TMA에 역할 및 베이스라인 승인을 발송함으로써 그의 역할을 확인하고, TMA가 각 참여은행에게 역할 및 베이스라인 승인 통지를 발송함으로써 그 승인을 인정하는 때.

d. i) 수취은행에 대한 채무은행의 총 지급의무 금액은 그의 BPO 금액을 초과하지 않아야 한다.
ii) 제출이 서비스 또는 이행에 있어서 분할선적 또는 분할공급에 해당할 경우, 그 제출에 대해서 수취은행에 대한 채무은행의 BPO상 지급의무 금액은 본 규칙 제10조 d항 iii호에 의거하여 설정된 베이스라인에 반영된 총 금액 대비 그 제출 가액에 비례한다. 어떠한 경우에도 그 지급의무 금액은 당해 BPO의 잔액을 초과하지 않는다.
iii) 설정된 베이스라인이 하나 이상의 BPO를 편입(약정)할 때, 각 제출된 BPO에 대한 수취은행에 대한 각 채무은행의 지급의무 금액은 그 설정된 베이스라인에 반영된 총액 대비 당해 BPO의 금액에 비례한다.
iv) 설정된 베이스라인이 하나 이상의 BPO를 편입할 때, 연대 약정은 채무은행 간에 발생되지 않는다.

e. BPO에 의거한 채무은행의 약정이행은 어떤 다른 상대방으로부터 상환을 청구할 그의 권리 또는 능력에 의존하지 않는다.

f. BPO는 다음의 상황이 발생되면 그 효력이 상실된다:
i) 데이터가 매치되거나 또는 본 규칙 제10조 c항에 따라 데이터 미스매치가 승인되는 경우에는 설정된 베이스라인에서 요구한 모든 데이터 셋이 제출되기 이전에 그 BPO의 유효기일이 경과되는 때, 또는
ii) 설정된 베이스라인이 채무은행의 약정해제를 위해 조건이 변경된 때, 또는
iii) BPO가 그 조건에 따라서 완전히 지급된 때.

g. 채무은행은 데이터를 대조한 결과 데이터 미스매치가 발생하고, 그 데이터 미스매치가 매수자의 거래은행 또는 그 매수자의 거래은행 이외의 또 다른 채무은행에 의해 거절되는 경우에는 지급 또는 만기일에 지급하기로 하는 연지급약정을 부담할 필요가 없다.

Article 11 Amendments

a. An amendment to an Established Baseline that incorporates a BPO or an amendment to incorporate a BPO in an Established Baseline requires the agreement of each Involved Bank.

b. i) A Seller's Bank or Recipient Bank (as applicable) or a Buyer's Bank may request an amendment to an Established Baseline by sending a Baseline Amendment Request. The Seller's Bank or Recipient Bank (as applicable) or a Buyer's Bank, as applicable, may accept the Baseline Amendment Request by sending an Amendment Acceptance; and

ii) After such acceptance, a TMA will send a Full Push Through Report to each Obligor Bank and, if applicable, a Submitting Bank, requesting it to confirm its role in the transaction by sending a Role and Baseline Acceptance message to the TMA.

c. An amendment to an Established Baseline that incorporates a BPO or an amendment to incorporate a BPO in an Established Baseline is effective:

i) When the Buyer's Bank is the only Obligor Bank: when a TMA sends an Amendment Acceptance Notification to it in response to an Amendment Acceptance.

ii) When an Obligor Bank, other than the Buyer's Bank, is the only Obligor Bank: when a TMA sends a Role and Baseline Acceptance Notification to each Involved Bank confirming that such Obligor Bank and, if applicable, a Submitting Bank, has accepted its role as specified in the Baseline contained in a Full Push Through Report.

iii) When there is more than one Obligor Bank that may include the Buyer's Bank: when a TMA sends a Role and Baseline Acceptance Notification to each Involved Bank in response to a Full Push Through Report acknowledging that each Obligor Bank and, if applicable, a Submitting Bank, has affirmed its role following an Amendment Acceptance.

d. An Established Baseline will remain unchanged when any Involved Bank rejects a proposed amendment to the Established Baseline by sending an Amendment Rejection or a Role and Baseline Rejection(as applicable) and a TMA sends an Amendment Rejection Notification or a Role and Baseline Rejection Notification (as applicable) to each other Involved Bank.

제11조 조건변경

a. BPO를 편입하는 설정된 베이스라인에 대한 조건변경 또는 설정된 베이스라인에 BPO를 편입시키기 위한 조건변경은 각 참여은행의 동의를 필요로 한다.

b. i) 매도자의 거래은행 또는 수취은행(해당되는 경우) 또는 매수자의 거래은행은 베이스라인 조건변경 요청을 발송함으로써 설정된 베이스라인에 대한 조건변경을 요청할 수 있다. 그 매도자의 거래은행 또는 수취은행(해당되는 경우) 또는 해당되는 경우, 매수자의 거래은행은 조건변경 승인을 발송함으로써 베이스라인의 조건변경 요청을 승인할 수 있다; 그리고

ii) 그 승인 후에, TMA는 각 채무은행과 해당되는 경우, 제출은행이 자신에게 역할 및 베이스라인 승인 메시지를 발송함으로써 당해 거래에서 그의 역할을 확인하도록 요청하면서, 처리완료 보고서를 각 채무은행과 제출은행(해당되는 경우)에 발송한다.

c. BPO를 편입하고 있는 설정된 베이스라인에 대한 조건변경 또는 설정된 베이스라인에 BPO를 편입하기 위한 조건변경은 다음의 경우 유효하다:

i) 매수자의 거래은행이 유일한 채무은행인 경우: TMA가 조건변경 승인에 대한 회신으로 매

수자의 거래은행에게 조건변경 승인 통지를 발송한 때.

ii) 매수자의 거래은행이 아닌 채무은행이 유일한 채무은행인 경우: TMA가 그 채무은행과 해당되는 경우, 제출은행이 처리완료 보고서에 포함된 베이스라인에 명시된 대로 그의 역할을 승인했다는 것을 확인하는 내용으로 역할 및 베이스라인 승인 통지를 각 참여은행에게 발송할 때.

iii) 매수자의 거래은행도 해당될 수 있으며 하나 이상의 채무은행이 있는 경우: TMA가 각 채무은행과 해당되는 경우 제출은행이 조건변경을 승인한 다음에 그의 역할을 확인했다는 것을 인정하면서, 처리완료 보고서에 대한 회신으로 역할 및 베이스라인 승인 통지를 각 참여은행에게 발송한 때.

d. 어떤 참여은행이 조건변경의 거절 또는 역할 및 베이스라인의 거절(해당되는 경우)을 발송함으로써 설정된 베이스라인에 대한 조건변경 요청을 거절하고, TMA가 각 다른 참여은행에게 조건변경 거절통지 또는 역할 및 베이스라인 거절통지(해당되는 경우)를 발송하는 때에는 설정된 베이스라인은 변경되지 않은 상태로 남는다.

Article 12 Disclaimer on Effectiveness of Data

An Involved Bank does not assume any liability or responsibility for: (i) the source, accuracy, genuineness, falsification or legal effect of any data received from the buyer or seller; (ii) the documents, or the description, quantity, weight, quality, condition, packing, delivery, value or existence of the goods, services or other performance, to which such data relates; or (iii) the good faith or acts or omissions, solvency, performance or standing of the consignor, carrier, forwarder, consignee or insurer of the goods or any other person referred to in any data.

제12조 데이터의 유효성에 대한 면책

참여은행은 다음에 대해 어떠한 의무나 책임을 부담하지 않는다. (i) 매도자 또는 매수자로부터 접수한 모든 데이터의 출처, 정확성, 진정성, 위조성 또는 법적 효력; (ii) 서류, 또는 그러한 데이터에 관련하는 물품, 서비스 또는 기타 이행의 명세, 수량, 중량, 품질, 상태, 포장, 인도, 가치 또는 존재; 또는 iii) 물품의 송하인, 운송인, 운송주선인, 수하인 또는 보험자 또는 어떠한 데이터에 언급된 그 이외 모든 당사자의 성실성 또는 작위 또는 부작위, 지급능력, 이행능력 또는 신용상태에 대해 어떠한 의무나 책임을 부담하지 않는다.

Article 13 Force Majeure

a. An Involved Bank assumes no liability or responsibility for the consequences arising out of the interruption of its business, including its inability to access a TMA, or a failure of equipment, software or communications network, caused by Acts of God, riots, civil commotions, insurrections, wars, acts of terrorism, or by any strikes or lockouts or any other causes, including failure of equipment, software or communications networks, beyond its control.

b. Notwithstanding the provisions of sub-article 13(a), an Obligor Bank will, upon resumption of its business, remain liable to pay or to incur a deferred payment obligation and pay at maturity a specified amount to a Recipient Bank in respect of a BPO that expired during such interruption of its business and for which there has been the Submission of all Data Sets required by an Established Baseline on or before the expiry date of the BPO resulting in a Data Match or a Mismatch Acceptance pursuant to sub-article 10(c).

c. In the event of force majeure, a Submitting Bank or (subject to sub-article 13(b)) another Involved Bank may terminate its role in an Established Baseline by sending a Special Request to a TMA, following which a TMA will send a Special Notification to each Involved Bank.

제13조 불가항력

a. 참여은행은 장비, 소프트웨어 또는 통신 네트워크의 고장으로 TMA에 접속 불가능을 포함하여 천재지변, 폭동, 소요, 반란, 전쟁, 테러 행위, 또는 동맹파업 또는 직장폐쇄, 또는 장비, 소프트웨어 또는 통신 네트워크의 고장을 포함하여 자신의 통제를 벗어난 그 이외의 원인으로 야기된 은행의 업무중단으로 발생되는 결과에 대하여 어떠한 의무 또는 책임을 부담하지 아니한다.

b. 본 규칙 제13조 a항에도 불구하고, 채무은행은 그의 영업이 재개되면 본 규칙 제10조 c항에 따라 그러한 채무은행의 영업중단 중에 유효기일이 경과되었으나, 설정된 베이스라인에서 요구한 모든 데이터 셋이 당해 BPO의 유효기일 이전에 제출되어 있는 BPO에 대해서는 그 데이터가 매치되거나 또는 그 데이터의 미스매치가 승인되는 경우는 수취은행에 약정금액을 지급하거나 또는 연지급약정을 부담하고 만기에 지급할 의무는 존속한다.

c. 불가항력이 발생하는 경우, 제출은행 또는 (본 규칙 제13조 c항에 의거하여) 또 다른 참여은행은 TMA에 특별 요청을 발송함으로써 설정된 베이스라인에서 그의 역할을 종료할 수 있다. 그 다음에 TMA는 각 참여은행에게 특별 통지를 발송한다.

Article 14 Unavailability of a Transaction Matching Application

An Involved Bank assumes no liability or responsibility for the consequences arising out of the unavailability of a TMA for any reason whatsoever.

제14조 TMA의 이용 불가능

참여은행은 사유가 무엇이든지 간에 TMA의 이용 불가능으로 야기되는 결과에 대한 의무 또는 책임을 부담하지 않는다.

Article 15 Applicable Law

a. The governing law of a BPO will be that of the location of the branch or office of the Obligor Bank specified in the Established Baseline.

b. URBPO supplement the applicable law to the extent not prohibited by that law.

c. An Obligor Bank is not required to comply with its obligations under a BPO and assumes no liability or responsibility for any consequences if it would be restricted from doing so pursuant to applicable law or regulatory requirements.

제15조 준거법

a. BPO의 준거법은 설정된 베이스라인에 약정된 채무은행의 지점 또는 사무소가 소재한 장소의 준거법으로 한다.
b. URBPO는 준거법으로 금지되지 않는 범위 내에서 그 준거법을 보완한다.
c. 채무은행이 준거법 또는 규제사항(regulatory requirements)에 따라서 그의 약정준수에 제한을 받는다면, 채무은행은 BPO 하에서 그의 약정을 준수할 필요가 없으며, 어떠한 결과에 대해도 의무 또는 책임을 부담하지 아니한다.

Article 16 assignment of Proceeds

a. A Recipient Bank has the right to assign any proceeds to which it may be or may become entitled under a BPO, in accordance with the provisions of the applicable law. This article relates only to the assignment of proceeds and not to the transfer of the Recipient Bank role under the Established Baseline to another bank (which would require an amendment to the Established Baseline in accordance with article 11).
b. An Obligor Bank is not required to recognise such assignment of proceeds until it provides its consent.

제16조 대금 양도

a. 수취은행은 준거법의 조항에 따라서 BPO에 의하여 수권되거나 또는 수권될 수 있는 모든 대금을 양도할 권리가 있다 본 조항은 대금의 양도에만 관계하며, 설정된 베이스라인상에서 수취은행의 역할을 다른 은행에 양도하는 것에는 관계하지 않는다(그러한 조치는 본 규칙 제11조에 따라서 설정된 베이스라인에 대한 조건변경을 필요로 한다).
b. 채무은행은 자신이 동의할 때까지 그러한 대금이 양도를 인정할 필요는 없다.

참고문헌

【국내 문헌】

강갑선 역(유하네스 짜안), 무역결제론, 법문사, 1977.

강원진, 신용장론, 박영사, 2004.

남효순·김재형(공편), 금융거래법강의 Ⅱ, 2001.

서정두, 국제상무론, 삼영사, 2003.

서정두, 무역상무, 탑북스, 2011.

양영환·오원석·서정두, 신용장론, 삼영사, 1997.

원봉희, 미국의 비즈니스로, 한국경제신문사, 1985.

임홍근, 화환신용장의 법적구조, 1991.

장홍범, 국제금융기초, 한국금융연수원, 2010.

채진익, 무역영어, 도서출판 두남, 2007.

______, 전자무역론, 청목출판사, 2014.

______, 무역계약론, 청목출판사, 2014.

황민택, 국제지급보증 주요 조항 및 기타 법적인 사항 해설, 2002.12.

한국무역협회, 국제무역사(기출문제해설서), 2005.

대한상공회의소, ISP98 보증신용장통일규칙 공식번역 및 해설, 2008.

서울신용보증재단, 서울시 중소기업육성자금 및 신용보증지원제도 안내, 2010.

서울대학교 법과대학 전문분야연구과정 제6권, 2001.

한국은행, 「한국은행 금융중개지원대출관련 무역금융지원 프로그램 운용세칙」, 2014.

한국외환은행, 외국환거래약정서

SC은행, 업무연수교재, 1997.

______, 외국환거래 약정서 서식 외

기업은행 업무자료, 2004.

________ 외국환거래약정서.

제일은행, 외국환업무준칙, 1997.7.

한경S 알기쉬운 경제

인터넷법률신문.

전자신문(2007.8.12).

NAVER 지식백과사전

Daum.net 사전

김상만, "국제거래에서 독립적 은행보증서에 대한 담보장치로서의 수출보증보험에 관한 연구", 「무역상무연구」 제39권, 한국무역상무학회, 2008.

______, 「국제거래에서 보증신용장에 대해」, Monthly Export Insurance Magazine, 2008.9.

김선국, 「신용장과 독립적 은행보증」, 「고시계」, 2009.2.

______, "독립적 은행보증의 법리", 「재산법연구」 제25권 제1호, 한국재산법학회, 2008.

김선석, "신용장에 관한 법률문제", 「재판자료집」 제33집, 법원행정처, 1986.

김기창, "보종채무의 부종성과 독립성", 「민사법학」, 한국민사법학회, 2005.

김종락·양의동, "UCP 600 적용상 인수 및 연지급신용장 매입에 관한 문제점", 「통상정보연구」 제11권 제3호, 한국통상정보학회, 2009.

남주하, "중소기업 신용보증제도 개선방안", 「경실련토론자료」, 2005.6.

박대위, "신용장 당사자간 법률관계", 「중재」 제78호, 대한상사중재협회, 1978.

박석재, "개정 신용장통일규칙(UCP 600)의 주요 내용에 관한 연구", 「무역상무연구」 제33권, 한국무역상무학회, 2007.

배용원, "이행보증에 관한 연구", 「상경논집」 제9권 제1호, 서울시립대학교 산업경영연구소, 1994.

박훤일, "국제거래의 보증과 유사보증", 「발표논문」, 국제거래법학회, 1999.

문희철, "보증신용장의 법적 특성에 관한 연구", 「무역학회지」 제14권, 한국무역학회, 1989.

송상현, "보증신용장의 독립성에 관한 소고", 「법학」, 26권, 서울대학교, 1980.

석광현, "국제적 보증의 제문제", 「무역상무연구」, 제17권, 한국무역상무학회, 2002.

______, "신용장거래상의 은행의 법적지위 —화환신용장거래의 법률관계 —, 2001.

오원석·허해관, "국제거래에서 구상보증의 독립성의 제한", 「무역상무연구」 제47권, 한국무역상무학회, 2010.

이상훈, "보증신용장거래에서 발행은행의 지급이행에 관한 몇 가지 문제점", 「국제상학」 제19권 제1호, 한국국제상학회, 2004.

______, "신용장양도에 있어서 신용장통일규칙의 적용과 그 문제점에 관한 연구", 「국제상학」 제21권 제호, 한국국제상학회, 2006.

______, "보증신용장의 활용을 위한 법규적 접근", 「무역학회지」 제28권 제2호, 한국무역학회, 2003.

이종원, "신용장의 독립성의 예외로서의 사기원칙에 관한 고찰", 「무역상무연구」 제34권, 한국무역상무학회, 2007.

______, "독립보증 및 보증신용장에 관한 유엔협약상의 준거법과 사기규정에 관한 연구", 「국제상학」 제22권 제3호, 한국국제상학회, 2007.

이충렬, "보증신용장규칙의 특성에 관한 연구", 「무역상무연구」 14권, 한국무역상무학회, 2000.

임재욱, "포페이팅 통일규칙에 관한 연구", 「관세학회지」 제13권 제2호, 2012.

장홍훈, "제5차개정 신용장통일규칙에서 매입은행의 책임과 면책에 관한 연구", 「국제상학」 제10권, 한국국제상학회, 1995.

전순환, "UCP 600의 주요개정내용과 특징에 관한 연구", 「창업정보학회지」 제9권 제4호, 한국창업정보학회, 2006.12.

채진익, "양도가능신용장의 양도절차상의 쟁점과 시사점에 관한 연구", 「무역학회지」 제40권 제1호, 2015.

______, "독립적 구상보증상의 지급청구와 그 사례연구", 「무역학회지」 제39권 제5호, 2014.

______, "신용장거래에서 사기청구에 대한 은행의 판단과 그 구제에 관한 연구", 「국제상학」 제28권 제1호, 한국국제상학회, 2013.

______, "URBPO 750E의 제정과 운용에 관한 연구", 「무역상무연구」 제60권, 한국무역상무학회, 2011.

______, "ICC/SWIFT의 협력적 공급체인금융 솔루션의 운용현황과 그 전망", 「무역연구」 제9권 제4호, 한국무역연구원, 2013.

______, "신용장거래에서 매입제도의 운용과 주요 쟁점에 관한 연구", 「무역학회지」 제37권 제1호, 한국무역학회, 2012.

______, "URDG 하의 지급청구를 위한 제시요건과 그 일치성", 「무역상무연구」 제50권, 한국무역상무학회, 2011.

______, "은행보증제도에서 지급청구와 그 이행상의 주요 쟁점과 개선방안에 관한 연구", 「무역학회지」 제36권 제1호, 한국무역학회, 2011.

______, "글로벌 전자무역에서 SWIFT의 TSU BPO의 도입과 과제", 「무역상무연구」 제49권, 한국무역상무학회, 2011.

______, "글로벌 전자무역에서 은행보증제도의 도입과 그 활용방안에 관한 연구", 「국제상학」 제24권 제2호, 한국국제상학회, 2009.

______, "글로벌 전자무역의 활성화를 위한 전자신용장 제도의 운용과 개선방향", 「무역학회지」 제33권 제1호, 한국무역학회, 2008.

______, "국제무역의 새로운 패러다임과 Open Account 제도의 활용방안", 「무역학회지」 제32권 제3호, 한국무역학회, 2007.

______, "글로벌 전자무역에서의 금융지원체인관리 솔루션의 운용현황과 개선방향", 「무역상무연구」 제33권, 한국무역상무학회, 2007.

______, "신용장거래상 사기예외의 적용기준에 관한 연구, 「중앙법학」 제6집 제3호, 중앙법학회, 2004.

______, "글로벌 전자무역시스템의 도입에 따른 은행의 대응과 마케팅 전략", 「무역학회지」 제30권 제5호, 한국무역학회, 2005.

______, "eUCP와 국제표준은행관습상 전자기록의 심사기준에 관한 연구", 「국제상학」 제17권 제2호, 한국국제상학회, 2002.9.

______, "국제표준은행관습상 서류의 일치성 판단기준", 「무역상무연구」 제13권, 한국무역상무학회, 2000.2.

한재필, "양도가능신용장의 법리에 관한 고찰", 「무역학회지」 제32권 제3호, 한국무역학회, 2007.5.

홍순영·이종욱, 「신용보증의 국민경제적 효과에 관한 연구」, 중소기업연구원, 2005.6.

대법원 2003.1.24. 선고 2001다68266 판결 인터넷법률신문
대법원 1977.4.26. 선고 76다956 판결
대법원 1980.2.12. 선고 79다1615 판결
대법원 1985.5.28. 선고 84다카697 판결
대법원 1994.12.9. 선고, 93 다 43873 판결
대법원 2011.1.27. 선고 2009다10249 판결
대법원 2000.1.21. 선고 97다41516 판결
대법원 2003.10.9. 선고 2002다2249 판결
대법원 2002 10.11. 선고 2000다60296 판결
대법원 2008.11.13. 선고 2006다61567 판결
대법원 1997.8.29. 선고 96다37879 판결
대법원 1997.8.29. 선고 96다43713 판결
대법원 1993.12.24. 선고 93다15632 판결
대법원 2003.1.24. 선고 2001다68266 판결 인터넷법률신문
서울민사지법 1994.9.29. 선고 94가합32455 판결(항소기간 도과로 확정)
대판지방재판소 1976.12.12. 선고 48. 40. 판결
http://www.comas.co.kr/Comas_read.asp.
http://www.customs.kr
http://www.kita.net/jsp/wiki
http://media.daum.net/digital/it/view.html?/(전자신문)
http://www.law-online.co.za/IntTradeLaw/letcredit.htm
http://onepark.khu.ac.kr/Artcl/Intgty.htm
http://www.keb.co.kr/
http://www.daum.net/
http://www,naver.com/
http://www.ksure.or.kr/
http://enc.daum.net/dic100/contents.
http://www.bok.or.kr
http://blog.naver.com/tirol0605/100014202744
http://terms.naver.com/entry.nhn?cid=515&docId=782060&categoryId=1164&mobile
http://www.ibk.co.kr

【외국 문헌】

ABM AMRO Bank, *Documentary Payments & Short-Terms Trade Finance,* 2005.
Affaki, G., *A User's Handbook to the URDG,* ICC Pub. No.631, 2001.

Affaki, G and Goode, R., *Guide to Uniforms Rules for Demand Guarantees* URDG 758, ICC Pub. No.702E, 2011.

Baker, Walter(Buddy) & Dolan, John F., *User's Handbook for Documentary Credits under UCP 600, ICC Publication No.694*, 2008

Bertrams, Roeland, *Bank Guarantee in International Trade*, ICC Publishing S.A., 2004.

Bose, Rupnarayan, "The nominated bank and UCP 600", *DCInsight,* Vol,17 No,1, January-March, 2011.

Byrne, James E., *The Comparison of UCP 600 & UCP 500,* ICC Publication No.600S, 2007.

Byrne, James E., *The Official Commentary on the International Standby Practices,* Institute of International Banking Law & Practice, Inc., 1998.

Byrne, James E. Byrnes, Christopher S., *Annual Survey of Letter of Credit Law & Practice,* Institute of International Banking Law & Practice, Inc., 2008.

bolero.net, *Bolero Rulebook,* 1999.

Collyer, G., *Insights into UCP 600,* ICC Service Publication No.682, 2008.

Collyer, G., *Transferable Credits and Assignment of Proceeds,* Collyer Consulting, 2012.

Davis, A.G., *The Law Relating to Commercial Letter of Credit,* 3rd ed., *London,* 1965.

Dolan, John F., *The Law of Letters of Credit, (2nd),* Warren, Gorham and Lamont Inc, Boston, USA, 1991.

D'Arcy, L., Murray C., & Cleave B.,, *Schmitthoff's Export Trade,* 10th ed., Sweet& Maxwell, 2000.

Ellinger, E.P., *Documentary Letter of Credit,* University of Singapore Press, 1970.

Fung, King Tak, *Leading Court Case on Letter of Credit,* P.E.E.R. Consultancy Ltd., 2004.

Fung, King Tak,, *UCP 600 Legal Analysis and Case Studies,* P.E.E.R. Consultancy Ltd., 2008.

Goods, Roy, *Guide to the ICC Uniform Rules for Demand Guarantees,* ICC Publication No. 510, 2004.

__________, *Guide to the ICC Uniform Rules for Demand Guarantees,* ICC Publication No. 510, 1992.

Gutteridge, H. C and Megrah, M., *The Law of Banker's Commercial Credits,* 7th ed, 1984.

Jack, Raymond, *Documentary Credit,* Butterworths, 1993.

Kurkela, M., *Letter of Credit under International Trade Law ; UCC, UCP and Law Merchant,* Oceana Publications Inc., 1985.

Raymond, J., *Documentary Credit,* Butterworths, 1993.

Todd, P.N., *Bill of Lading AND Banker's Documentary Credits*, Lloyd's of London Press Ltd., 1990.

White and Summers, *Uniform Commercial Code,* 2nd ed., West Publication Co., 1980.

Wunnicke, Brooke, Wunnicke, Diane B., & Turner, Paul S., *Standby and Commercial Letters of Credit,* 2nd ed., John Wiley & Sons, Inc., 1996.

ICC(The UCP 600 Drafting Group), *Commentary on UCP 600,* Publication No.680, 2007.

ICC, *Uniform Rules for Bank Payment Obligations,* Pub. 750E, 2013.

___, *THE ICC GUIDE to the Uniform Rules for Bank Payment Obligation*, Pub. 751E, 2013.

___, I*CC Banking Commission Opinions 2005-2008,* ICC Pub. No.697.

___, *More Case Studies on Documentary Credits,* ICC Pub. No.489, 1991.

___, *Opinions of the ICC Banking Commission 1995-1996.*

___, *UCP 1974/1983 Revision Compared and Explained,* 1984.

___, *Documents No.470/328, 470/390, 1978.4.14.*

Johannes C.D. *Zahn, Zahlung und Zahlungssicherung im Aussenhandel, Berlin, 1*976.S.40

Wiele, G., *Das Dokumenten-Akkreditiv und der Anglo-Amerikanische* Documentary *Letter of Credit,* Hamburg, 1957.

Stoufflet, J., *Le Cre'dit Documentaire*, Paris, 1957.

Carnell, National Bank Lending Limit Rules12 C.F.R. Part 32, August 25, 2006.

Cranston, R., *Principles of Banking Law,* 1997.

Andrle, Pavel, "The "fraud exception" and the L/C independence principle", *DCInsight*, Vol 15 No 3, July-September, 2009.

______, "Two articles on the new URDG 758", *DCInsight*, Vol.16 No.4. October- December, 2010.

Affaki, G., "Cleaning counter-undertakings: another view", *DCInsight,* Vol.19 No.4. October - December, 2013.

_________, "The early days of URDG 758", *DCInsight,* Vol.16 No.3, July - September, 2010.

Barns, Jim, "The L/C fraud/abuse exception, *DCInsight,* Vol.16 No.4, October - December 2010.

Barnes, Jim, "UCP 600 and bank responsibility for fraud", *DCInsight,* Vol.13 No.1, January - March, 2007.

Bose, R., "Negotiation and the law of contracts", *DCInsight,* Vol.16 No.2, April - June, 2010.

_____, "The nominated bank and UCP 600", *DCInsight,* Vol.17 No.1, January-March, 2011.

B. Mohammad M., "Guarantee and the URDG in the Arab world", *DCInsight,* Vol.16 No.2, April - June, 2010.

Byrne, J.ames E, "Contracting out of Revised UCC Article 5(Letters of Credit)", *Loyola of Los Angeles Law Review*, Vol.40:297, Fall 2006.

Barnes, J., "The L/C fraud/abuse exception, *DCInsight,* Vol.16 No.4, October - December,

2010.

Casterman, Andre, Andre Casterman, "The future of Bank Payment Obligation(BPO), *DCInsight,* Vol.19 No.3, July-September 2013.

________, "The BPO update", *DCInsight,* Vol.18 No.3, July-Sept. 2012.

Coutsoudis, Basil, "Letters of Credit and the Fraud Exception" - A Comparative Analysis of the Laws of the United States of America, *England,* AND South Africa.

Croggon, P., "A View of Recent Developments in Documentary Credits Law", *Journal of International Banking Law,* 1988, 3(5).

Christoph, M. Radtke, "The URDG revision : a CLP member's view", *DCInsight,* Vol.15 No.2, April -June, 2009.

Dolan. John F., "Terminology confusion": "negotiable" and "discount", *DCInsight,* Vol.17 No.1, January-March, 2011.

Dolan. John F., "Banco Santander and protected parties", *DCIsight,* Vol.17 No.4, October-December, 2011,

Dolan, John F., "The Strict Compliance Rule in a Recession", *DCInsight,* Vol.15 No.4, October - December, 2009,

______, "Negotiation credits under UCP 600", *DCInsight,* Vol.13 No.1, January-March, 2007.

Fellinger, GA., "Letters of Credit: The Autonomy Principle and the Fraud Exception", *Journal of Banking and Finance* - Law and Practice, 1990.

Fung, King Tak, "Chinese courts and negotiation in good faith", *DCInsight,* Vol.17 No.3, October - December, 2011.

______________, "Another look at five banking days and negotiation", *DCInsight,* Vol.16 No.1, January - March, 2010.

______________, "Availability of Credit and negotiation", *DCInsight,* Vol.12 No.1, January-March, 2006,

Godwin, William, "Transferable Letter of Credit - the Effect of Lariza", *Journal of Business Law,* Jan 1990.

Goode, Roy, "ICC approves revised rules on demand guarantees", *DCInsight,* Vol.16 No.1, January-March, 2010.

Goode, Roy, "Why should his particular requirement be singled out for mention in the guarantee?", *DCInsight,* Vol.15 No.2, April-June 2009.

Hennah, David, "The BPO: a banker's perspective", *DCInsight,* Vol.18 No.2, Apr-June 2012.

_______, "Bringing the Bank Payment Obligation to market", *DCInsight,* Vol. No.3, July-September 2010.

Hsu, Chung-Hsin, "The Independence of Demand Guarantees, Performance Bonds and Standby Letters of Credit", *National Taiwan University Law Review,* Vol.1: 2. p.14, 15.

Herbert A. Getz, "Enjoining the International Standby Letter of Credit : The Iranian Letter of Credit Cases", *Harvard International Law Journal,* Vol.21, Winter 1980.

Hahn, Jaephil, European Private International Laws on Documentary Credits and Autonomous Guarantees, *PhD Thesis,* The University of Nottingham, 2004.

Identrust, "Piot Program", 2003.

K, Madhav Goparaju, Meyer, Kersten Martin and Chiu, Carol, "Five specialists analyze the new BPO rules", *DCInsight,* Vol.19 No.2, April - June 2013.

Krazovska, Danute, "Impact of the Doctrine of Strict Compliance on a Letter of Credit Transaction", *University of Aarhus,* 2008,

Kolko, Daniel M., "Strict Compliance Applies to Letter of Credit Issuers", *The Secured Lender,* Saturday, September 1 2007.

Kozolchyk, Boris, "Strict Compliance and The Reasonable Doxument Checker", *Brooklyn Law Review,* Vol.56, 1990.

Krazovska, D., "Impact of the Doctrine of Strict Compliance on a Letter of Credit Transaction", *University of Aarhus,* 2008.

Langerich, R., "Negotiation" : no benefit to beneficiaries, *DCInsight,* Vol.10 No.2, April - June, 2004.

Madhavan, Vinod,"BPO - a Step toward electronification in SCF", *DCInsight,* Vol.19 No.2, April - June, 2013.

Martin, Radtke, Christoph, "The URDG revision : a CLP member's view", *DCInsight,* Vol.15 No.2. April -June, 2009.

Mehta, Ravi, "Does UCP 600 soften or end the doctrine of strict compliance", Newsletter No. 101, *LC VIEWS,* March 2007.

Meynell, David, "The BPO: a banker's perspective", *DCInsight,* Vol.18 No.2, Apr-June 2012.

_______, "All Products need to be reinvigorated", *DCInsight,* Vol.12 No.4, October-December, 2006.

N.D., George, "Four report on guarantees and the URDG revision", *DCInsight,* Vol.15 No.2, April -June, 2010.

N.D. George, "Should a 'statement of breach' be required in the URDG", *DCInsight,* Vol.15 No.2, April-June 2009.

Pealer, Casius, "The Use of Standby Letters of Credit in Public and Affordable Housing Projects", *Journal of Affordable Housing,* Volume 15, Spring 2006.

Prakash J. & Chan, F., "Bank's Duty of Examination in relation to the Standby Letter of Credit-a Singapore Preserve", *The International Trade Law Quarterly,* 1998.

RMarchal, obert, "The Trade Services Utility: latest developments", DCInsight, Vol.16 No.1, January - March 2010.

Ransier, Glenn, "URDG 758 has benefits for all parties", *DCInsight,* Vol.16 No.2, April-

June, 2010.

Rochert, Norman, "Performance Guarantee on First Demand and the Fraud Exchange in International Trade", *Dissertation,* University of Cape Town, 2007.

SWIFT, "The Value of SWIFT to the Financial Supply Chain", Issue 7 Q 1 2012.

SWIFT, "Accelerating Global Trade Finance", 2012.

Smith, Donald, "Negotiation is not always what bankers think it is", *DCInsight,* Vol.12 No.3, July - September 2006.

Shaffer, Sheilar T., "Discounting the deferred payment credit", *DCInsight,* Vol.15 No.3, July-September, 2009.

S. Kim, "Guarantee versus standby letter of credits", *DCInsight*, Vol.18 No.1. January-March, 2012.

Taneja, P., "UCP 600: 'A document restoring the credibility of L/Cs", *DCInsight,* Vol.12 No.4, October-December, 2006.

Thayer, P. W., "Irrevocable Credits in International Commerce : Their Legal Effects", *37 Columbia Law Review 1326* , 1937.

Thomas Song, Chang-soon, "When discrepancies should and shouldn't matter", *DCInsight,* Vol.15 No.3, July-September 2009.

T.O.Lee Consultants Ltd., "Introduction to and Comments on Bank Payment Obligation (BPO)", 2011. 9.

UNCITAL, "Standby Letter of Credit and Guarantee: Report of the Secretary-General" (A/CN.9/301), 1988.

Wunnicke, B., "Under U.S. Law, what happens to the parties to an L/C when one of them goes bankrupt? 2(No.3)" *D.C.I.* 13 at 13 (1996).

ICC, "A Banking Commission Supply Chain Finance Project : "Bank Payment Obligation", 2011.

ICC(URBPO Drafting Group), "Bank Payment Obligation: URBPO Draft 2", 2012.

American Bank and Trust Co. v. National City Bank of New York, 6 F. 762 at(1925).

Bank Melli Iran v. Barclays Bank, (1951) 2 T.L.R. 1057

Banco Nacional Ultramarino v. First National Bank of Boston, 289 F. 169 at(1923).

Courteen Seed Co. v. Hong Kong & Shanghai Banking Corporation 215 N.YS. 525 at(1926).

Dexters Ltd. v. Schenker & Co.,(1923) 14 Ll. L. Rep. 586.

Datapoint Corp. v. M & I Bank, 665 F. Supp. 722, 724 (W.D. Wis. 1987).

Edward Owen Engineering Ltd. v. Barclays Bank International Ltd.(1978) 1 Lloyd's L.Rep. 166.

Emory-Waterhouse Co. v. Rhode Island Hosp. Trust Nat,l Bank, 757 F.2d 399(1st Cir. 1985).

Equitable Trust Co. of New York v. Dawson Partners Ltd., (1926) 25 Ll. L. Rep. 90 (C.A.) ; 27 Ll. L. Rep. 49 (H.L.).

First Commercial Bank v. Gotham, 64 N. Y.2d 287, 486 N.Y.S.2d 715 (1985)

First National Bank of Atlanta v. Wynne, 149 Ga. App. 811, 817, 256 S.W.2d 383, 387 (1979).

Flagship Cruises Ltd. v. New England Bank, 569 F.2d 699, 705 (1st Cir. 1978).

Gulf Bank v. Mitsubishi (1994) 2 LLOYD'S REP. 145 at 150-151.

Hedley, Byrne & Co. v. Heller & Partners Ltd., (1964) A.C. 645.

International News Serv. v. Associated Press, 248 U.S. 215, 247 (1918) (Oliver Wendell Holmes, J.)

Kingdom Sweden v. New York Trust Co., 96 N.Y.S. 2d 779, 791 (1949).

Kronman (Samuel) & Co., Inc. v. Public National Bank of New York, 218 N.Y.S. 616 at p.622 (1926)

Naugatuck Sav. Bank v. Fiorenzi, 654 A. 2d 729, 734 (Conn. 1995).

North American MFRS. Export Asso. v. Chase Nat. Bank, 77 F. Supp. 55, 55 (1948).

Pringle-Assoc. Mortg. Corp., 571 F. 2d at 874.

R.D. Harbottle Ltd. v. National Westminster Bank,[1977]3 W. R. L. 752, 764.

Re Deloitte & Touche Inc. (1993) 2 Bank. L.R. at 310-311.

Sztejn v. Henry Schroder Banking Corp., 177 mISC. 719, 31 N.Y.S.2d 631 (N.Y. Sup. 1941)

Second National Bank of Toledo v. M. Samuel & Sons, Inc., 12 F. 2d 963 at p.965 (1926).

Sinason-Teicher Grain Corp. v. Oilseeds Trading Co.(1954) 1 Lloyd's L. Rep. 376.

249 N.Y. 9(1928)

239 N.Y. 234, 146 N.E. 347 (1924).

(1987) 1 SCR 59, 99.

(1927) 27 Ll.L. Rep. 49

13 UCC Rep. Serv. 2d 469, 921 F2d 32(1990).

13 UCC Rep. Serv. 2d 469, 921 F2d 32(1990).

I.E. Contractors (1990) 2 LLOYD'S REP. at 500, 502.

German BGB Para.663, 665 to 670, and 672 to 674 or 671(2)

http://www.bolero.net

http://beta.austlii.edu.au/au/journals/BondLRev/1999/5.html

http://www.creditmanagementworld.com/letterofcredit/lcstandby.html.

http://www.creditmanagementworld.com/letterofcredit/lcstandby.html

http://icc-commodities.com/files/Documentary_and_Standby_Letters_of_Credit.pdf

http://www.evancarmichael.com/Legal/2112

http://www.law-online.co.za/IntTradeLaw/letcredit.htm.

www.evancarmichael.com/Legal/2112/Strict-compliance-in-letters-of-credit-transactions.html

http://www.eagletraders.com/advice/doc_standby_letters_credit.htm.

http://www.gtnexus.com

http://www.identrust.com..

http://www.identrust.com/solutions/plot.html

http://www.identrust.com/story_02xml

http://www.mushroomstrade.com/help/terms/payments.htm

http://www.cbmpages.com/home/community.php2014.07.25(tradein co.kr)

http://www.swift.com

http://wwwswift.com/standards/business_transactions/trade_services_management

http://www.swift.com/news/trade/facilitating_trade_bpo?lang=e(2013).

http://www.swift.com/products_services/by_type/applications/treasury/tsu(2013)

經濟法令研究會 編,『外爲事故トラブル對策』, 經濟法令研究會, 1994.

東京銀行, 貿易そ信用狀, 實業之日本社, 1996.

東京銀行, 貿易そ信用狀, 實業之日本社, 1980.

飯田勝人, "動き出した信用狀統一規則の改正作業と改正の方向性", 金融法務事情 No, 1693, 2003, 12. 15.

小峯 登, 信用狀統一規則-逐條解說とその問題点(上), 外國爲替貿易研究會, 1977.

小峯 登, 信用狀の 讓渡をめくゐ 諸問題, 國際金融, 436호, 1974.

伊澤孝平, 商業信用狀論, 有斐閣, 1962 & 1976.

兵田一男, "商業信用狀 確認의 法律關係" 大偶健一郎先生古稀紀念論文集, 企業法의 研究, 東京 有裵閣.

찾아보기

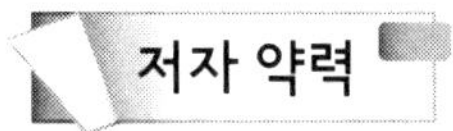

저자 약력

채 진 익

〈약력〉
- 성균관대학교 무역학과 수료(경제학 박사)
- 중앙대학교 경제학과 졸업(경제학사)
- 호원대학교/배화여자대학 겸임교수
- 공주대학교 경제경영연구소장
- 공주대학교 입학사정관
- 국가공인 무역영어 시험 출제위원(대한상공회의소)
- 충남공무원교육원 출강
- 일렉콤뱅크 대표
- 국제무역사 출제위원
- 현) 공주대학교 교수/기획위원회 위원
  특허청(한국발명진흥회) 지식재산 전문교수 요원
  한국무역학회 부회장 / 한국무역연구원 편집위원
  한국무역상무학회 감사 / 편집위원
  한국통상정보학회 부회장 / 편집위원 외
  국제 e비즈니스학회 부회장

〈저서〉
- 『전자무역론』(청목출판사, 2014)
- 『무역계약론』(청목출판사, 2014)
- 『무역영어』(도서출판 두남, 2008)

무역결제론

초 판 1쇄 인쇄 —— 2016년 2월 15일
초 판 1쇄 발행 —— 2016년 2월 20일
지은이 —— 채 진 익
펴낸이 —— 전 두 표
펴낸곳 —— 도서출판 두남
서울시 강동구 성내로6길 34-16 두남빌딩
신 고 : 제25100-1988-9호
TEL : 02) 478-2065, 2066, 2067, 2311
FAX : 02) 478-2068
E-mail : dunam1@unitel.co.kr
http://www.dunam.co.kr

정가 27,000원

ISBN 978-89-6414-667-5 93320